# 全新企业所得税
# 精讲及习题解析

税收实战编写组◎编

立信会计 出版社

LIXIN ACCOUNTING PUBLISHING HOUSE

**图书在版编目(CIP)数据**

全新企业所得税精讲及习题解析 / 税收实战编写组
编.—上海:立信会计出版社,2021.7
ISBN 978-7-5429-6880-7

Ⅰ.①全… Ⅱ.①税… Ⅲ.①企业所得税—税收管
理—中国—题解 Ⅳ.①F812.424-44

中国版本图书馆 CIP 数据核字(2021)第 130579 号

策划编辑 张巧玲
责任编辑 郭 光

**全新企业所得税精讲及习题解析**

QUANXIN QIYE SUODESHUI JINGJIANG JI XITI JIEXI

| | | | | |
|---|---|---|---|---|
| 出版发行 | 立信会计出版社 | | | |
| 地 址 | 上海市中山西路 2230 号 | | 邮政编码 | 200235 |
| 电 话 | (021)64411389 | | 传 真 | (021)64411325 |
| 网 址 | www.lixinaph.com | | 电子邮箱 | lixinaph2019@126.com |
| 网上书店 | http://lixin.jd.com | | | http://lxkjcbs.tmall.com |
| 经 销 | 各地新华书店 | | | |

| | | |
|---|---|---|
| 印 刷 | 固安华明印业有限公司 | |
| 开 本 | 787 毫米×1092 毫米 | 1/16 |
| 印 张 | 23.75 | |
| 字 数 | 578 千字 | |
| 版 次 | 2021 年 7 月第 1 版 | |
| 印 次 | 2021 年 7 月第 1 次 | |
| 书 号 | ISBN 978-7-5429-6880-7/F | |
| 定 价 | 89.00 元 | |

如有印订差错,请与本社联系调换

# 编 写 说 明

　　本书是一本全方位讲解企业所得税政策及具体运用的学习辅导用书,主要分为知识点精讲及习题解析两个部分内容。

　　知识点精讲部分旨在让考生学习并深刻理解企业所得税法及其实施条例的各项规定精神,帮助学生分类学习、巩固各项企业所得税的政策。

　　习题部分以企业所得税法及其实施条例为主、相关配套政策以及征管要求为辅,构成由浅入深、分类综合相统一的全新体系。主要题型包括单选题、多选题、判断题、计算题、综合分析题等,每小题都有答案和解析,对涉及的企业所得税政策标明了具体文件的条、款、项等。

　　本书应出版社邀请编写完成,由杜春法组编及审核。本书的出版纯属个人行为,与所在单位及教学工作没有任何关系,特此声明! 本书虽已经过多次严格审校,但难免仍有疏漏之处。真诚希望广大读者批评指正,如有疑问或者建议可以发送至邮箱:hezhenxing1970@163.com。谢谢大家!

编 者

2021.6

# 目　录

# 上 篇
# 企业所得税知识点串讲

## 一、纳税义务、征税对象及税率

### (一) 纳税义务人

企业所得税的纳税义务人,是指在中华人民共和国境内的企业和其他取得收入的组织。企业所得税纳税人的标准为是否具有法人资格。个人独资企业和合伙企业不具备法人资格,因此不是企业所得税的纳税人。企业所得税的纳税义务人分为居民企业和非居民企业。

**1. 居民企业**

依法在中国境内成立,或者依照外国(地区)法律成立但实际管理机构在中国境内的企业。实际管理机构是指对企业的生产经营、人员、账务、财产等实施实质性全面管理和控制的机构。

**2. 非居民企业**

依照外国(地区)法律成立且实际管理机构不在中国境内,但在中国境内设立机构、场所的,或者在中国境内未设立机构、场所,但有来源于中国境内所得的企业。

机构、场所,是指在中国境内从事生产经营活动的机构、场所,包括:

(1)管理机构、营业机构、办事机构。

(2)工厂、农场、开采自然资源的场所。

(3)提供劳务的场所。

(4)从事建筑、安装、装配、修理、勘探等工程作业的场所。

(6)其他从事生产经营活动的机构、场所。

**3. 风险提示**

纳税义务人类别与判定

| 纳税义务人 | 判定依据 | 风险提示 |
|---|---|---|
| 居民企业 | 1. 境内依法成立的企业。<br>2. 依照外国(地区)法律成立,但境内有实际管理机构的企业。 | 居民企业判定有两项:<br>1. 在中国境内注册。<br>2. 未在中国境内注册,但实际管理机构在中国境内。 |

(续表)

| 纳税义务人 | 判定依据 | 风险提示 |
|---|---|---|
| 非居民企业 | 1. 依（外国）法律成立且实际机构不在中国境内，但在中国境内设立机构、场所，或在中国境内未设立机构、场所。<br>2. 有来源于中国境内所得的企业。 | 非居民企业委托营业代理人在中国境内从事生产经营活动的，包括委托单位或者个人经常代其签订合同，或者储存、交付货物的等，该营业代理人视为非居民企业在中国境内设立的机构、场所。 |

## （二）征税对象

1. 企业所得税的征税对象是指企业取得的生产经营所得，其他所得和清算所得。具体包括：

**不同纳税义务下的征税对象**

| 纳税人 | 征税对象 | |
|---|---|---|
| 居民企业 | 来源于中国境内、境外的所得。 | |
| 非居民企业 | 在中国境内设立机构、场所的。 | 来源于中国境内的所得，以及发生在中国境外但与其所设机构、场所有实际联系的所得。 |
| | 在中国境内未设立机构、场所的，或虽设立机构、场所但取得的所得与其所设机构、场所没有实际联系的。 | 来源于中国境内的所得。 |

2. 风险提示。

**不同纳税人纳税义务**

| 纳税人 | 征税对象 | 风险提示 |
|---|---|---|
| 居民企业 | 来源于境内、境外的所得。 | 征税对象为经营所得、其他所得、清算所得。（特别注意：未在中国境内注册，但实际管理机构在中国境内，应判定为居民企业。） |
| 非居民企业 | 1. 境内有机构、场所的，来源于境内的所得。<br>2. 来源于境外，但与境内机构、场所有实际联系的所得。<br>3. 没有机构、场所的，来源于境内的所得。 | 征税对象为经营所得、其他所得、清算所得。 |

## （三）所得来源地的确定

所得来源地的确定是确认征税对象的基础，但所得来源地并不是判断征税对象的地点。所得来源地与所得类型归纳如下：

**所得来源与类型**

| 所得类型 | 所得来源地的确定 |
|---|---|
| 销售货物所得 | 交易活动发生地。 |
| 提供劳务所得 | 劳务发生地。 |

**(续表)**

| 所得类型 | 所得来源地的确定 |
| --- | --- |
| 不动产转让所得 | 不动产所在地。 |
| 动产转让所得 | 转让动产的企业或者机构、场所所在地。 |
| 权益性投资资产转让所得 | 被投资企业所在地。 |
| 股息、红利等权益性投资所得 | 分配所得的企业所在地。 |
| 利息、租金和特许权使用费所得 | 负担、支付所得的企业或者机构、场所所在地或个人住所地。 |
| 其他所得 | 由国务院财政主管部门确定。 |

## （四）税率

（1）企业所得税实行比例税率，企业所得税法定税率为 25%，为进一步减税降费，对小微企业等实行优惠税率，具体归纳如下：

### 企业所得税税率

| 适用范围 | 税率 |
| --- | --- |
| 居民企业 | 25% |
| 在中国境内设有机构、场所且所得与机构、场所有实际联系的非居民企业 | |
| 在中国境内未设立机构、场所的，有来自中国境内的所得的居民企业 | 20%（实际税负 10%） |
| 虽设立机构、场所但取得所得与其所设机构、场所没有实际联系的非居民企业 | |
| 高新技术企业 | 15% |
| 小型微利企业 | 20%（2021 年 1 月 1 日至 2022 年 12 月 31 日应纳税所得额在 100 万元以内，在财税〔2019〕13 号文优惠政策基础上，再减半征收企业所得税，实际税负为 2.5%；应纳税所得额在 100 万元至 300 万元实际税负为 10%）。 |
| 集成电路产业和软件产业 | 1. 国家鼓励的集成电路线宽小于 28 纳米（含），且经营期在 15 年以上的集成电路生产企业或项目，第 1 年至第 10 年免征企业所得税；国家鼓励的集成电路线宽小于 65 纳米（含），且经营期在 15 年以上的集成电路生产企业或项目，第 1 年至第 5 年免征企业所得税，第 6 年至第 10 年按照 25% 的法定税率减半征收企业所得税；国家鼓励的集成电路线宽小于 130 纳米（含），且经营期在 10 年以上的集成电路生产企业或项目，第 1 年至第 2 年免征企业所得税，第 3 年至第 5 年按照 25% 的法定税率减半征收企业所得税。<br>2. 国家鼓励的集成电路设计、装备、材料、封装、测试企业和软件企业，自获利年度起，第 1 年至第 2 年免征企业所得税，第 3 年至第 5 年按照 25% 的法定税率减半征收企业所得税。<br>3. 国家鼓励的重点集成电路设计企业和软件企业，自获利年度起，第 1 年至第 5 年免征企业所得税，接续年度减按 10% 的税率征收企业所得税。 |

（续表）

| 适用范围 | 税率 |
|---|---|
| 技术先进型服务企业 | 15% |
| 横琴新区、平潭综合实验区和前海深港现代服务业合作区的鼓励类产业企业 | 15% |
| 西部地区的鼓励类产业企业 | 15% |
| 从事污染防治的第三方企业 | 15%（自2019年1月1日起至2021年12月31日止） |
| 注册在海南自由贸易港并实质性运营的鼓励类产业企业 | 15%（自2020年1月1日起执行至2024年12月31日） |
| 中国（上海）自贸试验区临港新片区重点产业企业 | 15%（自2020年1月1日起，自设立之日起5年内） |

（2）风险提示。来自境外且与境内机构、场所有实际联系的所得适用于25%的税率。

# 二、收入总额

应纳税所得额为企业每一个纳税年度的收入总额，减除不征税收入，免税收入、各项扣除以及允许弥补的以前年度亏损后的余额。

目前计算应纳税所得额有两种方法：直接法、间接法。

直接法计算公式：

应纳税所得额＝收入总额－不征税收入－免税收入－各项扣除－以前年度亏损

采取此项方法确认应纳税所得额时，应按税法的标准，而非按会计的标准确认收入、扣除、亏损等项目金额。

间接法计算公式：

应纳税所得额＝会计利润总额±纳税调整项目金额

采取此项方法确认应纳税所得额时，首先应准确地确定会计利润，然后根据税法与会计的差异进行调整。

收入总额是指企业以货币形式和非货币形式从各种来源取得的收入。其中，货币形式包括现金、存款、应收账款、应收票据、准备持有至到期的债券投资及债务的豁免等；非货币形式包括固定资产、生物资产、无形资产、股权投资、存货、不准备持有至到期的债券投资、劳务及有关权益等。企业以非货币形式取得的收入，应当按照公允价值（按照市场价格确定的价值）确定收入额。

## （一）一般收入

### 1. 销售货物收入

销售商品、产品、原材料、包装物、低值易耗品以及其他存货取得的收入。

销售商品收入的确认条件：

（1）商品销售合同已经签订，企业已将商品所有权相关的主要风险和报酬转移给购货方。

（2）企业对已售出的商品既没有保留通常与所有权相联系的继续管理权，也没有实施有效控制。

（3）收入的金额能够可靠地计量。

（4）已发生或将发生的销售方的成本能够可靠地核算。

### 2. 提供劳务收入

企业从事建筑安装、修理修配、交通运输、仓储租赁、金融保险、邮电通信、咨询经纪、文化体育、科学研究、技术服务、教育培训、餐饮住宿、中介代理、卫生保健、社区服务、旅游、娱乐、加工以及其他劳务服务活动取得的收入。

提供劳务收入的确认条件：

企业在各个纳税期末，提供劳务交易的结果能够可靠估计的，应采用完工进度（完工百分比）法确认提供劳务收入；提供劳务交易的结果能够可靠估计，是指同时满足下列条件：

（1）收入的金额能够可靠地计量。

（2）交易的完工进度能够可靠地确定。

（3）交易中已发生和将发生的成本能够可靠地核算。

### 3. 转让财产收入

企业转让固定资产、生物资产、无形资产、股权、债权等财产取得的收入。企业转让股权收入，应于转让协议生效且完成股权变更手续时，确认收入的实现。企业在计算股权转让时，不得扣除被投资企业未分配利润等股东留存收益中按该项股权所可能分配的金额。

### 4. 股息、红利等权益性投资收益

企业因权益性投资从被投资方取得的收入。按被投资方作出利润分配决定的日期确认收入。

### 5. 利息收入

企业将资金提供他人使用但不构成权益性投资，或者因他人占用本企业资金取得的收入，包括存款利息、贷款利息、债券利息，欠款利息等收入。按合同约定的债务人应付利息的日期确认收入的实现。在应付当天，无论是否收到，都需要确认收入。

### 6. 租金收入

企业提供固定资产、包装物或者其他有形资产的使用权取得的收入，按合同约定的承租人应付租金的日期确认收入。

### 7. 特许权使用费收入

企业提供专利权、非专利技术、商标权、著作权以及其他特许权的使用权取得的收入，按合同约定的特许权使用人应付使用费的日期确认收入的实现。

### 8. 接受捐赠收入

企业接受的来自其他企业、组织或者个人无偿给予的货币性资产、非货币性资产，按实际收到捐赠资产的日期确认收入的实现。

### 9. 其他收入

企业取得的除以上收入外的其他收入,包括企业资产溢余收入、逾期未退包装物押金收入、确实无法偿付的应付款项、已作坏账损失处理后又收回的应收款项、债务重组收入、补贴收入、违约金收入、汇兑收益等。除另有规定外,一次性确认为收入。

### 10. 风险提示

**税收与会计的一般收入差异**

| 类别 | 税收与会计的差异 |
|---|---|
| 会计确认收入条件 | 1. 合同各方已批准该合同并承诺将履行各自义务。<br>2. 该合同明确了合同各方与所转让商品或提供劳务相关的权利和义务。<br>3. 该合同有明确的与所转让商品相关的支付条款。<br>4. 该合同具有商业实质,即履行该合同将改变企业未来现金流量的风险、时间分布或金额。<br>5. 企业因向客户转让商品而有权取得的对价很可能收回。 |
| 税收上确认收入条件 | 1. 商品销售合同已经签订,企业已将商品所有权相关的主要风险和报酬转移给购货方。<br>2. 企业对已售出的商品既没有保留通常与所有权相联系的继续管理权,也没有实施有效控制。<br>3. 收入的金额能够可靠地计量。<br>4. 已发生或将发生的销售方的成本能够可靠地核算。 |
| 各类报表收入比较风险提示 | 1. 企税收入小于增值税收入:一般情况下,企业所得税申报收入应等于增值税申报收入,如企业所得税年度营业收入和营业外收入之和小于增值税本年累计销售额,应核实是否存在金融企业利息收入,持续时间超过12个月的建造合同收入,房地产企业预售商品,租金、特许权使用费分期确认等增值税和企业所得税收入确认时间差异产生,如不符合以上情形,则存在少申报企业所得税的风险。<br>2. 企税收入小于利润表收入:如果存在所得税年度申报表收入小于财务报表收入,应核实是否存在由于税法与会计的收入确认标准不同造成的。<br>3. 企税让渡资产使用权收入小于房产税申报租金收入,应核实企业所得税申报表租赁收入是否填写有误。<br>4. 企税政府补助利得收入小于增值税即征即退实际退税额:企业所得税一般企业收入明细表营业外收入中政府补助利得金额应大于增值税申报表即征即退实际退税额,如小于则可能存在企业税申报少报漏报政府补助利得收入风险。 |

## (二) 特殊收入

**特殊收入的确认**

| 分类 | 收入确认 | 风险提示 |
|---|---|---|
| 分期收款方式销售商品的 | 按照合同约定的收款日期确认收入的实现。 | 1. 企业资产评估增值且进行处置的(除另有规定外)应并入应纳税所得额。 |
| 企业受托加工制造大型机械设备、船舶、飞机,以及从事建筑、安装、装配工程业务或者提供其他劳务等,持续时间超12个月 | 按照纳税年度内完工进度或者完成的工作量确认收入的实现。 | 2. 持有上市公司的非流通股份(限售股),在解禁之后出售股份取得的收入应计入应纳税所得额。<br>3. 企业利用往来账户、中间科目如"预提费用"等延迟实现应税收入或调整企业利润。 |

**（续表）**

| 分类 | 收入确认 | 风险提示 |
|------|----------|----------|
| 采取产品分成方式取得收入的 | 按照企业分得产品的日期确认收入的实现，其收入额按照产品的公允价值确定。 | 4. 收取的授权生产、商标权使用费等收入应计入应纳税所得额。<br>5. 取得非货币性资产收益应计入应纳税所得额。<br>6. 存在视同销售行为应作纳税调整。<br>7. 企业取得各种减免流转税及各项补贴、收到政府奖励，应按规定计入应纳税所得额。<br>8. 企业接受捐赠的货币及非货币资产，应计入应纳税所得额。 |
| 企业发生非货币性资产交换，以及将货物、财产、劳务用于捐赠、偿债、赞助、集资、广告、样品、职工福利或者利润分配等用途的 | 应当视同销售货物，转让财产或者提供劳务，但国务院财政、税务主管部门另有规定的除外。 | |
| 采取售后回购方式销售商品 | 销售的商品按售价确认收入，回购的商品作为购进商品处理。有证据表明不符合销售收入确认条件的，如果以销售商品进行融资，收到的款项应确认为负债，回购价格大于原售价的，差额应在回购期间确认为利息费用。 | |

## （三）处置资产收入

（1）企业发生处置资产，除将资产转移至境外以外，如资产所有权属在形式和实质上均不发生改变，可作为内部处置资产，不视同销售确认收入，相关资产的计税基础延续计算。

**处置资产视同销售与不视同销售区别**

| 分类 | 项目具体规定 | 税务处理 |
|------|------------|----------|
| 内部处置资产——资产所有权属在形式和实质上均不发生改变，除将资产移至境外以外，不视同销售 | 1. 将资产用于生产、制造、加工另一产品。<br>2. 改变资产形状、结构或性能。<br>3. 改变资产用途（如，自建商品房转为自用或经营）。<br>4. 将资产在总机构及其分支机构之间转移。<br>5. 上述两种或两种以上情形的混合。<br>6. 其他不改变资产所有权属的用途。 | 相关资产的计税基础延续计算。 |
| 资产移送他人——所有权发生改变，按视同销售确认收入 | 1. 用于市场推广或销售。<br>2. 用于交际应酬。<br>3. 用于职工奖励或福利。<br>4. 用于股息分配。<br>5. 用于对外捐赠。<br>6. 其他改变资产所有权属的用途。 | 《国家税务总局关于企业所得税有关问题的公告》（国家税务总局公告2016年第80号）规定，企业发生《国家税务总局关于企业处置资产所得税处理问题的通知》（国税函〔2008〕828号）第二条规定情形的，除另有规定外，应按照被移送资产的公允价值确定销售收入。 |

（2）风险提示。会计上没有视同销售的概念，一项业务符合规定就确认收入，不符合规定就不确认收入，对于以存货进行非货币性资产交换、投资及发放非货币性福利等业务，会计规定应按收入准则确认收入。《中华人民共和国企业所得税法》规定，视同销售业务不只包括以存货进行非货币性资产交换、投资及发放非货币性福利等业务，还包括用于市场推广、捐赠、赞助等其他改变资产所有权的用途的行为。

## （四）收入实现的确认

### 1. 收入确认的一般原则

| 收入类型 | 确认原则 | 风险提示 |
| --- | --- | --- |
| 销售商品 | 1. 商品销售合同已经签订,企业已将商品所有权相关的主要风险和报酬转移给购货方。<br>2. 企业对已售出的商品既没有保留通常与所有权相联系的继续管理权,也没有实施有效控制。<br>3. 收入的金额能够可靠地计量。<br>4. 已发生或将发生的销售方的成本能够可靠地核算。 | 注意视同销售收入。增值税与企业所得税均有视同销售的规定,两者存在区别。 |
| 提供劳务（完工进度法） | 1. 收入的金额能够可靠地计量。<br>2. 交易的完工进度能够可靠地确定。<br>3. 交易中已发生和将发生的成本能够可靠地核算。<br>完工进度法（完工百分比法）：<br>（1）当期劳务收入＝合同或协议价款×完工进度－以前年度累计已确认劳务收入<br>（2）当期劳务成本＝劳务估计总成本×完工进度－以前年度累计已确认劳务成本<br>（3）完工进度的确定：已完工作的测量、已提供劳务占劳务总量的比例、发生成本占总成本的比例。 | 注意特殊劳务（安装费、宣传媒介、软件、服务费、会员费等）收入确认。企业容易按收款金额确认收入。 |
| 转让财产收入 | 1. 转让财产收入是指企业转让固定资产、生物资产、无形资产、股权、债权等财产取得的收入。<br>2. 企业转让股权收入,应于转让协议生效、且完成股权变更手续时,确认收入的实现。转让股权收入扣除为取得该股权所发生的成本后,为股权转让所得。企业在计算股权转让所得时,不得扣除被投资企业未分配利润等股东留存收益按该项股权所可能分配的金额。<br>3. 居民企业以非货币性资产对外投资确认的非货币性资产转让所得,可在不超过5年期限内,分期均匀计入相应年度的应纳税所得额,按规定计算缴纳企业所得税。 | 企业取得财产（包括各类资产、股权、债权等）转让收入、债务重组收入、接受捐赠收入、无法偿付的应付款收入等,不论是以货币形式、还是非货币形式体现,除另有规定外,均应一次性计入确认收入的年度计算缴纳企业所得税。 |
| 股息、红利等权益性投资收益 | 企业权益性投资取得股息、红利等收入,应以被投资企业股东会或股东大会作出利润分配或转股决定的日期,确定收入的实现。 | 应注意,存款利息、贷款利息等收入与股利、红利等收入的区别。税收规定,利息收入,按合同约定的债务人应付利息的日期确认收入的实现。会计上则采用权责发生制进行核算。 |
| 利息收入 | 利息收入,是指企业将资金提供他人使用但不构成权益性投资,或者因他人占用本企业资金取得的收入,包括存款利息、贷款利息、债券利息、欠款利息等收入。<br>利息收入,按照合同约定的债务人应付利息的日期确认收入的实现。 | |

（续表）

| 收入类型 | 确认原则 | 风险提示 |
|---|---|---|
| 租金收入 | 1. 租金收入,是指企业提供固定资产、包装物或者其他有形资产的使用权取得的收入。<br>租金收入,按照合同约定的承租人应付租金的日期确认收入的实现。<br>2. 租赁期限跨年度且租金提前一次性收取情形:<br>根据《实施条例》第 19 条的规定,企业提供固定资产、包装物或者其他有形资产的使用权取得的租金收入,应按交易合同或协议规定的承租人应付租金的日期确认收入的实现。其中,如果交易合同或协议中规定租赁期限跨年度,且租金提前一次性支付的,根据《实施条例》第 9 条规定的收入与费用配比原则,出租人可对上述已确认的收入,在租赁期内,分期均匀计入相关年度收入。 | 对经营租赁的租金会计上在租赁期内按直线法确认租金收入;税法上按合同约定支付租金日期确认租金收入。若合同协议规定租赁期是跨年度的,且租金提前一次性支付的,可在租赁期内分期均匀计入相关年度。 |
| 特许权使用费收入 | 特许权使用费收入,是指企业提供专利权、非专利技术、商标权、著作权以及其他特许权的使用权取得的收入。<br>特许权使用费收入,按照合同约定的特许权使用人应付特许权使用费的日期确认收入的实现。 | 特许权使用费收入与特许权费收入属两个不同的概念,特许权使用费是企业提供无形资产使用权取得的收入;特许权费是企业提供有形资产使用权取得收入,两者收入确认的时点也不一样。 |
| 接受捐赠收入 | 接受捐赠收入,是指企业接受的来自其他企业、组织或者个人无偿给予的货币性资产、非货币性资产。<br>接受捐赠收入,按照实际收到捐赠资产的日期确认收入的实现。 | 按实际收到捐赠资产的日期确认收入。<br>除另有规定外,公益性社会组织、县级以上人民政府及其部门等国家机关在接受企业或个人捐赠时,按以下原则确认捐赠额:<br>1. 接受的货币性资产捐赠,以实际收到的金额确认捐赠额。<br>2. 接受的非货币性资产捐赠,以其公允价值确认捐赠额。捐赠方在向公益性社会组织、县级以上人民政府及其部门等国家机关捐赠时,应当提供注明捐赠非货币性资产公允价值的证明;不能提供证明的,接受捐赠方不得向其开具捐赠票据。 |
| 产品分成收入 | 采取产品分成方式取得收入的,按照企业分得产品的日期确认收入的实现,其收入额按照产品的公允价值确定。 | 按分得产品的日期确认收入的实现,其收入额按照产品的公允价值确定。 |

（续表）

| 收入类型 | 确认原则 | 风险提示 |
|---|---|---|
| 可分期确认收入 | 1. 分期收款方式销售货物的，按照合同约定的收款日期确认收入的实现。<br>2. 企业受托加工制造大型机械设备、船舶、飞机，以及从事建筑、安装、装配工程业务或者提供其他劳务等，持续时间超过12个月的，按纳税年度内完工进度或者完成的工作量确认收入的实现。 | 税收上以分期收款方式销售货物的，按合同约定的收款日期确认收入的实现；会计准则规定，合同中存在重大融资成分的，企业应当按照假定客户在取得商品控制权时即以现金支付的应付金额确定交易价格。该交易价格与合同对价之间的差额，应当在合同期间内采用实际利率法摊销。合同开始日，企业预计客户取得商品控制权与客户支付价款间隔不超过一年的，可以不考虑合同中存在的重大融资成分。 |
| 债务重组收入 | 1. 企业发生债务重组，应在债务重组合同或协议生效时确认收入的实现。<br>2. 企业债务重组确认的应纳税所得额占该企业当年应纳税所得额50%以上，可以在5个纳税年度的期间内，均匀计入各年度的应纳税所得额。<br>企业发生债权转股权业务，对债务清偿和股权投资两项业务暂不确认有关债务清偿所得或损失，股权投资的计税基础以原债权的计税基础确定。企业的其他相关所得税事项保持不变。 | 以非现金清偿债务涉及减值准备，减值准备不能税前扣除，应进行纳税调整；税收上规定，企业取得财产（包括各类资产、股权、债权等）转让收入、债务重组收入、接受捐赠收入、无法偿付的应付款收入等，不论是以货币形式、还是非货币形式体现，除另有规定外，均应一次性计入确认收入的年度计算缴纳企业所得税。 |
| 国债转让收入 | 企业转让国债应在转让国债合同、协议生效的日期，或者国债移交时确认转让收入的实现。<br>企业投资购买国债，到期兑付的，应在国债发行时约定的应付利息的日期，确认国债转让收入的实现。<br>企业转让国债取得的价款，减除其购买国债成本，并扣除其持有期间国债利息收入以及交易过程中相关税费后的余额，为企业转让国债收益（损失）。 | 会计上经常将国债转让收入列入免税收入。 |
| 其他收入 | 企业取得的除《中华人民共和国企业所得税法》第6条第1项至第8项规定的收入外的其他收入，包括企业资产溢余收入、逾期未退包装物押金收入、确实无法偿付的应付款项、已作坏账损失处理后又收回的应收款项、债务重组收入、补贴收入、违约金收入、汇兑收益等。 | 会计上对企业建造固定资产取得的试运行收入应冲减在建工程成本。<br>税法规定，企业以货币形式和非货币形式从各种来源取得的收入，为收入总额。因此，企业取得的试运行收入应确认为应税收入，而不是冲减在建工程成本。<br>对于固定资产盘盈会计上作为会计差错，通过"以前年度损益调整"科目进行核算；企业所得税则应作为其他收入。 |

### 2. 销售商品收入实现时间的确认

**不同销售方式收入时间的确认**

| 销售方式 | 收入确认时间 |
| --- | --- |
| 托收承付方式 | 办妥托收手续时 |
| 预收款方式 | 发出商品时 |
| 需要安装和检验 | 购买方接受商品及安装和检验完毕时 |
| 安装程序比较简单 | 发出商品时 |
| 支付手续费方式委托代销 | 收到代销售清单时 |

### 3. 销售商品收入金额的确认

**不同销售方式收入金额的确认**

| 销售方式 | 收入金额的确认 |
| --- | --- |
| 售后回购 | 1. 符合收入确认条件：销售的商品按售价确认收入，回购的商品作为购进商品处理。<br>2. 不符合销售收入确认条件：收到的款项确认为负债，回购价格大于原售价的，差额在回购期间确认利息费用。 |
| 商业折扣 | 扣除商业折扣后金额。 |
| 现金折扣 | 扣除现金折扣前金额确定收入金额，现金折扣在实际发生时作为财务费用扣除。 |
| 销售折让 | 发生当期冲减当期销售商品收入。 |
| 以旧换新 | 销售商品按收入确认条件确认收入，回收商品作为购进商品处理。 |
| 买一赠一 | 不属于捐赠，将总的销售金额按各商品公允价值的比例来分摊确认各项的销售收入。 |
| 风险提示 | 1. 会计上资产负债表日后事项调整情况，应根据申报年度的次年"以前年度损益调整"科目记录的内容进行调整。若属于未按会计核算造成的应计未计收入或成本，属于资产负债表日后事项的，应调整报告年度的收入成本；属于财务报告批准报出之后企业所得税汇算清缴前，应调整本年度（即报告年度的次年）的收入。<br>2. 税收上（执行小企业会计准则同），企业发生的属于资产负债表日后调整事项的销售退回，所涉及的应纳税所得额的调整，不应在报告年度确认，应在销售退回实际发生年度确认。 |

### 4. 提供劳务收入的确认

**提供劳务收入的确认**

| 分类 | 收入确认 |
| --- | --- |
| 安装费 | 应根据安装完工进度确认收入。安装工作是商品销售附带条件的，安装费在确认商品销售实现时确认收入。 |
| 宣传媒介收费 | 应在相关的广告或商业行为出现于公众面前时确认收入。广告的制作费，应根据制作广告的完工进度确认收入。 |

(续表)

| 分类 | 收入确认 |
|---|---|
| 软件费 | 为特定客户开发软件的收费,应根据开发的完工进度确认收入。 |
| 服务费 | 包含在商品售价内可区分的服务费,在提供服务的期间分期确认收入。 |
| 艺术表演、招待宴会和其他特殊活动收费 | 艺术表演、招待宴会和其他特殊活动的收费。在相关活动发生时确认收入。收费涉及几项活动的,预收的款项应合理分配给每项活动,分别确认收入。 |
| 会员费 | 申请入会或加入会员,只允许取得会籍,所有其他服务或商品都要另行收费的,在取得该会员费时确认收入。申请入会或加入会员后,会员在会员期内不再付费就可得到各种服务或商品,或者以低于非会员的价格销售商品或提供服务的,该会员费应在整个受益期内分期确认收入。 |
| 特许权费 | 属于提供设备和其他有形资产的特许权费,在交付资产或转移资产所有权时确认收入;属于提供初始及后续服务的特许权费,在提供服务时确认收入。 |
| 劳务费 | 长期为客户提供重复的劳务收取的劳务费,在相关劳务活动发生时确认收入。 |

## 5. 不征税收入

不征税收入的确认

| 分类 | 内　容 | 税务处理 |
|---|---|---|
| 依法收取并纳入财政管理的行政事业性收费、政府性基金 | 支出规定:企业按照规定缴纳的符合审批权限的政府性基金和行政事业性收费,准予在计算应纳税所得额时扣除。<br>企业收取的各种基金、收费,计入当年收入总额。上缴财政的作为不征税收入,于上缴财政的当年从收入总额中减除;未上缴财政的部分,不得减除。 | 1. 收入形成时不征税,需要做纳税调减。<br>2. 不征税收入用于支出所形成的费用,不得在计算应纳税所得额时扣除;企业的不征税收入用于支出所形成的资产,其计算的折旧、摊销不得在计算应纳税所得额时扣除,需做纳税调增。<br>3. 不征税收入用于支出形成的费用不得加计扣除。<br>4. 符合条件的财政性资金作不征税处理后,在 5 年(60 个月)内未发生支出且未缴回财政部门的部分,应计入取得该资金第 6 年的应税收入总额;计入应税收入总额的财政性资金发生的支出,允许在计算应纳税所得额时扣除。 |
| 国务院规定的其他不征税收入 | 企业取得的各类财政性资金,除属于国家投资和资金使用后要求归还本金的以外,计入当年收入总额。<br>由国务院财政、税务主管部门规定专项用途并经国务院批准的财政性资金,作为不征税收入,计算应纳税所得额时从收入总额中减除。<br>财政性资金:企业取得的来源于政府及其有关部门的财政补助、补贴、贷款贴息,以及其他各类财政专项资金,包括直接减免的增值税和即征即退、先征后退、先征后返的各种税收,但不包括企业按规定取得的出口退税款。 | |
| 专项用途财政性资金 | 符合不征税收入的财政性资金的条件:(1)企业能够提供规定资金专项用途的资金拨付文件;(2)财政部门或其他拨付资金的政府部门对该资金有专门的资金管理办法或具体管理要求;(3)企业对该资金以及以该资金发生的支出单独进行核算。<br>不征税收入用于支出所形成的费用,不得在计算应纳税所得额时扣除;用于支出所形成的资产,其计算的折旧、摊销不得在计算应纳税所得额时扣除。<br>企业将符合条件的财政性资金作不征税收入处理后,在 5 年(60 个月)内未发生支出且未缴回财政部门或其他拨付资金的政府部门的部分,应计入取得该资金第 6 年的应税收入总额;计入应税收入总额的财政性资金发生的支出,允许在计算应纳税所得额时扣除。 | |

(续表)

| 分类 | 内　　容 | 税务处理 |
|---|---|---|
| 风险提示 | 1. 关注不征税收入与免税收入的区别。<br>(1) 免税收入是税收优惠;不征税收入不是税收优惠,只是暂时不予征税。<br>(2) 不征税收入用于支出所形成的费用,不得税前扣除;用于支出所形成的资产,其计算的折旧、摊销不得税前扣除。免税则可以。<br>2. 关注政府补助。<br>(1) 与收益相关政府补助:与收益相关的政府补助,应当分情况按照以下规定 进行会计处理:①用于补偿企业以后期间的相关成本费用或损失的,确认为递延收益,并在确认相关成本费用或损失的期间,计入当期损益或冲减相关成本;②用于补偿企业已发生的相关成本费用或损失的,直接计入当期损益或冲减相关成本。<br>(2) 与资产相关的政府补助:<br>与资产相关的政府补助,应当冲减相关资产的账面 价值或确认为递延收益。与资产相关的政府补助确认为递延收益的,应当在相关资产使用寿命内按照合理、系统的方法分期计入 损益。按照名义金额计量的政府补助,直接计入当期损益。<br>相关资产在使用寿命结束前被出售、转让、报废或发生毁损的,应当将尚未分配的相关递延收益余额转入资产处置当期的损益。<br>(3) 税务处理:企业取得的各类财政性资金,除属于国家投资和资金使用后要求归还本金的以外,均应计入企业当年收入总额。企业取得的政府补助,若不符合不征税收入条件,则一次性计入应税收入,但会计上确认为递延收益。<br>应注意:有的企业将取得的政府补助计入资本公积,汇算清缴未计入应税收入;有的则将其长期挂"其他应付款"等科目没进行会计处理。 | |

## 6. 免税收入

### 免税收入的确认

| 分类 | 内容 | 税务处理 | 风险提示 |
|---|---|---|---|
| 国债利息收入 | 企业投资国债从国务院财政部门取得的国债利息收入,应以国债发行时约定应付利息的日期,确认利息收入的实现。 | 1. 国债利息收入免税,需进行纳税调减。<br>2. 国债转让收入属于征税项目。 | 1. 持有非国务院财政部门发行的国债取得的利息收入不免税。免税的国债利息收入不包括持有外国政府国债取得的利息收入,也不包括持有企业发行的债券取得的利息收入,而仅限于持有国务院财政部门发行的国债取得的利息收入。二级市场转让国债收入不免税。 |
| 符合条件的居民企业之间的股息、红利等权益性收益。 | 居民企业之间的股息、红利等权益性投资收益,是指居民企业直接投资于其他居民企业取得的投资收益。不包括连续持有居民企业公开发行并上市流通的股票不足 12 个月取得的投资收益。 | | |
| 在中国境内设立机构、场所的非居民企业从居民企业取得与该机构、场所有实际联系的股息、红利等权益性投资收益。 | 在中国境内设立机构、场所的非居民企业从居民企业取得与该机构、场所有实际联系的股息、红利等权益性投资收益。 | | |

（续表）

| 分类 | 内容 | 税务处理 | 风险提示 |
|------|------|----------|----------|
| 符合条件的非营利组织的收入 | 1. 接受其他单位或者个人捐赠的收入。<br>2. 除《中华人民共和国企业所得税法》第 7 条规定的财政拨款以外的其他政府补助收入,但不包括因政府购买服务取得的收入。<br>3. 按照省级以上民政、财政部门规定收取的会费。<br>4. 不征税收入和免税收入孳生的银行存款利息收入。<br>5. 财政部、国家税务总局规定的其他收入。 | 1. 符合条件的非营利组织的收入免征企业所得税。<br>2. 非营利组织从事营利性活动取得的收入应缴纳企业所得税。 | 2. 国债利息收入与其他收益区分。除有些金融企业外,一般企业的债券投资无论是利息收入还是转让所得,都通过"投资收益"科目核算,在计算征免税收入时要注意区分。<br>3. 非营利组织应同时符合法定规定的条件,并且要经过政府相关部门的认定。 |
| 中国清洁发展机制基金取得的收入免征企业所得税 | 对清洁基金取得的 CDM 项目温室气体减排量转让收入上缴国家的部分;国际金融组织赠款收入;基金资金的存款利息收入、购买国债的利息收入;国内外机构、组织和个人的捐赠收入免征企业所得税。 | | |
| 投资者从证券投资基金分配中取得的收入免征企业所得税 | 投资者从证券投资基金分配中取得的收入,免征企业所得税。 | | |
| 取得的地方政府债券利息收入免征企业所得税 | 对企业和个人取得的 2012 年及以后年度发行的地方政府债券利息收入,免征企业所得税和个人所得税。地方政府债券是指经国务院批准同意,以省、自治区、直辖市、计划单列市政府为发行和偿还主体的债券。 | | |
| 中国保险保障基金有限责任公司取得的保险保障基金等收入免征企业所得税 | 按《保险保障基金管理办法》规定取得的境内保险公司依法缴纳的保险保障基金;依法从撤销或破产保险公司清算财产中获得的受偿收入和向有关责任方追偿所得,以及依法从保险公司风险处置中获得的财产转让所得;捐赠所得;银行存款利息收入;购买政府债券、中央银行、中央企业和中央级金融机构发行债券的利息收入;国务院批准的其他资金运用取得的收入免征企业所得税。 | | |
| 符合条件的永续债利息收入免征企业所得税 | 投资方取得的永续债利息收入属于股息、红利性质,按照现行企业所得税政策相关规定进行处理。其中,发行方和投资方均为居民企业的,永续债利息收入可以适用《中华人民共和国企业所得税法》规定的居民企业之间的股息、红利等权益性投资收益免征企业所得税。 | | |

（续表）

| 分类 | 内容 | 税务处理 | 风险提示 |
|---|---|---|---|
| 居民企业持有创新企业 CDR 取得的股息红利所得免征企业所得税 | 1. 对企业投资者转让创新企业 CDR 取得的差价所得和持有创新企业 CDR 取得的股息红利所得，按转让股票差价所得和持有股票的股息红利所得政策规定免征企业所得税。<br>2. 对公募证券投资基金（封闭式证券投资基金、开放式证券投资基金）转让创新企业 CDR 取得的差价所得和持有创新企业 CDR 取得的股息红利所得，按公募证券投资基金税收政策规定暂不征收企业所得税。<br>3. 对合格境外机构投资者（QFII）、人民币合格境外机构投资者（RQFII）转让创新企业 CDR 取得的差价所得和持有创新企业 CDR 取得的股息红利所得，视同转让或持有据以发行创新企业 CDR 的基础股票取得的权益性资产转让所得和股息红利所得免征企业所得税。 | | |
| 中国奥委会取得北京冬奥组委支付的收入免征企业所得税 | 中国奥委会取得北京冬奥组委支付的收入免征企业所得税 | | |
| 中国残奥委会取得北京冬奥组委分期支付的收入免征企业所得税 | 中国残奥委会取得北京冬奥组委分期支付的收入免征企业所得税 | | |

# 三、税前扣除项目

税前扣除项目是指企业实际发生的与取得收入有关的、合理的支出，包括成本、费用、税金、损失和其他支出，准予在计算应纳税所得额时扣除。

## （一）税前扣除项目的原则和范围

**税前扣除项目的原则和要点**

| 项目 | 内容与要点 |
|---|---|
| 税前扣除的原则 | 1. 权责发生制原则：企业费用应在发生的所属期扣除，而不是在实际支付时确认扣除。<br>2. 配比原则：企业发生的费用应与收入配比扣除。除特殊规定外，企业发生的费用不得提前或滞后申报扣除。<br>3. 相关性原则：企业可扣除的费用从性质和根源上必须与取得应税收入直接相关。<br>4. 确定性原则：企业可扣除的费用不论何时支付，其金额必须是确定的。<br>5. 合理性原则：符合经营活动常规，应计入当期损益或有关资产成本的必要和正常的支出。 |

(续表)

| 项目 | | | 内容与要点 |
|---|---|---|---|
| 税前扣除项目的范围 | 1. 成本 | | 企业在生产经营活动中发生的销售成本、销货成本、业务支出以及其他耗费。 |
| | 2. 期间费用 | 管理费用 | 1. 企业在生产经营活动中发生的管理费用、销售费用和财务费用,已经计入成本的有关费用除外。<br>2. 符合规定条件的按发生额扣除。<br>3. 按规定比例扣除。 |
| | | 销售费用 | |
| | | 财务费用 | |
| | 3. 税金 | | 计入税金及附加扣除的税金(不包括增值税):印花税、房产税、车船税、城镇土地使用税、消费税、城建税和教育费附加、出口关税、土地增值税、资源税等 |
| | | | 计入资产或者货物的成本:契税、车辆购置税、进口关税、不得抵扣的增值税、耕地占用税 |
| | 4. 损失 | | 1. 企业发生的损失,减除责任人赔偿和保险赔款后的余额按规定扣除。<br>2. 税前可以扣除的损失为净损失,即企业发生时损失减除责任人赔偿和保险赔款后的余额。<br>3. 企业已作为损失处理的资产,在以后纳税年度又全部收回或部分收回时,应计入当期收入。 |
| 风险提示 | 扣除风险 | | 1. 企业支出应符合合理性原则。<br>2. 企业预提的在汇算清缴之前尚未实际支出的费用,不能在税前扣除;判断企业的一项支出能否税前扣除,首先确认是否实际发生,且与取得的收入有关合理;其次确认是否符合该项支出政策的要求,再者是凭证是否合规。<br>3. "税金及附加"科目核算企业经营活动发生的消费税、城市维护建设税、资源税、教育费附加及房产税、城镇土地使用税、车船税、印花税等相关税费。<br>4. 企业当年度实际发生的相关成本、费用,由于各种原因未能及时取得该成本、费用的有效凭证,企业在预缴季度所得税时,可暂按账面发生金额进行核算;但在汇算清缴时,应补充提供该成本、费用的有效凭证。<br>5. 对企业发现以前年度实际发生的、按照税收规定应在企业所得税税前扣除而未扣除或者少扣除的支出,企业做出专项申报及说明后,准予追补至该项目发生年度计算扣除,但追补确认期限不得超过5年。<br>6. 是否存在利用虚开发票或虚列人工费等虚增成本。<br>7. 是否存在使用不符合税法规定的发票及凭证,列支成本费用。<br>8. 是否存在不予列支的"返利"行为,如接受本企业以外的经销单位发票报销进行货币形式的返利并在成本中列支等。<br>9. 是否存在不予列支的应由其他纳税人负担的费用。<br>10. 是否存在将资本性支出一次计入成本费用:在成本费用中一次性列支达到固定资产标准的物品未作纳税调整;达到无形资产标准的管理系统软件,在营业费用中一次性列支,未进行纳税调整。(注:不考虑固定资产一次性扣除政策)<br>11. 企业发生的工资、薪金支出是否符合税法规定的工资薪金范围、是否符合合理性原则、是否在申报扣除年度实际发放。<br>12. 是否存在计提的职工福利费、工会经费和职工教育经费超过计税标准,未进行纳税调整。<br>13. 是否存在超标准、超范围为职工支付社会保险费和住房公积金,未进行纳税调整。是否存在应由基建工程、专项工程承担的社会保险等费用未予资本化;是否存在只提不缴纳、多提少缴虚列成本费用等问题。<br>14. 是否存在未按税法规定年限计提折旧;随意变更固定资产净残值和折旧年限;不按税法规定折旧方法计提折旧等问题。<br>15. 是否存在超标准列支业务招待费、广告费和业务宣传费未进行纳税调整等问题。 |

**(续表)**

| 项目 | | 内容与要点 |
|---|---|---|
| 风险提示 | 扣除风险 | 16. 是否存在扣除不符合国务院财政、税务部门规定的各项资产减值准备、风险准备金等支出。<br>17. 是否存在从非金融机构借款利息支出超过按照金融机构同期贷款利率计算的数额,未进行纳税调整;是否存在应予资本化的利息支出;关联方利息支出是否符合规定。<br>18. 是否存在已作损失处理的资产部分或全部收回的,未作纳税调整;是否存在自然灾害或意外事故损失有补偿的部分,未作纳税调整。<br>19. 手续费及佣金支出扣除是否符合规定:是否将回扣、提成、返利、进场费等计入手续费及佣金支出;收取对象是否具有合法经营资格的中介机构及个人;税前扣除比例是否超过税法规定。<br>20. 子公司向母公司支付的管理性的服务费是否符合规定:是否以合同(或协议)形式明确了服务内容、收费标准及金额;母公司是否提供了相应服务;子公司是否实际支付费用。<br>21. 是否以融资租赁方式租入固定资产,视同经营性租赁,多摊费用,未作纳税调整。<br>22. 是否按照国家规定提取用于环境保护、生态恢复的专项资金;专项资金改变用途后,是否进行纳税调整。 |
| | 各类报表扣除风险提示 | 1. 企业成本>存货期初期末的差额与取得发票价税合计总和:如企业所得税申报表中,营业成本+销售费用+管理费用-工资薪金支出-资产折旧、摊销-长期待摊费用摊销后大于资产负债表中存货期初期末差额+本期企业取得非固定资产和非无形资产发票总额(普通发票为价税合计金额),应核实是否误将预提费用等不属于企业所得税列支的项目以及未取得发票的成本费用进行税前扣除。(房地产业、建筑业不适用)<br>2. 企业所得税申报财务费用大于企业取得的利息发票金额,存在企税申报误填财务费用的风险。<br>3. 企业所得税工资薪金应等于个税代扣代缴薪金总额,如企业申报工资薪金大于个税扣缴工资薪金总额,应核实是否由于存在跨年度发放工资造成的,如不是则存在填报错误。<br>4. 企业所得税申报表的税金及附加应等于企业已经实际缴纳的消费税、土地增值税、资源税、环保税、城镇土地使用税、房产税、印花税、车船税,城建及教育费附加、地方教育费附加之和,如不等是否存在将预提税费进行税前列支。 |

## (二) 企业所得税税前扣除具体项目

### 1. 可以在税前据实扣除的成本费用项目

| 序号 | 成本费用名称 | 扣除标准/限额比例 | 扣除标准、扣除限额比例计算基数及需要说明的事项 |
|---|---|---|---|
| 1 | 主营业务成本 | 据实扣除 | 包括视同销售成本。 |
| 2 | 其他业务成本 | 据实扣除 | 包括视同销售成本。 |
| 3 | 咨询顾问费用 | 据实扣除 | 法律、审计、会计、税务等咨询顾问费。 |
| 4 | 办公费用 | 据实扣除 | 含印刷费、邮电费、水电费、公杂费、车船燃料费用等。 |
| 5 | 董事会费 | 据实扣除 | 以相关票据为依据。 |

（续表）

| 序号 | 成本费用名称 | 扣除标准/限额比例 | 扣除标准、扣除限额比例计算基数及需要说明的事项 |
|---|---|---|---|
| 6 | 差旅费用 | 据实扣除 | 差旅费补助必须具有合理性，符合单位报销制度。 |
| 7 | 诉讼费用 | 据实扣除 | 以生效的法院判决书（裁定书）和财政票据为依据。 |
| 8 | 财产保险费用 | 据实扣除 | 购买材料、固定资产的保险费用，应计入其成本。 |
| 9 | 仓储费用 | 据实扣除 | 购买材料、固定资产的仓储费用，应计入其成本。 |
| 10 | 修理费用 | 据实扣除 | 一般指公司行政管理机关发生的非资本化修理费用。 |
| 11 | 包装费用 | 据实扣除 | 购买材料、固定资产的包装费用，应计入其成本。 |
| 12 | 技术转让费用 | 据实扣除 | 以《技术转让合同》和相关票据为扣除依据。 |
| 13 | 研究开发费用 | 据实扣除 | 以《技术开发合同》和相关票据为扣除依据。 |
| 14 | 现金折扣 | 据实扣除 | 实际发生时作为财务费用扣除，以《买卖合同（协议）》和相关票据为扣除依据。 |
| 15 | 运输费用 | 据实扣除 | 购买材料、固定资产的运输费用，应计入其成本。 |
| 16 | 装卸费用 | 据实扣除 | 购买材料、固定资产的装卸费用，应计入其成本。 |
| 17 | 绿化费用 | 据实扣除 | 符合资本化条件的大额绿化费，应予以"资本化"。 |
| 18 | 物业费用 | 据实扣除 | 以相关票据为扣除依据。 |
| 19 | 信息披露费 | 据实扣除 | 以相关票据为扣除依据。 |
| 20 | 同业协会会费 | 据实扣除 | 以相关票据为扣除依据。 |
| 21 | 公告费用 | 据实扣除 | 以相关票据为扣除依据。 |
| 22 | 交易所会员年费 | 据实扣除 | 以相关票据为扣除依据。 |
| 23 | 会议费用 | 据实扣除 | 需要合同或者协议及会议纪要等证明其发生的真实性。 |
| 24 | 低值易耗品摊销 | 据实扣除 | 一般指企业行政机关发生低值易耗品摊销费用。 |
| 24 | 其他费用 | 视情况而定 | 通常要判定其发生的真实性、合法性及合理性。 |
| 25 | 水利建设基金 | 据实扣除 | 以相关票据为扣除依据。 |
| 26 | 副食品价格调节金 | 据实扣除 | 以相关票据为扣除依据。 |
| 27 | 残疾人就业保障金 | 据实扣除 | 以相关票据为扣除依据。 |
| 28 | 资产损失 | 据实扣除 | 以内部证据或外部证据证明资产损失的客观事实存在。 |
| 29 | 税金 | 据实扣除 | 1. 不可以抵扣增值税的进项税额，可以税前扣除。<br>2. 应予以"资本化"的税金，如：耕地占用税、契税、车购税等，通常不可以一次性扣除。 |
| 30 | 教育费附加 | 据实扣除 | 以缴费证明为扣除依据。 |
| 31 | 地方教育附加 | 据实扣除 | 以缴费证明为扣除依据。 |
| 32 | 文化事业建设费 | 据实扣除 | 以缴费证明为扣除依据。 |
| 33 | 目标脱贫地区的扶贫捐赠支出 | 据实扣除 | 自2019年1月1日至2025年12月31日，企业通过公益性社会组织或者县级（含县级）以上人民政府及其组成部门和直属机构，用于目标脱贫地区的扶贫捐赠支出。 |

**（续表）**

| 序号 | 成本费用名称 | 扣除标准/限额比例 | 扣除标准、扣除限额比例计算基数及需要说明的事项 |
|---|---|---|---|
| 33.1 | 肺炎疫情防控 | 据实扣除 | 1. 企业和个人通过公益性社会组织或者县级以上人民政府及其部门等国家机关，捐赠用于应对新型冠状病毒感染的肺炎疫情的现金和物品，允许在计算应纳税所得额时全额扣除。<br>2. 企业和个人直接向承担疫情防治任务的医院捐赠用于应对新型冠状病毒感染的肺炎疫情的物品，允许在计算应纳税所得额时全额扣除。<br>3. 捐赠人凭承担疫情防治任务的医院开具的捐赠接收函办理税前扣除事宜。 |
| 34 | 责任保险费 | 据实扣除 | 企业参加雇主责任险、公众责任险等责任保险，按照规定缴纳的保险费，准予在企业所得税税前扣除。<br>适用于 2018 年度及以后年度企业所得税汇算清缴。 |
| 35 | 永续债利息支出 | 据实扣除 | 企业发行的永续债，可以适用股息、红利企业所得税政策，发行方支付的永续债利息支出不得在企业所得税税前扣除；也可以按照债券利息适用企业所得税政策，发行方支付的永续债利息支出准予在其企业所得税税前扣除；投资方取得的永续债利息收入应当依法纳税。 |

### 2. 可以在税前按限额或者按一定比例扣除的成本费用项目

| 序号 | 成本费用名称 | 扣除标准/限额比例 | 扣除标准、扣除限额比例的计算基数及需要说明的事项 |
|---|---|---|---|
| 1-1 | 职工工资<br>——正常职工 | 据实扣除 | 合理性工资，可以据实扣除。工资、薪金，是指企业每一纳税年度支付给在本企业任职或者受雇的员工的所有现金形式或者非现金形式的劳动报酬，包括基本工资、奖金、津贴、补贴、年终加薪、加班工资，以及与员工任职或者受雇有关的其他支出。 |
| 1-2 | 职工工资<br>——残疾职工 | 在据实扣除基础上，再加计扣除 100% | 需要同时符合 4 个条件，才可以享受加计扣除：<br>1. 依法与安置的每位残疾人签订了 1 年以上（含 1 年）的劳动合同或服务协议，并且安置的每位残疾人在企业实际上岗工作。<br>2. 为安置的每位残疾人按月足额缴纳了企业所在区县人民政府根据国家政策规定的基本养老保险、基本医疗保险、失业保险和工伤保险等社会保险。（不含城镇居民社会养老保险、新型农村社会养老保险、城镇居民基本医疗保险和新型农村合作医疗。）<br>3. 定期通过银行等金融机构向安置的每位残疾人实际支付了不低于企业所在区县适用的经省级人民政府批准的最低工资标准的工资。<br>4. 具备安置残疾人上岗工作的基本设施。 |
| 1-3 | 职工工资<br>——工资储备基金余额 | 发放时扣除 | 原执行工效挂钩办法的企业，在 2008 年 1 月 1 日以前已按规定提取，但因未实际发放而未在税前扣除的工资储备基金余额，2008 年及以后年度实际发放时，可在实际发放年度企业所得税税前据实扣除。 |

(续表)

| 序号 | 成本费用名称 | 扣除标准/限额比例 | 扣除标准、扣除限额比例的计算基数及需要说明的事项 |
|---|---|---|---|
| 1-4 | 职工工资——季节工、临时工、实习生和返聘离退休人员职工工资 | 据实扣除 | 应区分为工资薪金支出和职工福利费支出,并按《中华人民共和国企业所得税法》规定在企业所得税税前扣除。其中属于工资薪金支出的,准予计入企业工资薪金总额的基数,作为计算其他各项相关费用扣除的依据。 |
| 1-5 | 职工工资——实行股权激励计划 | 行权时,据实扣除 | 1. 对股权激励计划实行后立即可以行权的,根据实际行权时该股票的公允价格与激励对象实际行权支付价格的差额和数量,计算确定作为当年工资薪金支出,依照税法规定进行税前扣除。<br>2. 对股权激励计划实行后,需待一定服务年限或者达到规定业绩条件(以下简称等待期)方可行权的。等待期内会计上计算确认的相关成本费用,不得在对应年度计算缴纳企业所得税时扣除。在股权激励计划可行权后,方可根据该股票实际行权时的公允价格与当年激励对象实际行权支付价格的差额及数量,计算确定作为当年工资薪金支出,依照税法规定进行税前扣除。 |
| 1-6 | 职工工资——固定与工资薪金一起发放的福利性补贴 | 据实扣除 | 列入企业员工工资薪金制度、固定与工资薪金一起发放的福利性补贴,符合《国家税务总局关于企业工资薪金及职工福利费扣除问题的通知》(国税函〔2009〕3 号)第 1 条规定的,可作为企业发生的工资薪金支出,按规定在税前扣除。 |
| 1-7 | 职工工资——劳务派遣用工支出 | 据实扣除 | 企业接受外部劳务派遣用工所实际发生的费用,应分两种情况按规定在税前扣除:<br>1. 按照协议(合同)约定直接支付给劳务派遣公司的费用,应作为劳务费支出。<br>2. 直接支付给员工个人的费用,应作为工资薪金支出和职工福利费支出。其中属于工资薪金支出的费用,准予计入企业工资薪金总额的基数,作为计算其他各项相关费用扣除的依据。 |
| 2 | 基本养老保险费 | 1. 国务院有关主管部门规定的范围和标准<br>2. 省级人民政府规定的范围和标准 | 企业依照国务院有关主管部门或者省级人民政府规定的范围和标准为职工缴纳的基本养老保险费、基本医疗保险费、失业保险费、工伤保险费、生育保险费等基本社会保险费和住房公积金,准予扣除。 |
| 3 | 基本医疗保险费 | | |
| 4 | 失业保险费 | | |
| 5 | 工伤保险费 | | |
| 6 | 生育保险费 | | |
| 7 | 住房公积金 | | |
| 8 | 补充养老保险费 | 职工工资总额≤5% | 1. 企业为投资者或者职工支付的补充养老保险费、补充医疗保险费,在国务院财政、税务主管部门规定的范围和标准内,准予扣除。<br>2. 为在本企业任职或者受雇的全体员工支付的补充养老保险费、补充医疗保险费,分别在不超过职工工资总额5%标准内的部分,在计算应纳税所得额时准予扣除;超过的部分,不予扣除。 |
| 9 | 补充医疗保险费 | 职工工资总额≤5% | |

（续表）

| 序号 | 成本费用名称 | 扣除标准/限额比例 | 扣除标准、扣除限额比例的计算基数及需要说明的事项 |
|---|---|---|---|
| 10 | 特殊工种职工的人身安全保险费 | 符合国家规定的，可以扣除 | 1. 除企业依照国家有关规定为特殊工种职工支付的人身安全保险费和国务院财政、税务主管部门规定可以扣除的其他商业保险费外，企业为投资者或者职工支付的商业保险费，不得扣除。<br>2. 煤矿企业应当依法为职工参加工伤保险缴纳工伤保险费。鼓励企业为井下作业职工办理意外伤害保险，支付保险费。<br>3. 建筑施工企业应当依法为职工参加工伤保险缴纳工伤保险费。鼓励企业为从事危险作业的职工办理意外伤害保险，支付保险费。 |
| 11 | 为投资者、职工支付商业保险费 | 符合国务院财政、税务主管部门规定的，可以扣除 | 1. 除企业依照国家有关规定为特殊工种职工支付的人身安全保险费和国务院财政、税务主管部门规定可以扣除的其他商业保险费外，企业为投资者或者职工支付的商业保险费，不得扣除。<br>2. 企业职工因公出差乘坐交通工具发生的人身意外保险费支出，准予企业在计算应纳税所得额时扣除。 |
| 12 | 职工福利费 | ≤工资、薪金总额×14% | 1. 企业发生的职工福利费支出，不超过工资、薪金总额14%的部分，准予扣除。<br>2. 企业职工福利费，包括以下内容：<br>（1）尚未实行分离办社会职能的企业，其内设福利部门所发生的设备、设施和人员费用，包括职工食堂、职工浴室、理发室、医务所、托儿所、疗养院等集体福利部门的设备、设施及维修保养费用和福利部门工作人员的工资薪金、社会保险费、住房公积金、劳务费等。<br>（2）为职工卫生保健、生活、住房、交通等所发放的各项补贴和非货币性福利，包括企业向职工发放的因公外地就医费用、未实行医疗统筹企业职工医疗费用、职工供养直系亲属医疗补贴、供暖费补贴、职工防暑降温费、职工困难补贴、救济费、职工食堂经费补贴、职工交通补贴等。<br>（3）按照其他规定发生的其他职工福利费，包括丧葬补助费、抚恤费、安家费、探亲假路费等。<br>3. 关于职工福利费核算问题：<br>企业发生的职工福利费，应该单独设置账册，进行准确核算。没有单独设置账册准确核算的，税务机关应责令企业在规定的期限内进行改正。逾期仍未改正的，税务机关可对企业发生的职工福利费进行合理的核定。 |
| 13 | 工会经费 | ≤工资、薪金总额×2% | 1. 限额、比例：企业拨缴的工会经费，不超过工资、薪金总额2%的部分，准予扣除。<br>2. 票据要求：《工会经费收入专用收据》或者凭合法、有效的工会经费代收凭据。 |

（续表）

| 序号 | 成本费用名称 | 扣除标准/限额比例 | 扣除标准、扣除限额比例的计算基数及需要说明的事项 |
|---|---|---|---|
| 14-1 | 职工教育经费——一般企业 | ≤工资、薪金总额×8％；超过部分，可以以后年度无限期结转扣除 | 1. 除国务院财政、税务主管部门另有规定外，企业发生的职工教育经费支出，不超过工资、薪金总额2.5％的部分，准予扣除。<br>2. 软件生产企业职工培训费，可以全额扣除。<br>3. 自2015年1月1日起，对高新企业发生的职工教育经费支出，不超过工资、薪金总额8％的部分，准予扣除。<br>4. 自2017年1月1日起，经认定的技术先进型服务企业发生的职工教育经费支出，不超过工资薪金总额8％的部分，准予在计算应纳税所得额时扣除。<br>5. 自2018年1月1日起，对所有企业发生的职工教育经费支出，不超过工资薪金总额8％的部分，准予在计算企业所得税应纳税所得额时扣除。 |
| 14-2 | 职工教育经费——航空企业 | 空勤训练费用，全额在税前扣除；其余≤工资、薪金总额×8％ | 航空企业实际发生的飞行员养成费、飞行训练费、乘务训练费、空中保卫员训练费等空勤训练费用，根据《实施条例》第27条规定，可以作为航空企业运输成本在税前扣除。 |
| 14-3 | 职工教育经费——集成电路设计企业和符合条件软件企业 | 职工培训费用，全额在税前扣除；其余≤工资、薪金总额×8％ | 集成电路设计企业和符合条件软件企业的职工培训费用，应单独进行核算并按实际发生额在计算应纳税所得额时扣除。 |
| 14-4 | 职工教育经费——核电企业 | 操纵员培养费，全额在税前扣除；其余≤工资、薪金总额×8％ | 核力发电企业为培养核电厂操纵员发生的培养费用，可作为企业的发电成本在税前扣除。企业应将核电厂操纵员培养费与员工的职工教育经费严格区分，单独核算，员工实际发生的职工教育经费支出不得计入核电厂操纵员培养费直接扣除。 |
| 15-1 | 借款费用——向非关联关系企业借款 | 据实扣除或者按照同期同类范围内扣除 | 1. 非金融企业向金融企业借款的利息支出、金融企业的各项存款利息支出和同业拆借利息支出、企业经批准发行债券的利息支出，据实扣除。<br>2. 非金融企业向非金融企业的利息支出，不超过按照金融企业同期同类贷款利率计算的数额可扣除；并提供本省任何一家金融企业的同期同类贷款利率情况说明。利率，既可以是金融企业公布的同期同类平均利率，也可以是金融企业对某些企业提供的实际贷款利率。<br>3. 金融企业的范围：<br>应为经政府有关部门批准成立的可以从事贷款业务的企业，包括银行、财务公司、信托公司等金融机构。 |

（续表）

| 序号 | 成本费用名称 | 扣除标准/限额比例 | 扣除标准、扣除限额比例的计算基数及需要说明的事项 |
|---|---|---|---|
| 15-2 | 借款费用——向关联关系企业借款 | 结合"债资比例"，视情况扣除 | 不超过按照金融企业同期同类贷款利率计算的基础上：<br>1. 实际支付给关联方的利息支出，不超过以下规定比例和税法及其实施条例有关规定计算的部分，准予扣除，超过的部分不得在发生当期和以后年度扣除。债权性投资与其权益性投资比：<br>金融企业，为5∶1；其他企业，为2∶1。<br>2. 能够证明相关交易活动符合独立交易原则的，或该企业的实际税负不高于境内关联方的，其实际支付给境内关联方的利息支出，在计算应纳税所得额时准予扣除。 |
| 15-3 | 借款费用——向非关联关系个人借款 | 符合条件，按照同期同类范围内扣除 | 企业向除关联关系以外的内部职工或其他人员借款的利息支出，其借款情况同时符合以下条件的，其利息支出在不超过按照金融企业同期同类贷款利率计算的数额的部分，准予扣除。<br>1. 企业与个人之间的借贷是真实、合法、有效的，并且不具有非法集资目的或其他违反法律、法规的行为。<br>2. 企业与个人之间签订了借款合同。 |
| 15-4 | 借款费用——向关联关系个人借款 | 视情况扣除 | 不超过按照金融企业同期同类贷款利率计算的基础上，实际支付给关联方的利息支出，不超过以下规定比例和税法及其实施条例有关规定计算的部分，准予扣除，超过的部分不得在发生当期和以后年度扣除。债权性投资与其权益性投资比：<br>金融企业，为5∶1；其他企业，为2∶1。 |
| 16-1 | 业务招待费——正常经营 | 实际发生额60%与销售（营业）收入×5‰最小值者 | 1. 扣除限额及扣除比例：<br>（1）正常情况：企业发生的与生产经营活动有关的业务招待费支出，按照发生额的60%扣除，但最高不得超过当年销售（营业）收入的5‰。<br>（2）从事股权投资业务的企业（包括集团公司总部、创业投资企业等）：其从被投资企业所分配的股息、红利以及股权转让收入，可以按规定的比例计算业务招待费扣除限额。<br>（3）筹办期间：企业在筹建期间，发生的与筹办活动有关的业务招待费支出，可按实际发生额的60%计入企业筹办费，并按有关规定在税前扣除。 |
| 16-2 | 业务招待费——筹办期间 | 实际发生额60% | 2. 扣除比例计算基数的确定：<br>（1）企业在计算业务招待费扣除限额时，其销售（营业）收入额应包括《实施条例》第25条规定的视同销售（营业）收入额，即：<br>"主营业务收入＋其他业务收入＋视同销售收入"。<br>（2）企业通过正式签订《房地产销售合同》或《房地产预售合同》所取得的收入，应确认为销售收入的实现。因此，房地产开发企业取得的预售收入应计入销售收入，作为计算扣除限额的基数，若出现结转完工产品的部分应进行剔除。 |

**（续表）**

| 序号 | 成本费用名称 | 扣除标准/限额比例 | 扣除标准、扣除限额比例的计算基数及需要说明的事项 |
|------|------------|----------------|----------------------------------------------|
| 17-1 | 广告费和业务宣传费<br>——普通行业 | ≤15％ | 1. 扣除比例或者限额：<br>（1）企业发生的符合条件的广告费和业务宣传费支出，除国务院财政、税务主管部门另有规定外，不超过当年销售（营业）收入15％的部分，准予扣除；超过部分，准予在以后纳税年度结转扣除。<br>（2）自2016年1月1日起至2025年12月31日止：对化妆品制造或销售、医药制造和饮料制造（不含酒类制造）企业发生的广告费和业务宣传费支出，不超过当年销售（营业）收入30％的部分，准予扣除；超过部分，准予在以后纳税年度结转扣除。<br>对签订广告费和业务宣传费分摊协议（以下简称分摊协议）的关联企业，其中一方发生的不超过当年销售（营业）收入税前扣除限额比例内的广告费和业务宣传费支出可以在本企业扣除，也可以将其中的部分或全部按照分摊协议归集至另一方扣除。另一方在计算本企业广告费和业务宣传费支出企业所得税税前扣除限额时，可将按照上述办法归集至本企业的广告费和业务宣传费不计算在内。 |
| 17-2 | 广告费和业务宣传费<br>——特殊行业 | ≤30％ | 2. 销售（营业）收入基数：<br>（1）企业在计算业务宣传费等费用扣除限额时，其销售（营业）收入额应包括《实施条例》第25条规定的视同销售（营业）收入额，即：<br>"主营业务收入＋其他业务收入＋视同销售收入"<br>（2）企业通过正式签订《房地产销售合同》或《房地产预售合同》所取得的收入，应确认为销售收入的实现。因此，房地产开发企业取得的预售收入应计入销售收入，作为计算扣除限额的基数。若出现结转完工产品的部分应进行剔除。 |
| 18 | 环境保护、生态保护等专项资金 | 按规定提取并专项使用，可以扣除 | 企业依照法律、行政法规有关规定提取的用于环境保护、生态恢复等方面的专项资金，准予扣除。上述专项资金提取后改变用途的，不得扣除。 |
| 19-1 | 固定资产租赁费<br>——经营租赁 | 租赁期均匀扣除 | 1. 以经营租赁方式租入固定资产发生的租赁费支出，按照租赁期限均匀扣除。<br>2. 以融资租赁方式租入固定资产发生的租赁费支出，按照规定构成融资租入固定资产价值的部分应当提取折旧费用，分期扣除。 |
| 19-2 | 固定资产租赁费<br>——融资租赁 | 以提取折旧额方式分期扣除 | |
| 20 | 劳动保护支出 | 合理支出，准予税前扣除 | 1. 发生的合理的劳动保护支出，准予扣除。<br>2. 劳动保护支出应该具有有效凭证。 |

（续表）

| 序号 | 成本费用名称 | 扣除标准/限额比例 | 扣除标准、扣除限额比例的计算基数及需要说明的事项 |
|---|---|---|---|
| 21 | 捐赠支出 | ≤12% | 1. 企业发生的公益性捐赠支出，在年度利润总额12%以内的部分，准予在计算应纳税所得额时扣除；超过年度利润总额12%的部分，准予结转以后3年内在计算应纳税所得额时扣除。<br>2. 公益性捐赠，是指企业通过公益性社会团体或者县级以上人民政府及其部门，用于《公益事业捐赠法》规定的公益事业的捐赠。<br>3. 由财政、税务、民政等部门结合社会组织登记注册、公益活动情况联合确认公益性捐赠税前扣除资格，并以公告形式发布名单。<br>4. 企业在非货币性资产捐赠过程中发生的运费、保险费、人工费等相关支出凡纳入国家机关、公益性社会组织开具的公益捐赠票据记载的数额中的，作为公益性捐赠支出按规定在税前扣除。未纳入公益性捐赠票据记载的数额中的，作为企业相关费用按照规定在税前扣除。 |
| 22 | 固定资产折旧 | 按照规定扣除 | 固定资产计算折旧的最低年限如下：<br>1. 房屋、建筑物，为20年。<br>2. 飞机、火车、轮船、机器、机械和其他生产设备，为10年。<br>3. 与生产经营活动有关的器具、工具、家具等，为5年。<br>4. 飞机、火车、轮船以外的运输工具，为4年。<br>5. 电子设备，为3年。 |
| 23 | 生产性生物资产折旧 | 按照规定扣除 | 生产性生物资产计算折旧的最低年限如下：<br>1. 林木类生产性生物资产，为10年；<br>2. 畜类生产性生物资产，为3年。 |
| 24 | 无形资产摊销——除外购商誉在整体清算外 | 按照规定扣除 | 1. 无形资产的摊销年限不得低于10年。<br>2. 作为投资或者受让的无形资产，有关法律规定或者合同约定了使用年限的，可以按照规定或者约定的使用年限分期摊销。 |
| 25-1 | 长期待摊费用——已足额提取折旧的房屋建筑物改建支出 | 按预计尚可使用年限分摊 | 改建支出，是指改变房屋或者建筑物结构、延长使用年限等发生的支出。 |
| 25-2 | 长期待摊费用——租入房屋建筑物的改建支出 | 按合同约定剩余租赁期分摊 | |
| 25-3 | 长期待摊费用——固定资产大修理支出 | 按尚可使用年限分摊 | 固定资产的大修理支出，是指同时符合下列条件的支出：<br>1. 修理支出达到取得固定资产时的计税基础50%以上；<br>2. 修理后固定资产的使用年限延长2年以上。 |
| 25-4 | 长期待摊费用——其他长期待摊费用 | ≥3年 | 其他应当作为长期待摊费用的支出，自支出发生月份的次月起，分期摊销，摊销年限不得低于3年。 |
| 26 | 开办费（筹建费） | 开始经营一次性扣除或者分3年均匀扣除 | 新税法中开（筹）办费未明确列作长期待摊费用，企业可以在开始经营之日的当年一次性扣除，也可以按照新税法有关长期待摊费用的处理规定处理，但一经选定，不得改变。 |

(续表)

| 序号 | 成本费用名称 | 扣除标准/限额比例 | 扣除标准、扣除限额比例的计算基数及需要说明的事项 |
|---|---|---|---|
| 27-1 | 研究开发费用 | 150%/175% | 1. 研究开发费用的加计扣除，是指企业为开发新技术、新产品、新工艺发生的研究开发费用，未形成无形资产计入当期损益的，在按照规定据实扣除的基础上，按照研究开发费用的50%加计扣除；形成无形资产的，按照无形资产成本的150%摊销。<br>2. 企业开展研发活动中实际发生的研发费用，未形成无形资产计入当期损益的，在按规定据实扣除的基础上，在2018年1月1日至2023年12月31日期间，再按照实际发生额的75%在税前加计扣除；形成无形资产的，在上述期间按照无形资产成本的175%在税前摊销。 |
| 27-2 | 研究开发费用——制造业企业 | 200% | 制造业企业开展研发活动中实际发生的研发费用，未形成无形资产计入当期损益的，在按规定据实扣除的基础上，自2021年1月1日起，再按照实际发生额的100%在税前加计扣除；形成无形资产的，自2021年1月1日起，按照无形资产成本的200%在税前摊销。<br>企业预缴申报当年第3季度（按季预缴）或9月份（按月预缴）企业所得税时，可以自行选择就当年上半年研发费用享受加计扣除优惠政策，采取"自行判别、申报享受、相关资料留存备查"办理方式。 |
| 27-3 | 研究开发费用——委托境外 | 80%/(2/3) | 委托境外进行研发活动所发生的费用，按照费用实际发生额的80%计入委托方的委托境外研发费用。委托境外研发费用不超过境内符合条件的研发费用三分之二的部分，可以按规定在企业所得税前加计扣除。 |
| 28-1 | 手续费、佣金支出——一般企业 | ≤5% | 1. 企业发生与生产经营有关的手续费及佣金支出，不超过以下规定计算限额以内的部分，准予扣除；超过部分，不得扣除。<br>（1）保险企业：财产保险企业按当年全部保费收入扣除退保金等后余额的15%（含本数，下同）计算限额；人身保险企业按当年全部保费收入扣除退保金等后余额的10%计算限额。<br>自2019年1月1日起，保险企业发生与其经营活动有关的手续费及佣金支出，不超过当年全部保费收入扣除退保金等后余额的18%（含本数）的部分，在计算应纳税所得额时准予扣除；超过部分，允许结转以后年度扣除。<br>（2）其他企业：按与具有合法经营资格中介服务机构或个人（不含交易双方及其雇员、代理人和代表人等）所签订服务协议或合同确认的收入金额的5%计算限额。<br>2. 企业应与具有合法经营资格中介服务企业或个人签订代办协议或合同，并按国家有关规定支付手续费及佣金。除委托个人代办外，企业以现金等非转账方式支付的手续费及佣金不得在税前扣除。企业为发行权益性证券支付给有关证券承销机构的手续费及佣金不得在税前扣除。<br>3. 电信企业在发展客户、拓展业务等过程中（如委托销售电话入网卡、电话充值卡等），需向经纪人、代办商支付手续费及佣金的，其实际发生的相关手续费及佣金支出，不超过企业当年收入总额5%的部分，准予在企业所得税前据实扣除。 |
| 28-2-1 | 手续费、佣金支出——人险企业 | ≤10% | |
| 28-2-2 | 手续费、佣金支出——财险企业 | ≤15% | |
| 28-3 | 手续费、佣金支出——保险企业 | ≤18% | |
| 28-4 | 手续费、佣金支出——电信企业 | ≤5% | |

（续表）

| 序号 | 成本费用名称 | 扣除标准/限额比例 | 扣除标准、扣除限额比例的计算基数及需要说明的事项 |
|---|---|---|---|
| 29 | 股权投资损失 | 一次性扣除 | 1. 企业在转让或者处置投资资产时,投资资产的成本,准予扣除。<br>2. 企业对外进行权益性(以下简称股权)投资所发生的损失,在经确认的损失发生年度,作为企业损失在计算企业应纳税所得额时一次性扣除。 |
| 30-1 | 维简费<br>——煤矿企业 | 区分资本性支出和收益性支出原则 | 煤矿企业实际发生的维简费支出和高危行业企业实际发生的安全生产费用支出,属于收益性支出的,可直接作为当期费用在税前扣除;属于资本性支出的,应计入有关资产成本,并按《中华人民共和国企业所得税法》规定计提折旧或摊销费用在税前扣除。企业按照有关规定预提的维简费和安全生产费用,不得在税前扣除。 |
| 30-2 | 维简费<br>——普通企业 | | |
| 31 | 高危行业企业安全生产费用 | | |
| 32 | 工作服饰费用 | 符合条件的,可以税前扣除 | 企业根据其工作性质和特点,由企业统一制作并要求员工工作时统一着装所发生的工作服饰费用,根据《实施条例》第27条的规定,可以作为企业合理的支出给予税前扣除。 |
| 33 | 当年度实际发生的年末尚未取得有效凭证的相关成本、费用 | 在汇算清缴前取得有效凭证,可以税前扣除 | 企业当年度实际发生的相关成本、费用,由于各种原因未能及时取得该成本、费用的有效凭证,企业在预缴季度所得税时,可暂按账面发生金额进行核算;但在汇算清缴时,应补充提供该成本、费用的有效凭证。 |
| 34 | 不符合资本化条件的融资费用 | 据实扣除 | 企业通过发行债券、取得贷款、吸收保户储金等方式融资而发生的合理的费用支出,不符合资本化条件的,应作为财务费用,准予在企业所得税前据实扣除。 |
| 35 | 以前年度实际发生的、应扣而未扣或者少扣的支出 | 进行追溯调整,可以在税前扣除 | 1. 对企业发现以前年度实际发生的、按照税收规定应在企业所得税税前扣除而未扣除或者少扣除的支出,企业做出专项申报及说明后,准予追补至该项目发生年度计算扣除,但追补确认期限不得超过5年。<br>2. 企业在结算计税成本时其实际发生的支出应当取得但未取得合法凭据的,不得计入计税成本,待实际取得合法凭据时,再按规定计入计税成本。 |
| 36 | 银行业金融机构存款保险保费 | 万分之一点六 | 1. 准予在企业所得税税前扣除的存款保险保费计算公式如下:<br>准予在企业所得税税前扣除的存款保险保费＝保费基数×存款保险费率。<br>保费基数以中国人民银行核定的数额为准。<br>2. 准予在企业所得税税前扣除的存款保险保费,不包括存款保险保费滞纳金。 |
| 37 | 党组织工作经费 | ≤1% | 1. 非公有制企业:党组织工作经费纳入企业管理费列支,不超过职工年度工资薪金总额1%的部分,可以据实在企业所得税税前扣除。<br>2. 国有企业:纳入管理费用的党组织工作经费,实际支出不超过职工上年度工资薪金总额1%的部分,可以据实在企业所得税税前扣除。年末如有结余,结转下一年度使用。累计结转超过上一年度职工工资总额2%的,当年不再从管理费用中安排。 |

（续表）

| 序号 | 成本费用名称 | 扣除标准/限额比例 | 扣除标准、扣除限额比例的计算基数及需要说明的事项 |
|------|-------------|-----------------|----------------------------------------------|
| 38-1 | 核准的准备金——保险企业 | 0.05%~0.8% | 1. 保险企业未到期责任准备金、寿险责任准备金、长期健康险责任准备金、已发生已报告未决赔款准备金和已发生未报告未决赔款准备金应按财政部下发的企业会计有关规定计算扣除。<br>（1）已发生已报案未决非寿险赔款准备金，按最高不超过当期已经提出的保险赔款或者给付金额的100%提取。<br>（2）已发生未报案未决非寿险赔款准备金，按不超过当年实际赔款支出额的8%提取。<br>2. 保险公司按下列规定缴纳的保险保障基金，准予据实税前扣除：<br>（1）非投资型财产保险业务，不得超过保费收入的0.8%；投资型财产保险业务，有保证收益的，不得超过业务收入的0.08%，无保证收益的，不得超过业务收入的0.05%。<br>（2）有保证收益的人寿保险业务，不得超过业务收入的0.15%；无保证收益的人寿保险业务，不得超过业务收入的0.05%。<br>（3）短期健康保险业务，不得超过保费收入的0.8%；长期健康保险业务，不得超过保费收入的0.15%。<br>（4）非投资型意外伤害保险业务，不得超过保费收入的0.8%；投资型意外伤害保险业务，有保证收益的，不得超过业务收入的0.08%，无保证收益的，不得超过业务收入的0.05%。<br>3. 有下列情形之一的，其缴纳的保险保障基金不得在税前扣除：<br>（1）财产保险公司的保险保障基金余额达到公司总资产6%的。<br>（2）人身保险公司的保险保障基金余额达到公司总资产1%的。<br>4. 农业保险：按照财金〔2013〕129号规定执行。 |
| 38-2 | 核准的准备金——金融企业涉农贷款和中小企业贷款损失 | 2%~100% | 2019年1月1日起执行至2023年12月31日（属政策到期后继续执行），金融企业根据《贷款风险分类指引》（银监发〔2007〕54号），对其涉农贷款和中小企业贷款进行风险分类后，按照以下比例计提的贷款损失准备金，准予在计算应纳税所得额时扣除：<br>1. 关注类贷款，计提比例为2%。<br>2. 次级类贷款，计提比例为25%。<br>3. 可疑类贷款，计提比例为50%。<br>4. 损失类贷款，计提比例为100%。 |

（续表）

| 序号 | 成本费用名称 | 扣除标准/限额比例 | 扣除标准、扣除限额比例的计算基数及需要说明的事项 |
|---|---|---|---|
| 38-3 | 核准的准备金——金融企业贷款损失 | 1% | 金融企业包括政策性银行、商业银行、财务公司、城乡信用社和金融租赁公司等金融企业：<br>1. 自2019年1月1日起执行至2023年12月31日（属政策到期后继续执行），准予税前提取贷款损失准备金的贷款资产范围包括：<br>（1）贷款（含抵押、质押、担保等贷款）。<br>（2）银行卡透支、贴现、信用垫款（含银行承兑汇票垫款、信用证垫款、担保垫款等）、进出口押汇、同业拆出、应收融资租赁款等各项具有贷款特征的风险资产。<br>（3）由金融企业转贷并承担对外还款责任的国外贷款，包括国际金融组织贷款、外国买方信贷、外国政府贷款、日本国际协力银行不附条件贷款和外国政府混合贷款等资产。<br>2. 金融企业准予当年税前扣除的贷款损失准备金计算公式如下：<br>准予当年税前扣除的贷款损失准备金＝本年年末准予提取贷款损失准备金的贷款资产余额×1%－截至上年年末已在税前扣除的贷款损失准备金的余额。<br>金融企业按上述公式计算的数额如为负数，应当相应调增当年应纳税所得额。<br>3. 金融企业的委托贷款、代理贷款、国债投资、应收股利、上交央行准备金以及金融企业剥离的债权和股权、应收财政贴息、央行款项等不承担风险和损失的资产，以及除财政部　税务总局公告2019年第86号第一条列举资产之外的其他风险资产，不得提取贷款损失准备金在税前扣除。 |
| 38-4 | 核准的准备金——对中小企业融资（信用）担保机构 | （1）≤未担保责任余额的1%<br>（2）≤当年担保费收入的50% | 自2016年1月1日起至2023年12月31日止（属政策到期后继续执行），符合条件的中小企业融资（信用）担保机构按照不超过当年年末担保责任余额1%的比例和按照不超过当年担保费收入50%的比例计提的担保赔偿准备，允许在企业所得税税前扣除，同时将上年度计提的担保赔偿准备余额转为当期收入。 |
| 38-5 | 核准的准备金——证券行业 | （1）按证券交易风险、结算风险和投资者保护提取<br>（2）按期货交易风险、期货公司风险和期货投资者保障提取 | 自2016年1月1日起至2023年12月31日止（属政策到期后继续执行），证券行业准备金按照下列比例提取，准予税前扣除。<br>1. 证券类准备金。<br>（1）证券交易所风险基金。<br>上海、深圳证券交易所按证券交易所交易收取经手费的20%、会员年费的10%提取的证券交易所风险基金，在各基金净资产不超过10亿元的额度内。<br>（2）证券结算风险基金。<br>① 中国证券登记结算公司所属上海分公司、深圳分公司按证券登记结算公司业务收入的20%提取的证券结算风险基金，在各基金净资产不超过30亿元的额度内。 |

（续表）

| 序号 | 成本费用名称 | 扣除标准/限额比例 | 扣除标准、扣除限额比例的计算基数及需要说明的事项 |
|---|---|---|---|
| | | | ② 证券公司作为结算会员按人民币普通股和基金成交金额的十万分之三、国债现货成交金额的十万分之一、1天期国债回购成交额的千万分之五、2天期国债回购成交额的千万分之十、3天期国债回购成交额的千万分之十五、4天期国债回购成交额的千万分之二十、7天期国债回购成交额的千万分之五十、14天期国债回购成交额的十万分之一、28天期国债回购成交额的十万分之二、91天期国债回购成交额的十万分之六、182天期国债回购成交额的十万分之十二逐日交纳的证券结算风险基金。<br>（3）证券投资者保护基金。<br>① 上海、深圳证券交易所在风险基金分别达到规定的上限后，按交易经手费的20%缴纳的证券投资者保护基金。<br>② 证券公司按其营业收入0.5%～5%缴纳的证券投资者保护基金。<br>2. 期货类准备金。<br>（1）期货交易所风险准备金。<br>① 大连商品交易所、郑州商品交易所和中国金融期货交易所、上海期货交易所分别按向会员收取手续费收入的20%计提的风险准备金，在风险准备金余额达到有关规定的额度内，准予在企业所得税税前扣除。<br>② 上海国际能源交易中心依据《期货交易管理条例》《期货交易所管理办法》和《商品期货交易财务管理暂行规定》的有关规定，按其向会员收取手续费收入的20%计提的风险准备金，在风险准备金余额达到有关规定的额度内，准予在企业所得税税前扣除。<br>（2）期货公司风险准备金。<br>期货公司从其收取的交易手续费收入减去应付期货交易所手续费后的净收入的5%提取的期货公司风险准备金，准予在企业所得税税前扣除。<br>（3）期货投资者保障基金。<br>① 上海期货交易所、大连商品交易所、郑州商品交易所和中国金融期货交易所按其向期货公司会员收取的交易手续费的2%（2016年12月8日前按3%）缴纳的期货投资者保障基金，在基金总额达到有关规定的额度内，准予在企业所得税税前扣除。<br>② 期货公司从其收取的交易手续费中按照代理交易额的亿分之五至亿分之十的比例（2016年12月8日前按千万分之五至千万分之十的比例）缴纳的期货投资者保障基金，在基金总额达到有关规定的额度内，准予在企业所得税税前扣除。<br>③ 上海国际能源交易中心依据《期货投资者保障基金管理办法》和《关于明确期货投资者保障基金缴纳比例有关事项的规定》的有关规定，按其向期货公司会员收取的交易手续费的2%缴纳的期货投资者保障基金，在基金总额达到有关规定的额度内，准予在企业所得税税前扣除。 |
| 38-6 | 核准的准备金——小额贷款公司 | 1% | 自2017年1月1日至2023年12月31日（属政策到期后继续执行），对经省级金融管理部门（金融办、局等）批准成立的小额贷款公司按年末贷款余额的1%计提的贷款损失准备金准予在企业所得税税前扣除。具体政策口径按照《财政部国家税务总局关于金融企业贷款损失准备金企业所得税税前扣除有关政策的通知》（财税〔2015〕9号）执行。 |

### 3. 不得在税前扣除的成本费用项目

| 序号 | 成本费用名称 | 需要说明的事项 |
| --- | --- | --- |
| 1 | 向投资者支付的权益性投资收益款项 | 向投资者支付的股息、红利等权益性投资收益款项。 |
| 2 | 企业所得税税款 | |
| 3 | 税收滞纳金 | |
| 4 | 罚金、罚款和被没收财物的损失 | 指司法机关的罚金、行政机关的罚款及被司法机关和行政机关没收财务的损失。 |
| 5 | 非公益性捐赠支出 | 《中华人民共和国企业所得税法》第9条规定以外的捐赠支出。 |
| 6 | 赞助支出 | 指非广告性质的赞助支出,如果符合广告性质的赞助支出,按照广告费和业务宣传费的限额比例扣除。 |
| 7 | 未经核定的准备金支出 | 是指不符合国务院财政、税务主管部门规定的各项资产减值准备、风险准备等准备金支出。 |
| 8 | 与取得收入无关的其他支出 | |
| 9 | 资本性支出 | 除特定情况下(如固定资产采取缩短年限或加速折旧),不得一次性扣除成本费用。 |
| 10 | 不征税收入用于支出所形成的费用 | 不征税收入用于支出所形成的费用,不得在计算应纳税所得额时扣除;用于支出所形成的资产,其计算的折旧、摊销不得在计算应纳税所得额时扣除。 |
| 11 | 企业间的管理费用 | 如上缴总机构管理费等。 |
| 12 | 企业内营业机构间支付的租金 | 如总分机构之间、分支机构之间发生的租赁费用等。 |
| 13 | 企业内营业机构间支付的特许权使用费 | 如总分机构之间、分支机构之间发生的专利、外观设计、商标及著作权使用费等。 |
| 14-1 | 利息支出<br>——非银行企业内营业机构之间支付的利息 | 这里仅限于非银行企业内营业机构之间支付的利息。 |
| 14-2 | 利息支出<br>——股东未规定期限内未缴足应缴资本额 | 具体计算不得扣除的利息,应以企业一个年度内每一账面实收资本与借款余额保持不变的期间作为一个计算期,每一计算期内不得扣除的借款利息按该期间借款利息发生额乘以该期间企业未缴足的注册资本占借款总额的比例计算,公式为:<br><br>$$\text{企业每一计算期不得扣除的借款利息} = \text{该期间借款利息额} \times \text{该期间未缴足注册资本额} \div \text{该期间借款额}$$<br><br>企业一个年度内不得扣除的借款利息总额为该年度内每一计算期不得扣除的借款利息额之和。 |

（续表）

| 序号 | 成本费用名称 | 需要说明的事项 |
|------|------------|--------------|
| 15-1 | 固定资产折旧<br>——除房屋、建筑物外<br>未投入使用固定资产 | 下列固定资产不得计算折旧扣除：<br>1. 房屋、建筑物以外未投入使用的固定资产。<br>2. 以经营租赁方式租入的固定资产。<br>3. 以融资租赁方式租出的固定资产。<br>4. 已足额提取折旧仍继续使用的固定资产。<br>5. 与经营活动无关的固定资产。<br>6. 单独估价作为固定资产入账的土地。<br>7. 其他不得计算折旧扣除的固定资产。 |
| 15-2 | 固定资产折旧<br>——经营租入固定资产 | |
| 15-3 | 固定资产折旧<br>——融资租出固定资产 | |
| 15-4 | 固定资产折旧<br>——已足额提取折旧<br>仍继续使用的固定资产 | |
| 15-5 | 固定资产折旧<br>——与经营活动无关的<br>固定资产 | |
| 15-6 | 固定资产折旧<br>——单独估价作为<br>固定资产入账的土地 | |
| 16-1 | 无形资产摊销<br>——自行开发的支出已在计<br>算应纳税所得额时扣除的无<br>形资产 | 下列无形资产不得计算摊销费用扣除：<br>1. 自行开发的支出已在计算应纳税所得额时扣除的无形资产。<br>2. 自创商誉。<br>3. 与经营活动无关的无形资产。<br>4. 其他不得计算摊销费用扣除的无形资产。 |
| 16-2 | 无形资产摊销<br>——自创商誉 | |
| 16-3 | 无形资产摊销<br>——与经营活动无关的<br>无形资产 | |
| 16-4 | 无形资产摊销<br>——持续经营下，<br>外购商誉 | 外购商誉的支出，在企业整体转让或者清算时，准予扣除。 |
| 17 | 投资成本 | 企业对外投资期间，投资资产的成本（包括债权投资和股权投资）在计算应纳税所得额时不得扣除。 |
| 18 | 回扣、业务提成、<br>返利、进场费等费用 | 企业不得将手续费及佣金支出计入回扣、业务提成、返利、进场费等费用。 |
| 19-1 | 手续费、佣金<br>——已计入固定资产、无形资<br>产等相关资产的手续费及佣<br>金支出 | 企业已计入固定资产、无形资产等相关资产的手续费及佣金支出，应当通过折旧、摊销等方式分期扣除，不得在发生当期直接扣除。 |
| 19-2 | 手续费、佣金<br>——发行权益性证券 | 企业为发行权益性证券支付给有关证券承销机构的手续费及佣金不得在税前扣除。 |

（续表）

| 序号 | 成本费用名称 | 需要说明的事项 |
|---|---|---|
| 20 | 符合资本化条件的融资费用 | 企业通过发行债券、取得贷款、吸收保户储金等方式融资而发生的合理的费用支出，符合资本化条件的，应计入相关资产成本。 |
| 21 | 行政和解金 | 行政相对人交纳的行政和解金，不得在所得税税前扣除。<br>行政和解金是指证监会与行政相对人就其涉嫌违法行为的处理达成行政和解协议，行政相对人按照行政和解协议约定缴纳的资金。 |
| 22 | 广告费和业务宣传费——烟草行业 | 烟草企业的烟草广告费和业务宣传费支出，一律不得在计算应纳税所得额时扣除。 |
| 23 | 永续债利息支出 | 企业发行的永续债，可以适用股息、红利企业所得税政策，发行方支付的永续债利息支出不得在企业所得税税前扣除；也可以按照债券利息适用企业所得税政策，发行方支付的永续债利息支出准予在其企业所得税税前扣除；投资方取得的永续债利息收入应当依法纳税。 |

### 4. 扣除项目风险提示

| 项　　目 | 风险提示 |
|---|---|
| 工资薪金支出 | 1. 合理工资薪金支出应符合国税函（2009）3 号文规定，不符合该项规定支出不得税前扣除。<br>　计提未发放的工资薪金不能税前扣除（国家税务总局公告 2015 第 34 号公告进一步明确，企业预提工资直到汇算清缴结束还未实际支付，则不能在汇算清缴年扣除）。<br>2. 离退休人员工资不能税前扣除。<br>3. 企业负担的个人所得税符合条件才能税前扣除（雇用为雇员负担的个人所得税款，应属于个人工资薪金的一部分。凡单独作为企业管理费列支的，在计算企业所得税时不得税前扣除）。<br>4. 职工辞退补偿不属于工资薪金支出，其补偿不能作为工资薪金支出，可以作为与生产经营有关的必要、合理的支出，在税前扣除。<br>5. 没有缴纳个人所得税的工资支出不是合理的工资薪金支出。<br>6. 股权激励等待期的成本费用不能税前扣除。股权激励计划实行后，持股员工需待一定服务年限的等待期方可行权的，在此期间企业要在会计上确认相关成本费用，但不得在对应年度税前扣除。 |
| 职工福利费 | 1. 与工资薪金一起发放的福利性补贴不再作为职工福利费，可以作为工资薪金支出，据实在税前扣除。<br>2. 会计上与税收上的职工福利费口径不同，不得任意扩大。<br>3. 没有实际发生的职工福利费不能税前扣除，实物福利应视同销售。<br>4. 职工福利费计算扣除基数是实发工资。<br>5. 职工福利费超额部分不能结转，应单独设账核算。<br>6. 福利部门支出应计入职工福利费，不能将职工福利费记入其他科目。 |
| 职工教育经费 | 1. 企业承担的学历学位教育费不得在税前扣除。<br>2. 要准确划分职工教育经费培训费用。<br>3. 没有实际发生的职工教育经费不能在税前扣除。<br>4. 职工教育经费计算扣除基数是实发工资。 |

（续表）

| 项　　目 | 风险提示 |
|---|---|
| 工会经费 | 1. 工会经费支出超过部分不能结转。<br>2. 应取得合法、有效工会经费代收凭据。<br>3. 工会经费计算扣除基数是实发工资。 |
| 补充养老保险费、补充医疗保险费 | 1. 企业为在本企业任职或受雇的全体员工支付的补充养老保险费、补充医疗保险费分别在不超过职工工资总额5%标准内部分，可以税前扣除；超过的部分不得扣除。必须覆盖全体员工。<br>2. 仅为投资者支付的补充保险费用不得税前扣除。<br>3. 没有实际发生的补充保险不能在税前扣除。<br>4. 支付以前年度的补充保险要追溯扣除。 |
| 捐赠支出 | 1. 企业直接捐赠，通过非公益性社会团体、县级以下人民政府及其部门的捐赠不能税前扣除。<br>2. 亏损企业的公益性捐赠支出不能在税前扣除。（除可全额扣除的）<br>3. 能向以后3年结转的仅限于公益性捐赠支出，应取得合格的捐赠票据。<br>4. 实物捐赠应视同销售。<br>5. 集团公司统一捐赠，成员企业分摊不得税前扣除。 |
| 业务招待费 | 1. 计算业务招待费扣除限额基数：营业收入＋视同销售收入＋其他业务收入＋房地产开发企业预售收入－房地产开发企业结转完工产品收入。<br>2. 从事股权投资的企业从被投资企业分配的股息、红利以及股权转让收入，也可以作为计算业务招待费扣除限额的基数。<br>3. 业务招待费中的不合规发票所列支出不能扣除。<br>4. 企业在筹建期间，发生的与筹办活动有关的业务招待费支出，可按实际发生额的60%计入企业筹办费，并按有关规定在税前扣除。 |
| 广告费和业务宣传费 | 1. 计算扣除限额基数：营业收入＋视同销售收入＋其他业务收入＋房地产开发企业预售收入－房地产开发企业结转完工产品收入。<br>2. 应注意广告费包括的范围。<br>3. 投资收益不能作为计算广告费和业务宣传费税前扣除限额的基数。<br>4. 企业将资产移送他人的下列情形，因资产所有权属已发生改变而不属于内部处置资产，应按规定视同销售确定收入。（1）用于市场推广或销售；（2）用于交际应酬；（3）用于职工奖励或福利；（4）用于股息分配；（5）用于对外捐赠；（6）其他改变资产所有权属的用途。 |
| 手续费及佣金支出 | 1. 企业对向不具有代理资格的中介机构或个人代理人支付的手续费及佣金支出不得在税前扣除。<br>2. 除委托个人代理外，企业以现金等非转账方式支付的手续费及佣金不得在税前扣除。企业为发行权益性证券支付给有关证券承销机构的手续费及佣金不得在税前扣除。<br>3. 企业不得将手续费及佣金支出计入回扣、业务提成、返利、进场费等费用。<br>4. 企业已计入固定资产、无形资产等相关资产的手续费及佣金支出，应当通过折旧、摊销等方式分期扣除，不得在发生当期直接扣除。<br>5. 企业支付的手续费及佣金不得直接冲减服务协议或合同金额，并如实入账。<br>6. 不得直接冲减服务协议或合同金额，应取得合法真实凭证。 |
| 保险费 | 1. 存款保险保费滞纳金不能税前扣除。<br>2. 差旅意外综合险不能税前扣除。<br>3. 企业职工因公出差乘坐交通工具发生的人身意外保险费支出，准予企业在计算应纳税所得额时扣除。 |

（续表）

| 项　目 | 风险提示 |
|--------|----------|
| 利息支出 | 1. 企业向非金融企业支付的利息不能超过金融企业同期同类贷款利率；企业向关联企业支付的利息不能超过财税〔2008〕121号文件规定计算的比例，超过部分不能在税前扣除。<br>2. 不能将应资本化的利息费用化，投资未到位利息不能全额扣除。<br>3. 非金融企业向非金融企业借款的利息支出，不超过按照金融企业同期同类贷款利率计算的数额的部分，准予税前扣除。鉴于目前我国对金融企业利率要求的具体情况，企业在按照合同要求首次支付利息并进行税前扣除时，应提供"金融企业的同期同类贷款利率情况说明"，以证明其利息支出的合理性。 |
| 维简费 | 1. 预提的维简费不得在税前扣除。<br>2. 维简费不得重复扣除。<br>3. 煤矿企业不适用税务总局公告2013年第26号。<br>4.《会计准则》规定，高危行业按国家规定提取的安全生产费，应计入相关产品的成本或当期损益，同时记入"专项储备"科目。企业使用提取的安全生产费时，属于费用性支出的，直接冲减专项储备。企业使用提取的安全生产费形成固定资产的，应通过"在建工程"科目归集所发生的支出，待安全项目完成达到预定可使用状态时确认为固定资产；同时，按形成固定资产的成本冲减专项储备，并确认相同金额的累计折旧。该固定资产在以后期间不再计提折旧。 |
| 其他 | 1. 罚款不得税前扣除，但银行加收的罚息不属于罚款，可以在税前扣除。<br>2. 税收滞纳金不得税前扣除。<br>3. 赞助费支出不得税前扣除。赞助费是指企业发生的与生产经营活动无关的各种非广告性质支出。<br>4. 违约金是企业之间商业行为，与企业取得收入相关，可以在税前扣除。<br>5. 企业从事生产经营之前进行筹办活动期间发生的筹办费用支出，不得计算为当期的亏损，即筹建期不作为亏损年度。筹建期取得的收入应纳税。<br>6. 母公司不能为子公司负担费用，其与收入无关的支出，不能税前扣除。 |

# 四、亏损弥补

## （一）弥补亏损一般规定

（1）企业某一纳税年度发生的亏损可以用下一年度的所得弥补，下一年度的所得不足以弥补的，可以逐年延续弥补，但最长不得超过5年。

自2018年1月1日起，当年具备高新技术企业或科技型中小企业资格的企业，其具备资格年度之前5个年度发生的尚未弥补完的亏损，准予结转以后年度弥补，最长结转年限由5年延长至10年。

（2）亏损不是企业财务报表中的亏损额，而是税法调整后的金额。

（3）五年弥补期是以亏损年度的次年算起，连续5年内不论是盈利或亏损，都作为实际弥补年限计算。

（4）连续发生年度亏损，必须从第一个亏损年度算起，先亏先补，后亏后补。

## （二）弥补亏损特殊规定

（1）企业在汇总计算缴纳企业所得税时，其境外营业机构的亏损不得抵减境内营业机构的盈利。

（2）企业筹办期间不计算为亏损年度，企业开始生产经营年度，为开始计算企业损益的年度。企业从事生产经营之前进行筹办活动期间发生筹办费用支出，不得计为当期的亏损，企业可以在开始经营之日的当年一次性扣除，也可以按照新税法有关长期待摊费用的处理规定处理，但一经选定，不得改变。

（3）税务机关对企业以前年度纳税情况进行检查时调增的应纳税所得额，凡企业以前年度发生亏损、且该亏损属于《中华人民共和国企业所得税法》规定允许弥补的，应允许调增的应纳税所得额弥补该亏损，弥补该亏损后仍有余额的，按照《中华人民共和国企业所得税法》规定计算缴纳企业所得税。

（4）《关于支持新型冠状病毒感染的肺炎疫情防控有关税收政策的公告》（财政部　国家税务总局公告2020年第8号）规定，受疫情影响较大的困难行业企业2020年度发生的亏损，最长结转年限由5年延长至8年。

困难行业企业，包括交通运输、餐饮、住宿、旅游（指旅行社及相关服务、游览景区管理两类）四大类，具体判断标准按照现行《国民经济行业分类》执行。困难行业企业2020年度主营业务收入须占收入总额（剔除不征税收入和投资收益）的50%以上。

（5）对电影行业企业2020年度发生的亏损，最长结转年限由5年延长至8年。电影行业企业限于电影制作、发行和放映等企业，不包括通过互联网、电信网、广播电视网等信息网络传播电影的企业。

（6）国家鼓励的线宽小于130纳米（含）的集成电路生产企业，属于国家鼓励的集成电路生产企业清单年度之前5个纳税年度发生的尚未弥补完的亏损，准予向以后年度结转，总结转年限最长不得超过10年。

（7）风险提示：

第一，应税项目所得与减免税项目所得盈亏可以互相弥补。

第二，查补的应纳税所得额可以弥补亏损。

第三，企业筹办期间不计算为亏损年度。

第四，企业实际资产损失发生年度扣除追补确认的损失后出现亏损的，应先调整资产损失发生年度的亏损额，再按弥补亏损的原则计算以后年度多缴的企业所得税税款。追补确认期限一般不得超过5年。

第五，企业以前年度发生尚未弥补的亏损的，凡企业由于搬迁停止生产经营无所得的，从搬迁年度次年起，至搬迁完成年度前一年度止，可作为停止生产经营活动年度，从法定亏损结转弥补年限中减除；企业边搬迁、边生产的，其亏损结转年度应连续计算。

第六，依法弥补亏损，企业清算中应依法弥补亏损，确认清算所得。企业应将整个清算期作为一个独立的纳税年度计算所得。企业依法清算时，应当以清算期间作为一个纳税年度。

# 五、资产所得税处理

## （一）固定资产的税务处理

### 1. 固定资产的税务处理一般规定

固定资产是指企业为生产产品、提供劳务、出租或者经营管理需要持有的、使用时间超过 12 个月的非货币性资产,包括房屋、建筑、机器、机械、运输工具以及其他与生产经营活动有关的设备、器具、工具等。

**固定资产税务处理情况表**

| 项 目 | 税务处理 |
|---|---|
| 计税基础 | 1. 外购的固定资产,以购买价款和支付的相关税费以及直接归属于使该资产达到预定用途发生的其他支出为计税基础。<br>2. 自行建造的固定资产,以竣工结算前发生的支出为计税基础。<br>3. 融资租入的固定资产,以租赁合同约定的付款总额和承租人在签订租赁合同过程中发生的相关费用为计税基础,租赁合同未约定付款总额的,以该资产的公允价值和承租人在签订租赁合同过程中发生的相关费用作为计税基础。<br>4. 盘盈的固定资产,以同类固定资产的重置完全价值为计税基础。<br>5. 通过捐赠、投资、非货币性资产交换、债务重组等方式取得的固定资产,以该资产的公允价值和支付的相关税费为计税基础。<br>6. 改建固定资产,除已足额提取折旧的固定资产和租入的固定资产以外的其他固定资产,以改建过程中发生的改建支出增加计税基础。 |
| 折旧方法 | 1. 企业应当自固定资产投入使用月份的次月起计算折旧;停止使用的固定资产,应当自停止使用月份的次月起停止计算折旧。<br>2. 企业应当根据固定资产的性质和使用情况,合理确定固定资产的预计净残值,一经确定,不得变更。<br>3. 固定资产按照直线法计算的折旧,准予扣除。 |
| 折旧范围 | 不得计提折旧的范围:<br>1. 房屋、建筑物以外未投入使用的固定资产。<br>2. 以经营租赁方式租入的固定资产。<br>3. 已足额提取折旧继续使用的固定资产。<br>4. 以融资租赁方式租出的固定资产。<br>5. 与经营活动无关的固定资产。<br>6. 单独估价作为固定资产入账的土地。<br>7. 其他不得计算折旧扣除的固定资产。 |
| 最低折旧年限 | 1. 房屋、建筑物,为 20 年。<br>2. 飞机、火车、轮船、机器、机械和其他生产设备,为 10 年。<br>3. 与生产经营活动有关的器具、工具、家具等,为 5 年。<br>4. 飞机、火车、轮船以外的运输工具,为 4 年。<br>5. 电子设备,为 3 年。 |

**2. 固定资产的税务处理特殊规定**

(1)企业固定资产会计折旧年限如果短于税法规定的最低折旧年限,其按会计折旧年限计提的折旧高于按税法规定的最低折旧年限计提的折旧部分,应调增当期应纳税所得额。

企业固定资产会计折旧年限已期满且会计折旧已提足,但税法规定的最低折旧年限尚未到期且税收折旧尚未足额扣除,其未足额扣除的部分准予在剩余的税收折旧年限继续按规定扣除。

企业固定资产会计折旧年限如果长于税法规定的最低折旧年限,其折旧应按会计折旧年限计算扣除,税法另有规定除外。

(2)企业对房屋、建筑物固定资产在未足额提取折旧前进行改扩建的按以下处理:

第一,如属于推倒重置的,该资产原值减除提取折旧后的净值,应并入重置后的固定资产计税成本,并在该固定资产投入使用后的次月起,按照税法规定的折旧年限,一并计提折旧。

第二,如属于提升功能、增加面积的,该固定资产的改扩建支出,并入该固定资产计税基础,并从改扩建完工投入使用后的次月起,重新按税法规定的该固定资产折旧年限计提折旧,如该改扩建后的固定资产尚可使用的年限低于税法规定的最低年限,可以按尚可用的年限计提折旧。

(3)企业按会计规定提取的固定资产减值准备,不得税前扣除,其折旧仍按税法确定的固定资产计税基础计算扣除。

(4)企业按税法规定实行加速折旧的,其按加速折旧办法计算的折旧额可全额在税前扣除。

### (二)生物资产的税务处理

生物资产是指有生命的动物和植物。分别为消耗性生物资产、生产性生物资产和公益性生物资产。消耗性生物资产和公益性生物资产不通过折旧扣除,在购入时一次性扣除其成本。生产性生物资产的规定与固定资产的规定类似。

**生物性资产税务处理情况表**

| 项　目 | 税务处理 |
|---|---|
| 计税基础 | 1. 外购的生产性生物资产,以购买价款和支付的相关税费为计税基础。<br>2. 通过捐赠、投资、非货币性资产交换、债务重组等方式取得的生产性生物资产,以该资产的公允值和支付的相关税费为计税基础。 |
| 折旧方法 | 按照直线法计算的折旧准予扣除。企业应当自生产性生物资产投入使用月份的次月起计算折旧,停止使用的生产性生物资产,应当自停止使用月份的次月起停止计算折旧。 |
| 最低折旧年限 | 1. 林木类生产性生物资产,为 10 年。<br>2. 畜类生产性生物资产,为 3 年。 |

### (三)无形资产的税务处理

无形资产是指企业长期使用但没有实物形态的资产,包括专利权,商标权,著作权、土地使用权、非专利技术、商誉等。

**无形资产税务处理情况表**

| 项　目 | 税务处理 |
|---|---|
| 计税基础 | 1. 外购的无形资产,以购买价款和支付的相关税费以及直接归属于使该资产达到预定用途发生的其他支出为计税基础。<br>2. 自行开发的无形资产,以开发过程中该资产符合资本化条件后至达到预定用途前发生的支出为计税基础。<br>3. 通过捐赠、投资、非货币性资产交换、债务重组等方式取得的无形资产,以该资产的公允价值和支付的相关税费为计税基础。 |
| 不得计算摊销费用扣除的无形资产 | 1. 自行开发的支出已在计算应纳税所得额时扣除的无形资产。<br>2. 自创商誉。<br>3. 与经营活动无关的无形资产。<br>4. 其他不得计算摊销费用扣除的无形资产。 |

(续表)

| 项　目 | 税务处理 |
|---|---|
| 摊销方法 | 按照直线法计算摊销。 |
| 最低摊销年限 | 无形资产的摊销年限不得低于 10 年。作为投资或者受让的无形资产,有关法律规定或者合同约定使用年限的,可以按照规定或者约定的使用年限分期摊销。 |

特殊规定:

(1)企事业单位购进软件,凡符合固定资产或无形资产确认条件的,可以按照固定资产或无形资产进行核算,经主管税务机关核准,其折旧或摊销年限可以适当缩短,最短可为2 年。

(2)外购商誉的支出,在企业整体转让或者清算时,准予扣除。

### (四)长期待摊费用的税务处理

长期待摊费用是指企业发生的应在一个年度以上或几个年度进行摊销的费用。

**长期待摊费用税务处理情况表**

| 项　目 | 税务处理 |
|---|---|
| 已足额提取折旧的固定资产的改建支出 | 按照固定资产预计尚可使用年限分期摊销。 |
| 租入固定资产的改建支出 | 按照合同约定的剩余租赁期限分期摊销。 |
| 固定资产的大修理支出 | 按照固定资产尚可使用年限分期摊销。 |
| 其他应当作为长期待摊费用的支出 | 支出发生月份的次月起,分期摊销,摊销年限不得低于 3 年。 |

在计算应纳税所得额时,企业发生的下列支出作为长期待摊费用,按照规定摊销的,准予扣除:

(1)已足额提取折旧的固定资产的改建支出。

(2)租入固定资产的改建支出。

(3)固定资产的大修理支出。

(4)其他应当作为长期待摊费用的支出。

企业的固定资产修理支出和大修理支出的税务处理差异:修理支出在发生当期直接扣除;大修理支出作为长期待摊费用,是指同时符合下列条件的支出:

(1)修理支出达到取得固定资产时的计税基础 50%以上。

(2)修理后使用年限延长 2 年以上。

作为长期待摊费用的支出,自支出发生月份的次月起,分期摊销,摊销年限不得低于3 年。

### (五)存货的税务处理

存货是指企业在日常活动中持有以备出售的产成品或商品、处在生产过程中的在产品、在生产过程或提供劳务过程中耗用的材料或物料等,包括各类材料、在产品、半成品、产成品或库存商品以及包装物、低值易耗品、委托加工物资等。

**存货税务处理情况表**

| 项　目 | 税务处理 |
|---|---|
| 存货确定成本的方法 | 1. 支付现金方式取得的存货：以购买价款和支付的相关税费为成本。<br>2. 支付现金以外的方式取得的存货：以该存货的公允价值和支付的相关税费为成本。<br>3. 生产性生物资产收获的农产品：以产出或者采收过程中发生的材料费，人工费和分摊的间接费用等必要支出为成本。 |
| 计价方式 | 先进先出法、加权平均法、个别计价法，企业转让资产时，在计算企业应纳税所得额时，资产的净值允许扣除。 |

特殊规定：除国务院财政、税务主管部门另有规定外，企业在重组过程中，应当在交易发生时确认有关资产的转让所得或者损失，相关资产应当按照交易价格重新确定计税基础。

## （六）投资资产的税务处理

投资资产是指企业对外进行权益性投资和债权性投资而形成的资产。企业对外投资期间，投资资产的成本计算应纳税所得额时不得扣除，企业在转让或者处理投资资产时，投资资产的成本准予扣除。

**投资资产税务处理情况表**

| 项　目 | 税务处理 | |
|---|---|---|
| 投资资产投资成本的确认 | 1. 通过支付现金方式取得的投资资产以购买价款为成本。<br>2. 通过支付现金以外的方式取得的投资资产，以该资产的公允价值和支付的相关税费为成本。 | |
| 非货币性资产投资税务处理 | 1. 居民企业以非货币性资产对外投资确认的非货币性资产转让所得，可在不超过5年期限内，分期均匀计入相应年度的应纳税所得额，按规定计算缴纳企业所得税。<br>2. 企业以非货币性资产对外投资，应对非货币性资产进行评估并按评估后的公允价值扣除计税基础后的余额，计算确认非货币性资产转让所得。<br>企业以非货币性资产对外投资，应于投资协议生效并办理股权登记手续时，确认非货币性资产转让收入的实现。<br>3. 企业以非货币性资产对外投资而取得被投资企业的股权，应以非货币性资产的原计税成本为计税基础，加上每年确认的非货币性资产转让所得，逐年进行调整。<br>被投资企业取得非货币性资产的计税基础，应按非货币性资产的公允价值确定。<br>4. 企业在对外投资5年内转让上述股权或投资收回的，应停止执行递延纳税政策，并就递延期内尚未确认的非货币性资产转让所得，在转让股权或投资收回当年的企业所得税年度汇算清缴时，一次性计算缴纳企业所得税；企业在计算股权转让所得时，可按1的规定将股权的计税基础一次调整到位。 | |
| 撤回或减少投资收回资产 | 相当于初始出资的部分 | 投资收回，不征企业所得税。 |
| | 相当于被投资企业累计未分配利润和盈余公积按减少实收资本比例计算的部分 | 股息所得，符合条件的居民企业的股息、红利等权益性投资收益，免征企业所得税。 |
| | 其余部分 | 投资资产转让所得，应征收企业所得税。 |

被投资企业发生的经营亏损，由被投资企业按规定结转弥补；投资企业不得调整减低其投资成本，也不得将其确认为投资损失。

# 六、资产损失税前扣除的所得税处理

企业所得税税前扣除的资产损失,是指企业在生产经营活动中实际发生的、与取得应税收入有关的资产损失,包括现金损失,存款损失,坏账损失,贷款损失,股权投资损失,固定资产和存货的盘亏、毁损、报废、被盗损失,自然灾害等不可抗力因素造成的损失以及其他损失。

**资产损失税务处理情况表**

| 项　目 | | 内　容 |
|---|---|---|
| 类型 | 实际损失 | 准予在企业所得税税前扣除的资产损失,是指企业在实际处置、转让上述资产过程中发生的合理损失(实际资产损失),以及企业虽未实际处置、转让上述资产,但符合《通知》和本办法规定条件计算确认的损失(法定资产损失)。〔注:《通知》指财税(2009)57号;本办法指税务总局公告2011年第25号〕 |
| | 法定损失 | |
| 资产损失扣除政策 | 企业除贷款类债权外的应收,预付账款符合条件之一的,减除可收回金额后确认的无法收回的应收、预计款项,可以作为坏账损失在计算应纳税所得额时扣除 | 债务人依法宣告破产、关闭、解散、被撤销,或者被依法注销、吊销营业执照,其清算财产不足清偿的。 |
| | | 债务人死亡,或者依法被宣告失踪、死亡,其财产或者遗产不足清偿的。 |
| | | 债务人逾期3年以上未清偿,且有确凿证据证明已无力清偿债务的。 |
| | | 与债务人达成债务重组协议或法院批准破产重整计划后,无法追偿的。 |
| | | 因自然灾害、战争等不可抗力导致无法收回的。 |
| | | 国务院财政、税务主管部门规定的其他条件。 |
| | 企业的股权投资符合条件之一的,减除可收回金额后确认的无法收回的股权投资,可以作为股权投资损失在计算应纳税所得额时扣除 | 被投资方依法宣告破产、关闭、解散、被撤销,或者被依法注销、吊销营业执照的。 |
| | | 被投资方财务状况严重恶化,累计发生巨额亏损,已连续停止经营3年以上,且无重新恢复经营改组计划的。 |
| | | 对被投资方不具有控制权,投资期限届满或者投资期限已超过10年,且被投资单位因连续3年经营亏损导致资不抵债的。 |
| | | 被投资方财务状况严重恶化,累计发生巨额亏损,已完成清算或清算期超过3年以上的。 |
| | | 国务院财政、税务主管部门规定的其他条件。 |
| | 其他规定 | 企业因存货盘亏、毁损、报废、被盗等原因不得从增值税销项税额中抵扣的进项税额,可以与存货损失一起在计算应纳税所得额时扣除。 |
| | | 企业在计算应纳税所得额时已经扣除的资产损失,在以后纳税年度全部或者部分收回时,其收回部分应当作为收入计入收回当期的应纳税所得额。 |
| | | 企业境内、境外营业机构发生的资产损失应分开核算,对境外营业机构由于发生资产损失而产生的亏损,不得在计算境内应纳税所得额时扣除。 |
| | | 企业对其扣除的各项资产损失,应当提供能够证明资产损失确属已实际发生的合法证据,包括具有法律效力的外部证据、具有法定资质的中介机构的经济鉴证证明、具有法定资质的专业机构的技术鉴定证明等。 |

**(续表)**

| 项　目 | | | 内　容 |
|---|---|---|---|
| 资产损失税前扣除管理 | 申报管理 | 清单申报 | 企业在正常经营管理活动中,按照公允价格销售、转让、变卖非货币资产的损失。 |
| | | | 企业各项存货发生的正常损耗。 |
| | | | 企业固定资产达到或超过使用年限而正常报废清理的损失。 |
| | | | 企业生产性生物资产达到或超过使用年限而正常死亡发生的资产损失。 |
| | | | 企业按照市场公平交易原则,通过各种交易场所、市场等买卖债券、股票、期货、基金以及金融衍生产品等发生的损失。 |
| | | 专项申报 | 除清单申报扣除以外的资产损失,应以专项申报的方式向税务机关申报扣除。 |
| | | 汇总纳税企业 | 总机构及其分支机构发生的资产损失,除应按专项申报和清单申报的有关规定,各自向当地主管税务机关申报外,各分支机构同时应上报总机构。 |
| | | | 总机构对各分支机构上报的资产损失,除税务机关另有规定外,应以清单申报的形式向所在地主管税务机关申报。 |
| | | | 总机构将分支机构所属资产捆绑打包转让所发生的资产损失,由总机构向所在地主管税务机关专项申报。 |
| | | 商业零售企业 | 商业零售企业存货因零星失窃、报废、废弃、过期、破损、腐败、鼠咬、顾客退换货等正常因素形成的损失,为存货正常损失,准予按会计科目进行归类、汇总,然后再将汇总数据以清单的形式进行企业所得税纳税申报,同时出具损失情况分析报告。 |
| | | | 商业零售企业存货因风、火、雷、震等自然灾害,仓储、运输失事,重大案件等非正常因素形成的损失,为存货非正常损失,应当以专项申报形式进行企业所得税纳税申报。 |
| | | | 存货单笔(单项)损失超过 500 万元的,无论何种因素形成的,均应以专项申报方式进行企业所得税纳税申报。 |
| 资产损失确认证据 | 外部证据 | | 1. 司法机关的判决或者裁定。<br>2. 公安机关的立案结案证明、回复。<br>3. 工商部门出具的注销、吊销及停业证明。<br>4. 企业的破产清算公告或清偿文件。<br>5. 行政机关的公文。<br>6. 专业技术部门的鉴定报告。<br>7. 具有法定资质的中介机构的经济鉴定证明。<br>8. 仲裁机构的仲裁文书。<br>9. 保险公司对投保资产出具的出险调查单、理赔计算单等保险单据。 |
| | 内部证据 | | 1. 有关会计核算资料和原始凭证。<br>2. 资产盘点表。<br>3. 相关经济行为的业务合同。<br>4. 企业内部技术鉴定部门的鉴定文件或资料。<br>5. 企业内部核批文件及其情况说明。<br>6. 对责任人由于经营管理责任造成损失的责任认定及赔偿情况说明。<br>7. 法定代表人、企业负责人和企业财务负责人对特定事项真实性承担法律责任的声明。 |

**(续表)**

| 项　　目 | 内　　容 |
|---|---|
| 其他事项 | 1. 企业逾期三年以上的应收款项在会计上已作为损失处理的,可以作为坏账损失,但应说明情况,并出具专项报告。<br>2. 企业逾期一年以上,单笔数额不超过五万元或不超过企业年度收入总额万分之一的应收款项,会计上已经作为损失处理的,可以作为坏账损失,但应说明情况,并出具专项报告。<br>3. 存货报废、毁损或变质损失数额较大的(指占企业该类资产计税成本10%以上,或减少当年应纳税所得、增加亏损10%以上),应有专业技术鉴定意见或法定资质中介机构出具的专项报告等。<br>4. 企业对外提供与本企业生产经营活动有关的担保,因被担保人不能按期偿还债务而承担连带责任,经追索,被担保人无偿还能力,对无法追回的金额,比照应收款项损失进行处理。与本企业生产经营活动有关的担保是指企业对外提供的与本企业应税收入、投资、融资、材料采购、产品销售等生产经营活动相关的担保。<br>5. 股权和债权不得作为损失在税前扣除:<br>(1) 债务人或者担保人有经济偿还能力,未按期偿还的企业债权。<br>(2) 违反法律、法规的规定,以各种形式、借口逃废或悬空的企业债权。<br>(3) 行政干预逃废或悬空的企业债权。<br>(4) 企业未向债务人和担保人追偿的债权。<br>(5) 企业发生非经营活动的债权。<br>(6) 其他不应当核销的企业债权和股权。<br>6. 其他可以作为资产损失的情形:<br>(1) 企业将不同类别的资产捆绑(打包)以拍卖、询价、竞争性谈判、招标等市场方式出售,其出售价格低于计税成本的差额。<br>(2) 企业正常经营业务因内部控制制度不健全而出现操作不当、不规范或因业务创新但政策不明确、不配套等原因形成的资产损失,应由企业承担的金额。<br>(3) 企业因刑事案件原因形成的损失,应由企业承担的金额,或经公安机关立案侦查两年以上仍未追回的金额。<br>7. 金融企业对其涉农贷款和中小企业贷款进行风险分类后,按照以下比例计提的贷款损失准备金,准予在计算应纳税所得额时扣除:<br>(1) 关注类贷款,计提比例为2%。<br>(2) 次级类贷款,计提比例为25%。<br>(3) 可疑类贷款,计提比例为50%。<br>(4) 损失类贷款,计提比例为100%。 |

# 七、风险提示

| 项　　目 | 风险提示 |
|---|---|
| 固定资产 | 1. 固定资产除非符合一次性扣除政策,否则固定资产必须按年折旧,不得一次性扣除。<br>2. 房屋、建筑物以外未投入使用的固定资产不得扣除折旧。<br>3. 在不加速折旧的情况下,税法上只能使用直线法。<br>4. 会计折旧年限短于税法折旧年限的须进行纳税调增。<br>5. 会计折旧年限长于税法折旧年限的不得进行纳税调减。<br>6. 推倒重置的固定资产的净值不是资产损失,应按税务总局公告2011年第34号处理,并入重置后固定资产计税成本。<br>7. 改建支出不得一次性扣除。按税务总局公告2011年第34号处理,并入该固定资产计税基础,装修固定资产不得计入长期待摊费用。<br>8. 在计算应纳税所得额时,企业按照规定计算的固定资产折旧,准予扣除。下列固定资产不得计算折旧扣除: |

（续表）

| 项　目 | 风险提示 |
|---|---|
| 固定资产 | （1）房屋、建筑物以外未投入使用的固定资产。<br>（2）以经营租赁方式租入的固定资产。<br>（3）以融资租赁方式租出的固定资产。<br>（4）已足额提取折旧仍继续使用的固定资产。<br>（5）与经营活动无关的固定资产。<br>（6）单独估价作为固定资产入账的土地。<br>（7）其他不得计算折旧扣除的固定资产。 |
| 投资性房地产 | 以公允价值计量的投资性房地产在税收上不能扣除折旧 |
| 无形资产 | 1.企业外购的无形资产不得一次性税前扣除。<br>2.企业自行研发的无形资产符合资本化条件的，应当资本化，以每年摊销的形式税前扣除。<br>3.在计算应纳税所得额时，企业按照规定计算的无形资产摊销费用，准予扣除。<br>下列无形资产不得计算摊销费用扣除：<br>（1）自行开发的支出已在计算应纳税所得额时扣除的无形资产。<br>（2）自创商誉。<br>（3）与经营活动无关的无形资产。<br>（4）其他不得计算摊销费用扣除的无形资产。 |
| 其他 | 1.国有企业改制上市过程中发生的资产评估增值，应缴纳的企业所得税可以不征收入库，作为国家投资直接转增该企业国有资本金（含资本公积，下同），同时，经确认的评估增值资产，可按评估价值入账并按有关规定计提折旧或摊销，在计算应纳税所得额时允许扣除。<br>2.全民所有制企业改制为国有独资公司或者国有全资子公司，改制中资产评估增值不计入应纳税所得额；资产的计税基础按其原有计税基础确定；资产增值部分的折旧或者摊销不得在税前扣除。<br>3.企业的各项资产，包括固定资产、生物资产、无形资产、长期待摊费用、投资资产、存货等，以历史成本为计税基础。<br>前款所称历史成本，是指企业取得该项资产时实际发生的支出。<br>企业持有各项资产期间资产增值或者减值，除国务院财政、税务主管部门规定可以确认损益外，不得调整该资产的计税基础。<br>4.以融资租赁方式租入固定资产发生的租赁费支出，按照规定构成融资租入固定资产价值的部分应当提取折旧费用，分期扣除。<br>5.根据现行企业所得税法及有关收入确定规定，融资性售后回租业务中，承租人出售资产的行为，不确认为销售收入，对融资性租赁的资产，仍按承租人出售前原账面价值作为计税基础计提折旧。租赁期间，承租人支付的属于融资利息的部分，作为企业财务费用在税前扣除。<br>6.企业持有各项资产期间资产增值或减值，除国务院财政、税务主管部门规定可以确认损益外，不得调整该资产的计税基础。<br>7.《中华人民共和国企业所得税法》第13条第3项所称固定资产的大修理支出，是指同时符合下列条件的支出：<br>（1）修理支出达到取得固定资产时的计税基础50%以上。<br>（2）修理后固定资产的使用年限延长2年以上。<br>《中华人民共和国企业所得税法》第13条第3项规定的支出，按照固定资产尚可使用年限分期摊销。 |
| 资产损失 | 1.自然灾害等造成的毁损进项税额不转出。<br>2.保险损失应冲减损失金额。<br>3.房屋、建筑物改扩建损失不能直接在税前扣除，应按税务总局公告2011年第34号规定处理，并入改扩建后的固定资产计税基础。<br>4.与生产经营活动无关的担保损失或发生非经营活动的债权活动损失不能税前扣除。<br>5.企业境内、境外营业机构发生的资产损失应分开核算，对境外营业机构由于发生资产损失而产生的亏损，不得在计算境内应纳税所得额时扣除。 |

# 八、企业重组的税务处理

企业重组,是指企业在日常经营活动以外发生的法律结构重大改变交易,包括企业法律形式改变,债务重组、股权收购、资产收购、合并、分立等。

股权支付是指企业重组中购买、换取资产的一方支付的对价中,以本企业或其控股企业的股权、股份作为支付的形式。

非股权支付是指以本企业的现金、银行存款、应收账款、本企业或其控股企业股权和股份以外的有价证券、存货、固定资产、其他资产以及承担债务等作为支付的形式。

| 类　型 | 类　别 | 企业所得税处理 |
| --- | --- | --- |
| 一般性税务处理(按公允价值确认资产的转让所得或损失;按公允价值确认资产或负债的计税基础) | 简单形式法律变更 | 企业发生其他法律形式简单改变的,可直接变更税务登记,除另有规定外,有关企业所得税纳税事项(包括亏损结转、税收优惠等权益和义务)由变更后企业承继,但因住所发生变化而不符合税收优惠条件的除外。 |
| | 债务重组 | 1. 以非货币资产清偿债务,应当分解为转让相关非货币性资产和按非货币性资产公允价值清偿债务两项业务,确认相关资产的所得或损失。<br>2. 发生债权转股权的,应当分解为债务清偿和股权投资两项业务,确认有关债务清偿所得或损失。<br>3. 债务人应当按照支付的债务清偿额低于债务计税基础的差额,确认债务重组所得;债权人应当按照收到的债务清偿额低于债权计税基础的差额,确认债务重组损失。<br>4. 债务人的相关所得税纳税事项原则上保持不变。 |
| | 股权收购、资产收购 | 1. 被收购方应确认股权、资产转让所得或损失。<br>2. 收购方取得股权或资产的计税基础应以公允价值为基础确定。<br>3. 被收购企业的相关所得税事项原则上保持不变。 |
| | 企业合并 | 1. 合并企业应按公允价值确定接受被合并企业各项资产和负债的计税基础。<br>2. 被合并企业及其股东都应按清算进行所得税处理。<br>3. 被合并企业的亏损不得在合并企业结转弥补。 |
| | 企业分立 | 1. 被分立企业对分立出去的资产应按公允价值确认资产转让所得或损失。<br>2. 分立企业应按公允价值确认接受资产的计税基础。<br>3. 被分立企业继续存在时,其股东取得的对价应视同被分立企业分配进行处理。<br>4. 被分立企业不再继续存在时,被分立企业及其股东都应按清算进行所得税处理。<br>5. 企业分立相关企业的亏损不得相互结转弥补。 |

（续表）

| 类　型 | 类　别 | 企业所得税处理 |
|---|---|---|
| 特殊性税务处理（股权支付部分：暂不确认有关资产的转让所得或损失，按原计税基础确认新资产或负债的计税基础。非股权支付：按公允价值确认资产的转让所得或损失。按公允价值确认资产或负债的计税基础；特殊性税务处理的关键是股权支付部分不体现公允价值。） | 债务重组 | 企业债务重组确认的应纳税所得额占该企业当年应纳税所得额50%以上，可以在5个纳税年度的期间内，均匀计入各年度的应纳税所得额。企业发生债权转股权业务，对债务清偿和股权投资两项业务暂不确认债务清偿所得或损失，股权投资的计税基础以原债权的计税基础确定。企业的其他相关所得税事项保持不变。 |
|  | 股权收购 | 股权收购，收购企业购买的股权不低于被收购企业全部股权的50%，且收购企业在该股权收购发生时的股权支付金额不低于其交易支付总额的85%，可以选择按以下规定处理：<br>　1. 收购企业的股东取得收购企业股权的计税基础，以被收购股权的原有计税基础确定。<br>　2. 收购企业取得被收购企业股权的计税基础，以被收购股权的原有计税基础确定。<br>　3. 收购企业、被收购企业的原有各项资产和负债的计税基础和其他相关所得税事项保持不变。 |
|  | 资产收购 | 资产收购，受让企业收购的资产不低于转让企业全部资产的50%，且受让企业在该资产收购发生时的股权支付金额不低于其交易支付总额的85%，可以选择按以下规定处理：<br>　1. 转让企业取得受让企业股权的计税基础，以被转让资产的原计税基础确定。<br>　2. 受让企业取得转让企业资产的计税基础，以被转让资产的原计税基础确定。 |
|  | 企业合并 | 企业合并，企业股东在该合并发生时取得的股权支付金额不低于其交易支付总额的85%，以及同一控制下且不需要支付对价的企业合并，可以选择以下规定处理：<br>　1. 合并企业接受被合并企业资产和负债的计税基础以被合并企业的原有计税基础确定。<br>　2. 被合并企业合并前的相关所得税事项由合并企业承继。<br>　3. 可由合并企业弥补的被合并企业亏损的限额＝被合并企业净资产公允价值×截至合并业务发生当年年末国家发行的最长期限的国债利率。<br>　4. 被合并企业股东取得合并企业股权的计税基础，以其原持有的被合并企业股权的计税基础确定。 |
|  | 企业分立 | 企业分立，被分立企业所有股东按原持股比例取得分立企业的股权，分立企业和被分立企业均不改变原来的实质经营活动，且被分立企业股东在该企业分立发生时取得的股权支付金额不低于其交易支付总额的85%，可以选择按以下规定处理：<br>　1. 分立企业接受被分立企业资产和负债的计税基础，以被分立企业的原有计税基础确定。<br>　2. 被分立企业已分立出去资产相应的所得税事项由分立企业承继。<br>　3. 被分立企业未超过法定弥补期限的亏损额可按分立资产占全部资产的比例进行分配，由分立企业继续弥补。<br>　4. 被分立企业的股东取得分立企业的股权（以下简称"新股"），如需部分或全部放弃原持有的被分立企业的股权（以下简称"旧股"），"新股"的计税基础应以放弃"旧股"的计税基础确定。如不需放弃"旧股"，则其取得"新股"的计税基础可从以下两种方法中选择确定：直接将"新股"的计税基础确定为零；或者以被分立企业分立出去的净资产占被分立企业全部净资产的比例先调减原持有的"旧股"的计税基础，再将调减的计税基础平均分配到"新股"上。 |

（续表）

| 类　型 | 类　别 | | 企业所得税处理 |
|---|---|---|---|
| 其他事项 | | | 重组交易各方按上述各项规定对交易中股权支付暂不确认有关资产的转让所得或损失的,其非股权支付仍应在交易当期确认相应的资产转让所得或损失,并调整相应资产的计税基础。<br>非股权支付对应的资产转让所得或损失＝（被转让资产的公允价值—被转让资产的计税基础）×（非股权支付金额÷被转让资产的公允价值） |
| 企业合并、分立过程中亏损的处理 | 企业合并 | 一般性税务处理 | 被合并企业的亏损不得在合并企业结转弥补。 |
| | | 特殊性税务处理 | 可由合并企业弥补的被合并企业亏损的限额＝被合并企业净资产公允价值×截至合并业务发生当年年末国家发行的最长期限的国债利率 |
| | 企业分立 | 一般性税务处理 | 企业分立相关企业的亏损不得相互结转弥补。 |
| | | 特殊性税务处理 | 被分立企业未超过法定弥补期限的亏损可按分立资产占全部资产的比例进行分配,由分立企业继续弥补。 |
| 关于非居民企业股权转让适用特殊性 | 适用特殊性税务处理的非居民企业股权转让的情形 | | 1. 非居民企业向其100％直接控股的另一非居民企业转让其拥有的居民企业股权,没有因此造成以后该项股权转让所得预提税负担变化,且转让方非居民企业向主管税务机关书面承诺在3年（含3年）内不转让其拥有受让方非居民企业的股权（包括因境外企业分立、合并导致中国居民企业股权被转让的情形）。<br>2. 非居民企业向与其具有100％直接控股关系的居民企业转让其拥有的另一居民企业股权。<br>3. 非居民企业股权转让选择特殊性税务处理的,应于股权转让合同或协议生效且完成工商变更登记手续30日内进行备案。属于第（1）项情形的,由转让方向被转让企业所在地所得税主管税务机关备案；属于第（2）项情形的,由受让方向其所在地所得税主管税务机关备案。 |
| 股权、资产划转 | 对100％直接控制居民企业之间,可以选择按特殊性税务处理 | | 自2014年1月1日起,对100％直接控制居民企业之间,以及受同一或相同多家居民企业100％直接控制的居民企业之间按账面净值划转股权或资产,凡具有合理商业目的、不以减少、免除或者推迟缴纳税款为主要目的,股权或资产划转后连续12个月内不改变被划转股权或资产原来的实质性经营活动,且划出方企业和划入方企业均未在会计上确认损益的,可以选择按以下规定进行特殊性税务处理：<br>1. 划出方企业和划入方企业均不确认所得。<br>2. 划入方企业取得被划转股权或资产的计税基础,以被划转股权或资产的原账面净值确定。<br>3. 划入企业取得的被划转资产,应按其原账面净值计算折旧扣除。 |
| 风险提示 | | | 1. 企业适用特殊重组须符合政策规定,如收购企业在该股权收购发生时的股权支付金额不低于其交易支付总额的85％,若未达到规定比例则不能适用特殊性重组。<br>2. 企业间资产（股权）划转适用特殊性重组须符合政策规定的条件,如股权或资产划转后续12个月内不改变被划转股权或资产原来的实质性经营活动,若改变了,则不适用特殊性重组。<br>3. 重组交易各方对交易中股权支付暂不确认有关资产的转让所得或损失,其非股权支付仍应在交易当期确认相应的资产转让所得或损失,并调整相应资产的计税基础。 |

# 九、房地产开发经营业务的所得税处理

## （一）房地产开发收入的税务处理

开发产品销售收入的范围为销售开发产品过程中取得的全部价款，包括现金、现金等价物及其他经济利益。企业代有关部门、单位和企业收取的各种基金、费用和附加等，凡纳入开发产品价内或由企业开具发票，应按规定全部确认为销售收入；未纳入开发产品价内并由企业之外的其他部门、单位开具发票的，可作为代收代缴款项进行管理。企业通过正式签订《房地产销售合同》或《房地产预售合同》所取得的收入，应确认为销售收入的实现。

**房地产开发收入的税务处理情况表**

| 项目 | 税务处理 | | | |
|---|---|---|---|---|
| 开发产品完工认定条件 | 除土地开发之外，其他开发产品完工认定只要符合三个条件之一的，就视为已经完工：<br>1. 开发产品竣工证明材料已报房地产管理部门备案。<br>2. 开发产品已开始投入使用。<br>3. 开发产品已取得了初始产权证明。<br>国税函〔2010〕201号进一步明确：房地产开发企业建造、开发的开发产品，无论工程质量是否通过验收合格，或是否办理完工（竣工）备案手续以及会计决算手续，当企业开始办理开发产品交付手续（包括入住手续）、或已开始实际投入使用时，为开发产品开始投入使用，应视为开发产品已经完工。房地产开发企业应按规定及时结算开发产品计税成本，并计算企业当年度应纳税所得额。 | | | |
| 收入的税务处理 | 采取一次性全额收款方式销售开发产品。 | 应于实际收讫价款或取得索取价款凭据（权利）之日，确认收入的实现。 | | |
| | 采取分期收款方式销售开发产品。 | 应按销售合同或协议约定的价款和付款日确认收入的实现，付款方提前付款的，在实际付款日确认收入的实现。 | | |
| | 采取银行按揭方式销售开发产品。 | 应按销售合同或协议约定的价款确定收入额，其首付款应于实际收到日确认收入的实现，余款在银行按揭贷款办理转账之日确认收入的实现。 | | |
| | 采取支付手续费方式委托销售开发产品。 | 应按销售合同或协议中约定的价款于收到受托方已销开发产品清单日确认收入的实现。 | 委托方式。 | 合同协议签订情况 | 收入金额的确认 |
| | | | 支付手续费。 | | 销售合同或协议中约定价款。 |
| | | | 以视同买断方式支付手续费。 | 企业与购买方签订销售合同协议。 | 销售合同或协议中约定的价格和买断价格中的较高者。 |
| | | | | 企业、受托方、购买方三方共同签订。 | |
| | | | | 受托方与购买签订。 | 买断价格。 |
| | | | 基价（保底价）并实行超基价双方分成方式支付手续费。 | 企业与购买方签订销售合同或协议。 | 销售合同或协议中约定的价格和基价中的较高者，企业按规定支付受托方的分成额，不得直接从销售收入中减除。 |
| | | | | 企业、受托方、购买方三方共同签订。 | |
| | | | | 受托方与购买方直接签订销售合同。 | 基价加上按规定取得的分成额。 |
| | | | 包销方式。 | | 包销期内可根据包销合同的有关约定，确认收入的实现；包销期满后尚未出售的开发产品，企业应根据包销合同或协议约定的价款和付款方式确认收入的实现。 |

| 项目 | | 税务处理 | |
|---|---|---|---|
| 收入的税务处理 | 采取视同买断方式委托销售开发产品。 | 属于企业与购买方签订销售合同或协议，或企业、受托方、购买方三方共同签订销售合同或协议的，如果销售合同或协议中约定的价格高于买断价格，则应按销售合同或协议中约定的价格计算的价款于收到受托方已销开发产品清单之日确认收入的实现；如果属于前两种情况中销售合同或协议中约定的价格低于买断价格，以及属于受托方与购买方签订销售合同或协议的，则应按买断价格计算的价款于收到受托方已销开发产品清单之日确认收入的实现。 | |
| | 采取基价（保底价）并实行超基价双方分成方式委托销售开发产品。 | 属于由企业与购买方签订销售合同或协议，或企业、受托方、购买方三方共同签订销售合同或协议的，如果销售合同或协议中约定的价格高于基价，则应按销售合同或协议中约定的价格计算的价款于收到受托方已销开发产品清单之日确认收入的实现，企业按规定支付受托方的分成额，不得直接从销售收入中减除；如果销售合同或协议约定的价格低于基价，则应按基价计算的价款于收到受托方已销开发产品清单之日确认收入的实现。属于由受托方与购买方直接签订销售合同的，则应按基价加上按规定取得的分成额于收到受托方已销开发产品清单之日确认收入的实现。 | |
| | 采取包销方式委托销售开发产品。 | 包销期内可根据包销合同的有关约定，按规定确认收入的实现；包销期满后尚未出售的开发产品，企业应根据包销合同或协议约定的价款和付款方式确认收入的实现。 | |
| 视同销售收入 | 将开发产品用于捐赠、赞助、职工福利、奖励、对外投资、分配给股东或投资人、抵债、交换等应视同销售收入。 | 收入确认时间 | 收入（或利润）的方法和顺序的确认 |
| | | 于开发产品所有权或使用权转移，或于实际取得利益权利时确认收入（或利润）的实现。 | 1. 按本企业近期或本年度最近月份同类开发产品市场销售价格确定。<br>2. 由主管税务机关参照当地同类开发产品市场公允价值确定。<br>3. 按开发产品的成本利润率确定，开发产品成本利润率不得低于15％，具体比例由主管税务机关确定。 |
| 销售未完工开发产品 | 企业销售未完工开发产品取得的收入，应先按预计计税毛利率分季（或月）计算出预计毛利额，计入当期应纳税所得额，开发产品完工后，企业应及时结算其计税成本并计算此前销售收入的实际毛利，同时将其实际毛利额与其对应的预计毛利额之间的差额，计入当年度企业本项目与其他项目合并计算的应纳税所得额。 | 企业销售未完工开发产品的计税毛利率。 | |
| | | 1. 开发项目位于省、自治区、直辖市和计划单列市人民政府所在地城市和郊区的不得低于15％。<br>2. 开发项目位于地级市城区及郊区的，不提低于10％。<br>3. 开发项目位于其他地区的，不得低于5％。<br>4. 属于经济适用房、限价房和危改房的，不低于3％。 | |

企业新建的开发产品在尚未完工或办理房地产初始登记，取得产权证前，与承租人签订租赁预约协议的，自开发产品交付承租人使用之日起，出租方取得的预租价款按租金确认收入的实现。

## （二）成本、费用扣除的税务处理

企业在进行成本、费用的核算与扣除时，必须按规定区分期间费用和开发产品计税成本、已销开发产品计税成本与未销开发产品计税成本。企业发生的期间费用、已销开发产品计税成本，税金及附加、土地增值税准予当期按规定扣除。计税成本是指企业在开发、建造开发产品过程中所发生的按照税收规定进行核算与计量的应归入某项成本对象的各项费用。已销开发产品的计税成本，按当期已实现销售的可售面积和可售面积单位工程成本确认。可售面积单位工程成本和已销开发产品的计税成本按下列公式计算确定：

$$可售面积单位工程成本 = 成本对象总成本 \div 成本对象总可售面积$$

$$已销开发产品的计税成本 = 已实现销售的可售面积 \times 可售面积单位工程成本$$

**成本、费用扣除的税务处理情况表**

| 项目 | 内容 | | 税务处理 |
|---|---|---|---|
| 成本费用扣除的税务处理 | 企业对尚未出售的已完工开发产品和按照有关法律、法规或合同规定对已售开发产品(包括共用部位、共用设施设备)进行日常维护、保养、修理等实际发生的维修费用。 | | 准予在当期据实扣除。 |
| | 企业将已计入销售收入的共用部位、共用设施设备维修基金按规定移交给有关部门、单位的。 | | 应于移交时扣除。 |
| | 企业在开发区内建造的会所、物业管理场所、电站、热力站、水厂、文体场馆、幼儿园等配套设施。 | 属于非营利性且产权属于全体业主的，或无偿赠与地方政府、公用事业单位的。 | 可将其视为公共配套设施，其建造费用按公共配套设施费的有关规定进行处理。 |
| | | 属于营利性的，或产权归企业所有的，或未明确产权归属的，或无偿赠与地方政府、公用事业单位以外其他单位的。 | 应当单独核算其成本。除企业自用应按建造固定资产进行处理外，其他一律按建造开发产品进行处理。 |
| | 企业在开发区内建造的邮电通讯、学校、医疗设施应单独核算成本(其中，由企业与国家有关业务管理部门、单位合资建设，完工后有偿移交的，国家有关业务管理部门、单位给予的经济补偿可直接抵扣该项目的建造成本，抵扣后的差额应调整当期应纳税所得额)。 | | 单独核算成本。 |
| | 企业采取银行按揭方式销售开发产品的，凡约定企业为购买方的按揭贷款提供担保的，其销售开发产品时向银行提供的保证金(担保金)。 | | 不得从销售收入中减除，也不得作为费用在当期税前扣除，但实际发生损失时可据实扣除。 |
| | 企业委托境外机构销售开发产品的，其支付境外机构的销售费用(含佣金或手续费)。 | | 不超过委托销售收入10%的部分，准予据实扣除。 |
| | 企业为建造开发产品借入资金而发生的符合税收规定的借款费用，可按企业会计准则的规定进行归集和分配，其中属于财务费用性质的借款费用。 | | 可直接在税前扣除。 |
| | 企业集团或其成员企业统一向金融机构借款分摊集团内部其他成员企业使用的，借入方凡能出具从金融机构取得借款的证明文件，可以在使用借款的企业间合理的分摊利息费用，使用借款的企业分摊的合理利息。 | | 准予在税前扣除。 |
| | 企业因国家无偿收回土地使用权而形成的损失。 | | 可作为财产损失按有关规定在税前扣除。 |
| | 企业开发产品(以成本对象为计量单位)整体报废或毁损。 | | 其净损失按有关规定审核确认后准予在税前扣除。 |
| | 企业开发产品转为自用的，其实际使用时间累计未超过12个月又销售的。 | | 不得在税前扣除折旧费用。 |

| 项目 | | 内容 | 税务处理 |
|---|---|---|---|
| 计税成本的核算 | 计税成本确定的原则。 | | 可否销售原则；功能区分原则；定价差异原则；成本差异原则；权益区分原则。 |
| | 开发成本计税成本支出内容。 | | 1. 土地征用费及拆迁补偿费。包括契税、耕地占用税、土地使用费、土地闲置费等。<br>2. 前期工程费。<br>3. 建筑安装工程费。<br>4. 基础设施建设费。<br>5. 公共配套设施费：指开发项目内发生的、独立的、非营利性的，且产权属于全体业主的，或无偿赠与地方政府、政府公用事业单位的公共配套设施支出。<br>6. 开发间接费。 |
| 成本计算方法 | 企业开发、建造的开发产品应按制造成本法进行计量与核算。 | | 应计入开发产品成本中的费用属于直接成本和能够分清成本对象的间接成本，直接计入成本对象。 |
| | 共同成本和不能分清负担对象的间接成本，应按受益的原则和配比的原则分配至各成本对象，具体分配方法可按规定选择其一。 | 共同成本和不能分清负担对象的间接成本分配方法 | |
| | | 1. 占地面积法是指按已动工开发成本对象占地面积占开发用地总面积的比例进行分配。<br>2. 建筑面积法是指按已动工开发成本对象建筑面积占开发用地总建筑面积的比例进行分配。<br>3. 直接成本法是指按期内某一成本对象的直接开发成本占期内全部成本对象直接开发成本的比例分配。<br>4. 预算造价法是指按期内某一成本对象预算造价占期内全部成本对象预算造价的比例进行分配。 | |
| | 特殊项目成本确认。 | 土地成本，一般按占地面积法进行分配。如果确需结合其他方法进行分配的，应商税务机关同意。 | |
| | | 单独作为过渡成本对象核算的公共配套设施开发成本，应按建筑面积法进行分配。 | |
| | | 借款费用属于不同成本对象共同负担的，按直接成本法或按预算造价法进行分配。 | |
| | | 其他成本项目的分配法由企业自行确定。 | |

## （三）其他项目税务处理

### 其他项目税务处理情况表

| 项 目 | 税务处理 |
|---|---|
| 预提费用 | 1. 出包工程未最终办理结算而未取得全额发票的，在证明资料充分的前提下，其发票不足金额可以预提，但最高不得超过合同总金额的10%。<br>2. 公共配套设施尚未建造或尚未完工的，可按预算造价合理预提建造费用。此类公共配套设施必须符合已在售房合同、协议或广告、模型中明确承诺建造且不可撤销，或按照法律、法规规定必须配套建造的条件。<br>3. 应向政府上缴但尚未上缴的报批报建费用、物业完善费用可以按规定预提。物业完善费用是指按规定应由企业承担的物业管理基金、公建维修基金或其他专项基金。 |

（续表）

| 项　目 | 税务处理 |
|---|---|
| 特定事项 | 　　1. 企业以本企业为主体联合其他企业、单位、个人合作或合资开发房地产项目，且该项目未成立独立法人公司的，按下列规定处理：<br>　　(1) 约定向投资各方分配开发产品的，企业在首次分配开发产品时，如该项目已经结算计税成本，其应分配给投资方开发产品的计税成本与其投资额之间的差额计入当期应纳税所得额；如未结算计税成本，则将投资方的投资额视同销售收入进行税务处理。<br>　　(2) 约定分配项目利润的，按以下规定处理。<br>　　① 企业应将该项目形成的营业利润额并入当期应纳税所得额统一申报缴纳企业所得税，不得在税前分配该项目的利润。同时，不能因接受投资方投资额而在成本中摊销或在税前扣除相关利息支出。<br>　　② 投资方取得该项目的营业利润应视同股息、红利进行税务处理。<br>　　2. 企业以换取开发产品为目的，将土地使用权投资其他企业房地产开发项目的，按以下规定进行处理：<br>　　企业应在首次取得开发产品时，将其分解为转让土地使用权和购入开发产品两项经济业务进行所得税处理，并按应从该项目取得的开发产品（包括首次取得的和以后应取得的）的市场公允价值计算确认土地使用权转让所得或损失。<br>　　3. 土地增值税清算涉及企业所得税退税问题处理。<br>　　房地产开发企业由于土地增值税清算，导致多缴企业所得税的退税按以下规定处理：<br>　　(1) 企业按规定对开发项目进行土地增值税清算后，当年企业所得税汇算清缴出现亏损且有其他后续开发项目的，该亏损应按照税法规定向以后年度结转，用以后年度所得弥补。<br>　　(2) 企业按规定对开发项目进行土地增值税清算后，当年企业所得税汇算清缴出现亏损且没有后续开发项目的，可以按照以下方法计算出该项目由于土地增值税原因导致的项目开发各年多缴企业所得税税款，并申请退税：<br>　　① 该项目缴纳的土地增值税总额，应按照该项目开发各年度实现的项目销售收入占整个项目销售收入总额比例，在项目开发各年度进行分摊，具体按以下公式计算：<br><br>　　各年度应分摊的土地增值税＝土地增值收入总额×（项目年度销售收入<br>　　　　　　÷整个项目销售收入总额）<br><br>　　公式中的销售收入包括视同销售房地产的收入，但不包括企业销售的增值额未超过扣除项目金额20％的普通标准住宅的销售收入。<br>　　② 该项目各年度分摊的土地增值税减去该年度已经在企业所得税税前扣除的土地增值税后，余额属于当年应补充扣除的土地增值税；企业应调整当年的应纳税所得额，并按规定计算当年度应退的企业所得税税款；当年度已缴纳的企业所得税税款不足退税的，应作为亏损向以后年度结转，并调整以后年度的应纳税所得额。<br>　　③ 按照上述方法进行土地增值税分摊调整后，相应年度应纳税所得额为正数的，应按规定计算缴纳企业所得税。<br>　　④ 企业按上述方法计算的累计退税额，不得超过其在该项目开发各年度累计实际缴纳的企业所得税；超过部分作为项目清算年度产生的亏损，向以后年结转。<br>　　(3) 企业在申请退税时，应向主管税务机关提供书面材料说明应退企业所得税款的计算过程，包括该项目缴纳的土地增值税总额、项目销售收入总额、项目年度销售收入额、各年度应分摊的土地增值税和已经税前扣除的土地增值税、各年度的适用税率，以及是否存在后续开发项目等情况。 |

# 十、税收优惠

企业所得税优惠事项,包括免税收入、减计收入、加计扣除、加速折旧、所得减免、抵扣应纳税所得额、减低税率、税额抵免等。企业享受优惠事项采取"自行判别、申报享受、相关资料留存备查"的办理方式。企业应当根据经营情况以及相关税收规定自行判断是否符合优惠事项规定的条件,符合条件的可以按照《目录》列示的时间自行计算减免税额,并通过填报企业所得税纳税申报表享受税收优惠。同时,按照规定归集和留存相关资料备查。

**优惠事项情况表**

| 类型 | 优惠事项类别 | 享受优惠事项 | 风险提示 |
|---|---|---|---|
| 免税收入 | 国债利息收入免征企业所得税 | 企业持有国务院财政部门发行的国债取得的利息收入免征企业所得税。 | 国债转让收益为应税收入。国债利息收入免税仅限于中央政府发行的国债。 |
| | 取得的地方政府债券利息收入免征企业所得税 | 企业取得的地方政府债券利息收入(所得)免征企业所得税。 | |
| | 符合条件的居民企业之间的股息、红利等权益性投资收益免征企业所得税 | 居民企业直接投资于其他居民企业取得的权益性投资收益免征企业所得税。所称股息、红利等权益性投资收益,不包括连续持有居民企业公开发行并上市流通的股票不足12个月取得的投资收益。 | 1. 超出出资投资比例的分红也属于免税收入。<br>2. 取得低税率企业的分红无须补缴税率差。<br>3. 持有非上市公司股权不足12个月取得的投资收益可以免税,没有时间限制。<br>4. 股权(票)溢价形成的资本公积转增股本不作为股息、红利收入,更不能作为免税收入。<br>5. 将不征税收入申报为"一般股息红利等权益性投资收益免征企业所得税"。 |
| | 内地居民企业通过沪港通投资且连续持有H股满12个月取得的股息红利所得免征企业所得税 | 对内地企业投资者通过沪港通投资香港联交所上市股票取得的股息红利所得,计入其收入总额,依法计征企业所得税。其中,内地居民企业连续持有H股满12个月取得的股息红利所得,依法免征企业所得税。 | |
| | 符合条件的非营利组织的收入免征企业所得税 | 符合条件的非营利组织取得的捐赠收入、不征税收入以外的政府补助收入(但不包括政府购买服务取得的收入)、会费收入、不征税收入和免税收入孳生的银行存款利息收入等为免税收入。免税收入不包括非营利组织从事营利性活动取得的收入。 | 1. 被取消免税优惠资格的非营利组织,应当依法履行纳税义务。<br>2. 应税收入和免税收入应分别核算。 |

（续表）

| 类型 | 优惠事项类别 | 享受优惠事项 | 风险提示 |
|---|---|---|---|
| 免征收入 | 符合条件的非营利组织（科技企业孵化器）的收入免征企业所得税 | 符合非营利组织条件的科技企业孵化器的收入，按照《中华人民共和国企业所得税法》及其实施条例和有关税收政策规定享受企业所得税优惠政策。 | |
| | 符合条件的非营利组织（国家大学科技园）的收入免征企业所得税 | 符合非营利组织条件的国家大学科技园的收入，按照《中华人民共和国企业所得税法》及其实施条例和有关税收政策规定享受企业所得税优惠政策。 | |
| | 投资者从证券投资基金分配中取得的收入暂不征收企业所得税 | 对投资者从证券投资基金分配中取得的收入，暂不征收企业所得税。 | |
| | 中国清洁发展机制基金取得的收入免征企业所得税 | 中国清洁发展机制基金取得的CDM项目温室气体减排量转让收入上缴国家的部分，国际金融组织赠款收入，基金资金的存款利息收入、购买国债的利息收入，国内外机构、组织和个人的捐赠收入，免征企业所得税。 | |
| | 中国保险保障基金有限责任公司取得的保险保障基金等收入免征企业所得税 | 对中国保险保障基金有限责任公司（以下简称保险保障基金公司）根据《保险保障基金管理办法》取得的下列收入，免征企业所得税：<br>1. 境内保险公司依法缴纳的保险保障基金。<br>2. 依法从撤销或破产保险公司清算财产中获得的受偿收入和向有关责任方追偿所得，以及依法从保险公司风险处置中获得的财产转让所得。<br>3. 接受捐赠收入。<br>4. 银行存款利息收入。<br>5. 购买政府债券、中央银行、中央企业和中央级金融机构发行债券的利息收入。<br>6. 国务院批准的其他资金运用取得的收入。 | |

（续表）

| 类型 | 优惠事项类别 | 享受优惠事项 | 风险提示 |
|---|---|---|---|
| | 中国奥委会取得的由北京冬奥组委支付的收入 | 对按中国奥委会、主办城市签订的《联合市场开发计划协议》和中国奥委会、主办城市、国际奥委会签订的《主办城市合同》规定，中国奥委会取得的由北京冬奥组委分期支付的收入、按比例支付的盈余分成收入免征企业所得税。 | |
| | 中国残奥委会取得的由北京冬奥组委分期支付的收入免征企业所得税 | 对中国残奥委会根据《联合市场开发计划协议》取得的由北京冬奥组委分期支付的收入免征企业所得税。 | |
| 减计收入 | 综合利用资源生产产品取得的收入在计算应纳税所得额时减计收入 | 企业以《资源综合利用企业所得税优惠目录》规定的资源作为主要原材料，生产国家非限制和非禁止并符合国家及行业相关标准的产品取得的收入，减按90%计入企业当年收入总额。 | 企业同时从事其他项目而取得的非资源综合利用收入，应与资源综合利用收入分开核算，没有分开核算的，不得享受优惠政策。 |
| | 金融机构取得的涉农贷款利息收入在计算应纳税所得额时减计收入 | 对金融机构农户小额贷款的利息收入在计算应纳税所得额时，按90%计入收入总额。 | 小额贷款，是指单笔且该农户贷款余额总额在10万元（含）以下的贷款。 |
| | 保险机构取得的涉农保费收入在计算应纳税所得额时减计收入 | 对保险公司为种植业、养殖业提供保险业务的保费收入，在计算应纳税所得额时，按90%计入收入总额。 | 保费收入，是指原保险保费收入加上分保费收入减去分出保费后的余额。 |
| | 小额贷款公司取得的农户小额贷款利息收入在计算应纳税所得额时减计收入 | 对经省级金融管理部门（金融办、局等）批准成立的小额贷款公司取得的农户小额贷款利息收入，在计算应纳税所得额时，按90%计入收入总额。 | 必须是经省级金融管理部门（金融办、局等）批准成立的小额贷款公司。 |
| | 取得铁路债券利息收入减半征收企业所得税 | 企业持有铁路债券取得的利息收入，减半征收企业所得税。 | 铁路债券是指经中国铁路总公司为发行和偿还主体的债券，包括中国铁路建设债券、中期票据、短期融资券等债务融资工具。 |
| | 取得的社区家庭服务收入在计算应纳税所得额时减计收入 | 提供社区养老、托育、家政服务取得的收入，在计算应纳税所得额时，减按90%计入收入总额。 | 这里社区是指聚居在一定地域范围内的人们所组成的社会生活共同体，包括城市社区和农村社区。 |

（续表）

| 类型 | 优惠事项类别 | 享受优惠事项 | 风险提示 |
|---|---|---|---|
| 加计扣除 | 开发新技术、新产品、新工艺发生的研究开发费用加计扣除 | 企业为开发新技术、新产品、新工艺发生的研究开发费用，未形成无形资产计入当期损益的，在按照规定据实扣除的基础上，按照研究开发费用的50%加计扣除；形成无形资产的，按照无形资产成本150%摊销。对从事文化产业支撑技术等领域的文化企业，开发新技术、新产品、新工艺发生的研究开发费用，允许按照税收法律法规的规定，在计算应纳税所得额时加计扣除。<br>企业开展研发活动中实际发生的研发费用，未形成无形资产计入当期损益的，在按规定据实扣除的基础上，在2018年1月1日至2023年12月31日，再按照实际发生额的75%在税前加计扣除；形成无形资产的，在上述期间按照无形资产成本的175%在税前摊销。<br>制造业企业开展研发活动中实际发生的研发费用，未形成无形资产计入当期损益的，在按规定据实扣除的基础上，自2021年1月1日起，再按照实际发生额的100%在税前加计扣除；形成无形资产的，自2021年1月1日起，按照无形资产成本的200%在税前摊销。制造业企业，是指以制造业业务为主营业务，享受优惠当年主营业务收入占收入总额的比例达到50%以上的企业。制造业的范围按照《国民经济行业分类》(GB/T 4754—2017)确定，如国家有关部门更新《国民经济行业分类》，从其规定。收入总额按照《中华人民共和国企业所得税法》第6条规定执行。<br>企业预缴申报当年第3季度（按季预缴）或9月（按月预缴）企业所得税时，可以自行选择就当年上半年研发费用享受加计扣除优惠政策，采取"自行判别、申报享受、相关资料留存备查"办理方式。 | 1. 不属于研发活动不能加计扣除。研发活动，是指企业为获得科学与技术新知识，创造性运用科学技术新知识，或实质性改进技术、产品（服务）、工艺而持续进行的具有明确目标的系统性活动。<br>2. 超范围的费用不能加计扣除。可加计扣除人员人工费用有：直接从事研发活动人员的工资薪金、基本养老保险费、基本医疗保险费、失业保险费、工伤保险费、生育保险费和住房公积金，以及外聘研发人员的劳务费用。<br>3. 直接投入费用。<br>(1) 研发活动直接消耗的材料、燃料和动力费用。<br>(2) 用于中间试验和产品试制的模具、工艺装备开发及制造费，不构成固定资产的样品、样机及一般测试手段购置费，试制产品的检验费。<br>(3) 用于研发活动的仪器、设备的运行维护、调整、检验、维修等费用，以及通过经营租赁方式租入的用于研发活动的仪器、设备租赁费。<br>4. 折旧费用。<br>用于研发活动的仪器、设备的折旧费。<br>5. 无形资产摊销。<br>用于研发活动的软件、专利权、非专利技术（包括许可证、专有技术、设计和计算方法等）的摊销费用。<br>6. 新产品设计费、新工艺规程制定费、新药研制的临床试验费、勘探开发技术的现场试验费。<br>7. 其他相关费用。<br>与研发活动直接相关的其他费用，如技术图书资料费、资料翻译费、专家咨询费、高新科技研发保险费，研发成果的检索、分析、评议、论证、鉴定、评审、评估、验收费用，知识产权的申请费、注册费、代理费，差旅费、会议费，职工福利费、补充养老保险费、补充医疗保险费。此项费用总额不得超过可加计扣除研发费用总额的10%。<br>财政部和国家税务总局规定的其他费用。<br>8. 下列活动不适用税前加计扣除政策。<br>(1) 企业产品（服务）的常规性升级。<br>(2) 对某项科研成果的直接应用，如直接采用公开的新工艺、材料、装置、产品、服务或知识等。 |

（续表）

| 类型 | 优惠事项类别 | 享受优惠事项 | 风险提示 |
|---|---|---|---|
| 加计扣除 | | | （3）企业在商品化后为顾客提供的技术支持活动。<br>（4）对现存产品、服务、技术、材料或工艺流程进行的重复或简单改变。<br>（5）市场调查研究、效率调查或管理研究。<br>（6）作为工业（服务）流程环节或常规的质量控制、测试分析、维修维护。<br>（7）社会科学、艺术或人文学方面的研究。<br>9. 共用人员、设备等划分不清不能加计扣除。<br>10. 委托研发的加计扣除须符合规定。<br>11. 不征税收入用于研发的不能加计扣除。<br>12. 形成无形资产的不能直接加计扣除，通过摊销方式加计扣除。<br>13. 特殊收入须扣减研发费用。<br>14. 从2021年起，季度（3季度）预缴可加计扣除。 |
| | 企业为获得创新性、创意性、突破性的产品进行创意设计活动而发生的相关费用加计扣除 | 企业为获得创新性、创意性、突破性的产品进行创意设计活动而发生的相关费用，可以按照规定进行税前加计扣除。创意设计活动是指多媒体软件、动漫游戏软件开发，数字动漫、游戏设计制作；房屋建筑工程设计（绿色建筑评价标准为三星）、风景园林工程专项设计；工业设计、多媒体设计、动漫及衍生产品设计、模型设计等。 | 企业为获得创新性、创意性、突破性的产品进行创意设计活动而发生的相关费用，可以按照规定进行税前加计扣除。 |
| | 科技型中小企业开发新技术、新产品、新工艺发生的研究开发费用加计扣除 | 科技型中小企业开展研发活动中实际发生的研发费用，未形成无形资产计入当期损益的，在按规定据实扣除的基础上，再按照实际发生额的75%在税前加计扣除；形成无形资产的，在上述期间按照无形资产成本的175%在税前摊销。 | |
| | 安置残疾人员所支付的工资加计扣除 | 企业安置残疾人员的，在按照支付给残疾职工工资据实扣除的基础上，按照支付给残疾职工工资的100%加计扣除。残疾人员的范围适用《中华人民共和国残疾人保障法》的有关规定。 | 可加计扣除的仅限于工资。福利费、五险一金等不能加计扣除。<br>享受安置残疾职工工资100%加计扣除必须同时具备：<br>1. 签订1年以上（含1年）的劳动合同，且安置每位残疾人在企业实际上岗工作。<br>2. 按月足额缴纳所在区县人民政府按国家规定的基本养老保险、基本医疗保险、失业保险、工伤保险。<br>3. 定期通过银行等金融机构向每位安置的残疾人支付不低于企业所在地最低工资标准的工资。<br>4. 具备安置残疾人上岗工作的基本设施。 |

| 类型 | 优惠事项类别 | 享受优惠事项 | 风险提示 |
|---|---|---|---|
| 所得减免 | 从事农、林、牧、渔业项目的所得减免征收企业所得税 | 企业从事蔬菜、谷物、薯类、油料、豆类、棉花、麻类、糖料、水果、坚果的种植,农作物新品种选育,中药材种植,林木培育和种植,牲畜、家禽饲养,林产品采集,灌溉、农产品初加工、兽医、农技推广、农机作业和维修等农、林、牧、渔服务业项目,远洋捕捞项目所得免征企业所得税。企业从事花卉、茶以及其他饮料作物和香料作物种植,海水养殖、内陆养殖项目所得减半征收企业所得税。"公司＋农户"经营模式从事农、林、牧、渔业项目生产企业,可以按照《中华人民共和国企业所得税法实施条例》第86条的有关规定,享受减免企业所得税优惠政策。 | 1. 企业同时从事适用不同企业所得税政策规定项目的,应分别核算,单独计算优惠项目的计税依据及优惠数额。<br>2. 企业从事实施条例第86条规定的享受税收优惠的农、林、牧、渔业项目,除另有规定外,参照《国民经济行业分类》(GB/T 4754—2002)的规定标准执行。 |
| | 从事国家重点扶持的公共基础设施项目投资经营的所得定期减免企业所得税 | 企业从事《公共基础设施项目企业所得税优惠目录》规定的港口码头、机场、铁路、公路、城市公共交通、电力、水利等项目的投资经营的所得,自项目取得第一笔生产经营收入所属纳税年度起,第一年至第三年免征企业所得税,第四年至第六年减半征收企业所得税;企业承包经营、承包建设和内部自建自用的项目,不得享受上述规定的企业所得税优惠。<br>饮水工程运营管理单位从事《公共基础设施项目企业所得税优惠目录》规定的饮水工程新建项目投资经营的所得,自项目取得第一笔生产经营收入所属纳税年度起,第一年至第三年免征企业所得税,第四年至第六年减半征收企业所得税。 | 1. 企业同时从事不在《目录》范围内的项目取得的所得,应与享受优惠的公共基础设施项目所得分开核算,并合理分摊期间费用,没有分开的,不得享受企业所得税"三免三减半"优惠政策。<br>2. 自该项目取得第一笔生产经营收入所属纳税年度起,第一年至第三年免征企业所得税,第四年至第六年减半征收企业所得税。第一笔生产经营收入,是指公共基础设施项目已建成并投入运营后所取得的第一笔收入。<br>3. 企业承包经营、承包建设和内部自建自用公共基础设施项目,不得享受上述企业所得税优惠。<br>4. 企业投资经营符合《公共基础设施项目企业所得税优惠目录》规定条件和标准的公共基础设施项目,采用一次核准、分批次(如码头、泊位、航站楼、跑道、路段、发电机组等)建设的,凡同时符合以下条件的,可按每一批次为单位计算所得,并享受企业所得税"三免三减半"优惠:<br>(1) 不同批次在空间上相互独立。<br>(2) 每一批次自身具备取得收入的功能。<br>(3) 以每一批次为单位进行会计核算,单独计算所得,并合理分摊期间费用。 |
| | 从事符合条件的环境保护、节能节水项目的所得定期减免企业所得税 | 企业从事《环境保护、节能节水项目企业所得税优惠目录》所列项目的所得,自项目取得第一笔生产经营收入所属纳税年度起,第一年至第三年免征企业所得税,第四年至第六年减半征收企业所得税。 | |

（续表）

| 类型 | 优惠事项类别 | 享受优惠事项 | 风险提示 |
|------|------------|------------|---------|
| 所得减免 | 符合条件的技术转让所得减免征收企业所得税 | 一个纳税年度内,居民企业技术转让所得不超过500万元的部分,免征企业所得税;超过500万元的部分,减半征收企业所得税。<br>在中关村国家自主创新示范区特定区域内注册的居民企业,符合条件的技术转让所得,在一个纳税年度内不超过2 000万元的部分,免征企业所得税;超过2 000万元部分,减半征收企业所得税。 | 1. 仅限居民企业技术转让。<br>2. 转让技术范围:技术包括专利（含国防专利）、计算机软件著作权、集成电路布图设计专有权、植物新品种权、生物医药新品种,以及财政部和国家税务总局确定的其他技术。其中,专利是指法律授予独占权的发明、实用新型以及非简单改变产品图案和形状的外观设计。<br>3. 技术转让收入是指转让方履行技术转让合同后获得的价款,不包括销售或转让设备、仪器、零部件、原材料等非技术性收入。不属于与技术转让项目密不可分的技术咨询、服务、培训等收入,不得计入技术转让收入。技术许可使用权转让收入,应按转让协议约定的许可使用权人应付许可使用权使用费的日期确认收入的实现。<br>4. 居民企业从直接或间接持有股权之和达到100%的关联方取得的技术转让所得,不享受技术转让减免企业所得税优惠政策。 |
| | 实施清洁发展机制项目的所得定期减免企业所得税 | 清洁发展机制项目（以下简称"CDM项目"）实施企业将温室气体减排量转让收入的65%上缴给国家的HFC和PFC类CDM项目,以及将温室气体减排量转让收入的30%上缴给国家的$N_2O$类CDM项目,其实施该类CDM项目的所得,自项目取得第一笔减排量转让收入所属纳税年度起,第一年至第三年免征企业所得税,第四年至第六年减半征收企业所得税。 | |
| | 符合条件的节能服务公司实施合同能源管理项目的所得定期减免企业所得税 | 对符合条件的节能服务公司实施合同能源管理项目,符合企业所得税税法有关规定的,自项目取得第一笔生产经营收入所属纳税年度起,第一年至第三年免征企业所得税,第四年至第六年按照25%的法定税率减半征收企业所得税。 | |

**（续表）**

| 类型 | 优惠事项类别 | 享受优惠事项 | 风险提示 |
|---|---|---|---|
| 所得减免 | 国家鼓励的集成电路线宽小于 28 纳米（含）减免企业所得税 | 国家鼓励的集成电路线宽小于 28 纳米（含），且经营期在 15 年以上的集成电路生产企业或项目，第一年至第十年免征企业所得税。 | |
| | 国家鼓励的集成电路线宽小于 65 纳米（含）集成电路生产项目的所得减免企业所得税 | 国家鼓励的集成电路线宽小于 65 纳米（含），且经营期在 15 年以上的集成电路生产企业或项目，第一年至第五年免征企业所得税，第六年至第十年按照 25％ 的法定税率减半征收企业所得税。 | |
| | 国家鼓励的集成电路线宽小于 130 纳米（含）集成电路生产项目的所得减免企业所得税 | 国家鼓励的集成电路线宽小于 130 纳米（含），且经营期在 10 年以上的集成电路生产企业或项目，第一年至第二年免征企业所得税，第三年至第五年按照 25％ 的法定税率减半征收企业所得税。 | |
| | 国家鼓励的集成电路设计、装备、材料、封装、测试企业和软件企业 | 国家鼓励的集成电路设计、装备、材料、封装、测试企业和软件企业，自获利年度起，第一年至第二年免征企业所得税，第三年至第五年按照 25％ 的法定税率减半征收企业所得税。 | |
| | 国家鼓励的重点集成电路设计企业和软件企业 | 国家鼓励的重点集成电路设计企业和软件企业，自获利年度起，第一年至第五年免征企业所得税，接续年度减按 10％ 的税率征收企业所得税。 | |
| 抵扣应纳税所得额 | 投资于未上市的中小高新技术企业的创业投资企业按投资额的一定比例抵扣应纳税所得额 | 创业投资企业采取股权投资方式投资于未上市的中小高新技术企业 2 年以上的，可以按照其投资额的 70％ 在股权持有满 2 年的当年抵扣该创业投资企业的应纳税所得额；当年不足抵扣的，可以在以后纳税年度结转抵扣。 | |
| | 投资于种子期、初创期科技型企业的创业投资企业按投资额的一定比例抵扣应纳税所得额 | 公司制创业投资企业采取股权投资方式直接投资于种子期、初创期科技型企业满 2 年（24 个月）的，可以按照投资额的 70％ 在股权持有满 2 年的当年抵扣该公司制创业投资企业的应纳税所得额；当年不足抵扣的，可以在以后纳税年度结转抵扣。 | |

（续表）

| 类型 | 优惠事项类别 | 享受优惠事项 | 风险提示 |
|---|---|---|---|
| 抵扣应纳税所得额 | 投资于未上市的中小高新技术企业的有限合伙制创业投资企业法人合伙人按投资额的一定比例抵扣应纳税所得额 | 有限合伙制创业投资企业采取股权投资方式投资于未上市的中小高新技术企业2年（24个月）以上，该有限合伙制创业投资企业的法人合伙人可按照其对未上市中小高新技术企业投资额的70%抵扣该法人合伙人从该有限合伙制创业投资企业分得的应纳税所得额，当年不足抵扣的，可以在以后纳税年度结转抵扣。 | |
| | 投资于种子期、初创期科技型企业的有限合伙制创业投资企业法人合伙人按投资额的一定比例抵扣应纳税所得额 | 有限合伙制创业投资企业采取股权投资方式直接投资于种子期、初创期科技型企业满2年的，该合伙创投企业的法人合伙人可以按照对种子期、初创期科技型企业投资额的70%抵扣法人合伙人从有限合伙制创业投资企业分得的所得；当年不足抵扣的，可以在以后纳税年度结转抵扣。 | |
| 减免所得税 | 符合条件的小型微利企业减免企业所得税 | 1.2021年1月1日至2022年12月31日对小型微利企业年应纳税所得额不超过100万元的部分，在《财政部　税务总局关于实施小微企业普惠性税收减免政策的通知》（财税〔2019〕13号）第2条规定的优惠政策基础上，再减半征收企业所得税。<br>2.财税〔2019〕13号第二条规定，2019年1月1日至2021年12月31日对小型微利企业年应纳税所得额不超过100万元的部分，减按25%计入应纳税所得额，按20%的税率缴纳企业所得税；对年应纳税所得额超过100万元但不超过300万元的部分，减按50%计入应纳税所得额，按20%的税率缴纳企业所得税。<br>上述小型微利企业是指从事国家非限制和禁止行业，且同时符合年度应纳税所得额不超过300万元、从业人数不超过300人、资产总额不超过5000万元等三个条件的企业。<br>从业人数，包括与企业建立劳动关系的职工人数和企业接受的劳务派遣用工人数。所称从业人数和资产总额指标，应按企业全年的季度平均值确定。具体计算公式如下：<br>季度平均值＝（季初值＋季末值）÷2<br>全年季度平均值＝全年各季度平均值之和÷4<br>年度中间开业或者终止经营活动的，以其实际经营期作为一个纳税年度确定上述相关指标。 | 1.小微企业年应纳税所得额、从业人数和资产总额三项都符合条件，才能享受小微企业税收优惠。<br>2.核定征收可以享受小微企业优惠。<br>3.劳务派遣人员属于小微企业从业人数。<br>4.查补所得也应计入小微企业应纳税所得额。<br>5.小微企业所得税申报表申报资产和人数应与财务报表、个税代扣代缴人数一致，并符合人数不超过300人，资产总额不超过5000万元的条件，如不符合条件，存在小微企业享受资格不实的风险。 |

（续表）

| 类型 | 优惠事项类别 | 享受优惠事项 | 风险提示 |
|------|------------|------------|---------|
| 减免所得税 | 国家需要重点扶持的高新技术企业减按15%的税率征收企业所得税 | 　　国家需要重点扶持的高新技术企业，减按15%的税率征收企业所得税。国家需要重点扶持的高新技术企业，是指拥有核心自主知识产权，产品（服务）属于国家重点支持的高新技术领域规定的范围，研究开发费用占销售收入的比例不低于规定比例、高新技术产品（服务）收入占企业总收入的比例不低于规定比例，科技人员占企业职工总数的比例不低于规定比例，以及高新技术企业认定管理办法规定的其他条件的企业。对从事文化产业支撑技术等领域的文化企业，按规定认定为高新技术企业的，减按15%的税率征收企业所得税。 | 不符合高新技术企业认定标准：<br>1. 不拥有知识产权的所有权。<br>2. 产品不属于《国家重点支持的高新技术领域》规定的范围。<br>3. 高新技术产品（服务）收入占企业当年总收入的比例未达到60%。<br>4. 研发费用占销售收入的比例低于以下比例：<br>企业近三个会计年度（实际经营期不满三年的按实际经营时间计算，下同）的研究开发费用总额占同期销售收入总额的比例符合如下要求：(1)最近一年销售收入小于5 000万元（含）的企业，比例不低于5%；(2)最近一年销售收入在5 000万元至2亿元（含）的企业，比例不低于4%；(3)最近一年销售收入在2亿元以上的企业，比例不低于3%。其中，企业在中国境内发生的研究开发费用总额占全部研究开发费用总额的比例不低于60%。<br>5. 科技人员比例不符合标准，即企业从事研发和相关技术创新活动的科技人员占企业当年职工总数的比例低于10%。 |
| | 经济特区和上海浦东新区新设立的高新技术企业在区内取得的所得定期减免企业所得税 | 　　经济特区和上海浦东新区内，在2008年1月1日（含）之后完成登记注册的国家需要重点扶持的高新技术企业，在经济特区和上海浦东新区内取得的所得，自取得第一笔生产经营收入所属纳税年度起，第一年至第二年免征企业所得税，第三年至第五年按照25%的法定税率减半征收企业所得税。 | |
| | 民族自治地方的自治机关对本民族自治地方的企业应缴纳的企业所得税中属于地方分享的部分减征或免征 | 　　依照《中华人民共和国民族区域自治法》的规定，实行民族区域自治的自治区、自治州、自治县的自治机关对本民族自治地方的企业应缴纳的企业所得税中属于地方分享的部分，可以决定减征或者免征。自治州、自治县决定减征或者免征的，须报省、自治区、直辖市人民政府批准。 | |

（续表）

| 类型 | 优惠事项类别 | 享受优惠事项 | 风险提示 |
|---|---|---|---|
| 减免所得税 | 支持和促进重点群体创业就业企业限额减征企业所得税 | 企业招用建档立卡贫困人口，以及在人力资源社会保障部门公共就业服务机构登记失业半年以上且持《就业创业证》或《就业失业登记证》（注明"企业吸纳税收政策"）的人员，与其签订1年以上期限劳动合同并依法缴纳社会保险费的，自签订劳动合同并缴纳社会保险当月起，在3年内按实际招用人数予以定额依次扣减增值税、城市维护建设税、教育费附加、地方教育附加和企业所得税优惠。定额标准为每人每年6 000元，最高可上浮30％，各省、自治区、直辖市人民政府可根据本地区实际情况在此幅度内确定具体定额标准。城市维护建设税、教育费附加、地方教育附加的计税依据是享受本项税收优惠政策前的增值税应纳税额。<br>　　按上述标准计算的税收扣减额应在企业当年实际应缴纳的增值税、城市维护建设税、教育费附加、地方教育附加和企业所得税税额中扣减，当年扣减不完的，不得结转下年使用。 | |
| | 扶持自主就业退役士兵创业就业企业限额减征企业所得税 | 企业招用自主就业退役士兵，与其签订1年以上期限劳动合同并依法缴纳社会保险费的，自签订劳动合同并缴纳社会保险当月起，在3年内按实际招用人数予以定额依次扣减增值税、城市维护建设税、教育费附加、地方教育附加和企业所得税优惠。定额标准为每人每年6 000元，最高可上浮50％，各省、自治区、直辖市人民政府可根据本地区实际情况在此幅度内确定具体定额标准。<br>　　企业按招用人数和签订的劳动合同时间核算企业减免税总额，在核算减免税总额内每月依次扣减增值税、城市维护建设税、教育费附加和地方教育附加。<br>　　纳税年度终了，如果企业实际减免的增值税、城市维护建设税、教育费附加和地方教育附加小于核算减免税总额，企业在企业所得税汇算清缴时以差额部分扣减企业所得税。当年扣减不完的，不再结转以后年度扣减。 | |

（续表）

| 类型 | 优惠事项类别 | 享受优惠事项 | 风险提示 |
|---|---|---|---|
| 减免所得税 | 符合条件的生产和装配伤残人员专门用品企业免征企业所得税 | 对符合条件的生产和装配伤残人员专门用品企业，免征企业所得税。 | |
| | 动漫企业自主开发、生产动漫产品定期减免企业所得税 | 经认定的动漫企业自主开发、生产动漫产品，可申请享受国家现行鼓励软件产业发展的所得税优惠政策。即在 2018 年 12 月 31 日前自获利年度起，第一年至第二年免征企业所得税，第三年至第五年按照 25％的法定税率减半征收企业所得税，并享受至期满为止。 | |
| | 新办集成电路设计企业减免企业所得税 | 依法成立且符合条件的集成电路设计企业和软件企业，在 2018 年 12 月 31 日前自获利年度起计算优惠期，第一年至第二年免征企业所得税，第三年至第五年按照 25％的法定税率减半征收企业所得税，并享受至期满为止。 | |
| | 线宽小于 0.8 微米（含）的集成电路生产企业减免企业所得税 | 集成电路线宽小于 0.8 微米（含）的集成电路生产企业，在 2017 年 12 月 31 日前自获利年度起计算优惠期，第一年至第二年免征企业所得税，第三年至第五年按照 25％的法定税率减半征收企业所得税，并享受至期满为止。 | |
| | 集成电路线宽小于 0.25 微米或投资额超过 80 亿元的集成电路生产企业减免企业所得税 | 集成电路线宽小于 0.25 微米或投资额超过 80 亿元的集成电路生产企业，经营期在 15 年以上的，在 2017 年 12 月 31 日前自获利年度起计算优惠期，第一年至第五年免征企业所得税，第六年至第十年按照 25％的法定税率减半征收企业所得税，并享受至期满为止。 | |
| | 线宽小于 130 纳米的集成电路生产企业减免企业所得税 | 2018 年 1 月 1 日后投资新设的集成电路线宽小于 130 纳米，且经营期在 10 年以上的集成电路生产企业，第一年至第二年免征企业所得税，第三年至第五年按照 25％的法定税率减半征收企业所得税，并享受至期满为止。 | |

（续表）

| 类型 | 优惠事项类别 | 享受优惠事项 | 风险提示 |
|---|---|---|---|
| 减免所得税 | 线宽小于 65 纳米或投资额超过 150 亿元的集成电路生产企业减免企业所得税 | 2018 年 1 月 1 日后投资新设的集成电路线宽小于 65 纳米或投资额超过 150 亿元，且经营期在 15 年以上的集成电路生产企业，第一年至第五年免征企业所得税，第六年至第十年按照 25％的法定税率减半征收企业所得税，并享受至期满为止。 | |
| | 符合条件的集成电路封装、测试企业定期减免企业所得税 | 符合条件的集成电路封装、测试企业，在 2017 年（含 2017 年）前实现获利的，自获利年度起，第一年至第二年免征企业所得税，第三年至第五年按照 25％的法定税率减半征收企业所得税，并享受至期满为止；2017 年前未实现获利的，自 2017 年起计算优惠期，享受至期满为止。 | |
| | 符合条件的集成电路关键专用材料生产企业、集成电路专用设备生产企业定期减免企业所得税 | 符合条件的集成电路关键专用材料生产企业、集成电路专用设备生产企业，在 2017 年（含 2017 年）前实现获利的，自获利年度起，第一年至第二年免征企业所得税，第三年至第五年按照 25％的法定税率减半征收企业所得税，并享受至期满为止；2017 年前未实现获利的，自 2017 年起计算优惠期，享受至期满为止。 | |
| | 符合条件的软件企业减免企业所得税 | 依法成立且符合条件的集成电路设计企业和软件企业，在 2018 年 12 月 31 日前自获利年度起计算优惠期，第一年至第二年免征企业所得税，第三年至第五年按照 25％的法定税率减半征收企业所得税，并享受至期满为止。 | |
| | 经营性文化事业单位转制为企业的免征企业所得税 | 经营性文化事业单位转制为企业，自转制注册之日起 5 年内免征企业所得税。2018 年 12 月 31 日之前已完成转制的企业，自 2019 年 1 月 1 日起可继续免征五年企业所得税。 | |
| | 技术先进型服务企业减按 15％的税率征收企业所得税 | 对经认定的技术先进型服务企业，减按 15％的税率征收企业所得税。 | |

(续表)

| 类型 | 优惠事项类别 | 享受优惠事项 | 风险提示 |
|---|---|---|---|
| 减免所得税 | 服务贸易创新发展试点地区符合条件的技术先进型服务企业减按15%的税率征收企业所得税 | 在服务贸易创新发展试点地区,符合条件的技术先进型服务企业减按15%的税率征收企业所得税。 | |
| | 新疆困难地区新办企业定期减免企业所得税 | 对在新疆困难地区新办的属于《新疆困难地区重点鼓励发展产业企业所得税优惠目录》范围内的企业,自取得第一笔生产经营收入所属纳税年度起,第一年至第二年免征企业所得税,第三年至第五年减半征收企业所得税。 | |
| | 新疆喀什、霍尔果斯特殊经济开发区新办企业定期免征企业所得税 | 对在新疆喀什、霍尔果斯两个特殊经济开发区内新办的属于《新疆困难地区重点鼓励发展产业企业所得税优惠目录》范围内的企业,自取得第一笔生产经营收入所属纳税年度起,五年内免征企业所得税。 | |
| | 设在西部地区的鼓励类产业企业减按15%的税率征收企业所得税 | 自2021年1月1日至2030年12月31日,对设在西部地区的鼓励类产业企业减按15%的税率征收企业所得税。本条所称鼓励类产业企业是指以《西部地区鼓励类产业目录》中规定的产业项目为主营业务,其主营业务收入占企业收入总额60%以上的企业。对设在赣州市的鼓励类产业的内资企业和外商投资企业减按15%的税率征收企业所得税。2010年12月31日前新办的符合规定的交通、电力、水利、邮政、广播电视企业,执行原政策到期满为止。 | |
| | 广东横琴、福建平潭、深圳前海等地区的鼓励类产业企业减按15%税率征收企业所得税 | 1.对设在广东横琴新区、福建平潭综合实验区和深圳前海深港现代服务业合作区的鼓励类产业企业减按15%的税率征收企业所得税。2.在平潭综合实验区企业所得税优惠目录增列有关旅游产业项目,平潭综合实验区内享受减按15%税率征收企业所得税优惠政策的鼓励类产业企业,统一按《平潭综合实验区企业所得税优惠目录(2017版)》执行。 | |

（续表）

| 类型 | 优惠事项类别 | 享受优惠事项 | 风险提示 |
|---|---|---|---|
| 减免所得税 | 海南自由贸易港并实质性运营的鼓励类产业企业,减按15%的税率征收企业所得税。 | 对注册在海南自由贸易港并实质性运营的鼓励类产业企业,减按15%的税率征收企业所得税。鼓励类产业企业,是指以海南自由贸易港鼓励类产业目录中规定的产业项目为主营业务,且其主营业务收入占企业收入总额60%以上的企业。所称实质性运营,是指企业的实际管理机构设在海南自由贸易港,并对企业生产经营、人员、账务、财产等实施实质性全面管理和控制。对不符合实质性运营的企业,不得享受优惠。 | |
| | 中国(上海)自由贸易试验区临港新片区减按15%税率征收企业所得税 | 对新片区内从事集成电路、人工智能、生物医药、民用航空等关键领域核心环节相关产品(技术)业务,并开展实质性生产或研发活动的符合条件的法人企业,自设立之日起5年内减按15%的税率征收企业所得税。 | |
| | 北京冬奥组委、北京冬奥会测试赛赛事组委会免征企业所得税 | 对北京冬奥组委免征应缴纳的企业所得税。北京冬奥组委全面负责和组织举办北京2022年冬残奥会,其取得的北京2022年冬残奥会收入及其发生的涉税支出比照执行北京2022年冬奥会的税收政策。北京冬奥会测试赛赛事组委会取得的收入及发生的涉税支出比照执行北京冬奥组委的税收政策。 | |
| | 从事污染防治的第三方企业减按15%的税率征收企业所得税 | 对符合条件的从事污染防治的第三方企业减按15%的税率征收企业所得税。 | 第三方防治企业应当同时符合以下条件:<br>1. 在中国境内(不包括港、澳、台地区)依法注册的居民企业。<br>2. 具有1年以上连续从事环境污染治理设施运营实践,且能够保证设施正常运行。<br>3. 具有至少5名从事本领域工作且具有环保相关专业中级及以上技术职称的技术人员,或者2名从事本领域工作且具有环保相关专业高级及以上技术职称的技术人员。<br>4. 从事环境保护设施运营服务的年度营业收入占总收入的比例不低于60%。<br>5. 具备检验能力,拥有自有实验室,仪器配置可满足运行服务范围内常规污染物指标的检测需求。<br>6. 保证其运营的环境保护设施正常运行,使污染物排放指标能够连续稳定达到国家或者地方规定的排放标准要求。<br>7. 具有良好的纳税信用,近3年内纳税信用等级未被评定为C级或D级。 |

(续表)

| 类型 | 优惠事项类别 | 享受优惠事项 | 风险提示 |
|---|---|---|---|
| 税额抵免 | 购置用于环境保护、节能节水、安全生产等专用设备的投资额按一定比例实行税额抵免 | 企业购置并实际使用《环境保护专用设备企业所得税优惠目录》《节能节水专用设备企业所得税优惠目录》和《安全生产专用设备企业所得税优惠目录》规定的环境保护、节能节水、安全生产等专用设备的，该专用设备的投资额的10%可以从企业当年的应纳税额中抵免；当年不足抵免的，可以在以后5个纳税年度结转抵免。享受上述规定的企业所得税优惠的企业，应当实际购置并自身实际投入使用前款规定的专用设备；企业购置上述专用设备在5年内转让、出租的，应当停止享受企业所得税优惠，并补缴已经抵免的企业所得税税款。 | 1. 企业自2008年1月1日起购置并实际使用列入《目录》范围内的环境保护、节能节水和安全生产专用设备，可以按专用设备投资额的10%抵免当年企业所得税应纳税额；企业当年应纳税额不足抵免的，可以向以后年度结转，但结转期不得超过5个纳税年度。<br>2. 专用设备投资额，是指购买专用设备发票价税合计价格，但不包括按有关规定退还的增值税税款以及设备运输、安装和调试等费用。<br>3. 当年应纳税额，是指企业当年的应纳税所得额乘以适用税率，扣除依照《中华人民共和国企业所得税法》和国务院有关税收优惠规定以及税收过渡优惠规定减征、免征税额后的余额。<br>4. 企业利用自筹资金和银行贷款购置专用设备的投资额，可以按《中华人民共和国企业所得税法》的规定抵免企业应纳所得税额；企业利用财政拨款购置专用设备的投资额，不得抵免企业应纳所得税额。<br>5. 企业购置并实际投入使用、已开始享受税收优惠的专用设备，如从购置之日起5个纳税年度内转让、出租的，应在该专用设备停止使用当月停止享受企业所得税优惠，并补缴已经抵免的企业所得税税款。转让的受让方可以按照该专用设备投资额的10%抵免当年企业所得税应纳税额；当年应纳税额不足抵免的，可以在以后5个纳税年度结转抵免。 |
| 固定资产或购入软件等可以加速折旧或摊销 | 固定资产或购入软件等可以加速折旧或摊销 | 由于技术进步，产品更新换代较快的固定资产及常年处于强震动、高腐蚀状态的固定资产，企业可以采取缩短折旧年限或者采取加速折旧的方法。集成电路生产企业的生产设备，其折旧年限可以适当缩短，最短可为3年(含)。企业外购的软件，凡符合固定资产或无形资产确认条件的，可以按照固定资产或无形资产进行核算，其折旧或摊销年限可以适当缩短，最短可为2年(含)。 | 1. 六大行业和四个领域重点行业的固定资产也能加速折旧。<br>2. 加速折旧与加计扣除可叠加享受。企业用于研发的仪器、设备，无论是一次性扣除还是加速折旧，均可以享受加计扣除。<br>3. 企业可以会计上不加速折旧税收上加速折旧。<br>4. 融资租入固定资产不能加速折旧。<br>5. 未享受一次性扣除的，以后年度不得再变更。 |

(续表)

| 类型 | 优惠事项类别 | 享受优惠事项 | 风险提示 |
|---|---|---|---|
| 固定资产加速折旧或一次性扣除 | 固定资产加速折旧或一次性扣除 | 1. 从 2014 年 1 月 1 日后,对生物药品制造业,专用设备制造业,铁路、船舶、航空航天和其他运输设备制造业,计算机、通信和其他电子设备制造业,仪器仪表制造业,信息传输、软件和信息技术服务业,轻工、纺织、机械、汽车等行业企业新购进的固定资产,可缩短折旧年限或采取加速折旧的方法。对所有行业企业新购进的专门用于研发的仪器、设备,单位价值不超过 100 万元的,允许一次性计入当期成本费用在计算应纳税所得额时扣除,不再分年度计算折旧;单位价值超过 100 万元的,可缩短折旧年限或采取加速折旧的方法。对所有行业企业持有的单位价值不超过 5000 元的固定资产,允许一次性计入当期成本费用在计算应纳税所得额时扣除,不再分年度计算折旧。<br>2. 自 2015 年 1 月 1 日起,对轻工、纺织、机械、汽车四个领域重点行业,新购进的固定资产,可由企业选择缩短折旧年限或采取加速折旧的方法。对上述四个行业的小型微利企业 2015 年 1 月 1 日后新购进的研发和生产经营费用的仪器、设备,单位价值不超过 100 万元的,允许一次性计入当期成本费用,在计算应纳税所得额时扣除,单位价值超过 100 万元的,可由企业选择缩短年限或采取加速折旧的方法。<br>3. 企业在 2018 年 1 月 1 日至 2023 年 12 月 31 日新购进的设备、器具,单位价值不超过 500 万元的,允许一次性计入当期成本费用在计算应纳税所得额时扣除,不再分年度计算折旧;单位价值超过 500 万元的,仍按《中华人民共和国企业所得税法实施条例》《财政部　国家税务总局关于完善固定资产加速折旧企业所得税政策的通知》(财税〔2014〕75 号)、《财政部　国家税务总局关于进一步完善固定资产加速折旧企业所得税政策的通知》(财税〔2015〕106 号)等相关规定执行。 | |

**(续表)**

| 类型 | 优惠事项类别 | 享受优惠事项 | 风险提示 |
|---|---|---|---|
| | | 4. 对疫情防控重点保障物资生产企业为扩大产能新购置的相关设备,允许一次性计入当期成本费用在企业所得税税前扣除。疫情防控重点保障物资生产企业名单,由省级及以上发展改革部门、工业和信息化部门确定。 | |
| 享受过渡期税收优惠 | 享受过渡期税收优惠定期减免企业所得税 | 自 2008 年 1 月 1 日起,原享受企业所得税"五免五减半"等定期减免税优惠的企业,新税法施行后继续按原税收法律、行政法规及相关文件规定的优惠办法及年限享受至期满为止,但因未获利而尚未享受税收优惠的,其优惠期限从 2008 年度起计算。 | |

# 十一、应纳税额的计算

## (一)居民企业应纳税额的计算

$$应纳税额 = 应纳税所得额 \times 适用税率 - 减免税额 - 抵免税额$$

应纳税所得额的计算方法分为直接法和间接法。

### 1. 直接法

$$应纳税所得额 = 收入总额 - 不征税收入 - 免税收入 - 各项扣除金额 - 弥补亏损$$

### 2. 间接法

$$应纳税所得额 = 会计利润总额 \pm 纳税调整项目金额$$

## (二)境外所得抵扣税额的计算

$$\begin{matrix} 企业实际应 \\ 纳所得税额 \end{matrix} = \begin{matrix} 企业境内外所 \\ 得应纳税总额 \end{matrix} - \left( \begin{matrix} 企业所得税减免、 \\ 抵免优惠税额 \end{matrix} \quad \begin{matrix} 境外所得 \\ 税抵免额 \end{matrix} \right)$$

下列所得已在境外缴纳的所得税税额,可从其当期应纳税额中抵免,抵免限额为该项所得按规定计算的应纳税额,超过抵免限额的部分,可在以后五个年度内,用每年度抵免限额抵免当年应抵税额后的余额进行抵补:

(1)居民企业来源于中国境外的应税所得。

(2)非居民企业在中国境内设立机构、场所,取得发生在中国境外但与该机构、场所有实际联系的应税所得。

## （三）居民企业核定征收应纳税额的计算

### 1. 居民企业核定征收企业所得税有关规定

| 项目 | 具体内容 |
| --- | --- |
| 核定征收的范围 | 1. 依照法律、行政法规的规定可以不设置账簿的。<br>2. 依照法律、行政法规的规定应当设置但未设置账簿的。<br>3. 擅自销毁账簿或者拒不提供纳税资料的。<br>4. 虽设置账簿，但账目混乱或者成本资料、收入凭证、费用凭证残缺不全，难以查账的。<br>5. 发生纳税义务，未按照规定的期限办理纳税申报，经税务机关责令限期申报，逾期仍不申报的。<br>6. 申报的计税依据明显偏低，又无正当理由的。 |
| 核定应税所得率 | 1. 能正确核算（查实）收入总额，但不能正确核算（查实）成本费用总额的。<br>2. 能正确核算（查实）成本费用总额，但不能正确核算（查实）收入总额的。<br>3. 通过合理方法，能计算和推定纳税人收入总额或成本费用总额的。 |
| 核定应纳所得税额 | 不属于核定应税所得率情形的纳税人适用核定应纳所得税额。 |
| 核定征收的方法 | 1. 参照当地同类行业或者类似行业中经营规模和收入水平相近的纳税人的税负水平核定。<br>2. 按照应税收入额或成本费用支出额定率核定。<br>3. 按照耗用的原材料、燃料、动力等推算或测算核定。<br>4. 按照其他合理方法核定。 |
| 注意事项 | 核定征收的方法中所列一种方法不足以正确核定应纳税所得额或应纳税额的，可以同时采用两种以上的方法核定。采用两种以上方法测算的应纳税额不一致时，可按测算的应纳税额从高核定。 |
| 不适用核定征收的企业 | 1. 享受《中华人民共和国企业所得税法》及其实施条例和国务院规定的一项或几项企业所得税优惠政策的企业（不包括仅取得免税收入的企业和《中华人民共和国企业所得税法》第 28 条规定的符合条件的小型微利企业）。<br>2. 汇总纳税企业。<br>3. 上市公司。<br>4. 银行、信用社、小额贷款公司、保险公司、证券公司、期货公司、信托投资公司、金融资产管理公司、融资租赁公司、担保公司、财务公司、典当公司等金融企业。<br>5. 会计、审计、资产评估、税务、房地产评估、土地估价、工程造价、律师、价格鉴证、公证机构、专利代理、基层法律服务机构、商标代理以及其他经济鉴证类社会中介机构。<br>6. 专门从事股权（股票）投资业务的企业。<br>7. 国家税务总局规定的其他企业。 |
| 企业所得税核定征收改为查账征收后有关资产税务处理 | 1. 企业能够提供资产购置发票的，以发票载明金额为计税基础；不能提供资产购置发票的，可凭购置资产的合同（协议）、资金支付证明、会计核算资料等记载金额，作为计税基础。<br>2. 企业核定征收期间投入使用的资产，改为查账征收后，按照税法规定的折旧、摊销年限，扣除该资产投入使用年限后，就剩余年限继续计提折旧，摊销并在税前扣除。 |

采用应税所得率方式核定征收企业所得税的,应纳所得税额计算公式如下:

$$应纳所得税额＝应纳税所得额×适用税率$$

$$应纳税所得额＝应税收入额×应税所得率$$

或:应纳税所得额＝成本(费用)支出额÷(1－应纳税所得率)×应税所得率

实行应税所得率方式核定征收企业所得税的纳税人,经营多业的,无论其经营项目是否单独核算,均由税务机关根据其主营项目确定适用的应税所得率。

主营项目应为纳税人所有经营项目中,收入总额或者成本(费用)支出额或者耗用原材料、燃料、动力数量所占比重最大的项目。

纳税人的生产经营范围、主营业务发生重大变化,或者应纳税所得额或应纳税额增减变化达到20%的,应及时向税务机关申报调整已确定的应纳税额或应税所得率。

2. 综试区内核定征收的跨境电商企业应准确核算收入总额,并采用应税所得率方式核定征收企业所得税。应税所得率统一按照4%确定。

综试区内的跨境电商企业,同时符合下列条件的,试行核定征收企业所得税办法:

(1)在综试区注册,并在注册地跨境电子商务线上综合服务平台登记出口货物日期、名称、计量单位、数量、单价、金额的。

(2)出口货物通过综试区所在地海关办理电子商务出口申报手续的。

(3)出口货物未取得有效进货凭证,其增值税、消费税享受免税政策的。

综试区,是指经国务院批准的跨境电子商务综合试验区;本公告所称跨境电商企业,是指自建跨境电子商务销售平台或利用第三方跨境电子商务平台开展电子商务出口的企业。

### (四) 非居民企业所得税核定征收办法

#### 1. 非居民企业的所得税征收方式

非居民企业因会计账簿不健全,资料残缺难以查账,或者其他原因不能准确计算并据实申报其应纳税所得额的、税务机关有权核定其应纳税所得额:

(1)按收入总额核定应纳税所得额:

$$应纳税所得额＝收入总额×经税务机关核定的利润率$$

(2)按成本费用核定应纳税所得额:

$$应纳税所得额＝成本费用总额÷\left(1－经税务机关核定的利润率\right)×经税务机关核定的利润率$$

(3)按经费支出换算收入核定应纳税所得额:

应纳税所得额＝本期经费支出额÷(1－经税务机关核定的利润率)×核定利润率

#### 2. 核定征收的利润率

核定征收情况下的非居民企业的利润率标准:

(1)从事承包工程作业、设计和咨询劳务的,利润率为15%～30%。

(2)从事管理服务的,利润率为30%～50%。

（3）从事其他劳务或劳务以外经营活动的,利润率不低于 15％。

# 十二、源泉扣缴

非居民企业应当缴纳的企业所得税实行源泉扣缴的,应当依照《中华人民共和国企业所得税法》的规定计算应纳税所得额。

| 类　　型 | 项　　目 | 内　　容 |
|---|---|---|
| 扣缴义务人 | 支付人 | 未设立机构、场所的非居民企业从中国境内取得所得。 |
| | | 虽设立机构、场所的非居民企业、但从中国境内取得的所得与其所设机构、场所没有实际联系的所得。 |
| | 工程价款或者劳务费的支付人 | 非居民企业在中国境内取得工程作业和劳务所得。 |
| | 非居民企业在中国境内取得工程作业和劳务所得 | 工程价款或者劳务费的支付人为扣缴义务人。 |
| 扣缴方法 | | 1. 扣缴义务人扣缴税款时,按照非居民企业应纳税额计算方法计算税款。<br>2. 应当扣缴的所得税,扣缴义务人未依法扣缴或者无法履行扣缴义务的,由企业在所得发生地缴纳,企业未依法缴纳的,税务机关可以从该企业在中国境内其他收入项目的支付人应款项中,追缴该企业的应纳税款。<br>3. 税务机关在追缴该企业应纳税款时应当将追缴理由、追缴数额、缴纳期和缴纳方式等告知该企业。<br>4. 扣缴义务人每次代扣的税款,应当自代扣之日起 7 日缴入国库,并向所在地的税务机关报送扣缴企业所得税报告表。 |
| 股权转让所得管理 | | 1. 所称股权转让所得是指非居民企业转让中国居民企业的股权(不包括在公开的证券市场上买入并卖出中国居民企业的股票)所取得的所得。<br>2. 股权转让所得＝股权转让价－股权成本价<br>股权转让价:如被持股企业有未分配利润或税后提存的各项基金等,股权转让人随股权一并转让股东留存收益权的金额,不得从股权转让价中扣除。<br>股权成本价:股权转让人投资入股时向中国居民企业实际交付的出资金额,或购买该项股权时向该股权的原转让人实际支付的股权转让金额。 |

# 十三、特别纳税调整

## （一）特别纳税调整一般性规定

### 1. 需要特别纳税调整的情形

（1）不符合独立交易原则,减少收入或者所得额的。

企业与其关联方之间的业务往来,不符合独立交易原则而减少企业或者其关联方应纳税收入或者所得额的,税务机关有权按照合理方法调整。

关联方,是指与企业有下列关联关系之一的企业、其他组织或者个人:

第一,在资金、经营、购销等方面存在直接或者间接的控制关系。

第二,直接或者间接地同为第三者控制。

第三,在利益上具有相关联的其他关系。

独立交易原则,是指没有关联关系的交易各方,按照公平成交价格和营业常规进行业务往来遵循的原则。

合理方法的涵义包括:

第一,可比非受控价格法,是指按照没有关联关系的交易各方进行相同或者类似业务往来的价格进行定价的方法。

第二,再销售价格法,是指按照从关联方购进商品再销售给没有关联关系的交易方的价格,减除相同或者类似业务的销售毛利进行定价的方法。

第三,成本加成法,是指按照成本加合理的费用和利润进行定价的方法。

第四,交易净利润法,是指按照没有关联关系的交易各方进行相同或者类似业务往来取得的净利润水平确定利润的方法。

第五,利润分割法,是指将企业与其关联方的合并利润或者亏损在各方之间采用合理标准进行分配的方法。

第六,其他符合独立交易原则的方法。

(2)不符合独立交易原则,多计成本的。

第一,企业与其关联方共同开发、受让无形资产,或者共同提供、接受劳务发生的成本,在计算应纳税所得额时应当按照独立交易原则进行分摊。

第二,成本分摊协议规定。

企业可以依照规定,按照独立交易原则与其关联方分摊共同发生的成本,达成成本分摊协议。

企业与其关联方分摊成本时,应当按照成本与预期收益相配比的原则进行分摊,并在税务机关规定的期限内,按照税务机关的要求报送有关资料。

(3)低于我国法定税率(基本税率)水平的国家(地区)的企业,非合理的经营需要而对利润不作分配或者减少分配的。

(4)超过规定标准而发生的利息支出的。

企业从其关联方接受的债权性投资与权益性投资的比例超过规定标准而发生的利息支出,不得在计算应纳税所得额时扣除。

债权性投资、权益性投资概念及其比例要求。

债权性投资,是指企业直接或者间接从关联方获得的,需要偿还本金和支付利息或者需要以其他具有支付利息性质的方式予以补偿的融资。

权益性投资,是指企业接受的不需要偿还本金和支付利息,投资人对企业净资产拥有所有权的投资。

债权性投资与权益性投资的比例标准,由国务院财政、税务主管部门另行规定。

(5)实施其他不具有合理商业目的的安排,而减少其应纳税收入或者所得额的。

企业实施其他不具有合理商业目的的安排,而减少其应纳税收入或者所得额的,税务机关有权按照合理方法调整。

不具有合理商业目的,是指以减少、免除或者推迟缴纳税款为主要目的。

**2. 特别纳税调整的征管**

1)预约定价安排

企业可以向税务机关提出与其关联方之间业务往来的定价原则和计算方法,税务机关与企业协商、确认后,达成预约定价安排。

预约定价安排,是指企业就其未来年度关联交易的定价原则和计算方法,向税务机关提出申请,与税务机关按照独立交易原则协商、确认后达成的协议。

2)对关联企业报送资料要求

(1)企业向税务机关报送年度企业所得税纳税申报表时,应当就其与关联方之间的业务往来,附送年度关联业务往来报告表。

(2)税务机关在进行关联业务调查时,企业及其关联方,以及与关联业务调查有关的其他企业,应当按照规定提供相关资料。

(3)与关联业务调查有关的其他企业,是指与被调查企业在生产经营内容和方式上相类似的企业。

(4)企业应当在税务机关规定的期限内提供与关联业务往来有关的价格、费用的制定标准、计算方法和说明等资料。关联方以及与关联业务调查有关的其他企业应当在税务机关与其约定的期限内提供相关资料。

3)核定应纳税所得额的情形

企业不提供与其关联方之间业务往来资料,或者提供虚假、不完整资料,未能真实反映其关联业务往来情况的,税务机关有权依法核定其应纳税所得额。

税务机关依照规定核定企业的应纳税所得额时,可以采用下列方法:

(1)参照同类或者类似企业的利润率水平核定。

(2)按照企业成本加合理的费用和利润的方法核定。

(3)按照关联企业集团整体利润的合理比例核定。

(4)按照其他合理方法核定。

4)因特别纳税调整补缴税款加收利息的规定

(1)税务机关依照规定作出纳税调整,需要补征税款的,应当补征税款,并按照国务院规定加收利息。

(2)加收利息的具体规定。

税务机关根据税收法律、行政法规的规定,对企业作出特别纳税调整的,应当对补征的税款,自税款所属纳税年度的次年6月1日起至补缴税款之日止的期间,按日加收利息。

前款规定加收的利息,不得在计算应纳税所得额时扣除。

利息,应当按照税款所属纳税年度中国人民银行公布的与补税期间同期的人民币贷款基准利率加5个百分点计算。

5)特别纳税调整追溯调整期限规定

企业与其关联方之间的业务往来,不符合独立交易原则,或者企业实施其他不具有合理商业目的安排的,税务机关有权在该业务发生的纳税年度起10年内,进行纳税调整。

### （二）特别纳税调整的具体操作

适用于税务机关对企业的转让定价、预约定价安排、成本分摊协议、受控外国企业、资本弱化以及一般反避税等特别纳税调整事项的管理。

**3. 转让定价管理**

转让定价管理是指税务机关按照《中华人民共和国企业所得税法》第 6 章和《中华人民共和国税收征收管理法》第 36 条的有关规定，对企业与其关联方之间的业务往来（以下简称关联交易）是否符合独立交易原则进行审核评估和调查调整等工作的总称。

税务机关应当在可比性分析的基础上，选择合理的转让定价方法，对企业关联交易进行分析评估。转让定价方法包括可比非受控价格法、再销售价格法、成本加成法、交易净利润法、利润分割法及其他符合独立交易原则的方法。

（1）可比非受控价格法。

以非关联方之间进行的与关联交易相同或者类似业务活动所收取的价格作为关联交易的公平成交价格。可比非受控价格法可以适用于所有类型的关联交易。

（2）再销售价格法。

以关联方购进商品再销售给非关联方的价格减去可比非关联交易毛利后的金额作为关联方购进商品的公平成交价格。其计算公式如下：

公平成交价格＝再销售给非关联方的价格×（1 － 可比非关联交易毛利率）

可比非关联交易毛利率＝可比非关联交易毛利÷可比非关联交易收入净额×100％

再销售价格法一般适用于再销售者未对商品进行改变外形、性能、结构或者更换商标等实质性增值加工的简单加工或者单纯购销业务。

（3）成本加成法。

以关联交易发生的合理成本加上可比非关联交易毛利后的金额作为关联交易的公平成交价格。其计算公式如下：

公平成交价格＝关联交易发生的合理成本×（1 ＋ 可比非关联交易成本加成率）

可比非关联交易成本加成率＝可比非关联交易毛利÷可比非关联交易成本×100％

成本加成法一般适用于有形资产使用权或者所有权的转让、资金融通、劳务交易等关联交易。

（4）交易净利润法。

以可比非关联交易的利润指标确定关联交易的利润。利润指标包括息税前利润率、完全成本加成率、资产收益率、贝里比率等。具体计算公式如下：

息税前利润率＝息税前利润÷营业收入×100％

完全成本加成率＝息税前利润÷完全成本×100％

资产收益率＝息税前利润÷［（年初资产总额＋年末资产总额）÷2］×100％

贝里比率＝毛利÷（营业费用＋管理费用）×100％

利润指标的选取应当反映交易各方执行的功能、承担的风险和使用的资产。利润指标的计算以企业会计处理为基础,必要时可以对指标口径进行合理调整。

交易净利润法一般适用于不拥有重大价值无形资产企业的有形资产使用权或者所有权的转让和受让、无形资产使用权受让以及劳务交易等关联交易。

(5)利润分割法。

根据企业与其关联方对关联交易合并利润(实际或者预计)的贡献计算各自应当分配的利润额。利润分割法主要包括一般利润分割法和剩余利润分割法。

一般利润分割法通常根据关联交易各方所执行的功能、承担的风险和使用的资产,采用符合独立交易原则的利润分割方式,确定各方应当取得的合理利润;当难以获取可比交易信息但能合理确定合并利润时,可以结合实际情况考虑与价值贡献相关的收入、成本、费用、资产、雇员人数等因素,分析关联交易各方对价值做出的贡献,将利润在各方之间进行分配。

剩余利润分割法将关联交易各方的合并利润减去分配给各方的常规利润后的余额作为剩余利润,再根据各方对剩余利润的贡献程度进行分配。

利润分割法一般适用于企业及其关联方均对利润创造具有独特贡献,业务高度整合且难以单独评估各方交易结果的关联交易。利润分割法的适用应当体现利润应在经济活动发生地和价值创造地征税的基本原则。

(6)其他符合独立交易原则的方法包括成本法、市场法和收益法等资产评估方法,以及其他能够反映利润与经济活动发生地和价值创造地相匹配原则的方法。

**4. 预约定价安排**

企业可以与税务机关就其未来年度关联交易的定价原则和计算方法达成预约定价安排。

1)预约定价安排阶段及类型

预约定价安排的谈签与执行经过预备会谈、谈签意向、分析评估、正式申请、协商签署和监控执行 6 个阶段。预约定价安排包括单边、双边和多边 3 种类型。

2)预约定价安排适用的关联年度交易

预约定价安排一般适用于主管税务机关向企业送达接收其谈签意向的《税务事项通知书》之日所属纳税年度前 3 个年度每年度发生的关联交易金额 4 000 万元人民币以上的企业。

(1)预约定价安排适用于主管税务机关向企业送达接收其谈签意向的《税务事项通知书》之日所属纳税年度起 3 至 5 个年度的关联交易。

(2)企业以前年度的关联交易与预约定价安排适用年度相同或者类似的,经企业申请,税务机关可以将预约定价安排确定的定价原则和计算方法追溯适用于以前年度该关联交易的评估和调整。追溯期最长为 10 年。

预约定价安排的谈签不影响税务机关对企业不适用预约定价安排的年度及关联交易的特别纳税调查调整和监控管理。

3)预备会谈

企业有谈签预约定价安排意向的,应当向税务机关书面提出预备会谈申请。税务机关可以与企业开展预备会谈。

### 5. 成本分摊协议管理

成本分摊协议管理是指税务机关按照《中华人民共和国企业所得税法》第41条第2款的规定,对企业与其关联方签署的成本分摊协议是否符合独立交易原则进行审核评估和调查调整等工作的总称。

涉及劳务的成本分摊协议一般适用于集团采购和集团营销策划。

成本分摊协议主要包括以下内容:

(1) 参与方的名称、所在国家(地区)、关联关系、在协议中的权利和义务。

(2) 成本分摊协议所涉及的无形资产或劳务的内容、范围,协议涉及研发或劳务活动的具体承担者及其职责、任务。

(3) 协议期限。

(4) 参与方预期收益的计算方法和假设。

(5) 参与方初始投入和后续成本支付的金额、形式、价值确认的方法以及符合独立交易原则的说明。

(6) 参与方会计方法的运用及变更说明。

(7) 参与方加入或退出协议的程序及处理规定。

(8) 参与方之间补偿支付的条件及处理规定。

(9) 协议变更或终止的条件及处理规定。

(10) 非参与方使用协议成果的规定。

企业应自成本分摊协议达成之日起30日内,层报国家税务总局备案。税务机关判定成本分摊协议是否符合独立交易原则须层报国家税务总局审核。

企业与其关联方签署成本分摊协议,有下列情形之一的,其自行分摊的成本不得税前扣除:

(1) 不具有合理商业目的和经济实质。

(2) 不符合独立交易原则。

(3) 没有遵循成本与收益配比原则。

### 6. 受控外国企业管理

外国企业管理:是指对受控外国企业不作利润分配或减少分配进行审核评估和调查,并对归属于中国居民企业所得进行调整等工作的总称。

受控外国企业是指根据《中华人民共和国企业所得税法》第45条的规定,由居民企业,或者由居民企业和居民个人(以下统称中国居民股东,包括中国居民企业股东和中国居民个人股东)控制的设立在实际税负低于《中华人民共和国企业所得税法》第4条第1款规定税率水平50%的国家(地区),并非出于合理经营需要对利润不作分配或减少分配的外国企业。

(1) 控制是指在股份、资金、经营、购销等方面构成实质控制。

其中,股份控制是指由中国居民股东在纳税年度任何一天单层直接或多层间接单一持有外国企业10%以上有表决权股份,且共同持有该外国企业50%以上股份。

中国居民股东多层间接持有股份按各层持股比例相乘计算,中间层持有股份超过50%的,按100%计算。

（2）中国居民企业股东应在年度企业所得税纳税申报时提供对外投资信息,附送《对外投资情况表》。

税务机关应汇总、审核中国居民企业股东申报的对外投资信息,向受控外国企业的中国居民企业股东送达《受控外国企业中国居民股东确认通知书》。中国居民企业股东符合《中华人民共和国企业所得税法》第45条征税条件的,按照有关规定征税。

（3）计入中国居民企业股东当期的视同受控外国企业股息分配的所得,应按以下公式计算:

$$\begin{array}{l}\text{中国居民企业}\\\text{股东当期所得}\end{array}=\begin{array}{l}\text{视同股息}\\\text{分配额}\end{array}\times\begin{array}{l}\text{实际持}\\\text{股天数}\end{array}\div\begin{array}{l}\text{受控外国企业}\\\text{纳税年度天数}\end{array}\times\begin{array}{l}\text{股东持}\\\text{股比例}\end{array}$$

中国居民股东多层间接持有股份的,股东持股比例按各层持股比例相乘计算。

受控外国企业与中国居民企业股东纳税年度存在差异的,应将视同股息分配所得计入受控外国企业纳税年度终止日所属的中国居民企业股东的纳税年度。

（4）计入中国居民企业股东当期所得已在境外缴纳的企业所得税税款,可按照《中华人民共和国企业所得税法》或税收协定的有关规定抵免。

受控外国企业实际分配的利润已根据《中华人民共和国企业所得税法》第45条规定征税的,不再计入中国居民企业股东的当期所得。

（5）免于计入中国居民企业股东的当期所得情形。

中国居民企业股东能够提供资料证明其控制的外国企业满足以下条件之一的,可免于将外国企业不作分配或减少分配的利润视同股息分配额,计入中国居民企业股东的当期所得:①设立在国家税务总局指定的非低税率国家(地区);②主要取得积极经营活动所得;③年度利润总额低于500万元人民币。

**7. 资本弱化管理**

资本弱化管理,是指税务机关按照《中华人民共和国企业所得税法》第46条的规定,对企业接受关联方债权性投资与企业接受的权益性投资的比例是否符合规定比例或独立交易原则进行审核评估和调查调整等工作的总称。

（1）不得在计算应纳税所得额时扣除的利息支出应按以下公式计算:

不得扣除的利息支出＝年度实际支付的全部关联方利息×（1－标准比例÷关联债资比例）

其中:

标准比例是指《财政部　国家税务总局关于企业关联方利息支出税前扣除标准有关税收政策问题的通知》(财税〔2008〕121号)规定的比例。

关联债资比例是指根据《中华人民共和国企业所得税法》第46条及《中华人民共和国企业所得税法实施条例》第119条的规定,企业从其全部关联方接受的债权性投资(以下简称关联债权投资)占企业接受的权益性投资(以下简称权益投资)的比例,关联债权投资包括关联方以各种形式提供担保的债权性投资。

（2）关联债资比例的具体计算方法如下:

关联债资比例＝年度各月平均关联债权投资之和÷年度各月平均权益投资之和

其中：

各月平均关联债权投资 ＝（关联债权投资月初账面余额＋月末账面余额）÷2

各月平均权益投资 ＝（权益投资月初账面余额＋月末账面余额）÷2

权益投资为企业资产负债表所列示的所有者权益金额。如果所有者权益小于实收资本（股本）与资本公积之和，则权益投资为实收资本（股本）与资本公积之和；如果实收资本（股本）与资本公积之和小于实收资本（股本）金额，则权益投资为实收资本（股本）金额。

（3）利息支出。

利息支出包括直接或间接关联债权投资实际支付的利息、担保费、抵押费和其他具有利息性质的费用。

不得在计算应纳税所得额时扣除的利息支出，不得结转到以后纳税年度；应按照实际支付给各关联方利息占关联方利息总额的比例，在各关联方之间进行分配，其中，分配给实际税负高于企业的境内关联方的利息准予扣除；直接或间接实际支付给境外关联方的利息应视同分配的股息，按照股息和利息分别适用的所得税税率差补征企业所得税，如已扣缴的所得税税款多于按股息计算应征的所得税税款，多出的部分不予退税。

企业未按规定准备、保存和提供同期资料证明关联债权投资金额、利率、期限、融资条件以及债资比例等符合独立交易原则的，其超过标准比例的关联方利息支出，不得在计算应纳税所得额时扣除。

实际支付利息是指企业按照权责发生制原则计入相关成本、费用的利息。

企业实际支付关联方利息存在转让定价问题的，税务机关应首先按照有关规定实施转让定价调查调整。

### 8. 一般反避税管理

一般反避税管理是指税务机关按照《中华人民共和国企业所得税法》第 47 条的规定，对企业实施其他不具有合理商业目的的安排而减少其应纳税收入或所得额进行审核评估和调查调整等工作的总称。

对存在以下避税安排的企业，启动一般反避税调查：

（1）滥用税收优惠。

（2）滥用税收协定。

（3）滥用公司组织形式。

（4）利用避税港避税。

（5）其他不具有合理商业目的的安排。

税务机关应按照实质重于形式的原则审核企业是否存在避税安排，并综合考虑安排的以下内容：

（1）安排的形式和实质。

（2）安排订立的时间和执行期间。

（3）安排实现的方式。

（4）安排各个步骤或组成部分之间的联系。

（5）安排涉及各方财务状况的变化。

（6）安排的税收结果。

一般反避税调查的其他规定。

（1）税务机关应按照经济实质对企业的避税安排重新定性，取消企业从避税安排获得的税收利益。对于没有经济实质的企业，特别是设在避税港并导致其关联方或非关联方避税的企业，可在税收上否定该企业的存在。

（2）税务机关启动一般反避税调查时，应按照《中华人民共和国税收征收管理法》及其实施细则的有关规定向企业送达《税务检查通知书》。企业应自收到通知书之日起60日内提供资料证明其安排具有合理的商业目的。企业未在规定期限内提供资料，或提供资料不能证明安排具有合理商业目的的，税务机关可根据已掌握的信息实施纳税调整，并向企业送达《特别纳税调整调整通知书》。

（3）税务机关实施一般反避税调查，可按照《中华人民共和国税收征收管理法》第57条的规定要求避税安排的筹划方如实提供有关资料及证明材料。

（4）一般反避税调查及调整须层报国家税务总局批准。

# 十四、征收管理

## （一）纳税地点一般性规定

### 1. 居民纳税人纳税地点

除税收法律、行政法规另有规定外，居民企业以企业登记注册地确定纳税地点，但登记注册地在境外的，以实际管理机构所在地为纳税地点。

居民企业在中国境内设立不具有法人资格的营业机构的，应当汇总计算并缴纳企业所得税。

除国务院另有规定外，企业之间不得合并缴纳企业所得税。

### 2. 非居民纳税人的纳税地点

（1）在境内有机构场所的非居民纳税人的纳税地点。

非居民企业取得《中华人民共和国企业所得税法》第3条第2款规定的所得，以机构、场所所在地为纳税地点。非居民企业在中国境内设立两个或者两个以上机构、场所的，符合国务院主管部门规定条件的，可以选择由其主要机构、场所汇总缴纳企业所得税。

（2）主要机构、场所，应当同时符合下列条件：

第一，对其他各机构、场所的生产经营活动负有监督管理责任。

第二，设有完整的账簿、凭证，能够准确反映各机构、场所的收入、成本、费用和盈亏情况。

### 3. 扣缴义务人的纳税地点

非居民企业取得《中华人民共和国企业所得税法》第3条第3款规定的所得，以扣缴义务人所在地为纳税地点。

## （二）纳税期限

### 1. 纳税期限的一般性规定

依据纳税人实际经营情况，纳税年度分为经营期满12个月的纳税年度、经营期不足12

个月的纳税年度和以清算期间作为纳税年度。

（1）企业所得税按纳税年度计算。纳税年度自公历1月1日起至12月31日止。企业自年度终了之日起5个月内，向税务机关报送年度企业所得税纳税申报表，并汇算清缴，结清应缴应退税款。

（2）企业在一个纳税年度中间开业，或者终止经营活动，使该纳税年度的实际经营期不足12个月的，应当以其实际经营期为一个纳税年度。

（3）企业依法清算时，应当以清算期间作为一个纳税年度。

（4）企业在年度中间终止经营活动的，应当自实际经营终止之日起60日内，向税务机关办理当期企业所得税汇算清缴。

**2. 预缴税款期限**

企业所得税分月或者分季预缴。

（1）企业应当自月份或者季度终了之日起15日内，向税务机关报送预缴企业所得税纳税申报表，预缴税款。

（2）企业所得税分月或者分季预缴，由税务机关具体核定。

企业根据《中华人民共和国企业所得税法》第54条规定分月或者分季预缴企业所得税时，应当按照月度或者季度的实际利润额预缴；按照月度或者季度的实际利润额预缴有困难的，可以按照上一纳税年度应纳税所得额的月度或者季度平均额预缴，或者按照经税务机关认可的其他方法预缴。预缴方法一经确定，该纳税年度内不得随意变更。

**3. 企业所得税汇算清缴期限**

（1）企业应当自年度终了之日起5个月内，向税务机关报送年度企业所得税纳税申报表，并汇算清缴，结清应缴应退税款。企业在报送企业所得税纳税申报表时，应当按照规定附送财务报告和其他有关资料。

（2）企业在年度中间终止经营活动的，应当自实际经营终止之日起60日内，向税务机关办理当期企业所得税汇算清缴。企业应当在办理注销登记前，就其清算所得向税务机关申报并依法缴纳企业所得税。

**4. 纳税期限特别规定**

（1）企业在纳税年度内无论盈利或者亏损，都应当依照《中华人民共和国企业所得税法》第54条规定的期限，向税务机关报送预缴企业所得税纳税申报表、年度企业所得税纳税申报表、财务会计报告和税务机关规定应当报送的其他有关资料。

（2）关于企业清算纳税期限规定。

企业清算时，应当以整个清算期间作为一个纳税年度，依法计算清算所得及其应纳所得税。企业应当自清算结束之日起15日内，向主管税务机关报送企业清算所得税纳税申报表，结清税款。企业未按照规定的期限办理纳税申报或者未按照规定期限缴纳税款的，应根据《税收征收管理法》的相关规定加收滞纳金。

## （三）居民企业跨区经营汇总纳税

关于跨区经营汇总缴纳企业所得税的具体规定主要依据《国家税务总局关于印发〈跨地区经营汇总纳税企业所得税征收管理办法〉的公告》（国家税务总局公告2012年第57号）。

具体规定如下:

**1. 跨区汇总纳税原则**

汇总纳税企业实行"统一计算、分级管理、就地预缴、汇总清算、财政调库"的企业所得税征收管理办法。

**2. 就地分摊缴纳企业所得税的纳税人**

总机构和具有主体生产经营职能的二级分支机构,就地分摊缴纳企业所得税。

二级分支机构,是指汇总纳税企业依法设立并领取非法人营业执照(登记证书),且总机构对其财务、业务、人员等直接进行统一核算和管理的分支机构。

**3. 不就地分摊缴纳企业所得税的二级分支机构**

以下二级分支机构不就地分摊缴纳企业所得税:

(1)不具有主体生产经营职能,且在当地不缴纳增值税的产品售后服务、内部研发、仓储等汇总纳税企业内部辅助性的二级分支机构,不就地分摊缴纳企业所得税。

(2)上年度认定为小型微利企业的,其二级分支机构不就地分摊缴纳企业所得税。

(3)新设立的二级分支机构,设立当年不就地分摊缴纳企业所得税。

(4)当年撤销的二级分支机构,自办理注销税务登记之日所属企业所得税预缴期间起,不就地分摊缴纳企业所得税。

(5)汇总纳税企业在中国境外设立的不具有法人资格的二级分支机构,不就地分摊缴纳企业所得税。

**4. 税款预缴和汇算清缴**

(1)总分机构税款的分摊比例。

汇总纳税企业按照《中华人民共和国企业所得税法》规定汇总计算的企业所得税,包括预缴税款和汇算清缴应缴应退税款,50%在各分支机构间分摊,各分支机构根据分摊税款就地办理缴库或退库;50%由总机构分摊缴纳,其中25%就地办理缴库或退库,25%就地全额缴入中央国库或退库。具体的税款缴库或退库程序按照《财政部 国家税务总局 中国人民银行关于印发〈跨省市总分机构企业所得税分配及预算管理办法〉的通知》(财预〔2012〕40号)第5条等相关规定执行。

(2)企业所得税分月或者分季预缴,由总机构所在地主管税务机关具体核定。

汇总纳税企业应根据当期实际利润额,按照本办法规定的预缴分摊方法计算总机构和分支机构的企业所得税预缴额,分别由总机构和分支机构就地预缴;在规定期限内按实际利润额预缴有困难的,也可以按照上一年度应纳税所得额的1/12或1/4,按照本办法规定的预缴分摊方法计算总机构和分支机构的企业所得税预缴额,分别由总机构和分支机构就地预缴。预缴方法一经确定,当年度不得变更。

(3)总分机构预缴税款预缴比例及期限。

总机构应将本期企业应纳所得税额的50%部分,在每月或季度终了后15日内就地申报预缴。总机构应将本期企业应纳所得税额的另外50%部分,按照各分支机构应分摊的比例,在各分支机构之间进行分摊,并及时通知到各分支机构;各分支机构应在每月或季度终了之日起15日内,就其分摊的所得税额就地申报预缴。

分支机构未按税款分配数额预缴所得税造成少缴税款的,主管税务机关应按照《征收管理法》的有关规定对其处罚,并将处罚结果通知总机构所在地主管税务机关。

(4) 各分支机构原则只报上一年度的年度财务报表。

汇总纳税企业预缴申报时,总机构除报送企业所得税预缴申报表和企业当期财务报表外,还应报送汇总纳税企业分支机构所得税分配表和各分支机构上一年度的年度财务报表(或年度财务状况和营业收支情况);分支机构除报送企业所得税预缴申报表(只填列部分项目)外,还应报送经总机构所在地主管税务机关受理的汇总纳税企业分支机构所得税分配表。

在一个纳税年度内,各分支机构上一年度的年度财务报表(或年度财务状况和营业收支情况)原则上只需要报送一次。

(5) 由总机构汇算清缴企业所得税。

汇总纳税企业应当自年度终了之日起 5 个月内,由总机构汇总计算企业年度应纳所得税额,扣除总机构和各分支机构已预缴的税款,计算出应缴应退税款,按照本办法规定的税款分摊方法计算总机构和分支机构的企业所得税应缴应退税款,分别由总机构和分支机构就地办理税款缴库或退库。

汇总纳税企业在纳税年度内预缴企业所得税税款少于全年应缴企业所得税税款的,应在汇算清缴期内由总、分机构分别结清应缴的企业所得税税款;预缴税款超过应缴税款的,主管税务机关应及时按有关规定分别办理退税,或者经总、分机构同意后分别抵缴其下一年度应缴企业所得税税款。

汇总纳税企业汇算清缴时,总机构除报送企业所得税年度纳税申报表和年度财务报表外,还应报送汇总纳税企业分支机构所得税分配表、各分支机构的年度财务报表和各分支机构参与企业年度纳税调整情况的说明;分支机构除报送企业所得税年度纳税申报表(只填列部分项目)外,还应报送经总机构所在地主管税务机关受理的汇总纳税企业分支机构所得税分配表、分支机构的年度财务报表(或年度财务状况和营业收支情况)和分支机构参与企业年度纳税调整情况的说明。

分支机构参与企业年度纳税调整情况的说明,可参照企业所得税年度纳税申报表附表"纳税调整项目明细表"中列明的项目进行说明,涉及需由总机构统一计算调整的项目不进行说明。

### 5. 总分机构分摊税款的计算

(1) 总机构按以下公式计算分摊税款:

$$总机构分摊税款 = 汇总纳税企业当期应纳所得税额 \times 50\%$$

(2) 分支机构按以下公式计算分摊税款:

$$所有分支机构分摊税款总额 = 汇总纳税企业当期应纳所得税额 \times 50\%$$

$$某分支机构分摊税款 = 所有分支机构分摊税款总额 \times 该分支机构分摊比例$$

(3) 营业收入、职工薪酬和资产总额"三因素"权重。

总机构应按照上年度分支机构的营业收入、职工薪酬和资产总额三个因素计算各分支机构分摊所得税款的比例;三级及以下分支机构,其营业收入、职工薪酬和资产总额统一计入二级分支机构;三因素的权重依次为 0.35、0.35、0.30。

计算公式如下:

某分支机构分摊比例＝(该分支机构营业收入÷各分支机构营业收入之和)×0.35
　　　　　　　　　　＋(该分支机构职工薪酬÷各分支机构职工薪酬之和)×0.35
　　　　　　　　　　＋(该分支机构资产总额÷各分支机构资产总额之和)×0.30

分支机构分摊比例按上述方法一经确定后,除出现本办法第 5 条第(4)项和第 16 条第 2、3 款情形外,当年不作调整。注:本节中本办法是指《跨地区经营汇总纳税企业所得税征收管理办法》。

(4) 符合条件总机构设立具有主体生产经营职能的部门,视同一个二级分支机构。

总机构设立具有主体生产经营职能的部门(非本办法第 4 条规定的二级分支机构),且该部门的营业收入、职工薪酬和资产总额与管理职能部门分开核算的,可将该部门视同一个二级分支机构,按本办法规定计算分摊并就地缴纳企业所得税;该部门与管理职能部门的营业收入、职工薪酬和资产总额不能分开核算的,该部门不得视同一个二级分支机构,不得按本办法规定计算分摊并就地缴纳企业所得税。

汇总纳税企业当年由于重组等原因从其他企业取得重组当年之前已存在的二级分支机构,并作为本企业二级分支机构管理的,该二级分支机构不视同当年新设立的二级分支机构,按本办法规定计算分摊并就地缴纳企业所得税。

汇总纳税企业内就地分摊缴纳企业所得税的总机构、二级分支机构之间,发生合并、分立、管理层级变更等形成的新设或存续的二级分支机构,不视同当年新设立的二级分支机构,按本办法规定计算分摊并就地缴纳企业所得税。

(5) 分支机构营业收入、分支机构职工薪酬和分支机构资产总额的涵义。

分支机构营业收入是指分支机构销售商品、提供劳务、让渡资产使用权等日常经营活动实现的全部收入。其中,生产经营企业分支机构营业收入是指生产经营企业分支机构销售商品、提供劳务、让渡资产使用权等取得的全部收入。金融企业分支机构营业收入是指金融企业分支机构取得的利息、手续费、佣金等全部收入。保险企业分支机构营业收入是指保险企业分支机构取得的保费等全部收入。

分支机构职工薪酬是指分支机构为获得职工提供的服务而给予各种形式的报酬以及其他相关支出。

分支机构资产总额是指分支机构在经营活动中实际使用的应归属于该分支机构的资产合计额。

上年度分支机构的营业收入、职工薪酬和资产总额,是指分支机构上年度全年的营业收入、职工薪酬数据和上年度 12 月 31 日的资产总额数据,是依照国家统一会计制度的规定核算的数据。

一个纳税年度内,总机构首次计算分摊税款时采用的分支机构营业收入、职工薪酬和资产总额数据,与此后经过中国注册会计师审计确认的数据不一致的,不作调整。

### 6. 总分机构适用不同税率的处理

对于按照税收法律、法规和其他规定,总机构和分支机构处于不同税率地区的,先由总机构统一计算全部应纳税所得额,然后按本办法第6条规定的比例和按第15条计算的分摊比例,计算划分不同税率地区机构的应纳税所得额,再分别按各自的适用税率计算应纳税额后加总计算出汇总纳税企业的应纳所得税总额,最后按本办法第六条规定的比例和按第十五条计算的分摊比例,向总机构和分支机构分摊就地缴纳的企业所得税款。

### 7. 跨区汇总纳税的其他规定

(1)资产损失的处理。

汇总纳税企业发生的资产损失,应按以下规定申报扣除:

第一,总机构及二级分支机构发生的资产损失,除应按专项申报和清单申报的有关规定各自向所在地主管税务机关申报外,二级分支机构还应同时上报总机构;三级及以下分支机构发生的资产损失不需向所在地主管税务机关申报,应并入二级分支机构,由二级分支机构统一申报。

第二,总机构对各分支机构上报的资产损失,除税务机关另有规定外,应以清单申报的形式向所在地主管税务机关申报。

第三,总机构将分支机构所属资产捆绑打包转让所发生的资产损失,由总机构向所在地主管税务机关专项申报。

二级分支机构所在地主管税务机关应对二级分支机构申报扣除的资产损失强化后续管理。

(2)对于按照税收法律、法规和其他规定,由分支机构所在地主管税务机关管理的企业所得税优惠事项,分支机构所在地主管税务机关应加强审批(核)、备案管理,并通过评估、检查和台账管理等手段,加强后续管理。

(3)对总机构税务检查及查补税款的处理。

第一,总机构应将查补所得税款(包括滞纳金、罚款,下同)的50%按照本办法第15条规定计算的分摊比例,分摊给各分支机构(不包括本办法第5条规定的分支机构)缴纳,各分支机构根据分摊查补税款就地办理缴库;50%分摊给总机构缴纳,其中25%就地办理缴库,25%就地全额缴入中央国库。具体的税款缴库程序按照《财政部 国家税务总局 中国人民银行关于印发〈跨省市总分机构企业所得税分配及预算管理办法〉的通知》(财预〔2012〕40号)第5条等相关规定执行。

汇总纳税企业缴纳查补所得税款时,总机构应向其所在地主管税务机关报送汇总纳税企业分支机构所得税分配表和总机构所在地主管税务机关出具的税务检查结论,各分支机构也应向其所在地主管税务机关报送经总机构所在地主管税务机关受理的汇总纳税企业分支机构所得税分配表和税务检查结论。

第二,二级分支机构所在地主管税务机关应配合总机构所在地主管税务机关对其主管的二级分支机构实施税务检查,也可以自行对该二级分支机构实施税务检查。

二级分支机构所在地主管税务机关自行对其主管的二级分支机构实施税务检查,可对查实项目按照《中华人民共和国企业所得税法》的规定自行计算查增的应纳税所得额和应纳税额。

计算查增的应纳税所得额时,应减除允许弥补的汇总纳税企业以前年度亏损;对于需由总机构统一计算的税前扣除项目,不得由分支机构自行计算调整。

二级分支机构应将查补所得税款的50%分摊给总机构缴纳,其中25%就地办理缴库,25%就地全额缴入中央国库;50%分摊给该二级分支机构就地办理缴库。具体的税款缴库程序按照《财政部 国家税务总局 中国人民银行关于印发〈跨省市总分机构企业所得税分配及预算管理办法〉的通知》(财预〔2012〕40号)第5条等相关规定执行。

第三,汇总纳税企业不得核定征收企业所得税。

**8. 风险提示**

以下二级分支机构不就地分摊缴纳企业所得税:

第一,不具有主体生产经营职能,且在当地不缴纳增值税的产品售后服务、内部研发、仓储等汇总纳税企业内部辅助性的二级分支机构,不就地分摊缴纳企业所得税。

第二,上年度认定为小型微利企业的,其二级分支机构不就地分摊缴纳企业所得税。

第三,新设立的二级分支机构,设立当年不就地分摊缴纳企业所得税。

第四,当年撤销的二级分支机构,自办理注销税务登记之日所属企业所得税预缴期间起,不就地分摊缴纳企业所得税。

第五,汇总纳税企业在中国境外设立的不具有法人资格的二级分支机构,不就地分摊缴纳企业所得税。

对于按照税收法律、法规和其他规定,总机构和分支机构处于不同税率地区的,先由总机构统一计算全部应纳税所得额,然后按《跨地区经营汇总纳税企业所得税征收管理办法》第6条规定的比例和按第15条计算的分摊比例,计算划分不同税率地区机构的应纳税所得额,再分别按各自的适用税率计算应纳税额后加总计算出汇总纳税企业的应纳所得税总额,最后按《跨地区经营汇总纳税企业所得税征收管理办法》第6条规定的比例和按第15条计算的分摊比例,向总机构和分支机构分摊就地缴纳的企业所得税款。

# 十五、企业政策性搬迁所得税管理

政策性搬迁企业所得税的处理主要依据《国家税务总局关于发布〈企业政策性搬迁所得税管理办法〉的公告》(国家税务总局公告2012年第40号)的规定。

## (一) 政策性搬迁一般规定

**1. 适用范围**

仅限于企业政策性搬迁过程中涉及的所得税征收管理事项,不包括企业自行搬迁或商业性搬迁等非政策性搬迁的税务处理事项。

**2. 政策性搬迁的涵义**

企业政策性搬迁是指由于社会公共利益的需要,在政府主导下企业进行整体搬迁或部分搬迁。企业由于下列需要之一,提供相关文件证明资料的,属于政策性搬迁:

(1) 国防和外交的需要。

（2）由政府组织实施的能源、交通、水利等基础设施的需要。

（3）由政府组织实施的科技、教育、文化、卫生、体育、环境和资源保护、防灾减灾、文物保护、社会福利、市政公用等公共事业的需要。

（4）由政府组织实施的保障性安居工程建设的需要。

（5）由政府依照《中华人民共和国城乡规划法》有关规定组织实施的对危房集中、基础设施落后等地段进行旧城区改建的需要。

（6）法律、行政法规规定的其他公共利益的需要。

**3. 政策性搬迁会计核算要求**

企业应按要求就政策性搬迁过程中涉及的搬迁收入、搬迁支出、搬迁资产税务处理、搬迁所得等所得税征收管理事项，单独进行税务管理和核算。不能单独进行税务管理和核算的，应视为企业自行搬迁或商业性搬迁等非政策性搬迁进行所得税处理，不得执行本办法规定。

## （二）搬迁收入确定

**1. 企业搬迁收入的概念**

企业的搬迁收入，包括搬迁过程中从本企业以外（包括政府或其他单位）取得的搬迁补偿收入，以及本企业搬迁资产处置收入等。

**2. 搬迁补偿收入范围**

企业取得的搬迁补偿收入，是指企业由于搬迁取得的货币性和非货币性补偿收入。具体包括：

（1）对被征用资产价值的补偿。

（2）因搬迁、安置而给予的补偿。

（3）对停产停业形成的损失而给予的补偿。

（4）资产搬迁过程中遭到毁损而取得的保险赔款。

（5）其他补偿收入。

**3. 搬迁资产处置收入的涵义**

企业搬迁资产处置收入，是指企业由于搬迁而处置企业各类资产所取得的收入。

企业由于搬迁处置存货而取得的收入，应按正常经营活动取得的收入进行所得税处理，不作为企业搬迁收入。

## （三）搬迁支出确定

**1. 搬迁支出的概念及范围**

企业的搬迁支出，包括搬迁费用支出以及由于搬迁所发生的企业资产处置支出。

（1）搬迁费用支出，是指企业搬迁期间所发生的各项费用，包括安置职工实际发生的费用、停工期间支付给职工的工资及福利费、临时存放搬迁资产而发生的费用、各类资产搬迁安装费用以及其他与搬迁相关的费用。

（2）资产处置支出，是指企业由于搬迁而处置各类资产所发生的支出，包括变卖及处置各类资产的净值、处置过程中所发生的税费等支出。

企业由于搬迁而报废的资产，如无转让价值，其净值作为企业的资产处置支出。

### (四) 资产税务处理

**1. 简单安装或不需要安装即可继续使用资产计税成本**

企业搬迁的资产,简单安装或不需要安装即可继续使用的,在该项资产重新投入使用后,就其净值按《中华人民共和国企业所得税法》及其实施条例规定的该资产尚未折旧或摊销的年限,继续计提折旧或摊销。

**2. 需要进行大修理后才能重新使用资产计税成本**

企业搬迁的资产,需要进行大修理后才能重新使用的,应就该资产的净值,加上大修理过程所发生的支出,为该资产的计税成本。在该项资产重新投入使用后,按该资产尚可使用的年限,计提折旧或摊销。

**3. 土地使用权置换的计税成本**

企业搬迁中被征用的土地,采取土地置换的,换入土地的计税成本按被征用土地的净值,以及该换入土地投入使用前所发生的各项费用支出,为该换入土地的计税成本,在该换入土地投入使用后,按《中华人民共和国企业所得税法》及其实施条例规定年限摊销。

**4. 购置新资产的计税成本**

企业搬迁期间新购置的各类资产,应按《中华人民共和国企业所得税法》及其实施条例等有关规定,计算确定资产的计税成本及折旧或摊销年限。

企业发生的购置资产支出,不得从搬迁收入中扣除。

**5. 资产置换的计税成本**

企业政策性搬迁被征用的资产,采取资产置换的,其换入资产的计税成本按被征用资产的净值,加上换入资产所支付的税费(涉及补价,还应加上补价款)计算确定。

### (五) 应税所得确定

**1. 搬迁期间暂不确定当期应纳税所得额,完成搬迁年度汇总清算**

企业在搬迁期间发生的搬迁收入和搬迁支出,可以暂不计入当期应纳税所得额,而在完成搬迁的年度,对搬迁收入和支出进行汇总清算。

**2. 搬迁所得确定**

企业的搬迁收入,扣除搬迁支出后的余额,为企业的搬迁所得。

企业应在搬迁完成年度,将搬迁所得计入当年度企业应纳税所得额计算纳税。

**3. 搬迁完成年度的确定**

有下列情形之一的,为搬迁完成年度,企业应进行搬迁清算,计算搬迁所得:

(1) 从搬迁开始,5年内(包括搬迁当年度)任何一年完成搬迁的。

(2) 从搬迁开始,搬迁时间满5年(包括搬迁当年度)的年度。

**4. 视为已经完成搬迁的情形**

企业同时符合下列条件的,视为已经完成搬迁:

(1) 搬迁规划已基本完成。

(2) 当年生产经营收入占规划搬迁前年度生产经营收入50%以上。

企业边搬迁、边生产的,搬迁年度应从实际开始搬迁的年度计算。

**5. 搬迁损失及处理**

企业搬迁收入扣除搬迁支出后为负数的,应为搬迁损失。搬迁损失可在下列方法中选择其一进行税务处理:

(1) 在搬迁完成年度,一次性作为损失进行扣除。

(2) 自搬迁完成年度起分 3 个年度,均匀在税前扣除。

上述方法由企业自行选择,但一经选定,不得改变。

企业以前年度发生尚未弥补的亏损的,凡企业由于搬迁停止生产经营无所得的,从搬迁年度次年起,至搬迁完成年度前一年度止,可作为停止生产经营活动年度,从法定亏损结转弥补年限中减除;企业边搬迁、边生产的,其亏损结转年度应连续计算。

## (六) 征收管理

企业应当自搬迁开始年度,至次年 5 月 31 日前,向主管税务机关(包括迁出地和迁入地)报送政策性搬迁依据、搬迁规划等相关材料。逾期未报的,除特殊原因并经主管税务机关认可外,按非政策性搬迁处理,不得执行本办法的规定。

**1. 报送政策性搬迁资料**

企业应向主管税务机关报送的政策性搬迁依据、搬迁规划等相关材料,包括:

(1) 政府搬迁文件或公告。

(2) 搬迁重置总体规划。

(3) 拆迁补偿协议。

(4) 资产处置计划。

(5) 其他与搬迁相关的事项。

**2. 企业搬迁清算的主管税务机关**

企业迁出地和迁入地主管税务机关发生变化的,由迁入地主管税务机关负责企业搬迁清算。

企业搬迁完成当年,其向主管税务机关报送企业所得税年度纳税申报表时,应同时报送《企业政策性搬迁清算损益表》及相关材料。

## (七) 风险提示

(1) 政策性搬迁仅限于企业政策性搬迁过程中涉及的所得税征收管理事项,不包括企业自行搬迁或商业性搬迁等非政策性搬迁的税务处理事项。

(2) 搬迁收支应单独核算。企业应按《政策性搬迁所得税管理办法》的要求,就政策性搬迁过程中涉及的搬迁收入、搬迁支出、搬迁资产税务处理、搬迁所得等所得税征收管理事项,单独进行税务管理和核算。不能单独进行税务管理和核算的,应视为企业自行搬迁或商业性搬迁等非政策性搬迁进行所得税处理,不得执行该办法规定。

(3) 企业由于搬迁处置存货而取得的收入,应按正常经营活动取得的收入进行所得税处理,不作为企业搬迁收入。

# 十六、企业清算的所得税处理

(1) 应进行清算企业的所得税处理的情形包括:

第一,按《中华人民共和国公司法》《中华人民共和国企业破产法》等规定需要进行清算的企业。

第二,企业重组中需要按清算处理的企业。

(2)企业清算的所得处理包括以下内容:

第一,全部资产均应按可变现价值或交易价格,确认资产转让所得或损失。

第二,确认债权清理、债务清偿的所得或损失。

第三,改变持续经营核算原则,对预提或待摊性质的费用进行处理。

第四,依法弥补亏损,确定清算所得。

第五,计算并缴纳清算所得税。

第六,确定可向股东分配的剩余财产、应付股息等。

(3)清算所得=全部资产可变现价值或交易价格-资产的计税基础-清算费用-相关税费+债务清偿损益。

企业应将整个清算期作为一个独立的纳税年度计算清算所得。

(4)可向所得者分配的剩余资产=全部资产的可变现价值或交易价格-清算费用-职工的工资、社会保险费用和法定补偿金-清算所得税-以前年度欠税等税款-企业债务。

(5)被清算企业的股东分得的剩余资产的金额。

$$股息所得 = 被清算企业累计未分配利润和累计盈余公积 \times 股份比例$$
$$投资转让所得(损失) = 剩余资产 - 股息所得 - 投资成本$$

被清算企业的股东从被清算企业分得的资产应按可变现价值或实际交易价格确定计税基础。

(6)风险提示。企业处于清算期,除免税收入外,不得享受《中华人民共和国企业所得税法》规定的其他税收优惠。企业合并或分立,应按《关于企业重组业务企业所得税处理若干问题的通知》(财税〔2009〕59号)规定正确计算可继续享受的税收优惠。

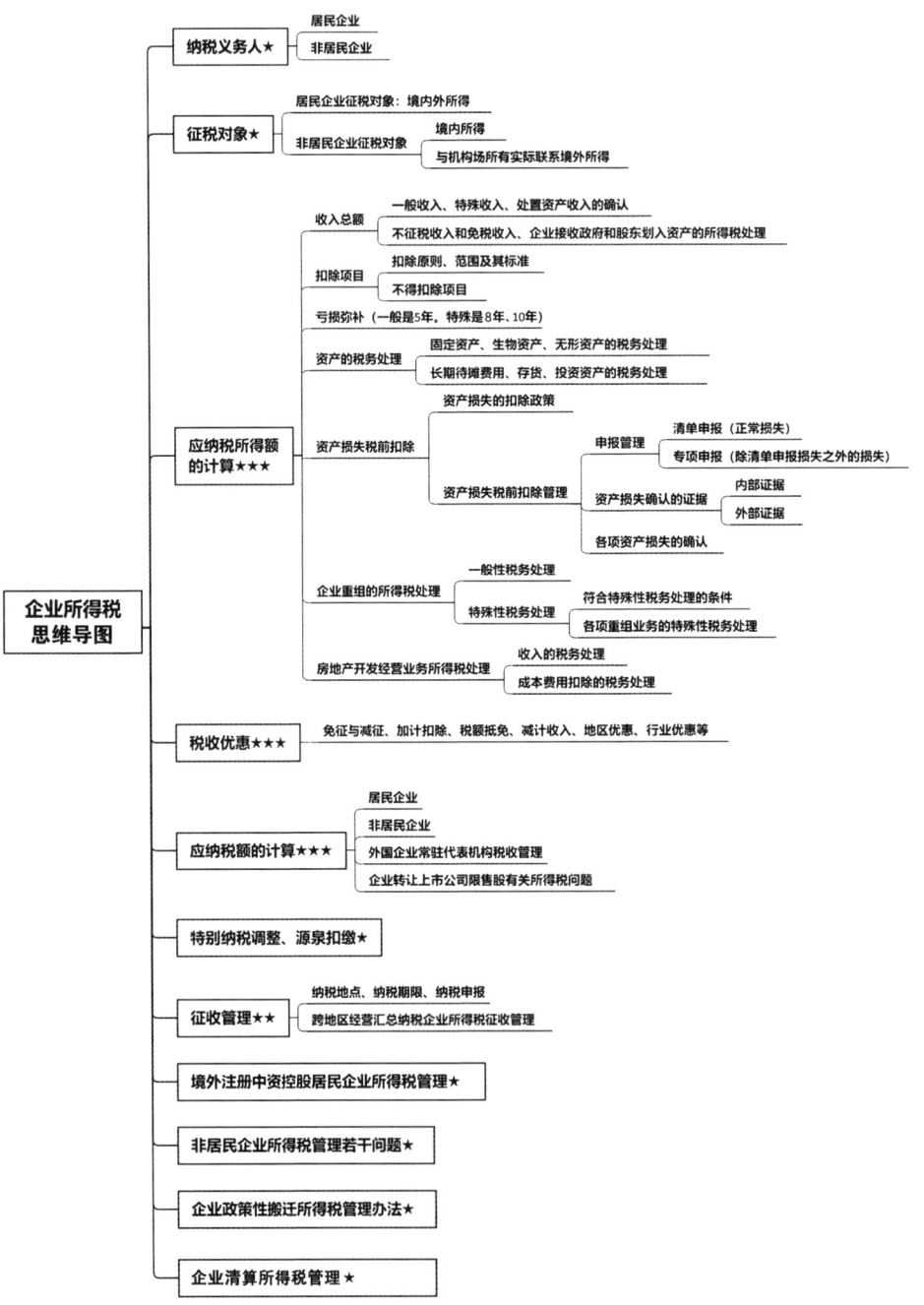

# 一、单选题

**1.** 下列各项中,属于企业所得税扣除基本原则的是(　　)。

A. 相关性原则　　　　　　　　B. 合规性原则

C. 关联性原则　　　　　　　　D. 重要性原则

【答案】　A

【解析】《中华人民共和国企业所得税法》第 8 条规定,企业发生的与取得收入有关的、合理的支出,包括成本、费用、税金、损失和其他支出,准予在计算应纳税所得额时扣除。

**2.** 下列各项中,适用《中华人民共和国企业所得税法》纳税人是(　　)。

A. 事业单位　　　　　　　　　B. 政府行政部门

C. 个人独资企业　　　　　　　D. 合伙企业

【答案】　A

【解析】《中华人民共和国企业所得税法》第 1 条规定,在中华人民共和国境内,企业和其他取得收入的组织(以下统称企业)为企业所得税的纳税人,依照本法的规定缴纳企业所得税。个人独资企业、合伙企业不适用本法。

**3.** 因股权分置改革造成原由个人出资而由企业代持有的限售股再转让的,是企业所得税纳税人,这里的企业不包括的纳税人是(　　)。

A. 民办非企业单位　　　　　　B. 事业单位

C. 社会团体　　　　　　　　　D. 合伙企业

【答案】　D

【解析】《国家税务总局关于企业转让上市公司限售股有关所得税问题的公告》(国家税务总局公告 2011 年第 39 号)规定,根据《中华人民共和国企业所得税法》第 1 条、《中华人民共和国企业所得税法实施条例》第 3 条的规定,转让限售股取得收入的企业(包括事业单位、社会团体、民办非企业单位等),为企业所得税的纳税义务人。

**4.** 下列各项中,对实际管理机构的判断,应当遵循的原则是(　　)。

A. 实质重于形式　　　　　　　B. 权责发生制原则

C. 真实性、相关性和合理性原则　　D. 历史成本原则

【答案】　A

【解析】《国家税务总局关于境外注册中资控股企业依据实际管理机构标准认定为居民企业有关问题的通知》(国税发〔2009〕82 号)第 3 条规定,对于实际管理机构的判断,应当遵循实质重于形式的原则。

**5.** 非居民企业取得在中国境内未设立机构、场所的,或者虽设立机构、场所但取得的所得与其所设机构、场所没有实际联系的,应当就其来源于中国境内的所得缴纳企业所得税,实行源泉扣缴,税款由扣缴义务人在每次支付或者到期应支付时,从支付或者到期应支付的款项中扣缴。扣缴义务人指的是(　　)。

A. 支付人　　　　　　　　　　B. 支付款项的银行

C. 税务机关指定扣缴人　　　　　　　D. 办税服务厅

【答案】　A

【解析】　《中华人民共和国企业所得税法》第37条规定,非居民企业取得本法第3条第3款规定的所得应缴纳的所得税,实行源泉扣缴,以支付人为扣缴义务人。税款由扣缴义务人在每次支付或者到期应支付时,从支付或者到期应支付的款项中扣缴。

**6.**《企业所得税税前扣除凭证管理办法》规定,汇算清缴期结束后,税务机关发现企业应当取得而未取得发票、其他外部凭证或者取得不合规发票、不合规其他外部凭证并且告知企业的,企业应当自被告知之日起(　　　)日内补开、换开符合规定的发票、其他外部凭证。企业在规定的期限未能补开、换开符合规定的发票、其他外部凭证,并且未能按照本办法第14条的规定提供相关资料证实其支出真实性的,相应支出不得在发生年度税前扣除。

A. 10　　　　　　B. 15　　　　　　C. 30　　　　　　D. 60

【答案】　D

【解析】　《企业所得税税前扣除凭证管理办法》(国家税务总局公告2018年第28号)第15条规定,汇算清缴期结束后,税务机关发现企业应当取得而未取得发票、其他外部凭证或者取得不合规发票、不合规其他外部凭证并且告知企业的,企业应当自被告知之日起60日内补开、换开符合规定的发票、其他外部凭证。其中,因对方特殊原因无法补开、换开发票、其他外部凭证的,企业应当按照本办法第14条的规定,自被告知之日起60日内提供可以证实其支出真实性的相关资料。企业在规定的期限未能补开、换开符合规定的发票、其他外部凭证,并且未能按照本办法第14条的规定提供相关资料证实其支出真实性的,相应支出不得在发生年度税前扣除。

**7.** 服务贸易类技术先进型服务企业所得税优惠政策从2018年1月1日起,对经认定的技术先进型服务企业(服务贸易类),适用的企业所得税税率是(　　　)。

A. 10%　　　　B. 15%　　　　C. 20%　　　　D. 以上都不对

【答案】　B

【解析】　《关于将服务贸易创新发展试点地区技术先进型服务企业所得税政策推广至全国实施的通知》(财税〔2018〕44号)规定,自2018年1月1日起,对经认定的技术先进型服务企业(服务贸易类),减按15%的税率征收企业所得税。

**8.** 委托境外进行研发活动所发生的费用,按照费用实际发生额的(　　　)计入委托方的委托境外研发费用。委托境外研发费用不超过境内符合条件的研发费用(　　　)的部分,可以按规定在企业所得税前加计扣除。

A. 80%;2/3　　B. 80%;1/3　　C. 60%;4/3　　D. 以上都不对

【答案】　A

【解析】　《关于企业委托境外研究开发费用税前加计扣除有关政策问题的通知》(财税〔2018〕64号)第1条规定,委托境外进行研发活动所发生的费用,按照费用实际发生额的80%计入委托方的委托境外研发费用。委托境外研发费用不超过境内符合条件的研发费用2/3的部分,可以按规定在企业所得税前加计扣除。上述费用实际发生额应按照独立交易原则确定。委托方与受托方存在关联关系的,受托方应向委托方提供研发项目费用支出明细情况。

**9.** M公司系工业企业从事国家非限制和禁止行业,2020年应纳税所得额为290万元,从业人数为180人,资产总额为3 800万元,2020年应缴纳企业所得税(　　)万元。

　　A. 29　　　　　　B. 24　　　　　　C. 19　　　　　　D. 20

【答案】　B

【解析】《国家税务总局关于实施小型微利企业普惠性所得税减免政策有关问题的公告》(国家税务总局公告2019年第2号)规定,自2019年1月1日至2021年12月31日,对小型微利企业年应纳税所得额不超过100万元的部分,减按25%计入应纳税所得额,按20%的税率缴纳企业所得税;对年应纳税所得额超过100万元但不超过300万元的部分,减按50%计入应纳税所得额,按20%的税率缴纳企业所得税。本公告所称小型微利企业是指从事国家非限制和禁止行业,且同时符合年度应纳税所得额不超过300万元、从业人数不超过300人、资产总额不超过5 000万元等三个条件的企业。

2020年应缴企业所得税分两段进行计算:

(1)年应纳税所得额不超过100万元的部分,减按25%计入应纳税所得额,按20%的税率缴纳企业所得税:

$100 \times 25\% \times 20\% = 5$(万元)。

(2)年应纳税所得额超过100万元但不超过300万元的部分,减按50%计入应纳税所得额,按20%的税率缴纳企业所得税:

$(290-100) \times 50\% \times 20\% = 19$(万元)。

M公司2020年应缴纳企业所得税$= 5+19 = 24$(万元)。

**10.** M公司系工业企业从事国家非限制和禁止行业,2021年应纳税所得额为290万元,从业人数为180人,资产总额为3 800万元,2021年应缴纳企业所得税(　　)万元。

　　A. 29　　　　　　B. 24　　　　　　C. 19　　　　　　D. 21.5

【答案】　D

【解析】《国家税务总局关于落实支持小型微利企业和个体工商户发展所得税优惠政策有关事项的公告》(国家税务总局公告2021年第8号)规定,自2021年1月1日至2022年12月31日,对小型微利企业年应纳税所得额不超过100万元的部分,减按12.5%计入应纳税所得额,按20%的税率缴纳企业所得税。

《国家税务总局关于实施小型微利企业普惠性所得税减免政策有关问题的公告》(国家税务总局公告2019年第2号)规定,对年应纳税所得额超过100万元但不超过300万元的部分,减按50%计入应纳税所得额,按20%的税率缴纳企业所得税。本公告所称小型微利企业是指从事国家非限制和禁止行业,且同时符合年度应纳税所得额不超过300万元、从业人数不超过300人、资产总额不超过5 000万元等三个条件的企业。

2021年应缴企业所得税分两段进行计算。

(1)年应纳税所得额不超过100万元的部分,减按25%计入应纳税所得额,按20%的税率缴纳企业所得税再减半征收企业所得税:

$100 \times 25\% \times 20\% \times 50\% = 2.5$(万元)

（2）年应纳税所得额超过 100 万元但不超过 300 万元的部分,减按 50% 计入应纳税所得额,按 20% 的税率缴纳企业所得税:

（290－100）×50%×20%＝19（万元）

M 公司 2021 年应缴纳企业所得税＝2.5＋19＝21.5（万元）。

**11.** M 公司 2012 年开业,2012—2020 年亏损情况如下:

单位:万元

| 2012 | 2013 | 2014 | 2015 | 2016 | 2017 | 2018 | 2019 | 2020 |
|------|------|------|------|------|------|------|------|------|
| －10 | －30 | －50 | －60 | 10 | －50 | －80 | －60 | 100 |

该公司 2018 年被认定为高新技术企业,2020 年可结转以后年度亏损额是（    ）万元。

A. 110 B. 230 C. 200 D. 90

【答案】 B

【解析】 根据《财政部 国家税务总局关于延长高新技术企业和科技型中小企业亏损结转年限的通知》（财税〔2018〕76 号）的规定,自 2018 年 1 月 1 日起,当年具备高新技术企业或科技型中小企业资格（以下统称资格）的企业,其具备资格年度之前 5 个年度发生的尚未弥补完的亏损,准予结转以后年度弥补,最长结转年限由 5 年延长至 10 年。

《国家税务总局关于延长高新技术企业和科技型中小企业亏损结转弥补年限有关企业所得税处理问题的公告》（国家税务总局公告 2018 年第 45 号）规定,《通知》第一条所称当年具备高新技术企业或科技型中小企业资格（以下统称"资格"）的企业,其具备资格年度之前 5 个年度发生的尚未弥补完的亏损,是指当年具备资格的企业,其前 5 个年度无论是否具备资格,所发生的尚未弥补完的亏损。

2018 年具备资格的企业,无论 2013—2017 年是否具备资格,其 2013—2017 年发生的尚未弥补完的亏损,均准予结转以后年度弥补,最长结转年限为 10 年。

2018 年以后年度具备资格的企业,依此类推,进行亏损结转弥补税务处理。

本例中,由于 2016 年的盈利 10 万元已被用来弥补 2012 年的亏损,2013—2019 年共存在尚未弥补亏损 330 万元,用 2020 年的盈利 100 万元弥补后,尚余 230 万元可结转以后年度弥补。

**12.** 企业享受企业所得税优惠事项,包括免税收入、减计收入、加计扣除、加速折旧、所得减免、抵扣应纳税所得额、减低税率、税额抵免等。企业同时享受多项优惠事项或者享受的优惠事项按照规定（    ）进行核算的,应当按照优惠事项归集留存备查资料。

A. 汇总 B. 分项目 C. 统一 D. 分年度

【答案】 B

【解析】 国家税务总局《关于发布修订后的〈企业所得税优惠政策事项办理办法〉的公告》（国家税务总局公告 2018 年第 23 号）规定,企业同时享受多项优惠事项或者享受的优惠事项按照规定分项目进行核算的,应当按照优惠事项或者项目分别归集留存备查资料。

**13.**《关于发布修订后的〈企业所得税优惠政策事项办理办法〉的公告》（国家税务总局公告 2018 年第 23 号）规定,企业留存备查资料应从企业享受优惠事项当年的企业所得税汇算清缴期结束一定期限起保留 10 年,这里的"一定期限"是( )。

  A. 5 日    B. 10 日    C. 15 日    D. 次日

【答案】 D

【解析】 《关于发布修订后的〈企业所得税优惠政策事项办理办法〉的公告》(国家税务总局公告 2018 年第 23 号)规定,企业留存备查资料应从企业享受优惠事项当年的企业所得税汇算清缴期结束次日起保留 10 年。

**14.** 境外投资者从中国境内居民企业分配的利润,用于境内直接投资暂不征收预提所得税政策但未实际享受的,可在实际缴纳相关税款之日起一定期限内申请追补享受该政策,退还已缴纳的税款。这里的"一定期限"是( )。

  A. 5 年    B. 1 年    C. 3 年    D. 2 年

【答案】 C

【解析】 《关于扩大境外投资者以分配利润直接投资暂不征收预提所得税政策适用范围的通知》(财税〔2018〕102 号)规定,自 2018 年 1 月 1 日起境外投资者按照本通知规定可以享受暂不征收预提所得税政策但未实际享受的,可在实际缴纳相关税款之日起 3 年内申请追补享受该政策,退还已缴纳的税款。

**15.** 境外投资者通过股权转让、回购、清算等方式实际收回享受暂不征收预提所得税政策待遇的直接投资,在实际收取相应款项后一定期限内,按规定程序向税务部门申报补缴递延的税款。这里的"一定期限"是( )。

  A. 5 日    B. 7 日    C. 10 日    D. 15 日

【答案】 B

【解析】 《关于扩大境外投资者以分配利润直接投资暂不征收预提所得税政策适用范围的通知》(财税〔2018〕102 号)规定,境外投资者通过股权转让、回购、清算等方式实际收回享受暂不征收预提所得税政策待遇的直接投资,在实际收取相应款项后 7 日内,按规定程序向税务部门申报补缴递延的税款。

**16.** 下列各项中,减半征收企业所得税的是( )。

  A. 对企业投资者持有 2019—2023 年发行的铁路债券取得的利息收入

  B. 集成电路设计和软件产业企业

  C. 投资方取得的永续债利息收入

  D. 从事污染防治的第三方企业

【答案】 A

【解析】 《关于铁路债券利息收入所得税政策的公告》(财政部 税务总局公告 2019 年第 57 号)规定,对企业投资者持有 2019—2023 年发行的铁路债券取得的利息收入,减半征收企业所得税。

**17.**《关于实施小微企业普惠性税收减免政策的通知》(财税〔2019〕13 号)规定,对小型微利企业年应纳税所得额不超过 100 万元的部分,减按 25% 计入应纳税所得额,按 20% 的税率缴纳企业所得税(注:2021 年 1 月 1 日至 2022 年 12 月 31 日可在此基础上再减半征收企业所得税);对年应纳税所得额超过 100 万元但不超过 300 万元的部分,减按 50% 计入应纳税所得额,按 20% 的税率缴纳企业所得税。下列小微企业指标中,正确的是(　　)。

  A. 小型微利企业必须是从事的是国家禁止行业

  B. 年度应纳税所得额不超过 300 万元、从业人数不超过 300 人、资产总额不超过 5 000 万元必须同时符合

  C. 从业人数,包括与企业建立劳动关系的职工人数不包括劳务派遣用工人数

  D. 从业人数和资产总额指标,应按企业全年的月平均值确定。具体计算公式如下:

   月平均值＝(月初值＋月末值)÷2

   全年月平均值＝全年各月平均值之和÷12

   年度中间开业或者终止经营活动的,以其实际经营期作为一个纳税年度确定上述相关指标

【答案】　B

【解析】　《关于实施小微企业普惠性税收减免政策的通知》(财税〔2019〕13 号)规定,对小型微利企业年应纳税所得额不超过 100 万元的部分,减按 25% 计入应纳税所得额,按 20% 的税率缴纳企业所得税;对年应纳税所得额超过 100 万元但不超过 300 万元的部分,减按 50% 计入应纳税所得额,按 20% 的税率缴纳企业所得税。上述小型微利企业是指从事国家非限制和禁止行业,且同时符合年度应纳税所得额不超过 300 万元、从业人数不超过 300 人、资产总额不超过 5 000 万元等三个条件的企业。

  从业人数,包括与企业建立劳动关系的职工人数和企业接受的劳务派遣用工人数。所称从业人数和资产总额指标,应按企业全年的季度平均值确定。具体计算公式如下:

  季度平均值＝(季初值＋季末值)÷2

  全年季度平均值＝全年各季度平均值之和÷4

  年度中间开业或者终止经营活动的,以其实际经营期作为一个纳税年度确定上述相关指标。

**18.** 非居民企业在我国境内未设置机构、场所取得我国境内所得或者虽在我国境内设置机构、场所取得境外所得,但与其机构、场所没有实际联系的所得适用税率是(　　)。

  A. 25%　　　　　B. 20%　　　　　C. 10%　　　　　D. 15%

【答案】　B

【解析】　《中华人民共和国企业所得税法实施条例》规定,非居民企业在我国境内未设置机构、场所取得我国境内所得或者虽在我国境内设置机构、场所取得境外所得,但与其机构、场所没有实际联系的所得适用税率20%,包括:

  (1)非居民企业在我国境内未设置机构、场所取得来源于我国境内所得适用税率20%。

  (2)非居民企业虽在我国境内设置机构、场所取得境外所得但与其设立机构、场所没有实际联系的所得适用税率20%。

  (3)非居民企业优惠税率。

  非居民企业取得上述的所得,减按10%的税率征收企业所得税。

**19.** 企业以货币形式和非货币形式从各种来源取得的收入,为收入总额。企业以非货币形式取得的收入,确定收入额的依据是(　　)。

  A. 账面价值　　　B. 计税成本　　　C. 计税价值　　　D. 公允价值

【答案】　D

【解析】　《中华人民共和国企业所得税法实施条例》第13条规定,企业以非货币形式取得的收入,应当按照公允价值确定收入额。所称公允价值,是指按照市场价格确定的价值。

**20.** 除企业所得税法及实施条例另有规定外,企业销售收入的确认,必须遵循的原则是(　　)。

    A. 真实性

    B. 合理性

    C. 权责发生制原则和实质重于形式原则

    D. 合法性

【答案】　C

【解析】　《国家税务总局关于确认企业所得税收入若干问题的通知》(国税函〔2008〕875号)规定,除《中华人民共和国企业所得税法》及实施条例另有规定外,企业销售收入的确认,必须遵循权责发生制原则和实质重于形式原则。

**21.** 下列关于满足收入确认条件的劳务的说法中,错误的是(　　)。

    A. 安装费。应根据安装完工进度确认收入。安装工作是商品销售附带条件的,安装费在确认商品销售实现时确认收入

    B. 宣传媒介的收费。应在相关的广告或商业行为出现于公众面前时确认收入。广告的制作费,应根据制作广告的完工进度确认收入

    C. 软件费。为特定客户开发软件的收费,应根据开发的完工进度确认收入

    D. 服务费。长期为客户提供重复的服务收取的服务费,在相关服务活动发生时确认收入

【答案】　D

【解析】　《国家税务总局关于确认企业所得税收入若干问题的通知》(国税函〔2008〕875号)规定,下列提供劳务满足收入确认条件的,应按规定确认收入:

(1) 安装费。应根据安装完工进度确认收入。安装工作是商品销售附带条件的,安装费在确认商品销售实现时确认收入。

(2) 宣传媒介的收费。应在相关的广告或商业行为出现于公众面前时确认收入。广告的制作费,应根据制作广告的完工进度确认收入。

(3) 软件费。为特定客户开发软件的收费,应根据开发的完工进度确认收入。

(4) 服务费。包含在商品售价内可区分的服务费,在提供服务的期间分期确认收入。

(5) 艺术表演、招待宴会和其他特殊活动的收费。在相关活动发生时确认收入。收费涉及几项活动的,预收的款项应合理分配给每项活动,分别确认收入。

(6) 会员费。申请入会或加入会员,只允许取得会籍,所有其他服务或商品都要另行收费的,在取得该会员费时确认收入。申请入会或加入会员后,会员在会员期内不再付费就可得到各种服务或商品,或者以低于非会员的价格销售商品或提供服务的,该会员费应在整个受益期内分期确认收入。

(7) 特许权费。属于提供设备和其他有形资产的特许权费,在交付资产或转移资产所

有权时确认收入;属于提供初始及后续服务的特许权费,在提供服务时确认收入。

(8)劳务费。长期为客户提供重复的劳务收取的劳务费,在相关劳务活动发生时确认收入。

**22.** 下列各项中,确认收入时间正确的是( )。

    A. 股息、红利等权益性投资收益按照被投资方作出利润分配决定的实现时间,确定收入实现

    B. 利息收入、租金收入和特许权使用费收入,按取得收入时,确认收入的实现

    C. 企业转让股权收入,应于按照合同约定的实现时间

    D. 接受捐赠收入,按照合同约定分配资产的日期确认收入的实现

    E. 采取产品分成方式取得收入的,合同约定的日期确认收入的实现,其收入额按照产品的公允价值确定

【答案】 A

【解析】 《国家税务总局关于贯彻落实企业所得税法若干税收问题的通知》(国税函〔2010〕79号)规定,企业权益性投资取得股息、红利等收入,应以被投资企业股东会或股东大会作出利润分配或转股决定的日期,确定收入的实现。

《国家税务总局关于贯彻落实企业所得税法若干税收问题的通知》(国税函〔2010〕79号)规定,企业转让股权收入,应于转让协议生效、且完成股权变更手续时,确认收入的实现。转让股权收入扣除为取得该股权所发生的成本后,为股权转让所得。企业在计算股权转让所得时,不得扣除被投资企业未分配利润等股东留存收益中按该项股权所可能分配的金额。

《中华人民共和国企业所得税法实施条例》第24条规定,采取产品分成方式取得收入的,按照企业分得产品的日期确认收入的实现,其收入额按照产品的公允价值确定。

《中华人民共和国企业所得税法实施条例》第21条规定,接受捐赠收入,按照实际收到捐赠资产的日期确认收入的实现。

**23.** 企业所得税法规定,纳税人境外所得依照中国税法的有关规定计算的应纳税额,其计算方法正确的是( )。

    A. 分项不分国计算         B. 分国不分项计算

    C. 分国分项计算            D. 以上都不对

【答案】 B

【解析】 《中华人民共和国企业所得税法实施条例》第78条规定,《中华人民共和国企业所得税法》第23条所称抵免限额,是指企业来源于中国境外的所得,依照《中华人民共和国企业所得税法》和本条例的规定计算的应纳税额。除国务院财政、税务主管部门另有规定外,该抵免限额应当分国(地区)不分项计算,计算公式如下:

抵免限额=中国境内、境外所得依照企业所得税法和本条例的规定计算的应纳税总额×来源于某国(地区)的应纳税所得额÷中国境内、境外应纳税所得总额

《财政 国家税务总局关于完善企业境外所得税抵免政策问题的通知》(财税〔2017〕84号)规定,企业可以选择按国(地区)别分别计算,即"分国(地区)不分项",或者不按国(地区)别汇总计算[即"不分国(地区)不分项"]其来源于境外的应纳税所得额,并按照《财政部

国家税务总局关于企业境外所得税收抵免有关问题的通知》(财税〔2009〕125 号)第 8 条规定的税率,分别计算其可抵免境外所得税税额和抵免限额。上述方式一经选择,5 年内不得改变。

企业选择采用不同于以前年度的方式(以下简称新方式)计算可抵免境外所得税税额和抵免限额时,对该企业以前年度按照财税〔2009〕125 号文件规定没有抵免完的余额,可在税法规定结转的剩余年限内,按新方式计算的抵免限额中继续结转抵免。

**24.** 下列各项中,应按接收价值确定为计税基础的是(　　)。

　　A. 企业以非货币性形式取得的收入

　　B. 县级以上人民政府(包括政府有关部门)将国有资产明确以股权投资方式投入企业,企业应作为国家资本金(包括资本公积)处理。该项资产如为非货币性资产,应按政府确定的接收价值确定计税基础

　　C. 接受捐赠的非货币性资产

　　D. 以上说法都不对

**【答案】**　B

**【解析】**《国家税务总局关于企业所得税应纳税所得额若干问题的公告》(国家税务总局公告 2014 年第 29 号)规定,县级以上人民政府(包括政府有关部门)将国有资产明确以股权投资方式投入企业,企业应作为国家资本金(包括资本公积)处理。该项资产如为非货币性资产,应按政府确定的接收价值确定计税基础。县级以上人民政府将国有资产无偿划入企业,凡指定专门用途并按《财政部国家税务总局关于专项用途财政性资金企业所得税处理问题的通知》(财税〔2011〕70 号)规定进行管理的,企业可作为不征税收入进行企业所得税处理。其中,该项资产属于非货币性资产的,应按政府确定的接收价值计算不征税收入。

**25.** 企业接收股东划入资产的企业所得税以下处理正确的是(　　)。

　　A. 企业接收股东划入资产(包括股东赠予资产、上市公司在股权分置改革过程中接收原非流通股股东和新非流通股股东赠予的资产、股东放弃本企业的股权,下同),凡合同、协议约定作为资本金(包括资本公积)且在会计上已做实际处理的,不计入企业的收入总额,企业应按账面价值确定该项资产的计税基础

　　B. 企业接收股东划入资产,凡作为收入处理的,应按公允价值计入收入总额,计算缴纳企业所得税,同时按公允价值确定该项资产的计税基础

　　C. 企业接收股东划入资产,应按公允价值确认收入额,不得进行其他处理

　　D. 企业接收股东划入资产,应按不征税收入进行处理,当年在计算应纳税所得额时从收入总额中减除

**【答案】**　B

**【解析】**《国家税务总局关于企业所得税应纳税所得额若干问题的公告》(国家税务总局公告 2014 年第 29 号)规定:

(1) 企业接收股东划入资产(包括股东赠予资产、上市公司在股权分置改革过程中接收原非流通股股东和新非流通股股东赠予的资产、股东放弃本企业的股权,下同),凡合同、协议约定作为资本金(包括资本公积)且在会计上已做实际处理的,不计入企业的收入总额,企

业应按公允价值确定该项资产的计税基础。

（2）企业接收股东划入资产，凡作为收入处理的，应按公允价值计入收入总额，计算缴纳企业所得税，同时按公允价值确定该项资产的计税基础。

**26.** 上市公司依照《上市公司股权激励管理办法（试行）》要求建立职工股权激励计划，并按我国企业会计准则的有关规定，在股权激励计划授予激励对象时，按照该股票的公允价格及数量，计算确定作为上市公司相关年度的成本或费用，作为换取激励对象提供服务的对价。企业建立的职工股权激励计划，其企业所得税的处理正确的是（　　　）。

    A. 对股权激励计划实行后立即可以行权的，上市公司可以根据实际行权时该股票的公允价格与激励对象实际行权支付价格的差额和数量，计算确定作为当年上市公司工资薪金支出，依照税法规定进行税前扣除

    B. 对股权激励计划实行后，需待一定服务年限或者达到规定业绩条件（等待期）方可行权的。上市公司等待期内会计上计算确认的相关成本费用，可以在对应年度计算缴纳企业所得税时扣除

    C. 在股权激励计划可行权后，上市公司方可根据该股票实际行权时的价格与当年激励对象实际行权支付价格的差额及数量，计算确定作为当年上市公司工资薪金支出，依照税法规定进行税前扣除

    D. 这里所指股票实际行权时的公允价格，以实际行权日该股票的开盘价格确定

**【答案】** A

**【解析】** 《国家税务总局关于我国居民企业实行股权激励计划有关企业所得税处理问题的公告》（国家税务总局公告 2012 年第 18 号）规定：

（1）对股权激励计划实行后立即可以行权的，上市公司可以根据实际行权时该股票的公允价格与激励对象实际行权支付价格的差额和数量，计算确定作为当年上市公司工资薪金支出，依照税法规定进行税前扣除。

（2）对股权激励计划实行后，需待一定服务年限或者达到规定业绩条件（等待期）方可行权的。上市公司等待期内会计上计算确认的相关成本费用，不得在对应年度计算缴纳企业所得税时扣除。在股权激励计划可行权后，上市公司方可根据该股票实际行权时的公允价格与当年激励对象实际行权支付价格的差额及数量，计算确定作为当年上市公司工资薪金支出，依照税法规定进行税前扣除。

（3）这里所指股票实际行权时的公允价格，以实际行权日该股票的收盘价格确定。

**27.** 下列各项中，职工教育经费可全额扣除的是（　　　）。

    A. 高新技术企业

    B. 软件企业

    C. 技术先进型服务企业

    D. 核力发电企业为培养核电厂操纵员发生的培养费用

**【答案】** D

**【解析】** 《财政部　国家税务总局关于企业职工教育经费税前扣除政策的通知》（财税〔2018〕51 号）规定，企业发生的职工教育经费支出，不超过工资薪金总额 8% 的部分，准予在

计算企业所得税应纳税所得额时扣除;超过部分,准予在以后纳税年度结转扣除。

《国家税务总局关于企业所得税执行中若干税务处理问题的通知》(国税函〔2009〕202号)规定,自2008年1月1日起,软件生产企业发生的职工教育经费中的职工培训费用,可以全额在企业所得税税前扣除。软件生产企业应准确划分职工教育经费中的职工培训费支出,对于不能准确划分的,以及准确划分后职工教育经费中扣除职工培训费用的余额,一律按照《中华人民共和国企业所得税法实施条例》第42条规定的比例扣除。

《国家税务总局关于企业所得税应纳税所得额若干问题的公告》(国家税务总局公告2014年第29号)规定,核力发电企业为培养核电厂操纵员发生的培养费用,可作为企业的发电成本在税前扣除。企业应将核电厂操纵员培养费与员工的职工教育经费严格区分,单独核算,员工实际发生的职工教育经费支出不得计入核电厂操纵员培养费直接扣除。

**28.** 下列关于工会经费说法中,错误的是(　　)。

　　A. 拨缴的工会经费,不超过工资、薪金总额2%的部分,准予扣除

　　B. 凭工会组织开具的《工会经费收入专用收据》在企业所得税税前扣除

　　C. 凭工会组织开具的《工会经费拨缴款专用收据》在企业所得税税前扣除

　　D. 凭合法、有效的工会经费代收凭据依法在税前扣除

【答案】　C

【解析】　《中华人民共和国企业所得税法实施条例》第41条规定,工会经费扣除限额:拨缴的工会经费,不超过工资、薪金总额2%的部分,准予扣除。

《国家税务总局关于工会经费企业所得税税前扣除凭据问题的公告》(国家税务总局公告2010年第24号)规定,自2010年7月1日起,企业拨缴的职工工会经费,不超过工资薪金总额2%的部分,凭工会组织开具的《工会经费收入专用收据》在企业所得税税前扣除。

《国家税务总局关于税务机关代收工会经费企业所得税税前扣除凭据问题的公告》(国家税务总局公告2011年第30号)规定,自2010年1月1日起,在委托税务机关代收工会经费的地区,企业拨缴的工会经费,也可凭合法、有效的工会经费代收凭据依法在税前扣除。

**29.** 非金融企业向非金融企业借款的利息支出,不超过按照金融企业同期同类贷款利率计算的数额的部分,准予税前扣除。企业在按照合同要求首次支付利息并进行税前扣除时,应提供"金融企业的同期同类贷款利率情况说明",以证明其利息支出的合理性。"金融企业的同期同类贷款利率情况说明"中,应包括的是(　　)。

　　A. 在签订该借款合同当时,本省任何一家金融企业提供同期同类贷款利率情况

　　B. "同期同类贷款利率"是指在贷款期限、贷款金额、贷款担保以及企业信誉等条件基本相同下,金融企业提供贷款的利率,这里的利率只能是金融企业对某些企业提供的实际贷款利率

　　C. 该金融企业应为经政府有关部门批准成立的可以从事贷款业务的企业,包括银行、财务公司、信托公司、担保公司、小额贷款公司等金融机构

　　D. 以上说法都不对

【答案】　A

【解析】　《国家税务总局关于企业所得税若干问题的公告》(国家税务总局公告2011年

第34号)规定：根据《中华人民共和国企业所得税法实施条例》第38条的规定,非金融企业向非金融企业借款的利息支出,不超过按照金融企业同期同类贷款利率计算的数额的部分,准予税前扣除。"金融企业的同期同类贷款利率情况说明"中,应包括在签订该借款合同当时,本省任何一家金融企业提供同期同类贷款利率情况。该金融企业应为经政府有关部门批准成立的可以从事贷款业务的企业,包括银行、财务公司、信托公司等金融机构。"同期同类贷款利率"是指在贷款期限、贷款金额、贷款担保以及企业信誉等条件基本相同下,金融企业提供贷款的利率。既可以是金融企业公布的同期同类平均利率,也可以是金融企业对某些企业提供的实际贷款利率。

**30.** 企业在计算应纳税所得额时,实际支付给关联方的利息支出,其接受关联方债权性投资与其权益性投资比例不超过以下规定比例和税法及其实施条例有关规定计算的部分,准予扣除,超过的部分不得在发生当期和以后年度扣除。下列各项企业与比例对应正确的是(　　)。

    A. 金融企业,3∶1　　　　　　　　B. 其他企业,1∶2

    C. 金融企业,5∶1　　　　　　　　D. 其他企业,3∶2

【答案】　C

【解析】　《财政部　国家税务总局关于企业关联方利息支出税前扣除标准有关税收政策问题的通知》(财税〔2008〕121号)规定,在计算应纳税所得额时,企业实际支付给关联方的利息支出,不超过以下规定比例和税法及其实施条例有关规定计算的部分,准予扣除,超过的部分不得在发生当期和以后年度扣除。企业实际支付给关联方的利息支出,除符合本通知第2条规定外,其接受关联方债权性投资与其权益性投资比例为：金融企业,为5∶1;其他企业,为2∶1。

**31.** 自2021年1月1日起至2025年12月31日止,对特殊行业广告费和业务宣传费扣除限额规定正确是(　　)。

    A. 对化妆品制造和销售、医药制造和饮料制造(含酒类制造)企业发生的广告费和业务宣传费支出,不超过当年销售(营业)收入30%的部分,准予扣除;超过部分,准予在以后纳税年度结转扣除

    B. 对签订广告费和业务宣传费分摊协议的关联企业,其中一方发生的不超过当年销售(营业)收入税前扣除限额比例内的广告费和业务宣传费支出可以在本企业扣除,或者将其中的部分(不含全部)按照分摊协议归集至另一方扣除。另一方在计算本企业广告费和业务宣传费支出企业所得税税前扣除限额时,可将按照上述办法归集至本企业的广告费和业务宣传费不计算在内

    C. 烟草企业的烟草广告费和业务宣传费支出,一律不得在计算应纳税所得额时扣除

    D. 烟草企业的广告费和业务宣传费支出,一律不得在计算应纳税所得额时扣除

【答案】　C

【解析】　《财政部　国家税务总局关于广告费和业务宣传费支出税前扣除有关事项的公告》(财政部　税务总局公告2020年第43号)规定,自2021年1月1日起至2025年12月31日止,对特殊行业广告费和业务宣传费扣除限额规定：

（1）对化妆品制造或销售、医药制造和饮料制造（不含酒类制造）企业发生的广告费和业务宣传费支出，不超过当年销售（营业）收入30%的部分，准予扣除；超过部分，准予在以后纳税年度结转扣除。

（2）对签订广告费和业务宣传费分摊协议（以下简称分摊协议）的关联企业，其中一方发生的不超过当年销售（营业）收入税前扣除限额比例内的广告费和业务宣传费支出可以在本企业扣除，也可以将其中的部分或全部按照分摊协议归集至另一方扣除。另一方在计算本企业广告费和业务宣传费支出企业所得税税前扣除限额时，可将按照上述办法归集至本企业的广告费和业务宣传费不计算在内。

（3）烟草企业的烟草广告费和业务宣传费支出，一律不得在计算应纳税所得额时扣除。

**32.** 下列上缴（交）费用可以税前扣除的是（　　）。

    A. 企业之间支付的管理费

    B. 企业内营业机构之间支付的租金和特许权使用费

    C. 非银行企业内营业机构之间支付的利息

    D. 省联社每年度为履行其职能统一归集所发生的各项费用支出，作为其基层社共同发生的费用，按合理比例分摊后由基层社税前扣除

**【答案】** D

**【解析】**《中华人民共和国企业所得税法实施条例》第49条规定，企业之间支付的管理费、企业内营业机构之间支付的租金和特许权使用费，以及非银行企业内营业机构之间支付的利息，不得扣除。

《国家税务总局关于农村信用社省级联合社收取服务费有关企业所得税税务处理问题的通知》（国税函〔2010〕80号）规定，省联社每年度为履行其职能所发生的各项费用支出，包括人员费用、办公费用、差旅费、利息支出、研究与开发费以及固定资产折旧费、无形资产摊销费等，应统一归集，作为其基层社共同发生的费用，按合理比例分摊后由基层社税前扣除。

**33.** 电信企业在发展客户、拓展业务等过程中（如委托销售电话入网卡、电话充值卡等），需向经纪人、代办商支付手续费及佣金的，其实际发生的相关手续费及佣金支出，不超过企业当年收入总额（　　）的部分，准予在企业所得税前据实扣除。

    A. 3%　　　　　　B. 5%　　　　　　C. 1%　　　　　　D. 10%

**【答案】** B

**【解析】**《国家税务总局关于企业所得税应纳税所得额若干税务处理问题的公告》（国家税务总局公告2012年第15号）规定，电信企业在发展客户、拓展业务等过程中（如委托销售电话入网卡、电话充值卡等），需向经纪人、代办商支付手续费及佣金的，其实际发生的相关手续费及佣金支出，不超过企业当年收入总额5%的部分，准予在企业所得税前据实扣除。

**34.** A公司2021年1月向工商银行按照5.4%的年利率借入400万元，向一私营企业以8%的年利率借入200万元，全年发生利息支出37.6万元，公司甲股东欠缴资本额300万元，则该公司2021年不得扣除的借款利息（　　）万元。

    A. 16.2　　　　　　B. 21.4　　　　　　C. 17.8　　　　　　D. 22.4

**【答案】** B

【解析】 A 公司 2021 年不得扣除的借款利息＝200×(8%−5.4%)＋(400×5.4%＋200×5.4%)×300÷(400＋200)＝21.4(万元)。允许该公司税前扣除利息支出＝37.6−21.4＝16.2(万元)。

**35.** 企业通过公益性社会组织或者县级(含县级)以上人民政府及其组成部门和直属机构,用于慈善活动、公益事业的捐赠支出,在年度利润总额 12% 以内的部分,准予在计算应纳税所得额时扣除;超过年度利润总额 12% 的部分,准予结转以后一定年度内在计算应纳税所得额时扣除。这里的"一定年度"是( )年。

　　A. 5　　　　　　B. 3　　　　　　C. 6　　　　　　D. 2

【答案】 B

【解析】 《财政部　税务总局关于公益性捐赠支出企业所得税税前结转扣除有关政策的通知》(财税〔2018〕15 号)规定,企业通过公益性社会组织或者县级(含县级)以上人民政府及其组成部门和直属机构,用于慈善活动、公益事业的捐赠支出,在年度利润总额 12% 以内的部分,准予在计算应纳税所得额时扣除;超过年度利润总额 12% 的部分,准予结转以后 3 年内在计算应纳税所得额时扣除。

**36.** 境外机构 2021 年 10 月投资境内债券市场取得的债券利息收入 100 万元(与境内设立的机构、场所没有实际联系),应缴纳企业所得税( )万元。

　　A. 10　　　　　　B. 0　　　　　　C. 25　　　　　　D. 15

【答案】 B

【解析】 《财政部　税务总局关于境外机构投资境内债券市场企业所得税 增值税政策的通知》(财税〔2018〕108 号)规定,自 2018 年 11 月 7 日起至 2021 年 11 月 6 日止,对境外机构投资境内债券市场取得的债券利息收入暂免征收企业所得税和增值税。上述暂免征收企业所得税的范围不包括境外机构在境内设立的机构、场所取得的与该机构、场所有实际联系的债券利息。

**37.** 某房地产企业委托境外销售机构销售开发产品,支付的不超过委托销售收入一定比例的佣金或手续费,可以在企业所得税税前扣除。这里的"一定比例"是( )。

　　A. 3%　　　　　　B. 5%　　　　　　C. 10%　　　　　　D. 15%

【答案】 C

【解析】 《国家税务总局关于印发〈房地产开发经营业务企业所得税处理办法〉的通知》(国税发〔2009〕31 号)规定,企业委托境外机构销售开发产品的,其支付境外机构的销售费用(含佣金或手续费)不超过委托销售收入 10% 的部分,准予据实扣除。

**38.** 银行业金融机构依据《存款保险条例》的有关规定、按照不超过一定比例的存款保险费率,计算交纳的存款保险保费,准予在企业所得税税前扣除。这里的"一定比例"是( )。

　　A. 0.16‰　　　　　　B. 0.18‰　　　　　　C. 0.2‰　　　　　　D. 1.5‰

【答案】 A

【解析】 《财政部　国家税务总局关于银行业金融机构存款保险保费企业所得税税前扣除有关政策问题的通知》(财税〔2016〕106 号)规定,银行业金融机构依据《存款保险条例》

的有关规定、按照不超过 0.16‰ 的存款保险费率,计算交纳的存款保险保费,准予在企业所得税税前扣除。

**39.** 下列应纳税所得额计算的公式中,正确的是(　　)。

A. 应纳税所得额＝收入总额－不征税收入－免税收入－各项扣除－允许弥补的以前年度亏损

B. 应纳税所得额＝利润总额－不征税收入－免税收入－各项扣除－允许弥补的以后年度亏损

C. 应纳税所得额＝收入总额－免税收入－各项扣除－允许弥补的以前年度亏损

D. 应纳税所得额＝利润总额－不征税收入－免税收入－各项扣除－允许弥补的以前年度亏损

【答案】　A

【解析】　《中华人民共和国企业所得税法》第 5 条规定,企业每一纳税年度的收入总额,减除不征税收入、免税收入、各项扣除以及允许弥补的以前年度亏损后的余额,为应纳税所得额。

**40.** 企业清算时,应当以整个清算期间作为一个纳税年度,依法计算清算所得及其应纳所得税。企业应当自清算结束之日起(　　)日内,向主管税务机关报送企业清算所得税纳税申报表,结清税款。企业未按照规定的期限办理纳税申报或者未按照规定期限缴纳税款的,应根据《税收征收管理法》的相关规定加收滞纳金。

A. 5　　　　　　　B. 10　　　　　　　C. 15　　　　　　　D. 30

【答案】　C

【解析】　《国家税务总局关于企业清算所得税有关问题的通知》(国税函〔2009〕684 号)规定,企业清算时,应当以整个清算期间作为一个纳税年度,依法计算清算所得及其应纳所得税。企业应当自清算结束之日起 15 日内,向主管税务机关报送企业清算所得税纳税申报表,结清税款。

企业未按照规定的期限办理纳税申报或者未按照规定期限缴纳税款的,应根据《税收征收管理法》的相关规定加收滞纳金。

**41.** 自 2018 年 1 月 1 日起,高新技术企业纳税年度发生的亏损,准予向以后年度结转,用以后年度的所得弥补,但结转年限最长不得超过(　　)年。

A. 5　　　　　　　B. 10　　　　　　　C. 3　　　　　　　D. 8

【答案】　B

【解析】　《财政部　国家税务总局关于延长高新技术企业和科技型中小企业亏损结转年限的通知》(财税〔2018〕76 号)规定,自 2018 年 1 月 1 日起,当年具备高新技术企业或科技型中小企业资格(以下称资格)的企业,其具备资格年度之前 5 个年度发生的尚未弥补完的亏损,准予结转以后年度弥补,最长结转年限由 5 年延长至 10 年。

**42.** 税务机关对企业以前年度纳税情况进行检查时调增的应纳税所得额,凡企业以前年度发生亏损且符合税法规定允许弥补的,下列处理正确的是(　　)。

A. 允许企业弥补以前年度亏损　　　　B. 不允许企业弥补以前年度亏损

C. 允许企业弥补以后年度亏损　　　　D. 不允许企业弥补任何年度亏损

**【答案】** A

**【解析】** 《国家税务总局关于查增应纳税所得额弥补以前年度亏损处理问题的公告》(国家税务总局公告 2010 年第 20 号)规定,自 2010 年 12 月 1 日,根据《中华人民共和国企业所得税法》第 5 条的规定,税务机关对企业以前年度纳税情况进行检查时调增的应纳税所得额,凡企业以前年度发生亏损、且该亏损属于《中华人民共和国企业所得税法》规定允许弥补的,应允许调增的应纳税所得额弥补该亏损。弥补该亏损后仍有余额的,按照《中华人民共和国企业所得税法》规定计算缴纳企业所得税。对检查调增的应纳税所得额应根据其情节,依照《中华人民共和国税收征收管理法》有关规定进行处理或处罚。

**43.** 企业留存备查资料应从企业享受优惠事项当年的企业所得税汇算清缴期结束次日起保留(　　)年。

　　A. 3　　　　　　B. 5　　　　　　C. 10　　　　　　D. 15

**【答案】** C

**【解析】** 《国家税务总局关于发布修订后的〈企业所得税优惠政策事项办理办法〉的公告》(国家税务总局公告 2018 年第 23 号)规定,企业留存备查资料应从企业享受优惠事项当年的企业所得税汇算清缴期结束次日起保留 10 年。

**44.** 下列属于免税收入的是(　　)。

　　A. 国债利息收入　　　　　　　　B. 铁路建设债券利息收入

　　C. 国债转让收入　　　　　　　　D. 非营利组织

**【答案】** A

**【解析】** 《中华人民共和国企业所得税法》第 26 条规定,企业的下列收入为免税收入:(1)国债利息收入;(2)符合条件的居民企业之间的股息、红利等权益性投资收益;(3)在中国境内设立机构、场所的非居民企业从居民企业取得与该机构、场所有实际联系的股息、红利等权益性投资收益;(4)符合条件的非营利组织的收入。

**45.** 下列确认收入时间中,错误的是(　　)。

　　A. 企业投资国债从国务院财政部门取得的国债利息收入,实际收到应付利息的日期,确认利息收入的实现

　　B. 企业转让国债,应在国债转让收入确认时确认利息收入的实现

　　C. 企业转让国债应在转让国债合同、协议生效的日期,或者国债移交时确认转让收入的实现

　　D. 企业投资购买国债,到期兑付的,应在国债发行时约定的应付利息的日期,确认国债转让收入的实现

**【答案】** A

**【解析】** 根据《国家税务总局关于企业国债投资业务企业所得税处理问题的公告》(国家税务总局公告 2011 年第 36 号)第 1 条第 1 项的规定:(1)根据《中华人民共和国企业所得税法实施条例》第 18 条的规定,企业投资国债从国务院财政部门取得的国债利息收入,应以国债发行时约定应付利息的日期,确认利息收入的实现;(2)企业转让国债,应在国债转让收

入确认时确认利息收入的实现。

根据《国家税务总局关于企业国债投资业务企业所得税处理问题的公告》(国家税务总局公告2011年第36号)第2条第1项的规定：(1)企业转让国债应在转让国债合同、协议生效的日期，或者国债移交时确认转让收入的实现；(2)企业投资购买国债，到期兑付的，应在国债发行时约定的应付利息的日期，确认国债转让收入的实现。

**46.** 企业投资经营符合《公共基础设施项目企业所得税优惠目录》规定条件和标准的公共基础设施项目，采用一次核准、分批次(如码头、泊位、航站楼、跑道、路段、发电机组等)建设的，凡同时符合条件的，可按每一批次为单位计算所得，并享受企业所得税"三免三减半"优惠。上述所称条件是指(　　)。

① 不同批次在空间上相互独立

② 每一批次自身具备取得收入的功能

③ 每一批次自身具备取得成本核算的功能

④ 每一批次为单位进行会计核算，单独计算所得，并合理分摊期间费用

　　A. ①②③　　　　　B. ①③④　　　　　C. ②③④　　　　　D. ①②④

【答案】　D

【解析】《财政部　国家税务总局关于公共基础设施项目享受企业所得税优惠政策问题的补充通知》(财税〔2014〕55号)规定，企业投资经营符合《公共基础设施项目企业所得税优惠目录》规定条件和标准的公共基础设施项目，采用一次核准、分批次(如码头、泊位、航站楼、跑道、路段、发电机组等)建设的，凡同时符合以下条件的，可按每一批次为单位计算所得，并享受企业所得税"三免三减半"优惠：(1)不同批次在空间上相互独立；(2)每一批次自身具备取得收入的功能；(3)以每一批次为单位进行会计核算，单独计算所得，并合理分摊期间费用。

**47.** 享受"三免三减半"所得税优惠的是(　　)。

　　A. 符合条件的节能服务公司实施合同能源管理项目

　　B. 符合执行标准范围和要求，且优于1级能效水平的电动机

　　C. 投资额超过80亿元的集成电路生产企业

　　D. 从事污染防治的第三方企业

【答案】　A

【解析】　根据《国家税务总局　国家发展改革委关于落实节能服务企业合同能源管理项目企业所得税优惠政策有关征收管理问题的公告》(国家税务总局　国家发展改革委公告2013年第77号)的规定，对符合条件的节能服务公司实施合同能源管理项目，符合企业所得税税法有关规定的，自项目取得第一笔生产经营收入所属纳税年度起，第1年至第3年免征企业所得税，第4年至第6年按照25%的法定税率减半征收企业所得税。

根据《节能节水专用设备企业所得税优惠目录》(财税〔2017〕71号印发)的规定，购买"符合执行标准范围和要求，且优于1级能效水平的电动机"属对企业购置并实际使用节能节水和环境保护专用设备享受企业所得税抵免优惠政策。

根据《财政部　国家税务总局　国家发展改革委　工业和信息化部关于集成电路生产企

业有关企业所得税政策问题的通知》(财税〔2018〕27号)第5条的规定,2017年12月31日前设立但未获利的集成电路线宽小于0.25微米或投资额超过80亿元,且经营期在15年以上的集成电路生产企业,自获利年度起第1年至第5年免征企业所得税,第6年至第10年按照25%的法定税率减半征收企业所得税,并享受至期满为止。

根据《关于从事污染防治的第三方企业所得税政策问题的公告》(财政部 国家税务总局 国家发展改革委 生态环境部公告2019年第60号)第1条的规定,对符合条件的从事污染防治的第三方企业(以下称第三方防治企业)减按15%的税率征收企业所得税。

**48.** A医药生产企业是非科技型中小企业。2020年度内,仅从事一项专利技术研发活动。发生人员人工费用、直接投入费用、折旧费用、无形资产摊销、新药研制的临床试验费等630万元,发生与研发活动相关的其他费用136万元。该研发活动没有形成专利技术,全部费用化。2020年度加计扣除研发费用时,其他费用可以扣除限额(　　)万元。

    A. 50          B. 30          C. 70          D. 60

**【答案】** C

**【解析】** 根据《国家税务总局关于研发费用税前加计扣除归集范围有关问题的公告》(国家税务总局公告2017年第40号)的规定,允许加计扣除的研发费用包括:(1)人员人工费用;(2)直接投入费用;(3)折旧费用;(4)无形资产摊销;(5)新产品设计费、新工艺规程制定费、新药研制的临床试验费、勘探开发技术的现场试验费;(6)其他相关费用。其中其他相关费用是指与研发活动直接相关的其他费用,如技术图书资料费、资料翻译费、专家咨询费、高新科技研发保险费,研发成果的检索、分析、评议、论证、鉴定、评审、评估、验收费用,知识产权的申请费、注册费、代理费,差旅费、会议费,职工福利费、补充养老保险费、补充医疗保险费。此项费用总额不得超过可加计扣除研发费用总额的10%。

根据《国家税务总局关于企业研究开发费用税前加计扣除政策有关问题的公告》(国家税务总局公告2015年第97号)第2条第3项的规定,企业在一个纳税年度内进行多项研发活动的,应按照不同研发项目分别归集可加计扣除的研发费用。在计算每个项目其他相关费用的限额时应当按照以下公式计算:其他相关费用限额=《通知》第一条第一项允许加计扣除的研发费用中的第1项至第5项的费用之和×10%÷(1−10%)。当其他相关费用实际发生数小于限额时,按实际发生数计算税前加计扣除数额;当其他相关费用实际发生数大于限额时,按限额计算税前加计扣除数额。

因此,加计扣除研发费用时,其他费用可以扣除限额=630×10%÷(1−10%)=70(万元)。

**49.** 企业采取缩短折旧年限方法的,对其购置的新固定资产,最低折旧年限不得低于《实施条例》第60条规定的折旧年限的_____;若为购置已使用过的固定资产,最低折旧年限不得低于《实施条例》规定的最低折旧年限减去已使用年限后剩余年限的_____。最低折旧年限一经确定,一般不得变更。(　　)

    A. 60%;30%      B. 30%;60%      C. 60%;60%      D. 30%;30%

**【答案】** C

**【解析】** 根据《关于固定资产加速折旧税收政策有关问题的公告》(国家税务总局公告2014年第64号)第4条的规定,企业采取缩短折旧年限方法的,对其购置的新固定资产,最低折旧年限不得低于《中华人民共和国企业所得税法实施条例》第 60 条规定的折旧年限的 60%；若为购置已使用过的固定资产，其最低折旧年限不得低于《中华人民共和国企业所得税法实施条例》规定的最低折旧年限减去已使用年限后剩余年限的 60%。最低折旧年限一经确定，一般不得变更。

**50.** 企业在 2018 年 1 月 1 日至 2023 年 12 月 31 日新购进的设备、器具，单位价值不超过_____万元的，允许一次性计入当期成本费用在计算应纳税所得额时扣除，不再分年度计算折旧；单位价值超过_____万元的，仍按《中华人民共和国企业所得税法实施条例》《财政部　国家税务总局关于完善固定资产加速折旧企业所得税政策的通知》（财税〔2014〕75 号）、《财政部　国家税务总局关于进一步完善固定资产加速折旧企业所得税政策的通知》（财税〔2015〕106 号）等相关规定执行。（　　）

　　A. 500；300　　　　　B. 300；500　　　　　C. 500；500　　　　　D. 300；300

**【答案】**　C

**【解析】**　《财政部　国家税务总局关于设备、器具扣除有关企业所得税政策的通知》（财税〔2018〕54 号）规定，企业在 2018 年 1 月 1 日至 2020 年 12 月 31 日新购进的设备、器具，单位价值不超过 500 万元的，允许一次性计入当期成本费用在计算应纳税所得额时扣除，不再分年度计算折旧；单位价值超过 500 万元的，仍按《中华人民共和国企业所得税法实施条例》《财政部　国家税务总局关于完善固定资产加速折旧企业所得税政策的通知》（财税〔2014〕75 号）、《财政部国家税务总局关于进一步完善固定资产加速折旧企业所得税政策的通知》（财税〔2015〕106 号）等相关规定执行。财政部　税务总局公告 2021 年第 6 号将此项政策延期至 2023 年 12 月 31 日。

**51.** 企业购置用于环境保护、节能节水、安全生产等专用设备的投资额，可以按一定比例实行税额抵免。享受规定的企业所得税优惠的企业，应当实际购置并自身实际投入使用规定的专用设备；企业购置上述专用设备在（　　）年内转让、出租的，应当停止享受企业所得税优惠，并补缴已经抵免的企业所得税税款。

　　A. 2　　　　　　　B. 3　　　　　　　C. 4　　　　　　　D. 5

**【答案】**　D

**【解析】**　《中华人民共和国企业所得税法实施条例》第 100 条规定：

（1）税额抵免，是指企业购置并实际使用《环境保护专用设备企业所得税优惠目录》《节能节水专用设备企业所得税优惠目录》和《安全生产专用设备企业所得税优惠目录》规定的环境保护、节能节水、安全生产等专用设备的，该专用设备的投资额的 10% 可以从企业当年的应纳税额中抵免；当年不足抵免的，可以在以后 5 个纳税年度结转抵免。

（2）享受规定的企业所得税优惠的企业，应当实际购置并自身实际投入使用前款规定的专用设备；企业购置上述专用设备在 5 年内转让、出租的，应当停止享受企业所得税优惠，并补缴已经抵免的企业所得税税款。

**52.** 下列表述中，错误的是（　　）。

　　A. 集成电路设计企业和符合条件软件企业的职工培训费用，应单独进行核算并按实际发生额在计算应纳税所得额时扣除

B. 企业外购的软件,凡符合固定资产或无形资产确认条件的,可以按照固定资产或无形资产进行核算,其折旧或摊销年限可以适当缩短,最短可为 2 年

C. 集成电路生产企业的生产设备,其折旧年限可以适当缩短,最短可为 2 年

D. 国家鼓励的重点集成电路设计企业和软件企业,自获利年度起,第一年至第五年免征企业所得税,接续年度减按 10% 的税率征收企业所得税

【答案】 C

【解析】 根据《财政部 国家税务总局关于进一步鼓励软件产业和集成电路产业发展企业所得税政策的通知》(财税〔2012〕27 号)第 8 条的规定,集成电路生产企业的生产设备,其折旧年限可以适当缩短,最短可为 3 年(含)。

53. 汇总纳税企业应根据当期实际利润额,按照《跨地区经营汇总纳税企业所得税征收管理办法》规定的预缴分摊方法计算总机构和分支机构的企业所得税预缴额,分别由总机构和分支机构就地预缴;在规定期限内按实际利润额预缴有困难的,也可以按照上一年度应纳税所得额的_____或_____,按照本办法规定的预缴分摊方法计算总机构和分支机构的企业所得税预缴额,分别由总机构和分支机构就地预缴。预缴方法一经确定,当年度不得变更。( )

A. 1/2 或 1/4　　B. 1/12 或 1/2　　C. 1/12 或 1/4　　D. 1/6 或 1/12

【答案】 C

【解析】 《国家税务总局关于印发〈跨地区经营汇总纳税企业所得税征收管理办法〉的公告》(国家税务总局公告 2012 年第 57 号)规定,汇总纳税企业应根据当期实际利润额,按照本办法规定的预缴分摊方法计算总机构和分支机构的企业所得税预缴额,分别由总机构和分支机构就地预缴;在规定期限内按实际利润额预缴有困难的,也可以按照上一年度应纳税所得额的 1/12 或 1/4,按照本办法规定的预缴分摊方法计算总机构和分支机构的企业所得税预缴额,分别由总机构和分支机构就地预缴。预缴方法一经确定,当年度不得变更。

54. 根据《企业所得税核定征收办法》具有下列情形之一的,应当核定其应税所得率( )。

A. 参照当地同类行业或者类似行业中经营规模和收入水平相近的纳税人的税负水平核定

B. 能正确核算(查实)收入总额,但不能正确核算(查实)成本费用总额的

C. 按照应税收入额或成本费用支出额定率核定

D. 按照耗用的原材料、燃料、动力等推算或测算核定

【答案】 B

【解析】 根据《国家税务总局关于印发〈企业所得税核定征收办法〉(试行)的通知》(国税发〔2008〕30 号)第 4 条的规定,具有下列情形之一的,核定其应税所得率:(1)能正确核算(查实)收入总额,但不能正确核算(查实)成本费用总额的;(2)能正确核算(查实)成本费用总额,但不能正确核算(查实)收入总额的;(3)通过合理方法,能计算和推定纳税人收入总额或成本费用总额的。

55. 纳税人的生产经营范围、主营业务发生重大变化,或者应纳税所得额或应纳税额增减变化达到( )的,应及时向税务机关申报调整已确定的应纳税额或应税所得率。

A. 10% B. 20% C. 30% D. 50%

**【答案】** B

**【解析】** 《国家税务总局关于印发〈企业所得税核定征收办法〉(试行)的通知》(国税发〔2008〕30号)的规定,纳税人的生产经营范围、主营业务发生重大变化,或者应纳税所得额或应纳税额增减变化达到20%的,应及时向税务机关申报调整已确定的应纳税额或应税所得率。

**56.** 主管税务机关应及时向纳税人送达《企业所得税核定征收鉴定表》,及时完成对其核定征收企业所得税的鉴定工作。下列说法错误的是( )。

A. 纳税人应在收到《企业所得税核定征收鉴定表》后10个工作日内,填好该表并报送主管税务机关。《企业所得税核定征收鉴定表》一式三联,主管税务机关和县税务机关各执一联,另一联送达纳税人执行。主管税务机关还可根据实际工作需要,适当增加联次备用

B. 主管税务机关应在受理《企业所得税核定征收鉴定表》后20个工作日内,分类逐户审查核实,提出鉴定意见,并报县税务机关复核、认定

C. 县税务机关应在收到《企业所得税核定征收鉴定表》后30个工作日内,完成复核、认定工作

D. 市级税务机关应在收到《企业所得税核定征收鉴定表》后45个工作日内,完成审批工作

**【答案】** D

**【解析】** 根据《国家税务总局关于印发〈企业所得税核定征收办法〉(试行)的通知》(国税发〔2008〕30号)第10条的规定,选项ABC表述正确。市级税务机关不负责企业所得税征收鉴定工作,选项D错误。

**57.** 甲公司2020年12月3日与乙公司签订产品销售合同。合同约定,甲公司向乙公司销售A产品20件,单位售价300万元(不含增值税),增值税税率为13%;乙公司应在甲公司发出产品后1个月内支付款项,乙公司收到A产品后3个月内如发现质量问题有权退货。A产品单位成本为200万元。甲公司于2020年12月10日发出A产品,并开具增值税专用发票。根据历史经验,甲公司估计A产品的退货率为20%。至2020年12月31日止,上述已销售的A产品尚未发生退回。按照税法规定,销货方于收到购货方提供的《开具红字增值税专用发票申请单》时开具红字增值税专用发票,并作减少当期应纳税所得额处理。甲公司适用的所得税税率为25%,预计未来期间不会变更;甲公司预计未来期间能够产生足够的应纳税所得额用以利用可抵扣暂时性差异。甲公司于2020年度财务报告批准对外报出前,A产品尚未发生退回;至2021年3月31日止,2020年出售的A产品实际退货率为30%。甲公司因销售A产品于2020年度确认的递延所得税费用是( )万元。

A. 100 B. 400 C. −100 D. −400

**【答案】** C

**【解析】** 预计退货部分的利润计入"预计负债",确认递延所得税资产$=(300-200)\times20\times20\%\times25\%=100$(万元),递延所得税费用$=$递延所得税负债$-$递延所得税资产$=0-100=-100$(万元)。

**58.** 房开企业开发产品转为自用的,其实际使用时间累计未超过(　　)个月又销售的,不得在税前扣除折旧费用。

　　A. 6　　　　　　　　B. 12　　　　　　　　C. 24　　　　　　　　D. 48

**【答案】**　B

**【解析】**《国家税务总局关于印发〈房地产开发经营业务企业所得税处理办法〉的通知》(国税发〔2009〕31号)规定,企业开发产品转为自用的,其实际使用时间累计未超过12个月又销售的,不得在税前扣除折旧费用。

**59.** 某法国企业未在中国境内设立机构、场所的,其来源于中国境内的股息、红利所得应向中国政府交纳的企业所得税实际适用的税率是(　　)。

　　A. 20%　　　　　　B. 15%　　　　　　C. 10%　　　　　　D. 25%

**【答案】**　C

**【解析】**《中华人民共和国企业所得税法》规定,企业所得税的税率为25%。非居民企业取得本法第3条第3款规定的所得,适用税率为20%。

《中华人民共和国企业所得税法实施条例》第91条规定,非居民企业取得《中华人民共和国企业所得税法》第27条第5项规定的所得,减按10%的税率征收企业所得税。下列所得可以免征企业所得税:(1)外国政府向中国政府提供贷款取得的利息所得;(2)国际金融组织向中国政府和居民企业提供优惠贷款取得的利息所得;(3)经国务院批准的其他所得。

**60.** 计算企业应纳税所得额时,下列支出可在发生当期直接扣除的是(　　)。

　　A. 长期股权投资的支出　　　　　　B. 企业发生的合理的劳动保护支出

　　C. 购买生产用无形资产的支出　　　　D. 购买生产用厂房的支出

**【答案】**　B

**【解析】**《中华人民共和国企业所得税法实施条例》第48条规定,企业发生的合理的劳动保护支出,准予在发生当期直接扣除。

**61.** 在我国境内未设立机构场所的境外某企业,2019年投资中国某居民企业债券,2020年取得不含税利息收入200万元,延期支付利息的不含税违约金10万元,债券转让所得20万元,假设利息所得的协定税率为7%,上述利息所得在我国应缴纳所得税(　　)万元。

　　A. 14　　　　　　　　B. 16.1　　　　　　　C. 15.4　　　　　　　D. 0

**【答案】**　D

**【解析】**根据《财政部　国家税务总局关于境外机构投资境内债券市场企业所得税、增值税政策的通知》(财税〔2018〕108号)的规定,自2018年11月7日起至2021年11月6日止,对境外机构投资境内债券市场取得的债券利息收入暂免征收企业所得税和增值税。债券转让属于动产转让,按转让动产的企业或机构场所所在地征税。因此,境外机构转让所得在中国境内免征企业所得税。在我国应缴纳所得税0万元。

**62.** 某企业2020年支付正式职工的合理工资总额为1 000万元,临时工工资为30万元,企业当年缴纳的工会经费为28万元,在计算企业所得税时,工会经费应调增的应纳税所得额为(　　)万元。

　　A. 7.4　　　　　　　B. 28　　　　　　　C. 9.26　　　　　　　D. 8

【答案】 A

【解析】 工会经费可以扣除的限额＝(1 000＋30)×2‰＝20.6(万元)＜实际缴纳的 28 万元,应纳税调增＝28－20.6＝7.4(万元)。

**63.** 某商业企业在 2021 年年均职工人数 75 人,年均资产总额 960 万元,当年经营收入 1 240 万元,税前准予扣除项目金额 1 200 万元,该企业 2021 年应缴纳企业所得税( )万元。

    A. 4          B. 1          C. 2          D. 5

【答案】 B

【解析】 根据《财政部 国家税务总局关于实施小微企业普惠性税收减免政策的通知》(财税〔2019〕13 号)、《财政部 税务总局关于实施小微企业和个体工商户所得税优惠政策的公告》(财政部 税务总局公告 2021 年第 12 号)的相关规定,该商业企业符合小微企业的认定条件,对小微企业年应纳税所得额不超过 100 万元的部分,减按 25‰计入应纳税所得额,按 20‰的税率缴纳企业所得税再减半征收企业所得税。

应缴纳企业所得税＝(1 240－1 200)×25‰×20‰×50‰＝1(万元)。

**64.** 房地产公司采用银行按揭方式销售开发产品,为购房者支付的按揭贷款担保金,如发生损失,正确的企业所得税处理是( )。

    A. 在实际发生损失的当期据实扣除

    B. 作为销售成本在支付当期据实扣除

    C. 作为财务费用在支付当期据实扣除

    D. 作为销售费用在支付当期据实扣除

【答案】 A

【解析】 根据《国家税务总局关于印发〈房地产开发经营业务企业所得税处理办法〉的通知》(国税发〔2009〕31 号)第 19 条规定,企业采取银行按揭方式销售开发产品,凡约定企业为购买方的按揭贷款提供担保的,其销售开发产品时向银行提供的保证金(担保金)不得从销售收入中减除,也不得作为费用在当期税前扣除,但实际发生损失时可据实扣除。

**65.** 关于企业政策性搬迁损失的所得税处理,下列说法正确的是( )。

    A. 自搬迁完成年度起分 2 个纳税年度,均匀在税前扣除

    B. 自搬迁完成年度起分 5 个纳税年度,均匀在税前扣除

    C. 自搬迁完成年度起分 4 个纳税年度,均匀在税前扣除

    D. 在搬迁完成年度,一次性作为损失进行扣除

【答案】 D

【解析】《国家税务总局关于发布〈企业政策性搬迁所得税管理办法〉的公告》(税务总局公告 2012 年第 40 号)第 18 条规定,企业搬迁收入扣除搬迁支出后为负数的,应为搬迁损失。搬迁损失可在下列方法中选择其一进行税务处理:

(1)在搬迁完成年度,一次性作为损失进行扣除。

(2)自搬迁完成年度起分 3 个年度,均匀在税前扣除。

企业自行选择,但一经选定,不得改变。

**66.** 下列所得,实际适用10％的企业所得税税率的是(   )。

    A. 居民企业来自境外的所得

    B. 小型企业来自境内的所得

    C. 高新技术企业来自境内的所得

    D. 在中国境内未设立经营机构的非居民企业来自境内的股息所得

【答案】 D

【解析】 根据《中华人民共和国企业所得税法实施条例》第91条的规定,非居民企业取得《中华人民共和国企业所得税法》第27条第5项规定的所得,减按10％的税率征收企业所得税。

**67.** 下列所得中,可享受企业所得税减半征收优惠的是(   )。

    A. 种植油料作物的所得        B. 种植豆类作物的所得

    C. 种植糖料作物的所得        D. 种植香料作物的所得

【答案】 D

【解析】《中华人民共和国企业所得税法实施条例》第86条规定,企业从事下列项目的所得,减半征收企业所得税:(1)花卉、茶以及其他饮料作物和香料作物的种植;(2)海水养殖、内陆养殖。

**68.** 下列收入中,属于居民企业不征税收入的是(   )。

    A. 债务的豁免

    B. 接受企业的捐赠收入

    C. 取得的权益性投资收入

    D. 依法收取并纳入财政管理的行政事业性收费

【答案】 D

【解析】《中华人民共和国企业所得税法》第7条规定,财政拨款、依法收取并纳入财政管理的行政事业性收费、政府性基金都属于不征税收入。

**69.** 下列企业中,属于非居民企业的是(   )。

    A. 依法在中国境内成立的外商投资企业

    B. 依法在境外成立但实际管理机构在中国境内的外国企业

    C. 在中国境内未设立机构、场所,但有来源于中国境内所得的外国企业

    D. 在中国境内未设立机构、场所且没有来源于中国境内所得的外国企业

【答案】 C

【解析】《中华人民共和国企业所得税法》第2条规定,非居民企业,是指依照外国(地区)法律成立且实际管理机构不在中国境内,但在中国境内设立机构、场所的,或者在中国境内未设立机构、场所,但有来源于中国境内所得的企业。

**70.** 2017年1月,某商贸公司以经营租赁方式租入临街商铺一间,租期8年。2020年12月公司发生商铺改建支出20万元,关于该笔改建支出,正确的企业所得税处理是(   )。

    A. 按2年分期摊销扣除        B. 按4年分期摊销扣除

    C. 按8年分期摊销扣除        D. 在发生的当期一次性扣除

**【答案】** B

**【解析】** 租入固定资产的改建支出,按照合同约定的剩余租赁期限分期摊销。题中剩余租赁期为 4 年,所以按照 4 年分期摊销扣除。

**71.** 下列支出中,可以在企业所得税税前扣除的是( )。

A. 子公司支付给母公司管理费用

B. 企业内设营业机构之间支付的利息

C. 银行企业内设营业机构之间支付的利息

D. 企业内设营业机构之间支付的特许权使用费

**【答案】** C

**【解析】** 根据《中华人民共和国企业所得税法实施条例》第 49 条的规定,企业之间支付的管理费、企业内营业机构之间支付的租金和特许权使用费,以及非银行企业内营业机构之间支付的利息,不得扣除。

**72.** 2019 年 1 月,甲企业以 800 万元投资乙居民企业,取得股权 40%。2020 年 12 月,甲企业将所持乙企业股权以 1 000 万元转让,投资期间乙方企业累计盈余公积和未分配利润 400 万元,下列关于甲企业股权转让业务的税务处理,正确的是( )。

A. 应确认应纳税所得额 40 万元　　　B. 应确认股权转让所得 200 万元

C. 应确认股息红利所得 160 万元　　　D. 应确认应纳税所得额 1 000 万元

**【答案】** B

**【解析】** 根据《国家税务总局关于贯彻落实企业所得税法若干税收问题的通知》(国税函〔2010〕79 号)第 3 条的规定,企业转让股权收入,应于转让协议生效、且完成股权变更手续时,确认收入的实现。转让股权收入扣除为取得该股权所发生的成本后,为股权转让所得。企业在计算股权转让所得时,不得扣除被投资企业未分配利润等股东留存收益中按该项股权所可能分配的金额。

**73.** 某外国公司实际管理机构不在中国境内,也未在中国境内设立机构场所,2020 年从中国境内某企业取得其专利技术使用转让收入 21.2 万元(含增值税)发生成本 10 万元。该外国公司在中国境内应缴纳企业所得税( )万元。

A. 25　　　　　B. 2　　　　　C. 50　　　　　D. 10

**【答案】** B

**【解析】** 转让无形资产(除土地使用权外)适用增值税税率为 6%。

非居民企业未在中国境内设立机构场所的,实际适用所得税税率 10%,应缴纳企业所得税＝21.2÷(1＋6%)×10%＝2(万元)。

**74.** A 企业持有 B 企业 93% 的股权,共计 3 000 万股。2020 年 8 月 C 企业决定收购 A 企业所持有的 B 企业全部股权,该股权每股计税基础为 10 元,收购日每股公允价值 12 元。在收购中 C 企业以公允价值为 32 400 万元的股权以及 3 600 万元银行存款作为支付对价,假设该收购行为符合特殊重组,且企业选择特殊性税务处理,则 A 企业股权转让的应纳税所得额为( )万元。

A. 300　　　　　B. 600　　　　　C. 5 400　　　　　D. 6 000

【答案】 B

【解析】 根据《财政部 国家税务总局关于企业重组业务企业所得税处理若干问题的通知》(财税〔2009〕59号)的规定,股权收购特殊性税务处理,对于被收购企业的股东取得的收购企业股权的计税基础,以被收购股权的原有计税基础确定。所以股权支付的部分不确认所得和损失,对于非股权支付的部分,要按照规定确认所得和损失,依法计算缴纳企业所得税。甲企业转让股权的应纳税所得额＝(3 000×12－3 000×10)×3 600÷(32 400＋3 600)＝600(万元)。

75. 依据企业所得税法的规定,下列各项中,按照被投资企业所在地确定境内、境外所得来源地的是(    )。

    A. 租金所得                      B. 权益性投资资产转让所得

    C. 利息所得                      D. 特许权使用费所得

【答案】 B

【解析】《中华人民共和国企业所得税法实施条例》第7条的规定,《中华人民共和国企业所得税法》第3条所称来源于中国境内、境外的所得,按照以下原则确定:(1)销售货物所得,按照交易活动发生地确定;(2)提供劳务所得,按照劳务发生地确定;(3)转让财产所得,不动产转让所得按照不动产所在地确定,动产转让所得按照转让动产的企业或者机构、场所所在地确定,权益性投资资产转让所得按照被投资企业所在地确定;(4)股息、红利等权益性投资所得,按照分配所得的企业所在地确定;(5)利息所得、租金所得、特许权使用费所得,按照负担、支付所得的企业或者机构、场所所在地确定,或者按照负担、支付所得的个人的住所地确定。

76. 下列关于外国企业常驻代表机构经费支出的税务处理方法中,符合企业所得税相关规定的是(    )。

    A. 以货币形式用于我国境内的公益救济捐赠,发生的当期一次性作为经费支出

    B. 代表机构搬迁发生的装修费用,在冲抵搬迁处置收入后分年抵减应纳税所得额

    C. 代表机构设立时发生的装修费用,在发生的当期一次性作为经费支出

    D. 购置固定资产的支出,通过计提折旧分别计入相应各期经费支出

【答案】 C

【解析】 根据《国家税务总局关于印发〈外国企业常驻代表机构税收管理暂行办法〉的通知》(国税发〔2010〕18号)的规定,选项A,以货币形式用于我国境内的公益、救济性质的捐赠、滞纳金、罚款,以及为其总机构垫付的不属于其自身业务活动所发生的费用,不应作为代表机构的经费支出额;选项BD,购置固定资产所发生的支出,以及代表机构设立时或者搬迁等原因所发生的装修费支出,应在发生时一次性作为经费支出额换算收入计税。

77. 下列转让定价方法中,可以适用于所有类型关联交易的是(    )。

    A. 可比非受控价格法              B. 再销售价格法

    C. 交易净利润法                   D. 成本加成法

【答案】 A

【解析】 一般情况下,可比非受控价格法可以适用于所有类型的关联交易。

转让定价方法简介(拓展阅读):

一、可比非受控价格法

可比非受控价格法是以非关联方之间进行的与关联交易相同或类似业务活动所收取的价格作为关联交易的公平成交价格。可比非受控价格法可以适用于所有类型的关联交易。一般来说,这是衡量验证交易是否符合独立交易原则的最可靠方法。

这种方法下的可比性分析应特别考察关联交易与非关联交易在交易资产或劳务的特性、合同条款及经济环境上的差异,"关联交易与非关联交易在交易资产或劳务的特性、合同条款及经济环境上的差异",具体包括:有形资产方面的可比性和提供劳务的可比性。

二、再销售价格法

再销售价格法以关联方购进商品再销售给非关联方的价格减去可比非关联交易毛利后的金额作为关联方购进商品的公平成交价格。

再销售价格法应特别考察关联交易与非关联交易在功能风险及合同条款上的差异以及影响毛利率的其他因素。因此,同一再销售商的关联和非关联交易通常具有高度可比性(即,内部再销售价格法)。当同一再销售商不存在可比非关联交易时,可以使用其他再销售商的可比非关联交易进行比较分析(即,外部再销售价格法)。

再销售价格法通常适用于再销售者未对商品进行改变外型、性能、结构或更换商标等实质性增值加工的简单加工或单纯购销业务。

三、成本加成法

成本加成法以关联交易发生的合理成本加上可比非关联交易毛利作为关联交易的公平成交价格。通过参照可比非关联交易中的成本加成率来验证关联交易定价是否符合独立交易原则。成本加成法通常适用于有形资产的购销、转让和使用,劳务提供或资金融通的关联交易。

其特别考察关联交易与非关联交易在功能风险及合同条款上的差异以及影响成本加成率的其他因素。当关联交易与非关联交易之间在以上方面存在重大差异时,应就该差异对成本加成率的影响进行合理调整。

该方法对功能与风险相似性要求严格。对于企业内部的交易而言,如果产品全部销售给关联方,并无非关联方销售,则无法在企业内部找到在交易环境(如消费者偏好、市场结构以及财政、税收、外汇政策)及在产品类别、品质及交易数量上相近的非关联交易,因此,以企业内部交易作为可比交易的内部成本加成法不合适。

另外,一般情况下要获得外部第三方交易价格的详细信息较为困难。企业关联交易的可比交易也不例外,尤其是成本加成法是以毛利率为基础的分析方法,而就相关支出在会计上如何划分(制造成本和销售费用、一般管理费用的划分)的相关信息并未公开,而毛利水平受到相关支出在成本和费用之间划分不同的影响很大,因此在不能获取充分数据的情况下,不应把外部第三方交易作为可比交易采用外部成本加成法进行分析。

四、利润分割法

利润分割法根据企业与其关联方对关联交易合并利润的贡献计算各自应该分配的利润额。利润分割法通常适用于各参与方关联交易高度整合且难以单独评估各方交易结果的情况。

利润分割法应特别考察交易各方执行的功能、承担的风险和使用的资产,成本、费用、所得和资产在各交易方之间的分摊,确定交易各方对剩余利润贡献所使用信息和假设条件的可靠性等影响可比性的因素。

利润分割法主要用于在两个或两个以上关联公司之间进行利润分割,进行分割的基础是各关联公司对利润的贡献程度。由于利润分割法涉及多个关联交易方,需要较多的信息进行分析,并且涉及无形资产对利润的贡献和分割。如果企业不拥有无形资产,则无须对无形资产进行分割。此时,利润分割法并不是最适用对其转让定价政策合理性进行验证的方法。

**78.** 2020 年某公司给自有员工实际发放合理工资总额为 1 000 万元;公司生产部门接受外部劳务派遣员工 6 人,直接支付劳务派遣员工每人每月劳务费 3 000 元。假设公司当年发生的职工福利费为 200 万元,职工福利费应调增应纳税所得额( )万元。

  A. 54.96     B. 55.97     C. 56.98     D. 60

【答案】 C

【解析】《国家税务总局关于企业工资薪金和职工福利费等支出税前扣除问题的公告》(国家税务总局公告 2015 年第 34 号)第 3 条规定,企业接受外部劳务派遣用工所实际发生的费用,应分两种情况按规定在税前扣除:按照协议(合同)约定直接支付给劳务派遣公司的费用,应作为劳务费支出;直接支付给员工个人的费用,应作为工资薪金支出和职工福利费支出。其中属于工资薪金支出的费用,准予计入企业工资薪金总额的基数,作为计算其他各项相关费用扣除的依据。

工资薪金总额＝1 000＋6×3000×12÷10 000＝1 021.6(万元)。

职工福利费扣除限额:1 021.6×14%＝143.02(万元)。

职工福利费应调增应纳税所得额＝200－143.02＝56.98(万元)。

**79.** 企业支付的下列保险费,不得在企业所得税税前扣除的是( )。

  A. 企业为投资者购买的商业保险

  B. 企业按规定为职工购买的工伤保险

  C. 企业为特殊工种职工购买的法定人身安全保险

  D. 企业为本单位车辆购买的"交通事故责任强制保险"

【答案】 A

【解析】《中华人民共和国企业所得税法实施条例》第 36 条规定:除企业依照国家有关规定为特殊工种职工支付的人身安全保险费和国务院财政、税务主管部门规定可以扣除的其他商业保险费外,企业为投资者或者职工支付的商业保险费,不得扣除。

一般来说,特殊工种是指从事特种作业人员岗位类别的统称,是指容易发生人员伤亡事故,对操作本人、他人及周围设施的安全有重大危害的工种。原国家劳动部将从事井下、高空、高温、特重体力劳动或其他有害身体健康的工种定为特殊工种并明确特殊工种的范围由各行业主管部门或劳动部门确定,如焊工、电工、锅炉工、驾驶员、起重工等。

**80.** 依据企业所得税的相关规定,销售货物所得来源地的判定原则是( )。

  A. 购买货物的企业所在地     B. 销售货物的企业所在地

C. 销售货物的起运地　　　　　　D. 交易活动的发生地

**【答案】** D

**【解析】** 根据《中华人民共和国企业所得税法实施条例》第七条的规定,(1)销售货物所得,按照交易活动发生地确定;(2)提供劳务所得,按照劳务发生地确定;(3)转让财产所得,不动产转让所得按照不动产所在地确定,动产转让所得按照转让动产的企业或者机构、场所所在地确定,权益性投资资产转让所得按照被投资企业所在地确定;(4)股息、红利等权益性投资所得,按照分配所得的企业所在地确定;(5)利息所得、租金所得、特许权使用费所得,按照负担、支付所得的企业或者机构、场所所在地确定,或者按照负担、支付所得的个人的住所地确定;(6)其他所得,由国务院财政、税务主管部门确定。

**81.** 下列关于销售货物收入确认时间的说法中,错误的是(　　)。

A. 销售商品采取托收承付方式的,在办妥托收手续时确认收入

B. 销售商品采取预收货款方式的,在收到预收货款时确认收入

C. 销售商品需要简单安装和检验的,可在发出商品时确认收入

D. 销售商品采取支付手续费方式委托代销的,在收到代销清单时确认收入

**【答案】** B

**【解析】** 根据《国家税务总局关于确认企业所得税收入若干问题的通知》(国税函〔2008〕875号)第1条第2项的规定,销售商品采取预收款方式的,在发出商品时确认收入。

**82.** 依据企业所得税的相关规定,房地产企业开发产品的成本计量与核算的方法是(　　)。

A. 制造成本法　　　　　　　　B. 标准成本法

C. 作业成本法　　　　　　　　D. 实际成本法

**【答案】** A

**【解析】** 房地产企业开发、建造的开发产品应按制造成本法进行计量和核算。

**83.** 下列收入中,属于企业所得税法规定的不征税收入是(　　)。

A. 事业单位收到的财政拨款收入

B. 外贸企业收到的出口退税款收入

C. 企业取得的国债利息收入

D. 企业收到地方政府未规定专项用途的税收返还款收入

**【答案】** A

**【解析】**《中华人民共和国企业所得税法》第7条规定,收入总额中的下列收入为不征税收入:(1)财政拨款,是指各级人民政府对纳入预算管理的事业单位、社会团体等组织拨付的财政资金;(2)依法收取并纳入财政管理的行政事业性收费、政府性基金;(3)国务院规定的其他不征税收入。另根据《财政部　国家税务总局关于专项用途财政性资金企业所得税处理问题的通知》(财税〔2011〕70号)的规定,企业取得的财政性资金,应同时符合以下条件方可作为不征税收入:(1)企业能够提供规定资金专项用途的资金拨付文件;(2)财政部门或其他拨付资金的政府部门对该资金有专门的资金管理办法或具体管理要求;(3)企业对该资金以及该资金发生的支出单独进行核算。

**84.** 依据企业所得税的相关规定企业发生的下列资产损失,应采取清单申报方式向税务机关申报扣除的是(    )。

A. 债务人死亡或者依法被宣告失踪造成的损失

B. 固定资产超过使用年限正常报废清理的损失

C. 因自然灾害等不可抗力导致无法收回的损失

D. 与债务人达成债务重组协议无法追债的损失

**【答案】** B

**【解析】** 根据《国家税务总局关于发布〈企业资产损失所得税税前扣除管理办法〉的公告》(国家税务总局公告2011年第25号)第9条的规定,下列资产损失应以清单申报的方式申报扣除:(1)企业在正常经营管理活动中,按照公允价格销售、转让、变卖非货币资产的损失;(2)企业各项存货发生的正常损耗;(3)企业固定资产达到或超过使用年限而正常报废清理的损失;(4)企业生产性生物资产达到或超过使用年限而正常死亡发生的资产损失;(5)企业按照市场公平交易原则,通过各种交易场所、市场等买卖债券、股票、期货、基金以及金融衍生产品等发生的损失。

**85.** 按照企业所得税法规定,企业所得税的征收办法是(    )。

A. 按月征收                    B. 按季计征,分月预交

C. 按季征收                    D. 按年计征,分月或分季预交

**【答案】** D

**【解析】** 根据《中华人民共和国企业所得税法》第53条的规定,企业所得税按纳税年度计算。纳税年度自公历1月1日起至每年12月31日止。企业在一个纳税年度中间开业,或者终止经营活动,使该纳税年度的实际经营期不足12个月的,应当以其实际经营期为一个纳税年度。

**86.** 下列企业,属于我国企业所得税居民企业的是(    )。

A. 依照日本法律成立且实际管理机构在日本,但在中国境内从事装配工程作业的企业

B. 依照美国法律成立且实际管理机构在美国,但在中国境内设立营业场所的企业

C. 依照中国香港地区法律成立但实际管理机构在大陆的企业

D. 依照中国台湾地区法律成立且实际管理机构在台湾的企业

**【答案】** C

**【解析】** 根据《中华人民共和国企业所得税法》第2条的规定,居民企业是指依法在中国境内成立,或者依照外国(地区)法律成立但实际管理机构在中国境内的企业。

**87.** 某企业2020年6月购置并投入使用环境保护专用设备(属于企业所得税优惠目录的范围),取得增值税专用发票注明的金额300万元、税额39万元,2020年该企业应纳税所得额168万元。该企业当年应缴纳的企业所得税是(    )万元。

A. 12            B. 6.9            C. 26            D. 42

**【答案】** A

**【解析】** 企业购置并实际使用《环境保护专用设备企业所得税优惠目录》规定的专用设

备的,该专用设备的投资额的10%可以从企业当年的应纳税额中抵免。应纳企业所得税=168×25%−300×10%=12(万元)。

**88.** 某高新技术企业适用所得税税率15%,2020年8月依照法院裁定将其代持有的面值200万元的限售股,通过证券经纪公司变更到实际持有人名下,应缴纳企业所得税( )万元。

A. 30  B. 50  C. 25.5  D. 0

【答案】 D

【解析】 根据《国家税务总局关于企业转让上市公司限售股有关所得税问题的公告》(国家税务总局公告2011年第39号)第2条第2项的规定,依法院判决、裁定等原因,通过证券登记结算公司,企业将其代持的个人限售股直接变更到实际所有人名下,不视同转让限售股。

**89.** 下列各项债权中,准予作为损失在企业所得税税前扣除的是( )。

A. 行政部门干预逃废的企业债权

B. 担保人有经济偿还能力未按期偿还的企业债权

C. 企业未向债务人追偿的债权

D. 企业按独立交易原则向关联企业提供借款、担保而形成的债权损失且能出具中介相关证明材料并作出专项报告

【答案】 D

【解析】 根据《国家税务总局关于发布〈企业资产损失所得税税前扣除管理办法〉的公告》(国家税务总局公告2011年第25号)第46条的规定,以下股权和债权不得作为损失在税前扣除:(1)债务人或者担保人有经济偿还能力,未按期偿还的企业债权;(2)违反法律、法规的规定,以各种形式、借口逃废或悬空的企业债权;(3)行政干预逃废或悬空的企业债权;(4)企业未向债务人和担保人追偿的债权;(5)企业发生非经营活动的债权;(6)其他不应当核销的企业债权和股权。

**90.** 下列关于企业从被投资单位撤回投资时取得资产的企业所得税税务处理的说法中,正确的是( )。

A. 相当于初始出资的部分应确认为股息所得

B. 取得的全部资产应确认为股息所得

C. 超过初始投资的部分应确认为投资资产转让所得

D. 相当于被投资企业累计未分配利润和累计盈余公积按减少实收资本比例计算的部分应确认为股息所得

【答案】 D

【解析】 根据《国家税务总局关于企业所得税若干问题的公告》(国家税务总局公告2011年第34号)的规定,投资企业撤回或减少投资,其取得的资产中,相当于初始出资的部分,应确认为投资收回;相当于被投资企业累计未分配利润和累计盈余公积按减少实收资本比例计算的部分,应确认为股息所得;其余部分确认为投资资产转让所得。

**91.** 下列关于企业合并实施一般性税务处理的说法中,正确的是( )。

A. 被合并企业的亏损可按比例在合并企业结转弥补

B. 合并企业应按照账面净值确认被合并企业各项资产的计税基础

C. 被合并企业股东应按清算进行所得税处理

D. 合并企业应按照协商价格确认被合并企业各项负债的计税基础

【答案】 C

【解析】 选项 A,被合并企业的亏损不得在合并企业结转弥补;选项 BD,合并企业应按公允价值确定接受被合并企业各项资产和负债的计税基础。

**92.** 搬迁企业发生的下列各项支出,属于资产处置支出的是( )。

A. 临时存放搬迁资产发生的费用

B. 安置职工实际发生的费用

C. 变卖各类资产过程中发生的税费支出

D. 资产搬迁发生的安装费用

【答案】 C

【解析】 资产处置支出,是指企业由于搬迁而处置各类资产所发生的支出,包括变卖及处置各类资产的净值、处置过程中发生的税费等支出。

**93.** 房地产开发企业单独作为过渡性成本对象核算的公共配套设施开发成本,分配至各成本对象的方法是( )。

A. 建筑面积法 B. 占地面积法

C. 直接成本法 D. 预算造价法

【答案】 A

【解析】 根据《国家税务总局关于印发〈房地产开发经营业务企业所得税处理办法〉的通知》(国税发〔2009〕31 号)的规定,单独作为过渡性成本对象核算的公共配套设施开发成本,应按建筑面积法进行分配。

**94.** 根据企业所得税的规定,以下适用 25% 税率的是( )。

A. 小型微利企业

B. 在中国境内设立机构、场所且所得与机构、场所有实际联系的非居民企业

C. 在中国境内未设立机构、场所但有来源于中国境内所得的非居民企业

D. 在中国境内虽设立机构、场所但取得所得与境内机构、场所没有实际联系的非居民企业

【答案】 B

【解析】 根据《中华人民共和国企业所得税法》第 4 条的规定,企业所得税的税率为 25%。非居民企业取得本法第三条第三款规定的所得,适用税率为 20%。

**95.** 下列各项支出中,允许在计算企业所得税应纳税所得额时扣除的是( )。

A. 关联企业租赁设备支付的合理租金

B. 企业内营业机构之间支付的租金

C. 超过规定标准的捐赠支出

D. 工商部门罚款

【答案】　A

【解析】　选项 B,企业之间支付的管理费、企业内营业机构之间支付的租金和特许权使用费,以及非银行企业内营业机构之间支付的利息,不得扣除;选项 C,超过年度利润总额 12%部分的公益性捐赠支出不得在当年度扣除;选项 D,罚金、罚款和被没收财物的损失不得扣除。

**96.** 某公司将设备租赁给他人使用,合同约定租期从 2020 年 9 月 1 日到 2023 年 8 月 31 日,每年不含税租金 480 万元,2020 年 8 月 15 日一次性收取 3 年租金 1 440 万元。下列关于该租赁业务收入确认的说法中,正确的是(　　)。

　　A. 2020 年增值税应确认的收入为 480 万元

　　B. 2020 年增值税应确认的收入为 160 万元

　　C. 2020 年企业所得税应确认的收入为 480 万元

　　D. 2020 年企业所得税应确认的收入为 160 万元

【答案】　D

【解析】　租金收入,按照合同约定承租人应付租金的日期确认收入的实现。如果交易合同或协议中规定的租赁期限跨年度且租金提前一次性支付,根据规定的收入与费用配比原则,出租人可对上述已确认的收入,在租赁期内分期均匀计入相关年度收入,所以 2020 年可确认企业所得税收入 160 万元。

**97.** 某电子公司(高新技术企业,企业所得税税率 15%)2020 年 1 月 1 日向母公司(企业所得税税率 25%)借入 2 年期贷款 5 000 万元用于购置原材料,约定年利率为 10%,银行同期同类贷款利率为 7%,2021 年电子公司企业所得税前可扣除的该笔借款的利息费用为(　　)万元。

　　A. 1 000　　　　　　B. 500　　　　　　C. 350　　　　　　D. 0

【答案】　C

【解析】　电子公司的实际税负不高于境内关联方,不需要考虑债资比的限制,该笔借款税前可以扣除的金额为不超过金融机构同期同类贷款利率计算的数额。2021 年电子公司税前可扣除的利息费用=5 000×7%=350(万元)。

**98.** 下列应收账款损失中,如已说明情况出具专项报告并在会计上已作为损失处理的,可以在企业所得税税前扣除的是(　　)。

　　A. 逾期 3 年的 20 万元应收账款损失

　　B. 相当于企业年度收入千分之一的应收账款损失

　　C. 逾期 2 年的 10 万元应收账款损失

　　D. 逾期 1 年的 10 万元应收账款损失

【答案】　A

【解析】　《国家税务总局关于发布〈企业资产损失所得税税前扣除管理办法〉的公告》(国家税务总局公告 2011 年第 25 号)第 23 条规定,企业逾期 3 年以上的应收款项在会计上已作为损失处理的,可以作为坏账损失,但应说明情况,并出具专项报告。

**99.** 下列各项收入中,免征企业所得税的是(　　)。

A. 转让国债取得转让收入

B. 非营利组织免税收入孳生的银行存款利息

C. 国际金融组织向居民企业提供一般贷款的利息收入

D. 从事种植观赏性作物并销售取得的收入

【答案】 B

【解析】 选项A,国债利息收入免税,但国债转让所得不免;选项C,国际金融组织向中国政府和居民企业提供优惠贷款取得的利息所得免征企业所得税;选项D,观赏性作物的种植,减半征收企业所得税。

**100.** 县级人民政府将国有非货币性资产明确以股权投资方式投入企业,企业就作为国家资本金处理,该非货币性资产的计税基础( )。

A. 市场公允价值        B. 双方协商价值

C. 该资产投入账面余值        D. 政府确定的接收价值

【答案】 D

【解析】 县级以上人民政府(包括政府有关部门,)将国有资产明确以股权投资方式投入企业,企业应作为国家资本金(包括资本公积)处理。该项资产如为非货币性资产,应按政府确定的接收价值确定计税基础。

**101.** 下列各项支出中,可在企业所得税税前扣除的是( )。

A. 企业之间支付的管理费用

B. 非银行企业内营业机构之间支付的利息

C. 企业依据法律规定提取的环境保护专项资金

D. 烟草企业的烟草广告费和烟草宣传费

【答案】 C

【解析】 选项A,企业之间支付的管理费用不得税前扣除。选项B,非银行企业内营业机构之间支付的利息,不得税前扣除。银行企业内营业机构之间支付的利息,可以税前扣除。选项D,烟草企业的烟草广告费和烟草宣传费,不得税前扣除。

**102.** 下列关于企业筹建期间等相关业务税务处理的说法中,正确的是( )。

A. 筹建期应确认为企业的亏损年度

B. 筹办费应作为长期待摊费用在不低于2年的时间内进行摊销

C. 筹建期发生的广告费和业务宣传费可按实际发生额计入筹办费

D. 筹建期发生的业务招待费可按实际发生额计入筹办费

【答案】 C

【解析】 根据《国家税务总局关于贯彻落实企业所得税法若干税收问题的通知》(国税函〔2010〕79号)的规定,企业筹办期间不计算为亏损年度;筹办费可以在开始经营之日的当年一次性扣除,也可以按长期待摊费用在不低于3年的时间内进行摊销;企业在筹建期间发生的与筹办活动有关的业务招待费支出,可按实际发生额的60%计入企业筹办费。

**103.** 下列情形中,不能作为坏账损失在计算应纳税所得额时扣除的是( )。

A. 因自然灾害导致无法收回的应收账款

B. 债务人被依法注销,其清算财产不足以清偿的应收账款

C. 债务人逾期 2 年未偿清的应收账款

D. 法院批准破产重组计划后无法追偿的应收账款

【答案】 C

【解析】 债务人逾期 3 年未偿清,且有确凿证据证明无力偿还的应收账款,可作为坏账损失在计算应纳税所得额时扣除。

**104.** 某服装生产企业,不符合小型微利企业标准因无法准确核算成本支出,被税务机关确定为核定征收企业所得税,企业当年收入总额 30 万元,其中 7 月取得股票转让收入 5 万元,转让成本 3 万元,核定所得率 15%。该企业当年应缴纳企业所得税( )万元。

A. 0.6            B. 1.13            C. 13            D. 1.44

【答案】 B

【解析】 应缴纳企业所得税 $=30\times15\%\times25\%=1.13$(万元)。

**105.** 2020 年甲公司在境外设立不具有独立纳税地位的分支机构,该分支机构 2021 年产生利润 200 万元,下列关于该境外利润确认收入时间的说法中,正确的是( )。

A. 按照利润所属年度确认收入的实现

B. 按照利润实际汇回的日期确认收入的实现

C. 按照双方约定汇回的日期确认收入的实现

D. 按照境外分支机构作出利润汇回决定的日期确认收入的实现

【答案】 A

【解析】 根据《财政部 国家税务总局关于企业境外所得税收抵免有关问题的通知》(财税〔2009〕125 号)的规定,居民企业在境外设立不具有独立纳税地位的分支机构取得的各项境外所得,无论是否汇回中国境内,均应计入该企业所属纳税年度的境外应纳税所得额,所以按照利润所属年度确认收入。

**106.** 下列关于企业所得税源泉扣缴的说法中,符合税法规定的是( )。

A. 扣缴义务人每次代扣的税款应当自代扣之日起 3 日内缴入国库

B. 在境内未设立机构的非居民企业应缴纳的所得税实行源泉扣缴,支付人为扣缴人

C. 在中国境内从事工程作业的非居民企业应缴纳的所得税实行源泉扣缴,支付人在实际支付款项时扣缴企业所得税

D. 非居民企业拒绝代扣税款的,扣缴义务人应暂停支付全部款项并及时向税务机关报告

【答案】 B

【解析】 选项 A,扣缴义务人每次代扣的税款应当自代扣之日起 7 日内缴入国库;选项 C,对非居民企业在中国境内取得工程作业和劳务所得应缴纳的所得税,税务机关可以指定工程价款或者劳务费的支付人为扣缴义务人,由于这里是由税务机关指定扣缴义务人,所以表述过于绝对;选项 D,非居民企业拒绝代扣税款的,扣缴义务人应当暂停支付相当于非居民企业应纳税款的款项,并在 1 日之内向其主管税务机关报告,并报送书面情况说明。

**107.** 甲公司经营符合《公共基础设施项目企业所得税优惠目录》规定的码头,2017 年取

得第一笔生产经营收入,2018年开始盈利,2020年甲公司将码头转让给乙方投资公司经营,乙公司当年因码头项目取得应纳税所得额5 000万元。2020年乙方公司就该项目所得应缴纳企业所得税( )万元。

  A. 1 250    B. 0    C. 750    D. 625

【答案】 D

【解析】 企业从事国家重点扶持的公共基础设施项目的投资经营的所得,自项目取得第一笔生产经营收入所属纳税年度起,第1年至第3年免征企业所得税,第4年至第6年减半征收企业所得税。企业在减免税期限内转让所享受减免税优惠的项目,受让方可自受让之日起,在剩余优惠期限内享受规定的减免税优惠。乙公司应缴纳企业所得税=5 000×25%×50%=625(万元)。

**108.** 根据企业所得税法的规定,下列各项中,不属于企业所得税纳税人的是( )。

  A. 在外国成立但实际管理机构在中国境内的企业

  B. 在中国境内成立的外商投资企业

  C. 在中国境内成立的个人独资企业

  D. 在中国境内未设立机构、场所,但有来源于中国境内所得的企业

【答案】 C

【解析】 《中华人民共和国企业所得税法》规定,在中华人民共和国境内,企业和其他取得收入的组织(以下统称企业)为企业所得税的纳税人,依照本法的规定缴纳企业所得税。个人独资企业、合伙企业不适用本法。

**109.** 2020年10月甲公司向乙公司投资300万元,期限5年,每年年末收取固定利息,到期后由乙公司按原价赎回。下列关于该投资业务的税务处理的说法中,正确的是( )。

  A. 甲公司收到的固定利息为免税收入

  B. 乙公司应于应付固定利息的日期确认支出

  C. 乙公司支付的固定利息可以据实在税前扣除

  D. 甲公司应于实际收到固定利息的日期确认收入的实现

【答案】 B

【解析】 根据《关于企业混合性投资业务企业所得税处理问题的公告》(国家税务总局公告2013年第41号)规定,符合条件的混合性投资业务对于被投资企业支付的利息,投资企业应于被投资企业应付利息的日期,确认收入的实现并计入当期应纳税所得额;被投资企业应于应付利息的日期,确认利息支出,并按税法和《国家税务总局关于企业所得税若干问题的公告》(国家税务总局公告2011年第34号)第1条"关于金融企业同期同类贷款利率确定问题"的规定,进行税前扣除。

**110.** 2020年9月甲公司销售一批产品,开具增值税专用发票上注明价款40万元、金额栏注明折扣额3万元,适用的增值税税率为13%,甲公司应确认的产品销售收入( )万元。

  A. 37    B. 450    C. 43.29    D. 46.8

【答案】 A

【解析】 增值税专用发票上注明的金额为不含税金额,此业务的折扣属于商业折扣,甲公司应按扣除折扣额之后的金额确认收入,所以,应确认的产品销售收入＝40－3＝37(万元)。

**111.** 企业在年度中间终止经营活动的,应当自实际经营终止之日起( )内,向税务机关办理当期企业所得税汇算清缴。

  A. 2个月     B. 5个月     C. 45日     D. 60日

【答案】 D

【解析】 《中华人民共和国企业所得税法》规定,企业在年度中间终止经营活动的,应当自实际经营终止之日起60日内,向税务机关办理当期企业所得税汇算清缴。企业应当在办理注销登记前,就其清算所得向税务机关申报并依法缴纳企业所得税。

**112.** 下列关于企业所得税纳税申报的表述中,不正确的是( )。

  A. 企业所得税应分月或分季预交

  B. 企业清算时,应当以清算期间作为一个纳税年度

  C. 企业在年度中间终止经营活动的,应当自实际经营终止之日起45日内,向税务机关办理当期企业所得税汇算清缴

  D. 企业在一个纳税年度中间开业,或者终止经营活动,使该纳税年度的实际经营期不足12个月的,应当以实际经营期为一个纳税年度

【答案】 C

【解析】 根据《中华人民共和国企业所得税法》第55条的规定,企业在年度中间终止经营活动的,应当自实际经营终止之日起60日内,向税务机关办理当期企业所得税汇算清缴。

**113.** 各级税务机关要处理好企业所得税预缴和汇算清缴税款入库的关系,原则上各地企业所得税年度预缴税款占当年企业所得税入库税款(预缴数＋汇算清缴数)应不少于( )。

  A. 60%     B. 70%     C. 80%     D. 90%

【答案】 B

【解析】 根据《关于加强企业所得税预缴工作的通知》(国税函〔2009〕34号)第3条的规定,各级税务机关要处理好企业所得税预缴和汇算清缴税款入库的关系,原则上各地企业所得税年度预缴税款占当年企业所得税入库税款(预缴数＋汇算清缴数)应不少于70%。

**114.** 房地产开发企业采取视同买断方式委托销售开发产品的,如企业与购买方签订销售合同或协议,且销售合同或协议中约定的价格高于买断价格,则应按( )确认收入的实现。

  A. 买断价格

  B. 销售合同或协议中约定的价格计算价款

  C. 买断价格和销售合同或协议中约定的平均价格

  D. 企业和税务机关协商确定的价格

【答案】 B

【解析】 根据《国家税务总局关于印发〈房地产开发经营业务企业所得税处理办法〉的通知》(国税发〔2009〕31号)第6条的规定,采取视同买断方式委托销售开发产品的,属于企

业与购买方签订销售合同或协议,或企业、受托方、购买方三方共同签订销售合同或协议的,如果销售合同或协议中约定的价格高于买断价格,则应按销售合同或协议中约定的价格计算的价款于收到受托方已销开发产品清单之日确认收入的实现;如果属于前两种情况中销售合同或协议中约定的价格低于买断价格,以及属于受托方与购买方签订销售合同或协议的,则应按买断价格计算的价款于收到受托方已销开发产品清单之日确认收入的实现。

**115.** 根据企业所得税法的规定,下列收入时间确认不正确的是( )。

A. 权益性投资收益,按照被投资方作出利润分配决定的日期确认收入的实现

B. 利息收入,按照合同约定的债务人应付利息的日期确认收入的实现

C. 租金收入,按照承租人实际支付租金的日期确认收入的实现

D. 特许权使用费收入,按照合同约定的特许权使用人应付特许权使用费的日期确认收入的实现

【答案】 C

【解析】 根据《中华人民共和国企业所得税法实施条例》第19条规定,《中华人民共和国企业所得税法》第6条第6项所称租金收入,是指企业提供固定资产、包装物或者其他有形资产的使用权取得的收入。租金收入,按照合同约定的承租人应付租金的日期确认收入的实现。

**116.** 在计算应纳税所得额时,企业财务、会计处理有明确规定处理办法,但税收法律、行政法规没有明确规定时,可暂按( )的规定计算。

A. 暂按企业财务、会计办法处理 B. 有资质的中介机构鉴定

C. 按上级机关的指示 D. 与纳税人协商解决

【答案】 A

【解析】 根据《中华人民共和国企业所得税法》第21条的规定,在计算应纳税所得额时,企业财务、会计处理办法与税收法律、行政法规的规定不一致的,应当依照税收法律、行政法规的规定计算。

《国家税务总局关于修订企业所得税年度纳税申报表的公告》(国家税务总局公告2020年第24号)企业所得税年度申报表主表填表说明补充:"纳税人在计算企业所得税应纳税所得额及应纳税额时,会计处理与税收规定不一致的,应当按照税收规定计算。税收规定不明确的,在没有明确规定之前,暂按国家统一会计制度计算。"

**117.** 按照规定,下列表述错误的是( )。

A. 企业发生的计入成本费用的工资薪金支出准予全额税前扣除

B. 企业发生的职工福利费支出不超过工资薪金总额14%的部分准予税前扣除

C. 为投资者支付的补充养老保险费、补充医疗保险费在规定标准内准予扣除

D. 为投资者或者职工支付的商业保险费,不得扣除

【答案】 A

【解析】《中华人民共和国企业所得税法》第8条规定,企业实际发生的与取得收入有关的、合理的支出,包括成本、费用、税金、损失和其他支出,准予在计算应纳税所得额时扣除。

《中华人民共和国企业所得税法实施条例》第 34 条规定,企业发生的合理的工资薪金支出,准予扣除。上述所称工资薪金,是指企业每一纳税年度支付给在本企业任职或者受雇的员工的所有现金形式或者非现金形式的劳动报酬,包括基本工资、奖金、津贴、补贴、年终加薪、加班工资,以及与员工任职或者受雇有关的其他支出。

**118.** 某企业 2020 年度实际发生与生产经营活动有关的业务招待费支出 80 万元,当年销售(营业)收入 1 亿元,则该企业当年允许扣除的业务招待费支出是(　　)万元。

A. 33　　　　　B. 48　　　　　C. 50　　　　　D. 80

【答案】　B

【解析】　《中华人民共和国企业所得税法实施条例》规定,企业发生的与生产经营活动有关的业务招待费支出,按照发生额的 60% 扣除,但最高不得超过当年销售(营业)收入的 5‰。$80 \times 60\% = 48$(万元),$10\,000 \times 5‰ = 50$(万元)。48 万元 < 50 万元,因此,当年允许扣除的业务招待费支出 48 万元。

**119.** 企业的下列收入中,不属于免税收入的是(　　)。

A. 国债利息收入

B. 符合条件的居民企业之间的股息、红利等权益性投资收益

C. 在中国境内设立机构、场所的非居民企业从居民企业取得与该机构、场所有实际联系的股息、红利等权益性投资收益

D. 符合条件的非营利组织从事营利活动取得的收入

【答案】　D

【解析】　《中华人民共和国企业所得税法》第 26 条规定,企业的下列收入为免税收入:(1)国债利息收入;(2)符合条件的居民企业之间的股息、红利等权益性投资收益;(3)在中国境内设立机构、场所的非居民企业从居民企业取得与该机构、场所有实际联系的股息、红利等权益性投资收益;(4)符合条件的非营利组织的收入。

**120.** 某企业 2020 年进行两项研发活动 A 和 B。A 项目共发生研发费用 100 万元,其中与研发活动直接相关的其他费用 12 万元;B 项目共发生研发费用 100 万元,其中与研发活动直接相关其他费用 8 万元,设均符合加计扣除相关规定,该企业 2020 年可享受加计扣除金额(　　)万元。

A. 150　　　　　B. 148.34　　　　　C. 100　　　　　D. 98.89

【答案】　B

【解析】　《关于企业研究开发费用税前加计扣除政策有关问题的公告》(国家税务总局公告 2015 年第 97 号)规定,企业在一个纳税年度内进行多项研发活动的,应按照不同研发项目分别归集可加计扣除的研发费用。在计算每个项目其他相关费用的限额时应当按照以下公式计算:

其他相关费用限额=《财政部　国家税务总局科技部关于完善研究开发费用税前加计扣除政策的通知》(财税〔2015〕119 号)第 1 条第 1 项允许加计扣除的研发费用中的第 1 项至第 5 项的费用之和×10%÷(1−10%)。

当其他相关费用实际发生数小于限额时,按实际发生数计算税前加计扣除数额;当其他

相关费用实际发生数大于限额时,按限额计算税前加计扣除数额。

《财政部　国家税务总局　科技部关于提高研究开发费用税前加计扣除比例的通知》(财税〔2018〕99 号)规定,企业开展研发活动中实际发生的研发费用,未形成无形资产计入当期损益的,在按规定据实扣除的基础上,在 2018 年 1 月 1 日至 2020 年 12 月 31 日,再按照实际发生额的 75％在税前加计扣除;形成无形资产的,在上述期间按照无形资产成本的 175％在税前摊销。

《财政部　国家税务总局关于进一步完善研发费用税前加计扣除政策的公告》(财政部国家税务总局公告 2021 年第 13 号)规定,制造业企业开展研发活动中实际发生的研发费用,未形成无形资产计入当期损益的,在按规定据实扣除的基础上,自 2021 年 1 月 1 日起,再按照实际发生额的 100％在税前加计扣除;形成无形资产的,自 2021 年 1 月 1 日起,按照无形资产成本的 200％在税前摊销。

计算过程如下:

(1) A 项目其他相关费用限额＝(100－12)×10％÷(1－10％)＝9.78(万元)＜12 万元。

A 项目允许加计扣除的研发费用应为 97.78 万元(100－12＋9.78)。

(2) B 项目其他相关费用限额＝(100－8)×10％÷(1－10％)＝10.22(万元)＞8 万元。

B 项目允许加计扣除的研发费用应为 100 万元。

(3) 该企业 2020 年可以享受的研发费用加计扣除额为 148.335 万元〔(97.78＋100)×75％〕。

**121.** 对按核定征收率征收企业所得税的企业,下列说法中,正确的是(　　　　)。

　　A. 不需进行企业所得税的年度汇算清缴事项

　　B. 可以享受企业所得税的相关税收优惠政策

　　C. 可以弥补以前年度亏损

　　D. 不征税收入可以从收入总额中扣除

【答案】　D

【解析】　《国家税务总局关于企业所得税核定征收若干问题的通知》(国税函〔2009〕377 号)规定,《国家税务总局关于印发〈企业所得税核定征收办法(试行)〉的通知》(国税发〔2008〕30 号)第 6 条中的"应税收入额"等于收入总额减去不征税收入和免税收入后的余额。用公式表示为:

应税收入额＝收入总额－不征税收入－免税收入

《关于实施小微企业普惠性所得税减免政策有关问题的公告》(国家税务总局公告 2019 年第 2 号)第 1 条规定,"小型微利企业无论按查账征收方式或核定征收方式缴纳企业所得税,均可享受上述优惠政策"。

综上所述,企业实行核定征收企业所得税,可享受不征税收入、免税收入、小型微利企业所得税优惠政策,不享受其他所得税优惠政策。

**122.** 按照现行企业所得税法的规定,下列固定资产中,可以提取折旧的是(　　　　)。

A. 未使用的机器设备　　　　B. 融资租赁方式租出的设备

C. 未使用的仓库　　　　　　D. 单独估价作为固定资产入账的土地

【答案】　C

【解析】　《中华人民共和国企业所得税法》第11条规定,下列固定资产不得计算折旧扣除:(1)房屋、建筑物以外未投入使用的固定资产;(2)以经营租赁方式租入的固定资产;(3)以融资租赁方式租出的固定资产;(4)已足额提取折旧仍继续使用的固定资产;(5)与经营活动无关的固定资产;(6)单独估价作为固定资产入账的土地;(7)其他不得计算折旧扣除的固定资产。

**123.** 境外 A 公司在中国境内未设立机构、场所,2020 年取得境内 B 公司支付的贷款利息收入 100 万元,取得境内 M 公司支付的财产转让收入 80 万元,该项财产净值 60 万元。2020 年 A 公司在我国应缴纳企业所得税(　　)万元。

A. 12　　　　　　B. 14　　　　　　C. 18　　　　　　D. 36

【答案】　A

【解析】　根据《中华人民共和国企业所得税法》第19条的规定,非居民企业从中国境内取得股息、红利等权益性投资收益和利息、租金、特许权使用费所得,以收入全额为应纳税所得额。转让财产所得,以收入全额减除财产净值后的余额作为应纳税所得额。

应纳企业所得税=100×10%+(80-60)×10%=12(万元)。

**124.** 根据企业所得税法规定,下列项目中,享受税额抵免政策的是(　　)。

A. 企业综合利用资源,生产符合国家产业政策规定的产品取得的收入

B. 创业投资企业从事国家需重点扶持和鼓励的创业投资的投资额

C. 企业购置用于环境保护的专用设备的投资额

D. 安置残疾人员及国家鼓励安置的其他就业人员所支付的工资

【答案】　C

【解析】　《中华人民共和国企业所得税法实施条例》第100条规定,《中华人民共和国企业所得税法》第34条所称税额抵免,是指企业购置并实际使用《环境保护专用设备企业所得税优惠目录》《节能节水专用设备企业所得税优惠目录》和《安全生产专用设备企业所得税优惠目录》规定的环境保护、节能节水、安全生产等专用设备的,该专用设备的投资额的10%可以从企业当年的应纳税额中抵免;当年不足抵免的,可以在以后5个纳税年度结转抵免。

应当特别注意,选项B容易混淆,创业投资企业抵扣的是应纳税所得额,而非应纳税额。《中华人民共和国企业所得税法》第31条规定:"创业投资企业从事国家需要重点扶持和鼓励的创业投资,可以按投资额的一定比例抵扣应纳税所得额。"同时,《中华人民共和国企业所得税法实施条例》第97条规定:"企业所得税法第三十一条所称抵扣应纳税所得额,是指创业投资企业采取股权投资方式投资于未上市的中小高新技术企业2年以上的,可以按照其投资额的70%在股权持有满2年的当年抵扣该创业投资企业的应纳税所得额;当年不足抵扣的,可以在以后纳税年度结转抵扣。"

**125.** 某国家重点扶持的高新技术企业(非小微企业),2018 年亏损 65 万元,2019 年度亏损 15 万元,2020 年度汇算清缴盈利 200 万元,2020 年 10 月进行清算,清算所得为 100 万

元,该企业 2020 年度应纳的企业所得税税额为(　　)万元。

　　A. 18　　　　　　B. 33　　　　　　C. 43　　　　　　D. 75

**【答案】**　C

**【解析】**《中华人民共和国企业所得税法》规定,企业所得税按纳税年度计算。纳税年度自公历 1 月 1 日起至 12 月 31 日止。企业在一个纳税年度中间开业,或者终止经营活动,使该纳税年度的实际经营期不足 12 个月的,应当以其实际经营期为一个纳税年度。企业依法清算时,应当以清算期间作为一个纳税年度。

《财政部　国家税务总局关于企业清算业务企业所得税处理若干问题的通知》(财税〔2009〕60 号)第 1 条规定,企业清算的所得税处理,是指企业在不再持续经营,发生结束自身业务、处置资产、偿还债务以及向所有者分配剩余财产等经济行为时,对清算所得、清算所得税、股息分配等事项的处理。财税〔2009〕60 号第 4 条规定,企业应将整个清算期作为一个独立的纳税年度计算清算所得。

因此,企业的清算所得不属于企业正常的生产经营所得,清算期间企业所得税优惠政策的适用对象已经不存在,企业清算期间应就其清算所得依照 25% 的法定税率缴纳企业所得税。

企业清算期间,正常的生产经营都已经停止,企业取得的所得已经不是正常的产业经营所得,企业所得税优惠政策的适用对象已经不存在,因而企业清算期间所得税优惠政策应一律停止,企业应就其清算所得依照税法规定的 25% 的法定税率缴纳企业所得税。

该企业 2020 年度共应纳的企业所得税 = (200 - 65 - 15) × 15% + 100 × 25% = 43(万元)。

**126.** 企业应当自月份或季度终了之日起(　　)日内,向税务机关报送预缴企业所得税申报表,预缴税款。

　　A. 15　　　　　　B. 10　　　　　　C. 7　　　　　　D. 5

**【答案】**　A

**【解析】**《中华人民共和国企业所得税法》规定,企业应当自月份或者季度终了之日起 15 日内,向税务机关报送预缴企业所得税纳税申报表,预缴税款。企业应当自年度终了之日起 5 个月内,向税务机关报送年度企业所得税纳税申报表,并汇算清缴,结清应缴应退税款。企业在报送企业所得税纳税申报表时,应当按照规定附送财务会计报告和其他有关资料。

**127.** 根据企业所得税相关规定,下列关于企业亏损弥补的说法中,不正确的是(　　)。

　　A. 境外营业机构的亏损不可以用境内营业机构的盈利弥补

　　B. 特殊性税务处理下被合并企业的亏损可以由合并企业弥补

　　C. 一般性税务处理下被分立企业的亏损不得由分立企业弥补

　　D. 所有企业亏损弥补的年限最长一律不得超过 5 年

**【答案】**　D

**【解析】**《中华人民共和国企业所得税法》规定,企业纳税年度发生的亏损,准予向以后年度结转,用以后年度的所得弥补,但结转年限最长不得超过 5 年。

但是,根据《财政部　国家税务总局关于延长高新技术企业和科技型中小企业亏损结转年限的通知》(财税〔2018〕76号)第1条的规定,自2018年1月1日起,当年具备高新技术企业或科技型中小企业资格(以下简称资格)的企业,其具备资格年度之前5个年度发生的尚未弥补完的亏损,准予结转以后年度弥补,最长结转年限由5年延长至10年。《财政部　税务总局关于支持新型冠状病毒感染的肺炎疫情防控有关税收政策的公告》(财政部　税务总局公告2020年第8号)规定,将受疫情影响较大的困难行业企业2020年度发生的亏损,最长结转年限由5年延长至8年。《政策部　税务总局关于电影等行业税费支持政策的公告》(财政部　税务总局公告2020年第25号),对电影行业企业2020年度发生的亏损,最长结转年限由5年延长至8年。

**128.** 企业的下列收入中,属于应税收入的是(　　)。

  A. 国债利息收入

  B. 银行存款利息收入

  C. 从证券投资基金分配中取得的收入

  D. 对非上市的居民企业直接投资取得的股息、红利

【答案】　B

【解析】　根据《中华人民共和国企业所得税法》第26条的规定,企业的下列收入为免税收入:(1)国债利息收入;(2)符合条件的居民企业之间的股息、红利等权益性投资收益;(3)在中国境内设立机构、场所的非居民企业从居民企业取得与该机构、场所有实际联系的股息、红利等权益性投资收益;(4)符合条件的非营利组织的收入。

根据《财政部　国家税务总局关于企业所得税若干优惠政策的通知》(财税〔2008〕1号)第2条的规定,对投资者从证券投资基金分配中取得的收入,暂不征收企业所得税。

**129.** 某企业为制造业纳税人,2020年企业应纳税所得额为100万元。其中该企业于2020年转让了达到使用年限的生产设备,取得转让收入80万元,该项资产净值为150万元。在不考虑增值税和相关税费的情况下,对该项资产的所得税处理正确的是(　　)。

  A. 确认资产转让收入80万元,不得扣除资产净值150万元

  B. 资产转让损失70万元向主管税务机关报批后准予扣除

  C. 资产转让损失70万元自行计算扣除

  D. 不确认资产转让收入,允许扣除资产净值150万元

【答案】　C

【解析】　《国家税务总局关于发布〈企业资产损失所得税税前扣除管理办法〉的公告》(国家税务总局公告2011年第25号)规定,下列资产损失,应以清单申报的方式向税务机关申报扣除:(1)企业在正常经营管理活动中,按照公允价格销售、转让、变卖非货币性资产的损失;(2)企业各项存货发生的正常损耗;(3)企业固定资产达到或超过使用年限而正常报废清理的损失;(4)企业生产性生物资产达到或超过使用年限而正常死亡发生的资产损失;(5)企业按照市场公平交易原则,通过各种交易场所、市场等买卖债券、股票、期货、基金以及金融衍生产品等发生的损失。

**130.** 2020年B公司收购A公司的80%的股权,A公司共有股权10 000万股,假设收购日A公司每股资产的计税基础为8元,公允价值为10元。在收购中B公司以股权形式支付

72 000 万元,以银行存款支付 8 000 万元。若此项交易符合特殊性税务处理,A 公司取得非股权支付额对应的资产转让所得或损失为( )万元。

    A. 2 000        B. 1 600        C. 1 500        D. 800

【答案】 B

【解析】 非股权支付对应的资产转让所得或损失=(被转让资产的公允价值-被转让资产的计税基础)×(非股权支付金额÷被转让资产的公允价值)

非股权支付对应的资产转让所得=(80 000-64 000)×(8 000÷80 000)=16 000×10%=1 600(万元)。

**131.** 企业从事符合条件的( )所得,自项目取得第一笔生产经营收入所属纳税年度起,第 1 年至第 3 年免征企业所得税,第 4 年至第 6 年减半征收企业所得税。

    A. 技术转让项目                B. 节能节水项目

    C. 资源综合利用项目          D. 安全生产项目

【答案】 B

【解析】《中华人民共和国企业所得税法实施条例》第 88 条规定,《中华人民共和国企业所得税法》第 27 条第 3 项所称符合条件的环境保护、节能节水项目,包括公共污水处理、公共垃圾处理、沼气综合开发利用、节能减排技术改造、海水淡化等。项目的具体条件和范围由国务院财政、税务主管部门商国务院有关部门制订,报国务院批准后公布施行。企业从事前款规定的符合条件的环境保护、节能节水项目的所得,自项目取得第一笔生产经营收入所属纳税年度起,第 1 年至第 3 年免征企业所得税,第 4 年至第 6 年减半征收企业所得税。

**132.** 某企业 2020 年从事技术转让净所得为 800 万元,其应纳的企业所得税税额是( )万元。

    A. 200        B. 37.5        C. 100        D. 9.9

【答案】 B

【解析】《中华人民共和国企业所得税法实施条例》第 89 条规定,《中华人民共和国企业所得税法》第 27 条第 4 项所称符合条件的技术转让所得免征、减征企业所得税,是指一个纳税年度内,居民企业技术转让所得不超过 500 万元的部分,免征企业所得税;超过 500 万元的部分,减半征收企业所得税,(800-500)×25%×50%=37.5(万元)。

**133.** A 外商投资企业 2020 年 12 月向一非关联企业销售产品 120 件,取得不含税销售额 24 万元,向境外一关联企业销售相同产品 150 件,取得不含税销售额 27 万元。企业按可比非受控价格法对关联交易进行调整,2020 年 12 月应确认的收入总额是( )万元。

    A. 51        B. 54        C. 24        D. 27

【答案】 B

【解析】 销售给非关联企业单价=24÷120=0.2(万元),销售给关联企业的单价=27÷150=0.18(万元),可按销售给非关联企业单价进行调整,2020 年应确认的收入总额=24+150×0.2=54(万元)。

**134.** 某企业 2020 年会计利润总额为 300 万元,向上海慈善基金会捐赠了其子公司 10%的股权,该股权公允价值 120 万元,成本 100 万元,企业已将成本金额计入营业外支出。假定不存在其他纳税调整事项,该企业 2020 年应纳企业所得税为(　　)万元。

  A. 91     B. 96     C. 75     D. 36

**【答案】**　A

**【解析】**　《财政部　国家税务总局关于公益股权捐赠企业所得税政策问题的通知》(财税〔2016〕45 号)规定,企业向公益性社会团体实施的股权捐赠,应按规定视同转让股权,股权转让收入额以企业所捐赠股权取得时的历史成本确定。

  应纳企业所得税＝[300＋(100－300×12％)]×25％＝91(万元)。

**135.** 对销售商品涉及折扣、折让、退回的处理,下列表述正确的是(　　)。

  A. 应当按扣除现金折扣后的金额确定销售商品收入金额

  B. 应当按照扣除商业折扣后的金额确定销售商品收入金额

  C. 销售折让不得冲减销售商品收入

  D. 销售退回应当在发生当期冲减当期销售商品收入(资产负债表日后事项除外)

**【答案】**　B

**【解析】**　《国家税务总局关于确认企业所得税收入若干问题的通知》(国税函〔2008〕875 号)规定,企业为促进商品销售而在商品价格上给予的价格扣除属于商业折扣,商品销售涉及商业折扣的,应当按照扣除商业折扣后的金额确定销售商品收入金额。选项 B 表述正确。债权人为鼓励债务人在规定的期限内付款而向债务人提供的债务扣除属于现金折扣,销售商品涉及现金折扣的,应当按扣除现金折扣前的金额确定销售商品收入金额,现金折扣在实际发生时作为财务费用扣除。选项 A 表述错误。企业因售出商品的质量不合格等原因而在售价上给的减让属于销售折让;企业因售出商品质量、品种不符合要求等原因而发生的退货属于销售退回。企业已经确认销售收入的售出商品发生销售折让和销售退回,应当在发生当期冲减当期销售商品收入。选项 C 表述错误。对于销售退回,并无资产负债表日后事项除外规定。选项 D 表述错误。

**136.** 下列关于资产摊销处理中下列说法中,正确是(　　)。

  A. 自行开发无形资产的费用化支出,可以计算摊销费用扣除

  B. 消耗性生物资产的支出,准予摊销扣除

  C. 租入固定资产的改建支出,不准予摊销扣除

  D. 在企业整体转让或清算时,外购商誉的支出,准予扣除

**【答案】**　D

**【解析】**　《中华人民共和国企业所得税法实施条例》第 67 条规定,无形资产按照直线法计算的摊销费用,准予扣除。无形资产的摊销年限不得低于 10 年。作为投资或者受让的无形资产,有关法律规定或者合同约定了使用年限的,可以按照规定或者约定的使用年限分期摊销。外购商誉的支出,在企业整体转让或者清算时,准予扣除。费用化支出及消耗性生物资产的支出,可直接扣除,不需要摊销。

**137.** A 企业 2021 年会计自行计算的利润为 300 万元,2021 年 8 月通过非营利的社会团体向 M 市希望小学捐赠自产产品,适用增值税率 13％。该产品不含税公允价值为 120 万元,成本 100 万元,企业只将成本计入营业外支出。假设没有其他调整事项,该企业 2021 年

应缴纳的企业所得税为( )万元。

    A. 101.1        B. 96.47        C. 91.58        D. 91.47

**【答案】** D

**【解析】** 实际捐赠支出＝100＋120×13％＝115.6(万元)。

正确的会计利润＝300－120×13％＝284.4(万元)。

捐赠的扣除限额＝284.4×12％≈34.13(万元)。

税前准予扣除的捐赠支出是34.13万元。

捐赠支出视同销售对应纳税所得额的影响:

(1) 货物视同销售收入调增120万元;货物视同销售成本调减100万元。

(2)《国家税务总局关于修订企业所得税年度纳税申报表的公告》(国家税务总局公告2020年第24号)附件规定,A105000《纳税调整项目明细表》填报说明:30.第30行"(十七)其他":填报其他因会计处理与税收规定有差异需纳税调整的扣除类项目金额,企业将货物、资产、劳务用于捐赠、广告等用途时,进行视同销售纳税调整后,对应支出的会计处理与税收规定有差异需纳税调整的金额填报在本行。若第1列≥第2列,第3列"调增金额"填报第1—2列金额。若第1列＜第2列,第4列"调减金额"填报第1—2列金额的绝对值。

因此,必须在第30行"(十七)其他"调减20万元,实际相当于无影响。

应纳企业所得税＝(284.4＋115.6－34.13＋120－100－20)×25％≈91.47(万元)。

**138.** A高新技术企业2020年从境外取得应纳税所得额100万元,企业申报已在境外缴纳的所得税税款为20万元(无法进行核实)。经税务机关核准采用简易方法计算境外所得税抵免限额。该抵免额为( )万元。

    A. 12.5        B. 15        C. 20        D. 25

**【答案】** A

**【解析】** 无法真实、准确地确认应缴纳并实际缴纳的境外所得额的,除就该所得直接缴纳及间接负担的税款在所得来源的实际税率低于法定税率50％以上的,可按境外应缴纳所得额的12.5％作为抵免限额。

抵免限额＝100×12.5％＝12.5(万元)。

**139.** 下列关于企业所得税征收管理的说法中,正确的是( )。

    A. 按月预缴所得税的,应当自月份终了之日起10日内,向税务机关报送预缴企业所得税申报表,预缴税款

    B. 企业应当在办理注销登记后,就其清算所得向税务机关申报并依法缴纳企业所得税

    C. 企业纳税年度亏损,可以不向税务机关报送年度企业所得税纳税申报表

    D. 依照企业所得税法缴纳的企业所得税,以人民币以外的货币计算的,应当折合成人民币计算并缴纳税款

**【答案】** D

**【解析】** 《中华人民共和国企业所得税法》第56条规定,依照本法缴纳的企业所得税,以人民币计算。所得以人民币以外的货币计算的,应当折合成人民币计算并缴纳税款。

**140.** A 公司 2021 年 1 月 1 日成立,注册资本为 2 000 万元,按章程约定成立时资金一次到位,成立之日注册资本到位 1 500 万元,余下的至 2021 年年底仍没有到位。2021 年 3 月 1 日 A 公司向银行贷款 700 万元,利率为 6%,期限 1 年,2021 年该公司企业所得税税前不得扣除的利息( )万元。

    A. 25.5         B. 8.5         C. 33.5         D. 25

【答案】 D

【解析】 2021 年不得扣除利息 $=700×6\%÷12×10×500÷700=25$(万元)。

**141.** 2021 年 A 公司实现销售收入 500 万元,发生广告业务宣传费 60 万元,业务招待费 5 万元,2020 年结转广告业务宣传费 35 万元,2021 年应调整应纳税所得额( )万元。

    A. 15         B. 12.5         C. 17.5         D. 2.5

【答案】 B

【解析】 当年准予扣除的广告业务宣传费 $=500×15\%=75$(万元),2021 年发生为 60 万元,可全额扣除,同时 2020 年结转 35 万元可扣除 15 万元,应调减 15 万元。业务招待费扣除限额:按收入限额 $=500×5‰=2.5$(万元),按实际发生额的 60% 限额 $=5×60\%=3$(万元);2.5 万元<3 万元,业务招待费限额为 2.5 万元,调增 2.5 万元。

合计调减金额 $=15-2.5=12.5$(万元)。

**142.** 采用售后回购方式销售商品的,销售的商品按售价确认收入,回购的商品作为购进商品处理。有证据表明不符合销售收入确认条件的,如以销售商品方式进行融资,收到的款项应确认为负债,回购价格大于原售价的,差额应在回购期间确认为( )。

    A. 管理费用     B. 销售费用     C. 利息费用     D. 营业成本

【答案】 C

【解析】《国家税务总局关于确认企业所得税收入若干问题的通知》(国税函〔2008〕875 号)第 1 条第 3 项规定,采用售后回购方式销售商品的,销售的商品按售价确认收入,回购的商品作为购进商品处理。有证据表明不符合销售收入确认条件的,如以销售商品方式进行融资,收到的款项应确认为负债,回购价格大于原售价的,差额应在回购期间确认为利息费用。

**143.** A 公司 2021 年销售产品取得收入 1 200 万元,其他业务收入 400 万元,股权转让收益 100 万元,发生公益性捐赠支出 50 万元,计提坏账准备 20 万元,资产减值准备 10 万元,其他成本费用合计 1350 万元。假设没有其他调整事项,2021 年该公司应缴纳企业所得税( )万元。

    A. 85.5         B. 79.4         C. 87.5         D. 95

【答案】 B

【解析】 A 公司 2021 年会计利润 $=(1\,200+400+100-50-20-10-1\,350)=270$(万元)。

公益性捐赠扣除限额 $=270×12\%=32.4$(万元),实际发生为 50 万元,准予扣除 32.4 万元。

计提坏账准备 20 万元,资产减值准备 10 万元应进行纳税调增。

应纳税额＝[270＋(50－32.4)＋30]×25％＝79.4(万元)。

**144.** 2021年境内制造业企业开展研发活动实际发生的研究开发费用,未形成无形资产计入当期损益的,在按照规定在税前据实扣除的基础上,按照研究开发费用的(　　)加计扣除。

    A. 200％　　　　B. 100％　　　　C. 75％　　　　D. 175％

【答案】　B

【解析】《财政部　国家税务总局　科技部关于提高研究开发费用税前加计扣除比例的通知》(财税〔2018〕99号)、《财政部　税务总局关于延长部分税收优惠政策执行期限的公告》(财政部　税务总局公告2021年第6号)规定,企业开展研发活动中实际发生的研发费用,未形成无形资产计入当期损益的,在按规定据实扣除的基础上,在2018年1月1日至2023年12月31日,再按照实际发生额的75％在税前加计扣除;形成无形资产的,在上述期间按照无形资产成本的175％在税前摊销。

《关于进一步完善研发费用税前加计扣除政策的公告》(财政部　国家税务总局公告2021年第13号)规定,制造业企业开展研发活动中实际发生的研发费用,未形成无形资产计入当期损益的,在按规定据实扣除的基础上,自2021年1月1日起,再按照实际发生额的100％在税前加计扣除;形成无形资产的,自2021年1月1日起,按照无形资产成本的200％在税前摊销。本条所称制造业企业,是指以制造业业务为主营业务,享受优惠当年主营业务收入占收入总额的比例达到50％以上的企业。制造业的范围按照《国民经济行业分类》(GB/T 4754—2017)确定,如国家有关部门更新《国民经济行业分类》,从其规定。收入总额按照《中华人民共和国企业所得税法》第6条规定执行。

**145.** A公司2021年工资总额为300万元,拨缴工会经费5万元,支付职工福利费45万元,职工教育经费15万元,A公司2021年计算应纳税所得额时准予在税前扣除的工资和三项经费合计为(　　)万元。

    A. 310　　　　B. 349.84　　　　C. 394.84　　　　D. 362

【答案】　D

【解析】　福利费扣除限额＝300×14％＝42(万元),实际发生45万元,准予扣除42万元;工会经费扣除限额＝300×2％＝6(万元),实际发生5万元,准予据实扣除5万元;职工教育经费扣除限额＝300×8％＝24(万元),实际发生15万元,准予扣除15万元;准予税前扣除的工资和三项经费合计＝300＋42＋5＋15＝362(万元)。

**146.** A公司2021年因管理不善损失一批原材料,账面成本为100万元,原材料为2020年购入,已抵扣增值税进项税额税率13％,该批原材料获保险公司80万元赔偿,责任人赔偿2万元,允许税前扣除的原材料损失金额为(　　)万元。

    A. 18　　　　B. 31.7　　　　C. 20　　　　D. 31

【答案】　D

【解析】　因管理不善损失原材料进项必须转出,转出进项可作为损失的一部分一并扣除。允许税前扣除的损失金额＝100＋100×13％－80－2＝31(万元)。

**147.** 甲企业与乙企业于2020年11月17日签订股权转让协议,协议约定,乙企业应于

2020 年 11 月 30 日向甲企业支付股权转让款项,股权转让款项全部支付时股权转让协议生效。乙企业实际于 2020 年 12 月 20 日向甲企业支付了股权转让全部款项。2021 年 1 月 18 日办理了股权变更手续。则甲企业该项股权转让收入的实现时间为(    )。

    A. 2020 年 11 月 17 日　　　　　　B. 2020 年 11 月 30 日

    C. 2020 年 12 月 20 日　　　　　　D. 2021 年 1 月 18 日

【答案】　D

【解析】　《国家税务总局关于贯彻落实企业所得税法若干税收问题的通知》(国税函〔2010〕79 号)第 3 条规定,企业转让股权收入,应于转让协议生效、且完成股权变更手续时,确认收入的实现。转让股权收入扣除为取得该股权所发生的成本后,为股权转让所得。企业在计算股权转让所得时,不得扣除被投资企业未分配利润等股东留存收益中按该项股权所可能分配的金额。

**148.** 2021 年 A 公司"财务费用"科目中列支两笔利息费用:向银行借入生产用资金 200 万元,借用期限 6 个月,支付借款利息 7 万元;经过批准自 5 月 1 日起向本企业职工借入资金 60 万元,用于建造厂房,在 10 月 31 日进行竣工结算,借用期限 8 个月,支付借款利息 4.8 万元。该公司 2021 年可在税前扣除的财务费用为(    )万元。

    A. 7.7　　　　　　B. 12.3　　　　　　C. 8.75　　　　　　D. 9.1

【答案】　A

【解析】　银行的同期同类贷款利率 $=(7\times2)\div200\times100\%=7\%$ ;自行建造的固定资产,以竣工结算前发生的支出为计税基础,因此 5~10 月的利息属于资本化的支出,11 月、12 月的利息属于费用化的支出,可以税前扣除的职工借款利息 $=60\times7\%\div12\times2=0.7$ (万元);可税前扣除财务费用 $=7+0.7=7.7$ (万元)。

**149.** 下列表述中,正确的是(    )。

    A. 依法成立且符合条件的集成电路设计企业和软件企业,在 2019 年 12 月 31 日前自获利年度起计算优惠期,第 1 年至第 2 年免征企业所得税,第 3 年至第 5 年按照 25% 的法定税率减半征收企业所得税,并享受至期满为止

    B. 依法成立且符合条件的集成电路设计企业和软件企业,在 2019 年 12 月 31 日前开始经营年度起计算优惠期,第 1 年至第 2 年免征企业所得税,第 3 年至第 5 年按照 25% 的法定税率减半征收企业所得税,并享受至期满为止

    C. 依法成立且符合条件的集成电路设计企业和软件企业,在 2019 年 12 月 31 日前自获利年度起计算优惠期,第 1 年至第 3 年免征企业所得税,第 4 年至第 6 年按照 25% 的法定税率减半征收企业所得税,并享受至期满为止

    D. 依法成立且符合条件的集成电路设计企业和软件企业,在 2019 年 12 月 31 日前自开始经营年度起计算优惠期,第 1 年至第 2 年免征企业所得税,第 3 年至第 5 年按照 25% 的法定税率减半征收企业所得税,并享受至期满为止

【答案】　A

【解析】　《财政部　国家税务总局关于集成电路设计企业和软件企业 2019 年度企业所得税汇算清缴适用政策的公告》(财政部　国家税务总局公告 2020 年第 29 号)规定,依法成

立且符合条件的集成电路设计企业和软件企业,在 2019 年 12 月 31 日前自获利年度起计算优惠期,第 1 年至第 2 年免征企业所得税,第 3 年至第 5 年按照 25% 的法定税率减半征收企业所得税,并享受至期满为止。

**150.** 2020 年 5 月 1 日至 2020 年 12 月 31 日,小型微利企业在 2020 年剩余申报期按规定办理预缴申报后,可以暂缓缴纳当期的企业所得税,延迟至 2021 年首个申报期内一并缴纳。在预缴申报时,小型微利企业通过填写预缴纳税申报表相关行次,即可享受小型微利企业所得税延缓缴纳政策。延迟至 2021 年首个申报期内是指(　　)。

    A. 2021 年 1 月 15 日　　　　　　B. 2020 年 12 月 15 日

    C. 2021 年 4 月 15 日　　　　　　D. 2021 年 5 月 31 日

【答案】　A

【解析】　《国家税务总局关于小型微利企业和个体工商户延缓缴纳 2020 年所得税有关事项的公告》(国家税务总局公告 2020 年第 10 号)2020 年 5 月 1 日至 2020 年 12 月 31 日,小型微利企业在 2020 年剩余申报期按规定办理预缴申报后,可以暂缓缴纳当期的企业所得税,延迟至 2021 年首个申报期内一并缴纳。在预缴申报时,小型微利企业通过填写预缴纳税申报表相关行次,即可享受小型微利企业所得税延缓缴纳政策。

**151.** 为支持电影等行业发展,对电影行业企业 2020 年度发生的亏损,最长结转年限由 5 年延长至 8 年。电影行业企业限于(　　)。

    A. 电影制作、发行等企业

    B. 通过互联网、电信网传播电影的企业

    C. 通过广播电视网信息网络传播电影的企业

    D. 电影放映和通过网络传播电影的企业

【答案】　A

【解析】　《财政部　国家税务总局关于电影等行业税费支持政策的公告》(财政部　国家税务总局公告 2020 年第 25 号)规定,对电影行业企业 2020 年度发生的亏损,最长结转年限由 5 年延长至 8 年。电影行业企业限于电影制作、发行和放映等企业,不包括通过互联网、电信网、广播电视网等信息网络传播电影的企业。

**152.** 下列表述中,正确的是(　　)。

    A. 国家鼓励的集成电路线宽小于 28 纳米(含),且经营期在 10 年以上的集成电路生产企业或项目,第 1 年至第 10 年免征企业所得税

    B. 国家鼓励的集成电路线宽小于 130 纳米(含),且经营期在 15 年以上的集成电路生产企业或项目,第 1 年至第 2 年免征企业所得税,第 3 年至第 5 年按照 25% 的法定税率减半征收企业所得税

    C. 国家鼓励的集成电路设计、装备、材料、封装、测试企业和软件企业,自获利年度起,第 1 年至第 3 年免征企业所得税,第 4 年至第 6 年按照 25% 的法定税率减半征收企业所得税

    D. 国家鼓励的重点集成电路设计企业和软件企业,自获利年度起,第 1 年至第 5 年免征企业所得税,接续年度减按 10% 的税率征收企业所得税

【答案】 D

【解析】《关于促进集成电路产业和软件产业高质量发展企业所得税政策的公告》（财政部 国家税务总局 发展改革委 工业和信息化部公告2020年第45号）规定，国家鼓励的集成电路线宽小于28纳米（含），且经营期在15年以上的集成电路生产企业或项目，第1年至第10年免征企业所得税；国家鼓励的集成电路线宽小于130纳米（含），且经营期在10年以上的集成电路生产企业或项目，第1年至第2年免征企业所得税，第3年至第5年按照25%的法定税率减半征收企业所得税。国家鼓励的集成电路设计、装备、材料、封装、测试企业和软件企业，自获利年度起，第1年至第2年免征企业所得税，第3年至第5年按照25%的法定税率减半征收企业所得税。国家鼓励的重点集成电路设计企业和软件企业，自获利年度起，第1年至第5年免征企业所得税，接续年度减按10%的税率征收企业所得税。

**153.** 公益性社会组织存在（　　）情形之一的，应当取消其公益性捐赠税前扣除资格且不得重新确认资格。

  A. 违反规定接受捐赠的，包括附加对捐赠人构成利益回报的条件、以捐赠为名从事营利性活动、利用慈善捐赠宣传烟草制品或法律禁止宣传的产品和事项、接受不符合公益目的或违背社会公德的捐赠等情形

  B. 从事、资助危害国家安全或者社会公共利益活动的

  C. 非营利组织免税资格到期后超过六个月未重新获取免税资格的

  D. 开展违反组织章程的活动，或者接受的捐赠款项用于组织章程规定用途之外的

【答案】 B

【解析】《关于公益性捐赠税前扣除有关事项的公告》（财政部 国家税务总局 民政部公告2020年第27号）规定，公益性社会组织存在以下情形之一的，应当取消其公益性捐赠税前扣除资格且不得重新确认资格：（1）从事非法政治活动的；（2）从事、资助危害国家安全或者社会公共利益活动的。

**154.** 对注册在海南自由贸易港并实质性运营的鼓励类产业企业，减按15%的税率征收企业所得税，下列说法正确的是（　　）。

  A. 鼓励类产业企业，是指以海南自由贸易港鼓励类产业目录中规定的产业项目为主营业务，且其主营业务收入占企业收入总额剔除不征税收入和投资收益占60%以上的企业

  B. 鼓励类产业企业，是指以海南自由贸易港鼓励类产业目录中规定的产业项目为主营业务，且其主营业务收入占企业收入总额剔除不征税收入占60%以上的企业

  C. 实质性运营，是指企业的实际管理机构设在海南自由贸易港，并对企业生产经营、人员、账务、财产等实施实质性全面管理和控制

  D. 实质性运营，是指企业拥有固定生产经营场所、固定工作人员，具备与生产相匹配的软硬件支撑条件，并在此基础上开展相关业务

【答案】 C

【解析】《关于海南自由贸易港企业所得税优惠政策的通知》（财税〔2020〕31号）规定，对注册在海南自由贸易港并实质性运营的鼓励类产业企业，减按15%的税率征收企业所得

税。本条所称鼓励类产业企业,是指以海南自由贸易港鼓励类产业目录中规定的产业项目为主营业务,且其主营业务收入占企业收入总额60％以上的企业。实质性运营,是指企业的实际管理机构设在海南自由贸易港,并对企业生产经营、人员、账务、财产等实施实质性全面管理和控制。对不符合实质性运营的企业,不得享受优惠。

海南自由贸易港鼓励类产业目录包括《产业结构调整指导目录(2019年版)》《鼓励外商投资产业目录(2019年版)》和海南自由贸易港新增鼓励类产业目录。上述目录在本通知执行期限内修订的,自修订版实施之日起按新版本执行。

**155.** 下列支持新型冠状病毒感染的肺炎疫情防控有关税收事项的说法中,正确的是( )。

A. 受疫情影响较大的困难行业企业按照8号公告第四条规定,适用延长亏损结转年限政策的,只要在2020年度企业所得税汇算清缴时,填报企业所得税年度申报表A106000相关栏次即可

B. 企业和个人取得承担疫情防治任务的医院开具的捐赠接收函,作为税前扣除依据应在5月31日前向税务机关报送

C. 企业和个人直接向承担疫情防治任务的医院捐赠用于应对新型冠状病毒感染的肺炎疫情的物品,允许在计算应纳税所得额时全额扣除

D. 企业和个人通过公益性社会组织或者县级以上人民政府及其部门等国家机关,捐赠用于应对新型冠状病毒感染的肺炎疫情的现金和物品,允许在利润总额12％内扣除,超过部分,准予结转以后三年内在计算应纳税所得额时扣除

【答案】 C

【解析】《国家税务总局关于支持新型冠状病毒感染的肺炎疫情防控有关税收征收管理事项的公告》(国家税务总局公告2020年第4号)规定,受疫情影响较大的困难行业企业按照《财政部 国家税务总局关于支持新型冠状病毒感染的肺炎疫情防控有关税收政策的公告》(财政部 国家税务总局公告2020年第8号)第4条规定,适用延长亏损结转年限政策的,应当在2020年度企业所得税汇算清缴时,通过电子税务局提交《适用延长亏损结转年限政策声明》。企业和个人取得承担疫情防治任务的医院开具的捐赠接收函,作为税前扣除依据自行留存备查。

《财政部 国家税务总局关于支持新型冠状病毒感染的肺炎疫情防控有关捐赠税收政策的公告》(财政部 国家税务总局公告2020年第9号)规定,企业和个人通过公益性社会组织或者县级以上人民政府及其部门等国家机关,捐赠用于应对新型冠状病毒感染的肺炎疫情的现金和物品,允许在计算应纳税所得额时全额扣除。企业和个人直接向承担疫情防治任务的医院捐赠用于应对新型冠状病毒感染的肺炎疫情的物品,允许在计算应纳税所得额时全额扣除。捐赠人凭承担疫情防治任务的医院开具的捐赠接收函办理税前扣除事宜。

**156.** 居民企业取得的下列所得中,属于不征税收入的是( )。

A. 财政部批准的专项用途的财政性资金

B. 国债的利息收入

C. 从注销的子公司收回资产中确认的股息所得

D. 来源于境外的所得

【答案】 A

【解析】《财政部 国家税务总局关于专项用途财政性资金企业所得税处理问题的通知》(财税〔2011〕70号)规定,企业从县级以上各级人民政府财政部门及其他部门取得的应计入收入总额的财政性资金,凡同时符合以下条件的,可以作为不征税收入,在计算应纳税所得额时从收入总额中减除:(1)企业能够提供规定资金专项用途的资金拨付文件;(2)财政部门或其他拨付资金的政府部门对该资金有专门的资金管理办法或具体管理要求;(3)企业对该资金以及以该资金发生的支出单独进行核算。

**157.** 企业支付的下列支出中,可按企业所得税政策规定的标准在税前扣除,超过部分准予结转以后纳税年度扣除的是( )。

A. 职工福利费  B. 工会经费

C. 职工教育经费  D. 业务招待费

【答案】 C

【解析】《中华人民共和国企业所得税法实施条例》第42条规定,除国务院财政、税务主管部门另有规定外,企业发生的职工教育经费支出,不超过工资薪金总额2.5%的部分,准予扣除;超过部分,准予在以后纳税年度结转扣除。《财政部 税务总局关于企业职工教育经费税前扣除政策的通知》(财税〔2018〕51号)规定,企业发生的职工教育经费支出,不超过工资薪金总额8%的部分,准予在计算企业所得税应纳税所得额时扣除;超过部分,准予在以后纳税年度结转扣除。

**158.** 企业所得税的纳税人将自产的货物用于( )方面的,在计算缴纳企业所得税时,不视同销售货物。

A. 用于职工福利  B. 转作生产用固定资产

C. 用于作为样品  D. 用于偿债

【答案】 B

【解析】《国家税务总局关于企业处置资产所得税处理问题的通知》(国税函〔2008〕828号)规定,企业发生下列情形的处置资产,除将资产转移至境外以外,由于资产所有权属在形式和实质上均不发生改变,可作为内部处置资产,不视同销售确认收入,相关资产的计税基础延续计算。(1)将资产用于生产、制造、加工另一产品;(2)改变资产形状、结构或性能;(3)改变资产用途(如,自建商品房转为自用或经营);(4)将资产在总机构及其分支机构之间转移;(5)上述两种或两种以上情形的混合;(6)其他不改变资产所有权属的用途。

**159.** 企业下列固定资产中,不得计提折旧在企业所得税税前扣除的是( )。

A. 闲置的房屋  B. 以融资租赁方式租入的设备

C. 加速折旧的设备  D. 以经营租赁方式租入的仪器

【答案】 D

【解析】 根据《中华人民共和国企业所得税法》第11条的规定,下列固定资产不得计算折旧扣除:(1)房屋、建筑物以外未投入使用的固定资产;(2)以经营租赁方式租入的固定资产;(3)以融资租赁方式租出的固定资产;(4)已足额提取折旧仍继续使用的固定资产;(5)与经营活动无关的固定资产;(6)单独估价作为固定资产入账的土地;(7)其他不得计算折旧扣除的固定资产。

**160.** 企业向非关联的个人借款所支付的利息,并取得发票,其税务处理为(    )。

A. 不得扣除

B. 据实扣除

C. 不超过金融企业同期同类贷款利率的部分

D. 不超过金融企业同期同类贷款利率4倍的部分

【答案】 C

【解析】 《国家税务总局关于企业向自然人借款的利息支出企业所得税税前扣除问题的通知》(国税函〔2009〕777号)第2条规定,企业向除第1条规定以外的内部职工或其他人员借款的利息支出,其借款情况同时符合以下条件的,其利息支出在不超过按照金融企业同期同类贷款利率计算的数额的部分,根据《中华人民共和国企业所得税法》第8条和《中华人民共和国企业所得税法实施条例》第27条规定,准予扣除。

**161.** 纳税人计算企业应纳税所得额不得扣除的税金包括(    )。

A. 土地增值税　　B. 房产税　　　　C. 印花税　　　　D. 增值税

【答案】 D

【解析】 增值税属价外税。

**162.** 企业发生的下列支出,不属于税前扣除职工教育经费范围的是(    )。

A. 外送培训的交通费　　　　B. 购置职工培训的设备

C. 奖励职工岗位自学成才　　D. 在职研究生报销书杂费

【答案】 D

【解析】 《财政部　全国总工会等部门关于印发〈关于企业职工教育经费提取与使用管理的意见〉的通知》(财建〔2006〕317号)规定,企业职工参加社会上的学历教育以及个人为取得学位而参加的在职教育,所需费用应由个人承担,不能挤占企业的职工教育培训经费。

**163.** M公司向非金融机构借款支付1年的利息60万元,年息10%,假设银行同期同类贷款利率为6%,当年财务费用纳税调整额为(    )万元。

A. 2.4　　　　　B. 3.6　　　　　C. 24　　　　　D. 36

【答案】 C

【解析】 (60÷10%)×(10%-6%)=24(万元)。

**164.** 下列各项中,属于会计准则要求会计核算应遵守的原则,但不属于企业所得税法要求遵循的是(    )。

A. 明晰性原则　　　　B. 相关性原则

C. 实质重于形式原则　　D. 谨慎性原则

【答案】 D

【解析】 企业要求对交易事项实行谨慎性原则。

**165.** 会计准则与企业所得税法均强调相关性原则,但含义不同。税法强调的相关性,是指(    )。

A. 会计信息应当与财务会计报告使用者的经济决策需要相关

B. 会计信息与政府管理部门要求要关

C. 可以税前扣除的项目与收入总额的纳税义务相关

D. 纳税申报时提交的会计信息应符合税法的相关要求

【答案】　C

【解析】　相关性要求企业提供的会计信息应当与投资者等财务报表使用者的经济决策需要相关,一项信息是否具有相关性取决预测和反馈。

**166.** 对重要性原则理解正确的是(　　)。

A. 企业在税务处理时可以进行相应的估计和归纳

B. 企业提供的会计信息应当反映与会计财务状况、经营成果和现金流量等有关的所有重要交易事项

C. 任何事情或确认都必须依法行事,有据可依,不能估计

D. 企业对交易或者事项进行会计确认、计量和报告应当保持应有的谨慎,不应高估资产或者收益、低估负债或者费用

【答案】　B

【解析】　重要性原则要求企业提供的会计信息应当反映与企业财务状况、经营成果和现金流量有关的所有重要交易或者事项。

**167.** 企业对交易或者事项进行会计确认、计量和报告应当保持应有的谨慎,对于可能发生的损失和费用,应当加以合理估计。税法更注重的是(　　)。

A. 重要性原则　　　　　　　　　B. 税收法定性原则

C. 谨慎性原则　　　　　　　　　D. 实际发生原则

【答案】　D

【解析】　《中华人民共和国企业所得税法》规定,企业实际发生的与取得收入有关的、合理的支出,包括成本、费用、税金、损失和其他支出,准予在计算应纳税所得额时扣除。

**168.** 下列各项内容中,不属于会计准则规定"收入"要素内容,但是属于税法"收入总额"的是(　　)。

A. 销售商品收入　　　　　　　　B. 提供劳务收入

C. 转让机器设备取得收入　　　　D. 出租房屋取得的收入

【答案】　C

【解析】　《中华人民共和国企业所得税法》规定,企业以货币形式和非货币形式从各种来源取得的收入,为收入总额,包括:(1)销售货物收入;(2)提供劳务收入;(3)转让财产收入;(4)股息、红利等权益性投资收益;(5)利息收入;(6)租金收入;(7)特许权使用费收入;(8)接受捐赠收入;(9)其他收入。

**169.** 下列各项中,按照权责发生制原则确认收入的业务是(　　)。

A. 分期收款销售货物　　　　　　B. 固定资产租金收入

C. 特许权使用费收入　　　　　　D. 销售残次商品收入

【答案】　D

【解析】 《国家税务总局关于确认企业所得税收入若干问题的通知》(国税函〔2008〕875号)规定,除《中华人民共和国企业所得税法》及实施条例另有规定外,企业销售收入的确认,必须遵循权责发生制原则和实质重于形式原则。企业销售商品同时满足下列条件的,应确认收入的实现:(1)商品销售合同已经签订,企业已将商品所有权相关的主要风险和报酬转移给购货方;(2)企业对已售出的商品既没有保留通常与所有权相联系的继续管理权,也没有实施有效控制;(3)收入的金额能够可靠地计量;(4)已发生或将发生的销售方的成本能够可靠地核算。

**170.** 下列各项中,规定公益性捐赠税前扣除资格的确认正确的是(    )。

  A. 由中央机构编制部门直接管理其机构编制的群众团体,向各地财政、税务局报送材料

  B. 由县级以上地方各级机构编制部门直接管理其机构编制的群众团体,向各地财政、税务局报送材料

  C. 对符合条件的公益性群众团体,按照管理权限,由财政、税务局分别审批并联合公布名单。企业和个人在名单所属年度内向名单内的群众团体进行的公益性捐赠支出,可以按规定进行税前扣除

  D. 以上说法都不对

【答案】 D

【解析】 根据《财政部 国家税务总局关于通过公益性群众团体的公益性捐赠税前扣除有关事项的公告》(财政部 国家税务总局公告2021年第20号)的规定,公益性捐赠税前扣除资格的确认按以下规定执行:(1)由中央机构编制部门直接管理其机构编制的群众团体,向财政部、税务总局报送材料;(2)由县级以上地方各级机构编制部门直接管理其机构编制的群众团体,向省、自治区、直辖市和计划单列市财政、税务部门报送材料;(3)对符合条件的公益性群众团体,按照上述管理权限,由财政部、税务总局和省、自治区、直辖市、计划单列市财政、税务部门分别联合公布名单。企业和个人在名单所属年度内向名单内的群众团体进行的公益性捐赠支出,可以按规定进行税前扣除。

**171.** 公益性群众团体公益性捐赠税前扣除资格的确认对象包括(    )。

  A. 公益性捐赠税前扣除资格将于当年到期的公益性群众团体

  B. 已被取消公益性捐赠税前扣除资格但未重新确认符合条件的群众团体

  C. 取得公益性捐赠税前扣除资格的群众团体

  D. 尚未取得或资格终止后未取得公益性捐赠税前扣除资格的群众团体

【答案】 D

【解析】 根据《财政部 国家税务总局关于通过公益性群众团体的公益性捐赠税前扣除有关事项的公告》(财政部 国家税务总局公告2021年第20号)的规定,公益性捐赠税前扣除资格的确认对象包括:(1)公益性捐赠税前扣除资格将于当年年末到期的公益性群众团体;(2)已被取消公益性捐赠税前扣除资格但又重新符合条件的群众团体;(3)尚未取得或资格终止后未取得公益性捐赠税前扣除资格的群众团体。

**172.** 除另有规定外,公益性群众团体在接受企业或个人捐赠时,按以下原则确认捐赠额

（　　）。

  A. 接受的非货币性资产捐赠，以实际收到的金额确认捐赠额

  B. 接受的非货币性资产捐赠，以其账面价值确认捐赠额

  C. 捐赠方在向公益性群众团体捐赠时，应当提供注明捐赠非货币性资产账面价值的证明

  D. 捐赠方在向公益性群众团体捐赠时，不能提供证明的，接受捐赠方不得向其开具捐赠票据

【答案】　D

【解析】　根据《财政部　国家税务总局关于通过公益性群众团体的公益性捐赠税前扣除有关事项的公告》（财政部　国家税务总局公告 2021 年第 20 号）第 13 条的规定，除另有规定外，公益性群众团体在接受企业或个人捐赠时，按以下原则确认捐赠额：（1）接受的货币性资产捐赠，以实际收到的金额确认捐赠额；（2）接受的非货币性资产捐赠，以其公允价值确认捐赠额。捐赠方在向公益性群众团体捐赠时，应当提供注明捐赠非货币性资产公允价值的证明；不能提供证明的，接受捐赠方不得向其开具捐赠票据。

**173.** A 为公益性群众团体，2021 年其公益性捐赠税前扣除资格将于 2021 年 12 月 15 日到期，2021 年 5 月向省、自治区、直辖市和计划单列市财政、税务部门报送材料，其公益性捐赠税前扣除资格自发布名单公告的（　　）起算。

  A. 2022 年 1 月 1 日　　　　　　　　B. 2022 年 5 月 1 日

  C. 2021 年 1 月 1 日　　　　　　　　D. 2021 年 5 月 1 日

【答案】　A

【解析】　根据《财政部　国家税务总局关于通过公益性群众团体的公益性捐赠税前扣除有关事项的公告》（财政部　国家税务总局公告 2021 年第 20 号）第 5 条第 4 项的规定，公益性捐赠税前扣除资格的确认对象包括：（1）公益性捐赠税前扣除资格将于当年年末到期的公益性群众团体；（2）已被取消公益性捐赠税前扣除资格但又重新符合条件的群众团体；（3）尚未取得或资格终止后未取得公益性捐赠税前扣除资格的群众团体。

财政部　国家税务总局公告 2021 年第 20 号第 7 条规定，公益性捐赠税前扣除资格在全国范围内有效，有效期为 3 年。本公告第 5 条第 4 项规定的第一种情形，其公益性捐赠税前扣除资格自发布名单公告的次年 1 月 1 日起算。本公告第 5 条第 4 项规定的第二种和第三种情形，其公益性捐赠税前扣除资格自发公告的当年 1 月 1 日起算。

**174.** A 为群众团体，其公益性捐赠税前扣除资格于 2019 年 5 月 15 日被取消资格，2021年 5 月该群众团体向省、自治区、直辖市和计划单列市财政、税务部门报送材料，若经审核符合其公益性捐赠税前扣除资格条件，其公益性捐赠税前扣除资格自发布名单公告的（　　）起算。

  A. 2022 年 1 月 1 日　　　　　　　　B. 2022 年 5 月 1 日

  C. 2021 年 1 月 1 日　　　　　　　　D. 2021 年 5 月 1 日

【答案】　C

【解析】　根据《财政部　国家税务总局关于通过公益性群众团体的公益性捐赠税前扣

除有关事项的公告》(财政部　国家税务总局公告 2021 年第 20 号)第 5 条第 4 项的规定,公益性捐赠税前扣除资格的确认对象包括:(1)公益性捐赠税前扣除资格将于当年年末到期的公益性群众团体;(2)已被取消公益性捐赠税前扣除资格但又重新符合条件的群众团体;(3)尚未取得或资格终止后未取得公益性捐赠税前扣除资格的群众团体。

财政部　税务总局公告 2021 年第 20 号第 7 条规定,公益性捐赠税前扣除资格在全国范围内有效,有效期为 3 年。本公告第 5 条第 4 项规定的第一种情形,其公益性捐赠税前扣除资格自发布名单公告的次年 1 月 1 日起算。本公告第 5 条第 4 项规定的第二种和第三种情形,其公益性捐赠税前扣除资格自发公告的当年 1 月 1 日起算。

**175.** 下列关于企业在非货币性资产捐赠过程中发生的运费、保险费、人工费用等相关支出的说法中,正确的是(　　)。

  A. 凡纳入国家机关、公益性社会组织开具的公益捐赠票据记载的数额中的,作为公益性捐赠支出按照规定在税前扣除

  B. 凡纳入国家机关、公益性社会组织开具的公益捐赠票据记载的数额中的,不能作为公益性捐赠支出按照规定在税前扣除

  C. 非货币性资产捐赠过程中发生的相关费用未纳入公益性捐赠票据记载的数额中的,不得税前扣除

  D. 非货币性资产捐赠过程中发生的相关费用未纳入公益性捐赠票据记载的数额中的,可以按非货币资产与发生运费等比例合理分摊在税前扣除

【答案】　A

【解析】　《国家税务总局关于企业所得税若干政策征管口径问题的公告》(国家税务总局公告 2021 年第 17 号)规定,企业在非货币性资产捐赠过程中发生的运费、保险费、人工费用等相关支出,凡纳入国家机关、公益性社会组织开具的公益捐赠票据记载的数额中的,作为公益性捐赠支出按照规定在税前扣除;上述费用未纳入公益性捐赠票据记载的数额中的,作为企业相关费用按照规定在税前扣除。

**176.** 可转换债券是指持券人在持有债券一定时间后,可以按照发行时的约定时间、约定价格将债券转换成公司普通股。下列说法正确是(　　)。

  A. 对于债券购买人(持券人)而言,如未行使转股权,该可转换债券即为普通债权,持券人将购买支出计入债券的计税成本,不应确认收入

  B. 持券人将可转换债券转为股票时,除将债券本身转为股票外,还将本年应收未收利息一并转为股票,不应确认收入

  C. 购买方企业将可转换债券转股后,该债券原购买价款、应收未收利息、相关税费均可计入所转股票的计税成本

  D. 对于可转换债券的购买方企业而言,发行可转换债券支付的利息,是其一项正常融资成本,允许税前扣除。对于发行方企业将应收未收利息一并转换股票的,发行人应付未付利息支出,不得税前扣除

【答案】　C

【解析】　《国家税务总局关于企业所得税若干政策征管口径问题的公告》(国家税务总

局公告 2021 年第 17 号)规定,购买方企业可转换债券转换为股票时,将应收未收利息一并转为股票的,该应收未收利息即使会计上未确认收入,税收上也应当作为当期利息收入申报纳税;转换后以该债券购买价、应收未收利息和支付的相关税费为该股票投资成本。

**177.** 下列关于核定征收说法中,正确的是(　　)。

A. 企业所得税核定征收改为查账征收后,企业能够提供资产购置发票的,以发票载明金额为计税基础;不能提供资产购置发票的,可以凭购置资产的合同(协议)、资金支付证明、会计核算资料等记载金额,作为计税基础

B. 企业所得税核定征收改为查账征收后,企业核定征税期间投入使用的资产,按照税法规定的折旧、摊销年限,可税前扣除

C. 税务机关应在每年 5 月底前对上年度实行核定征企业所得税的纳税人进行重新核定。重新鉴定工作完成前,纳税人可暂按上年度的核定征收方式预缴企业所得税;重新鉴定工作完成后,按重新鉴定的结果进行调整

D. 纳税人的生产经营范围发生重大变化,或者应纳税所得额增减化同上年相比变化率达到 20% 的,应及时向税务机关申报调整已确定的应纳税额或应税所得率

【答案】　A

【解析】　《国家税务总局关于企业所得税若干政策征管口径问题的公告》(国家税务总局公告 2021 年第 17 号)规定,企业能够提供资产购置发票的,以发票载明金额为计税基础;不能提供资产购置发票的,可以凭购置资产的合同(协议)、资金支付证明、会计核算资料等记载金额,作为计税基础;企业核定征税期间投入使用的资产,改为查账征税后,按照税法规定的折旧、摊销年限,扣除该资产投入使用年限后,就剩余年限继续计提折旧、摊销额并在税前扣除。

# 二、多选题

**1.** 企业所得税税前扣除基本原则包括(　　)。

A. 相关性原则　　B. 真实性原则　　C. 重要性原则　　D. 合理性原则

E. 谨慎性原则

【答案】　ABD

【解析】　本题主要考查企业所得税的税前扣除原则。选项 ABD,属于企业所得税税前扣除基本原则。

**2.** 非居民企业,是指依照外国(地区)法律成立且实际管理机构不在中国境内,但在中国境内设立机构、场所的,或者在中国境内未设立机构、场所,但有来源于中国境内所得的企业。机构、场所,是指在中国境内从事生产经营活动的机构、场所,包括(　　)。

A. 管理机构　　B. 经营场所　　C. 生产场地　　D. 销售机构

【答案】　ABCD

【解析】　《中华人民共和国企业所得税法实施条例》第 5 条规定,《中华人民共和国企业所得税法》第 2 条第 3 款所称机构、场所,是指在中国境内从事生产经营活动的机构、场所,

包括：(1)管理机构、营业机构、办事机构；(2)工厂、农场、开采自然资源的场所；(3)提供劳务的场所；(4)从事建筑、安装、装配、修理、勘探等工程作业的场所；(5)其他从事生产经营活动的机构、场所。

非居民企业委托营业代理人在中国境内从事生产经营活动的，包括委托单位或者个人经常代其签订合同，或者储存、交付货物等，该营业代理人视为非居民企业在中国境内设立的机构、场所。

**3.** 境外中资企业同时符合条件的，可以判定其为实际管理机构在中国境内的居民企业，并实施相应的税收管理，就其来源于中国境内、境外的所得征收企业所得税。上述所称符合的条件包括(　　)。

A. 企业负责实施日常生产经营管理运作的高层管理人员及其高层管理部门履行职责的场所主要位于中国境内

B. 企业的财务决策和人事决策应由位于中国境外的机构或人员决定，或需要得到位于中国境外的机构或人员批准

C. 企业的主要财产、会计账簿、公司印章、董事会和股东会议纪要档案等位于或存放于经营场所

D. 企业1/2(含1/2)以上有投票权的董事或高层管理人员经常居住于中国境内

【答案】　AD

【解析】　《国家税务总局关于境外注册中资控股企业依据实际管理机构标准认定为居民企业有关问题的通知》(国税发〔2009〕82号)规定，境外中资企业同时符合以下条件的，根据《中华人民共和国企业所得税法》第2条第2款和《中华人民共和国企业所得税法实施条例》第4条的规定，应判定其为实际管理机构在中国境内的居民企业(以下称非境内注册居民企业)，并实施相应的税收管理，就其来源于中国境内、境外的所得征收企业所得税。(1)企业负责实施日常生产经营管理运作的高层管理人员及其高层管理部门履行职责的场所主要位于中国境内；(2)企业的财务决策(如借款、放款、融资、财务风险管理等)和人事决策(如任命、解聘和薪酬等)由位于中国境内的机构或人员决定，或需要得到位于中国境内的机构或人员批准；(3)企业的主要财产、会计账簿、公司印章、董事会和股东会议纪要档案等位于或存放于中国境内；(4)企业1/2(含1/2)以上有投票权的董事或高层管理人员经常居住于中国境内。

**4.** 非居民企业取得在中国境内未设立机构、场所的，或者虽设立机构、场所但取得的所得与其所设机构、场所没有实际联系的，应当就其来源于中国境内的所得缴纳企业所得税，实行源泉扣缴，税款由扣缴义务人在每次支付或者到期应支付时，从支付或者到期应支付的款项中扣缴。对非居民企业在中国境内取得工程作业和劳务所得应缴纳的所得税，税务机关可以指定工程价款或者劳务费的支付人为扣缴义务人。县级以上税务机关可以指定扣缴义务人的情形有(　　)。

A. 预计工程作业或者提供劳务期限不足一个纳税年度，且有证据表明不履行纳税义务的

B. 没有办理税务登记或者临时税务登记，且未委托中国境内的代理人履行纳税义

务的

C. 未按照规定期限办理企业所得税纳税申报或者预缴申报的

D. 实行核定征收的企业

【答案】　ABC

【解析】　《中华人民共和国企业所得税法实施条例》第 106 条规定,可以指定扣缴义务人的情形,包括:(1)预计工程作业或者提供劳务期限不足一个纳税年度,且有证据表明不履行纳税义务的;(2)没有办理税务登记或者临时税务登记,且未委托中国境内的代理人履行纳税义务的;(3)未按照规定期限办理企业所得税纳税申报或者预缴申报的。前款规定的扣缴义务人,由县级以上税务机关指定,并同时告知扣缴义务人所扣税款的计算依据、计算方法、扣缴期限和扣缴方式。

**5.** 非居民企业从事国际运输业务符合企业所得税法指定扣缴情形的,支付人所在地主管税务机关应按照规定的程序,指定支付人为扣缴义务人。支付人包括(　　　)。

A. 向非居民企业或其境内子公司、分公司或代表机构,或者有权代表非居民企业收取款项的境内外代理人支付款项的单位

B. 向非居民企业或其境内子公司、分公司或代表机构,或者有权代表非居民企业收取款项的境内外代理人支付款项的个人

C. 通过其境外关联方或有特殊利益联系的第三方支付款项的单位或个人

D. 其他符合企业所得税法规定的单位或个人

【答案】　ABCD

【解析】　《国家税务总局关于发布〈非居民企业从事国际运输业务税收管理暂行办法〉的公告》(国家税务总局公告 2014 年第 37 号)第 9 条规定:(1)向非居民企业或其境内子公司、分公司或代表机构,或者有权代表非居民企业收取款项的境内外代理人支付款项的单位或个人;(2)通过其境外关联方或有特殊利益联系的第三方支付款项的单位或个人;(3)其他符合企业所得税法规定的单位或个人。

**6.** 非居民企业征税范围有(　　　)。

A. 来源于我国境内的所得

B. 发生在我国境外但与其所设机构、场所有实际联系的所得

C. 发生在我国境外但与其所设机构、场所没有实际联系的所得

D. 发生在我国境内与其所设机构、场所有实际联系的所得

【答案】　ABD

【解析】　根据《中华人民共和国企业所得税法》的规定,非居民纳税人在我国境内有机构或者场所的征税范围:(1)来源于我国境内的所得;(2)发生在我国境外但与其所设机构、场所有实际联系的所得。非居民企业在中国境内设立机构、场所的,应当就其所设机构、场所取得的来源于中国境内的所得,以及发生在中国境外但与其所设机构、场所有实际联系的所得,缴纳企业所得税。

**7.** 《企业所得税税前扣除凭证管理办法》税前扣除凭证在管理中应当遵循的原则是(　　　)。

A. 真实性　　　　B. 合法性　　　　C. 关联性　　　　D. 合理性

【答案】　ABC

【解析】《企业所得税税前扣除凭证管理办法》第 4 条规定,税前扣除凭证在管理中遵循真实性、合法性、关联性原则。真实性是指税前扣除凭证反映的经济业务真实,且支出已经实际发生;合法性是指税前扣除凭证的形式、来源符合国家法律、法规等相关规定;关联性是指税前扣除凭证与其反映的支出相关联且有证明力。

**8.** 企业在补开、换开发票、其他外部凭证过程中,因对方注销、撤销、依法被吊销营业执照、被税务机关认定为非正常户等特殊原因无法补开、换开发票、其他外部凭证的,可凭以下资料证实支出真实性后,其支出允许税前扣除,下列为必备资料的是(　　　)。

  A. 无法补开、换开发票、其他外部凭证原因的证明资料(包括工商注销、机构撤销、列入非正常经营户、破产公告等证明资料)

  B. 货物运输的证明资料

  C. 相关业务活动的合同或者协议

  D. 采用非现金方式支付的付款凭证

  E. 货物入库、出库内部凭证

【答案】　ACD

【解析】《企业所得税税前扣除凭证管理办法》第十四条规定,企业在补开、换开发票、其他外部凭证过程中,因对方注销、撤销、依法被吊销营业执照、被税务机关认定为非正常户等特殊原因无法补开、换开发票、其他外部凭证的,可凭以下资料证实支出真实性后,其支出允许税前扣除:(1)无法补开、换开发票、其他外部凭证原因的证明资料(包括工商注销、机构撤销、列入非正常经营户、破产公告等证明资料);(2)相关业务活动的合同或者协议;(3)采用非现金方式支付的付款凭证;(4)货物运输的证明资料;(5)货物入库、出库内部凭证;(6)企业会计核算记录以及其他资料。前款第(1)项至第(3)项为必备资料。

**9.** 从 2021 年 1 月 1 日至 2022 年 12 月 31 日,小型微利企业年应纳税所得额不超过 100 万元的部分,减按 25% 计入应纳税所得额,按 20% 的税率缴纳企业所得税再减半征收企业所得税;对年应纳税所得额超过 100 万元但不超过 300 万元的部分,减按 50% 计入应纳税所得额,按 20% 的税率缴纳企业所得税。除从事国家非限制和禁止行业外,还应符合的条件是(　　　)。

  A. 工业企业,年度应纳税所得额不超过 100 万元,从业人数不超过 100 人,资产总额不超过 3 000 万元

  B. 其他企业,年度应纳税所得额不超过 100 万元,从业人数不超过 80 人,资产总额不超过 1 000 万元

  C. 工业企业,年度应纳税所得额不超过 300 万元,从业人数不超过 300 人,资产总额不超过 5 000 万元

  D. 其他企业,年度应纳税所得额不超过 300 万元,从业人数不超过 300 人,资产总额不超过 5 000 万元

【答案】　CD

【解析】 根据《财政部 国家税务总局关于实施小微企业普惠性税收减免政策的通知》（财税〔2019〕13号）规定,对小型微利企业年应纳税所得额不超过100万元的部分,减按25％计入应纳税所得额,按20％的税率缴纳企业所得税;对年应纳税所得额超过100万元但不超过300万元的部分,减按50％计入应纳税所得额,按20％的税率缴纳企业所得税。上述小型微利企业是指从事国家非限制和禁止行业,且同时符合年度应纳税所得额不超过300万元、从业人数不超过300人、资产总额不超过5 000万元等三个条件的企业。

《财政部 国家税务总局关于实施小微企业和个体工商户所得税优惠政策的公告》（财政部 国家税务总局公告2021年第12号）规定,对小型微利企业年应纳税所得额不超过100万元的部分,在《财政部 税务总局关于实施小微企业普惠性税收减免政策的通知》（财税〔2019〕13号）第2条规定的优惠政策基础上,再减半征收企业所得税。

**10.** 关于2018年1月1日至2023年12月31日新购进的设备、器具,单位价值不超过500万元的,下列说法正确的有（    ）。

  A. 企业在2018年1月1日至2023年12月31日新购进的设备、器具,单位价值不超过500万元的,允许一次性计入当期成本费用在计算应纳税所得额时扣除,不再分年度计算折旧

  B. 企业根据自身生产经营核算需要,可自行选择享受一次性税前扣除政策。未选择享受一次性税前扣除政策的,以后年度可根据实际情况进行变更

  C. 所称设备、器具,是指除房屋、建筑物以外的固定资产

  D. 所称购进,包括以货币形式购进或自行建造,其中以货币形式购进的固定资产包括购进的使用过的固定资产;以货币形式购进的固定资产,以购买价款和支付的相关税费以及直接归属于使该资产达到预定用途发生的其他支出确定单位价值,自行建造的固定资产,达到完工条件时发生的支出确定单位价值

  E. 企业会计处理上应采取一次性税前扣除方法,企业享受一次性税前扣除政策,会计上也同时应采取与税收上相同的折旧方法

【答案】 AC

【解析】 根据《国家税务总局关于设备、器具扣除有关企业所得税政策执行问题的公告》（国家税务总局公告2018年第46号）和《财政部 税务总局关于延长部分税收优惠政策执行期限的公告》（财政部 税务总局公告2021年第6号）的规定,企业在2018年1月1日至2023年12月31日新购进的设备、器具,单位价值不超过500万元的,允许一次性计入当期成本费用在计算应纳税所得额时扣除,不再分年度计算折旧。所称设备、器具,是指除房屋、建筑物以外的固定资产;所称购进,包括以货币形式购进或自行建造,其中以货币形式购进的固定资产包括购进的使用过的固定资产;以货币形式购进的固定资产,以购买价款和支付的相关税费以及直接归属于使该资产达到预定用途发生的其他支出确定单位价值,自行建造的固定资产,以竣工结算前发生的支出确定单位价值。

**11.** 自2018年1月1日起,境外投资者暂不征收预提所得税须满足的条件有（    ）。

  A. 境外投资者以分得利润进行的直接投资,包括境外投资者以分得利润进行的增资、新建、股权收购等权益性投资行为,但不包括新增、转增、收购上市公司股份

（符合条件的战略投资除外）

  B. 境外投资者分得的利润属于中国境内居民企业向投资者实际分配已经实现的留存收益而形成的股息、红利等权益性投资收益

  C. 境外投资者用于直接投资的利润以现金形式支付的,相关款项从利润分配企业的账户直接转入被投资企业或股权转让方账户,在直接投资前不得在境内外其他账户周转;境外投资者用于直接投资的利润以实物、有价证券等非现金形式支付的,相关资产所有权直接从利润分配企业转入被投资企业或股权转让方,在直接投资前不得由其他企业、个人代为持有或临时持有

  D. 境外投资者以分得利润进行的直接投资,包括境外投资者以分得利润进行的增资、新建、股权收购等权益性投资行为,含新增、转增、收购上市公司股份

【答案】 ABC

【解析】 《财政部 国家发展和改革委员会 国家税务总局 商务部关于扩大境外投资者以分配利润直接投资暂不征收预提所得税政策适用范围的通知》(财税〔2018〕102 号)规定,自 2018 年 1 月 1 日起境外投资者暂不征收预提所得税须同时满足以下条件:(1)境外投资者以分得利润进行的直接投资,包括境外投资者以分得利润进行的增资、新建、股权收购等权益性投资行为,但不包括新增、转增、收购上市公司股份(符合条件的战略投资除外)。具体是指:①新增或转增中国境内居民企业实收资本或者资本公积;②在中国境内投资新建居民企业;③从非关联方收购中国境内居民企业股权;④财政部、国家税务总局规定的其他方式。境外投资者采取上述投资行为所投资的企业统称为被投资企业。(2)境外投资者分得的利润属于中国境内居民企业向投资者实际分配已经实现的留存收益而形成的股息、红利等权益性投资收益。(3)境外投资者用于直接投资的利润以现金形式支付的,相关款项从利润分配企业的账户直接转入被投资企业或股权转让方账户,在直接投资前不得在境内外其他账户周转;境外投资者用于直接投资的利润以实物、有价证券等非现金形式支付的,相关资产所有权直接从利润分配企业转入被投资企业或股权转让方,在直接投资前不得由其他企业、个人代为持有或临时持有。

  **12.** 下列项目在计算应纳税所得额时,减按 90% 计入收入总额的有(   )。

  A. 高新技术企业收入

  B. 提供社区养老、托育、家政服务取得的收入

  C. 金融机构农户小额贷款的利息收入

  D. 工矿废水、城市污水为原料生产再生水

【答案】 BCD

【解析】 《关于养老、托育、家政等社区家庭服务业税费优惠政策的公告》(财政部 税务总局公告 2019 年第 76 号)规定,提供社区养老、托育、家政服务取得的收入,在计算应纳税所得额时,减按 90% 计入收入总额。

  《中华人民共和国企业所得税法》第 33 条规定,企业综合利用资源,生产符合国家产业政策规定的产品所取得的收入,可以在计算应纳税所得额时减计收入。

  《中华人民共和国企业所得税法实施条例》第 99 条规定,《中华人民共和国企业所得税

法》第 33 条所称减计收入,是指企业以《资源综合利用企业所得税优惠目录》规定的资源作为主要原材料,生产国家非限制和禁止并符合国家和行业相关标准的产品取得的收入,减按 90% 计入收入总额。前款所称原材料占生产产品材料的比例不得低于《资源综合利用企业所得税优惠目录》规定的标准。

工矿废水、城市污水为原料生产再生水属《资源综合利用企业所得税优惠目录》范围。

根据《财政部　国家税务总局关于延续支持农村金融发展有关税收政策》(财税〔2017〕44 号)规定:"二、自 2017 年 1 月 1 日至 2019 年 12 月 31 日,对金融机构农户小额贷款的利息收入,在计算应纳税所得额时,按 90% 计入收入总额。"

《财政部　国家税务总局关于延续实施普惠金融有关税收优惠政策公告》(财政部　国家税务总局公告 2020 年第 22 号)将财税〔2017〕44 号规定延长至 2023 年 12 月 31 日。

**13.** 企业发行符合规定条件的永续债,可以按照债券利息适用企业所得税政策,下列属于规定条件之一的有(　　)。

A. 被投资企业对该项投资具有还本义务

B. 有明确约定的利率和付息频率

C. 投资方对被投资企业净资产拥有所有权

D. 投资方不参与被投资企业日常生产经营活动

E. 被投资企业将该项投资计入负债

【答案】　ABDE

【解析】　《财政部　国家税务总局关于永续债企业所得税政策问题的公告》(财政部　税务总局公告 2019 年第 64 号)规定,企业发行符合规定条件的永续债,也可以按照债券利息适用企业所得税政策,即发行方支付的永续债利息支出准予在其企业所得税税前扣除;投资方取得的永续债利息收入应当依法纳税。这里所称符合规定条件的永续债,是指符合下列条件中 5 条(含)以上的永续债:(1)被投资企业对该项投资具有还本义务;(2)有明确约定的利率和付息频率;(3)有一定的投资期限;(4)投资方对被投资企业净资产不拥有所有权;(5)投资方不参与被投资企业日常生产经营活动;(6)被投资企业可以赎回,或满足特定条件后可以赎回;(7)被投资企业将该项投资计入负债;(8)该项投资不承担被投资企业股东同等的经营风险;(9)该项投资的清偿顺序位于被投资企业股东持有的股份之前。

**14.** 对符合条件的从事污染防治的第三方企业(以下称第三方防治企业)减按 15% 的税率征收企业所得税。不属于符合第三方防治企业条件的有(　　)。

A. 在中国境内(含港、澳、台地区)依法注册的居民企业

B. 具有 3 年以上连续从事环境污染治理设施运营实践,且能够保证设施正常运行

C. 具有至少 3 名从事本领域工作且具有环保相关专业中级及以上技术职称的技术人员,或者至少 2 名从事本领域工作且具有环保相关专业高级及以上技术职称的技术人员

D. 从事环境保护设施运营服务的年度营业收入占总收入的比例不低于 80%

E. 具备检验能力,拥有自有实验室,仪器配置可满足运行服务范围内常规污染物指标的检测需求

【答案】 ABCD

【解析】《关于从事污染防治的第三方企业所得税政策问题的公告》(财政部 国家税务总局 国家发展改革委 生态环境部公告2019年第60号)规定,第三方防治企业应当同时符合以下条件:(1)在中国境内(不包括港、澳、台地区)依法注册的居民企业;(2)具有1年以上连续从事环境污染治理设施运营实践,且能够保证设施正常运行;(3)具有至少5名从事本领域工作且具有环保相关专业中级及以上技术职称的技术人员,或者至少2名从事本领域工作且具有环保相关专业高级及以上技术职称的技术人员;(4)从事环境保护设施运营服务的年度营业收入占总收入的比例不低于60%;(5)具备检验能力,拥有自有实验室,仪器配置可满足运行服务范围内常规污染物指标的检测需求;(6)保证其运营的环境保护设施正常运行,使污染物排放指标能够连续稳定达到国家或者地方规定的排放标准要求;(7)具有良好的纳税信用,近3年内纳税信用等级未被评定为C级或D级。

**15.** 创新企业境内发行存托凭证(以下称创新企业CDR)试点阶段涉及的有关税收政策下列说法正确的有( )。

    A. 对企业投资者转让创新企业CDR取得的差价所得和持有创新企业CDR取得的股息红利所得,按转让股票差价所得和持有股票的股息红利所得政策规定征免企业所得税

    B. 对企业投资者转让创新企业CDR取得的差价所得和持有创新企业CDR取得的股息红利所得,按转让股票差价所得和持有股票的股息红利所得政策规定不征收企业所得税

    C. 对公募证券投资基金(封闭式证券投资基金、开放式证券投资基金)转让创新企业CDR取得的差价所得和持有创新企业CDR取得的股息红利所得,按公募证券投资基金税收政策规定征收企业所得税

    D. 对合格境外机构投资者(QFII)、人民币合格境外机构投资者(RQFII)转让创新企业CDR取得的差价所得和持有创新企业CDR取得的股息红利所得,视同转让或持有据以发行创新企业CDR的基础股票取得的权益性资产转让所得和股息红利所得征免企业所得税

【答案】 AD

【解析】《关于创新企业境内发行存托凭证试点阶段有关税收政策的公告》(财政部 税务总局 证监会公告2019年第52号)规定:(1)对企业投资者转让创新企业CDR取得的差价所得和持有创新企业CDR取得的股息红利所得,按转让股票差价所得和持有股票的股息红利所得政策规定征免企业所得税。(2)对公募证券投资基金(封闭式证券投资基金、开放式证券投资基金)转让创新企业CDR取得的差价所得和持有创新企业CDR取得的股息红利所得,按公募证券投资基金税收政策规定暂不征收企业所得税。(3)对合格境外机构投资者(QFII)、人民币合格境外机构投资者(RQFII)转让创新企业CDR取得的差价所得和持有创新企业CDR取得的股息红利所得,视同转让或持有据以发行创新企业CDR的基础股票取得的权益性资产转让所得和股息红利所得征免企业所得税。

**16.** 下列关于小微企业说法中,正确的有( )。

A. 自 2018 年 1 月 1 日至 2023 年 12 月 31 日,将小型微利企业的年应纳税所得额上限由 50 万元提高至 100 万元,对年应纳税所得额低于 100 万元(含 100 万元)的小型微利企业,其所得减按 50％计入应纳税所得额,按 20％的税率缴纳企业所得税。小型微利企业无论按查账征收方式或核定征收方式缴纳企业所得税,均可享受上述优惠政策

B. 小型微利企业所得税统一实行按季度预缴。按月度预缴企业所得税的企业,在当年度 4 月、7 月、10 月预缴申报时,如果按规定判断符合小型微利企业条件的,下一个预缴申报期起调整为按季度预缴申报,一经调整,当年度内不再变更

C. 小型微利企业在预缴和汇算清缴企业所得税时,通过填写纳税申报表相关内容,即可享受小型微利企业所得税减免政策。小微企业享受税收优惠的具有其特殊性,相关资料无需留存备查

D. 实行核定应纳所得税额征收的企业,根据小型微利企业所得税减免政策规定需要调减定额的,由主管税务机关按照程序调整,并及时将调整情况告知企业

【答案】　BD

【解析】《关于实施小型微利企业普惠性所得税减免政策有关问题的公告》(国家税务总局公告 2019 年第 2 号)规定,自 2019 年 1 月 1 日至 2021 年 12 月 31 日,对小型微利企业年应纳税所得额不超过 100 万元的部分,减按 25％计入应纳税所得额,按 20％的税率缴纳企业所得税;对年应纳税所得额超过 100 万元但不超过 300 万元的部分,减按 50％计入应纳税所得额,按 20％的税率缴纳企业所得税。

根据《国家税务总局关于落实支持小型微利企业和个体工商户发展所得税优惠政策有关事项的公告》(国家税务总局公告 2021 年第 8 号)第 1 条的规定,自 2021 年 1 月 1 日至 2022 年 12 月 31 日,对小型微利企业年应纳税所得额不超过 100 万元的部分,减按 12.5％计入应纳税所得额,按 20％的税率缴纳企业所得税。

《关于实施小型微利企业普惠性所得税减免政策有关问题的公告》(国家税务总局公告 2019 年第 2 号)规定,小型微利企业无论按查账征收方式或核定征收方式缴纳企业所得税,均可享受上述优惠政策。按月度预缴企业所得税的企业,在当年度 4 月、7 月、10 月预缴申报时,如果按照本公告第 3 条规定判断符合小型微利企业条件的,下一个预缴申报期起调整为按季度预缴申报,一经调整,当年度内不再变更。小型微利企业在预缴和汇算清缴企业所得税时,通过填写纳税申报表相关内容,即可享受小型微利企业所得税减免政策。

《财政部　国家税务总局关于实施小微企业和个体工商户所得税优惠政策的公告》(财政部　国家税务总局公告 2021 第 12 号)规定,对小型微利企业年应纳税所得额不超过 100 万元的部分,减按 25％计入应纳税所得额,按 20％的税率缴纳企业所得税;对年应纳税所得额超过 100 万元但不超过 300 万元的部分,减按 50％计入应纳税所得额,按 20％的税率缴纳企业所得税。在此基础上,再减半征收企业所得税。

《国家税务总局关于发布修订后的〈企业所得税优惠政策事项办理办法〉的公告》(国家税务总局公告 2018 年第 23 号)规定,企业享受优惠事项采取"自行判别、申报享受、相关资料留存备查"的办理方式。企业应当根据经营情况以及相关税收规定自行判断是否符合优

惠事项规定的条件,符合条件的可以按照《企业所得税优惠事项管理目录(2017年版)》列示的时间自行计算减免税额,并通过填报企业所得税纳税申报表享受税收优惠。同时,按照本办法的规定归集和留存相关资料备查。企业享受优惠事项的,应当在完成年度汇算清缴后,将留存备查资料归集齐全并整理完成,以备税务机关核查。

**17.** 准予税前提取贷款损失准备金的贷款资产范围包括(　　)。

A. 贷款(含抵押、质押、保证、信用等贷款)

B. 银行卡透支、贴现、信用垫款(含银行承兑汇票垫款、信用证垫款、担保垫款等)、进出口押汇、同业拆出、应收融资租赁款等具有贷款特征的风险资产

C. 由金融企业转贷并承担对外还款责任的国外贷款,包括国际金融组织贷款、外国买方信贷、外国政府贷款、日本国际协力银行不附条件贷款和外国政府混合贷款等资产

D. 金融企业的委托贷款、代理贷款、国债投资、应收股利、上交央行准备金以及金融企业剥离的债权和股权、应收财政贴息、央行款项等

【答案】 ABC

【解析】《财政部　国家税务总局关于金融企业贷款损失准备金企业所得税税前扣除有关政策的公告》(财政部　国家税务总局公告2019年第86号)规定,准予税前提取贷款损失准备金的贷款资产范围包括:(1)贷款(含抵押、质押、保证、信用等贷款);(2)银行卡透支、贴现、信用垫款(含银行承兑汇票垫款、信用证垫款、担保垫款等)、进出口押汇、同业拆出、应收融资租赁款等具有贷款特征的风险资产;(3)由金融企业转贷并承担对外还款责任的国外贷款,包括国际金融组织贷款、外国买方信贷、外国政府贷款、日本国际协力银行不附条件贷款和外国政府混合贷款等资产。

**18.** 金融企业根据《贷款风险分类指引》(银监发〔2007〕54号),对其涉农贷款和中小企业贷款进行风险分类后,按照以下比例计提的贷款损失准备金,准予在计算应纳税所得额时扣除(　　)。

A. 关注类贷款,计提比例为1%　　B. 次级类贷款,计提比例为30%

C. 可疑类贷款,计提比例为50%　　D. 损失类贷款,计提比例为100%

【答案】 CD

【解析】《关于金融企业涉农贷款和中小企业贷款损失准备金税前扣除有关政策的公告》(财政部　税务总局公告2019年第85号)规定,金融企业根据《贷款风险分类指引》(银监发〔2007〕54号),对其涉农贷款和中小企业贷款进行风险分类后,按照以下比例计提的贷款损失准备金,准予在计算应纳税所得额时扣除:(1)关注类贷款,计提比例为2%;(2)次级类贷款,计提比例为25%;(3)可疑类贷款,计提比例为50%;(4)损失类贷款,计提比例为100%。

**19.** 来源于中国境内、境外的所得,按照以下原则确定的有(　　)。

A. 销售货物所得,按照交易活动发生地确定

B. 提供劳务所得,按照劳务发生地确定

C. 转让财产所得,不动产转让所得按照不动产所在地确定,动产转让所得按照转让

动产的企业或者机构、场所所在地确定,权益性投资资产转让所得按照投资企业所在地确定

D. 股息、红利等权益性投资所得,按照分配所得的企业所在地确定

E. 利息所得、租金所得、特许权使用费所得,按照取得所得的企业或者机构、场所所在地确定,或者按照取得所得的个人的住所地确定

【答案】　ABD

【解析】　根据《中华人民共和国企业所得税法实施条例》第 7 条的规定,来源于中国境内、境外的所得,按照以下原则确定:(1)销售货物所得,按照交易活动发生地确定;(2)提供劳务所得,按照劳务发生地确定;(3)转让财产所得,不动产转让所得按照不动产所在地确定,动产转让所得按照转让动产的企业或者机构、场所所在地确定,权益性投资资产转让所得按照被投资企业所在地确定;(4)股息、红利等权益性投资所得,按照分配所得的企业所在地确定;(5)利息所得、租金所得、特许权使用费所得,按照负担、支付所得的企业或者机构、场所所在地确定,或者按照负担、支付所得的个人的住所地确定;(6)其他所得,由国务院财政、税务主管部门确定。

**20.** 下列表述中,正确的有(　　　)。

A. 自 2008 年 1 月 1 日起,对社保基金投资管理人、社保基金托管人从事社保基金管理活动取得的收入,依照税法的规定征收企业所得税

B. 自 2016 年 12 月 5 日起,对内地企业投资者通过深港通投资香港联交所上市股票取得的转让所得和对内地企业投资者通过深港通投资香港联交所上市股票取得的股息红利所得,计入其收入总额,依法征收企业所得税

C. 对内地企业投资者通过基金互认买卖香港基金份额取得的转让收入和对内地企业投资者通过基金互认从香港基金分配取得的收益,计入其收入总额,依法征收企业所得税

D. 对养老基金投资管理机构、养老基金托管机构从事养老基金管理活动取得的收入,依照税法规定征收企业所得税

【答案】　ABD

【解析】《财政部　国家税务总局关于全国社会保障基金有关企业所得税问题的通知》(财税〔2008〕136 号)规定,自 2008 年 1 月 1 日起,对社保基金投资管理人、社保基金托管人从事社保基金管理活动取得的收入,依照税法的规定征收企业所得税。

《财政部　国家税务总局　证监会关于深港股票市场交易互联互通机制试点有关税收政策的通知》(财税〔2016〕127 号)规定,自 2016 年 12 月 5 日起,对内地企业投资者通过深港通投资香港联交所上市股票取得的转让差价所得和对内地企业投资者通过深港通投资香港联交所上市股票取得的股息红利所得,计入其收入总额,依法征收企业所得税。

《财政部　国家税务总局关于基本养老保险基金有关投资业务税收政策的通知》(财税〔2018〕95 号)规定,对养老基金投资管理机构、养老基金托管机构从事养老基金管理活动取得的收入,依照税法规定征收企业所得税。

《财政部　国家税务总局　证监会关于内地与香港基金互认有关税收政策的通知》(财税

〔2015〕125号)规定,对内地企业投资者通过基金互认买卖香港基金份额取得的转让差价所得,计入其收入总额,依法征收企业所得税。对内地企业投资者通过基金互认从香港基金分配取得的收益,计入其收入总额,依法征收企业所得税。

**21.** 企业所得税纳税人适用税率,下列说法正确的有( )。

A. 在我国取得的所得与其设置机构、场所有实际联系的,适用税率25%

B. 非居民在我国境内取得的所得与其设置机构、场所没有实际联系的,适用税率25%

C. 取得的境外所得与其设置机构、场所有实际联系的,适用税率25%

D. 认定为高新技术企业适用税率为15%

E. 符合条件的小型微利企业,减按10%的税率征收企业所得税

**【答案】** ACD

**【解析】** 在我国境内设置机构、场所的纳税人以及在我国取得的所得与其设置机构、场所有实际联系的,适用税率25%;取得的境外所得与其设置机构、场所有实际联系的,同样适用税率25%。高新技术企业可适用15%的优惠税率,符合条件的小型微利企业,减按20%的税率征收企业所得税,为扶持小型微利企业的发展国家先后出台多项政策降低税率进行征收。

**22.** 下列关于软件企业和集成电路企业的说法中,正确的有( )。

A. 国家鼓励的集成电路线宽小于28纳米(含),且经营期在15年以上的集成电路生产企业或项目,第1年至第10年免征企业所得税

B. 国家鼓励的集成电路线宽小于65纳米(含),且经营期在15年以上的集成电路生产企业或项目,第1年至第5年免征企业所得税,第6年至第10年按照25%的法定税率减半征收企业所得税

C. 国家鼓励的集成电路线宽小于130纳米(含),且经营期在10年以上的集成电路生产企业或项目,第1年至第2年免征企业所得税,第3年至第5年按照25%的法定税率减半征收企业所得税

D. 国家鼓励的集成电路设计、装备、材料、封装、测试企业和软件企业,自获利年度起,第1年至第2年免征企业所得税,第3年至第5年按照25%的法定税率减半征收企业所得税

E. 国家规划布局内的重点软件企业和集成电路设计企业,如当年未享受免税优惠的,可减按10%的税率征收企业所得税

**【答案】** ABCD

**【解析】** 《关于促进集成电路产业和软件产业高质量发展企业所得税政策的公告》(财政部 国家税务总局 发展改革委 工业和信息化部公告2020年第45号)规定,国家鼓励的重点集成电路设计企业和软件企业,自获利年度起,第1年至第5年免征企业所得税,接续年度减按10%的税率征收企业所得税。

**23.** 下列可免税的有( )。

A. 外国政府向中国政府提供贷款取得的利息所得

B. 国际金融组织向中国政府和居民企业提供优惠贷款取得的利息所得

C. 非居民企业来源于我国境外所得与其设立境内机构、场所有实际联系

D. 非居民企业来源于我国境内所得与其设立境内机构、场所没有实际联系

【答案】 AB

【解析】 《中华人民共和国企业所得税法实施条例》第 91 条规定,下列所得可以免征企业所得税:(1)外国政府向中国政府提供贷款取得的利息所得;(2)国际金融组织向中国政府和居民企业提供优惠贷款取得的利息所得;(3)经国务院批准的其他所得。

24. 企业以货币形式和非货币形式从各种来源取得的收入,为收入总额。取得货币性收入。企业取得收入的货币形式,包括(    )。

A. 现金

B. 不准备持有至到期的债券投资

C. 应收账款

D. 股权投资

【答案】 AC

【解析】 《中华人民共和国企业所得税法实施条例》第 12 条规定,企业取得收入的货币形式,包括现金、存款、应收账款、应收票据、准备持有至到期的债券投资以及债务的豁免等。

25. 收入总额具体表现形式有(    )。

A. 销售货物收入

B. 提供劳务收入

C. 股息、红利等权益性投资收益

D. 不征税收入

【答案】 ABC

【解析】 《中华人民共和国企业所得税法》第 6 条规定,企业以货币形式和非货币形式从各种来源取得的收入,为收入总额。包括:(1)销售货物收入;(2)提供劳务收入;(3)转让财产收入;(4)股息、红利等权益性投资收益;(5)利息收入;(6)租金收入;(7)特许权使用费收入;(8)接受捐赠收入;(9)其他收入。

26. 企业将资产移送他人,应按规定视同销售确定收入的有(    )。

A. 用于市场推广或销售

B. 用于职工奖励或福利

C. 用于股息分配

D. 用于对外捐赠

E. 用于总分机构间调拨

【答案】 ABCD

【解析】 《国家税务总局关于企业处置资产所得税处理问题的通知》(国税函〔2008〕828号)规定:企业将资产移送他人的下列情形,因资产所有权属已发生改变而不属于内部处置资产,应按规定视同销售确定收入。(1)用于市场推广或销售;(2)用于交际应酬;(3)用于职工奖励或福利;(4)用于股息分配;(5)用于对外捐赠;(6)其他改变资产所有权属的用途。

27. 房地产开发经营业务企业将开发产品用于捐赠、赞助等视同销售行为。确认收入(或利润)的方法和顺序为(    )。

A. 按本企业近期或本年度最近月份同类开发产品市场销售价格确定

B. 由主管税务机关参照当地同类开发产品市场公允价值确定

C. 按开发产品的成本利润率确定。开发产品的成本利润率不得低于 10%,具体比例由主管税务机关确定

D. 按开发产品的毛利润率确定。开发产品的毛利润率不得低于15％，具体比例由主管税务机关确定

【答案】 AB

【解析】 根据《国家税务总局关于印发〈房地产开发经营业务企业所得税处理办法〉的通知》(国税发〔2009〕31号)的规定,企业将开发产品用于捐赠、赞助、职工福利、奖励、对外投资、分配给股东或投资人、抵偿债务、换取其他企事业单位和个人的非货币性资产等行为,应视同销售,于开发产品所有权或使用权转移,或于实际取得利益权利时确认收入(或利润)的实现。确认收入(或利润)的方法和顺序为:(1)按本企业近期或本年度最近月份同类开发产品市场销售价格确定;(2)主管税务机关参照当地同类开发产品市场公允价值确定;(3)按开发产品的成本利润率确定。开发产品的成本利润率不得低于15％,具体比例由主管税务机关确定。

**28.** 企业发生下列情形的处置资产,除将资产转移至境外以外,由于资产所有权属在形式和实质上均不发生改变,可作为内部处置资产,不视同销售确认收入,相关资产的计税基础延续计算( )。

    A. 将资产用于生产、制造、加工另一产品

    B. 改变资产形状、结构或性能

    C. 将资产分配给股东

    D. 将资产在总机构及其分支机构之间转移

    E. 其他不改变资产所有权属的用途

【答案】 ABDE

【解析】 《国家税务总局关于企业处置资产所得税处理问题的通知》(国税函〔2008〕828号)规定,企业发生下列情形的处置资产,除将资产转移至境外以外,由于资产所有权属在形式和实质上均不发生改变,可作为内部处置资产,不视同销售确认收入,相关资产的计税基础延续计算:(1)将资产用于生产、制造、加工另一产品;(2)改变资产形状、结构或性能;(3)改变资产用途(如,自建商品房转为自用或经营);(4)将资产在总机构及其分支机构之间转移;(5)上述两种或两种以上情形的混合;(6)其他不改变资产所有权属的用途。

**29.** 企业销售商品同时满足下列条件的,应确认收入实现的有( )。

    A. 商品销售合同已经签订,企业对商品所有权相关的主要风险和报酬仍能有效控制

    B. 企业对已售出的商品既没有保留通常与所有权相联系的继续管理权,也没有实施有效控制

    C. 收入的金额能够可靠地计量

    D. 已发生或将发生的销售方的成本能够可靠地核算

【答案】 BCD

【解析】 《国家税务总局关于确认企业所得税收入若干问题的通知》(国税函〔2008〕875号)规定,企业销售商品同时满足下列条件的,应确认收入的实现:(1)商品销售合同已经签订,企业已将商品所有权相关的主要风险和报酬转移给购货方;(2)企业对已售出的商品既没有保留通常与所有权相联系的继续管理权,也没有实施有效控制;(3)收入的金额能够可

靠地计量;(4)已发生或将发生的销售方的成本能够可靠地核算。

**30.** 下列各项中,属于《中华人民共和国企业所得税法实施条例》规定的其他收入的有(    )。

    A. 资产溢余收入

    B. 确实无法偿付的应付款项

    C. 已作坏账损失处理后又收回的应收款项

    D. 违约金收入

【答案】 ABCD

【解析】 《中华人民共和国企业所得税法实施条例》第22条规定,其他收入,包括企业资产溢余收入、逾期未退包装物押金收入、确实无法偿付的应付款项、已作坏账损失处理后又收回的应收款项、债务重组收入、补贴收入、违约金收入、汇兑收益等。

**31.** 企业销售商品应按以下规定确认企业所得税收入实现时间(    )。

    A. 销售商品采用托收承付方式的,在开具发票时确认收入

    B. 销售商品采取预收款方式的,在发出商品时确认收入

    C. 销售商品需要安装和检验的,在购买方接受商品以及安装和检验完毕时确认收入。如果安装程序比较简单,可在发出商品时确认收入

    D. 销售商品采用支付手续费方式委托代销的,在收到代销清单时确认收入

【答案】 BCD

【解析】 《国家税务总局关于确认企业所得税收入若干问题的通知》(国税函〔2008〕875号)规定,除《中华人民共和国企业所得税法》及实施条例另有规定外,企业销售收入的确认,必须遵循权责发生制原则和实质重于形式原则。采取下列商品销售方式的,应按以下规定确认收入实现时间:(1)销售商品采用托收承付方式的,在办妥托收手续时确认收入。(2)销售商品采取预收款方式的,在发出商品时确认收入。(3)销售商品需要安装和检验的,在购买方接受商品以及安装和检验完毕时确认收入。如果安装程序比较简单,可在发出商品时确认收入。(4)销售商品采用支付手续费方式委托代销的,在收到代销清单时确认收入。

**32.** 除企业所得税法及实施条例另有规定外,企业销售收入的确认,必须遵循权责发生制原则和实质重于形式原则。下列说法中,正确的有(    )。

    A. 采用售后回购方式销售商品的,销售的商品按售价确认收入,回购的商品作为购进商品处理。有证据表明不符合销售收入确认条件的,如以销售商品方式进行融资,收到的款项应确认为负债,回购价格大于原售价的,差额应在回购期间确认为利息费用

    B. 销售商品以旧换新的,销售商品应当按照销售商品收入确认条件确认收入,回收的商品作为购进商品处理

    C. 企业为促进商品销售而在商品价格上给予的价格扣除属于现金折扣,商品销售涉及现金折扣的,应当按照扣除现金折扣后的金额确定销售商品收入金额

    D. 企业已经确认销售收入的售出商品发生销售折让和销售退回,应当在发生当期冲

减当期销售商品收入

【答案】 ABD

【解析】《国家税务总局关于确认企业所得税收入若干问题的通知》(国税函〔2008〕875号)规定,企业为促进商品销售而在商品价格上给予的价格扣除属于商业折扣,商品销售涉及商业折扣的,应当按照扣除商业折扣后的金额确定销售商品收入金额。

债权人为鼓励债务人在规定的期限内付款而向债务人提供的债务扣除属于现金折扣,销售商品涉及现金折扣的,应当按扣除现金折扣前的金额确定销售商品收入金额,现金折扣在实际发生时作为财务费用扣除。

**33.** 企业在各个纳税期末,提供劳务交易的结果能够可靠估计的,应采用完工进度(完工百分比)法确认提供劳务收入,企业提供劳务完工进度的确定,可选用的方法有(　　　)。

　　A. 已完工作的测量　　　　　　　B. 已提供劳务占劳务总量的比例

　　C. 已完工作总量占收入的比例　　D. 发生成本占总成本的比例

【答案】 ABD

【解析】 根据《国家税务总局关于确认企业所得税收入若干问题的通知》(国税函〔2008〕875号)第2条的规定,企业提供劳务完工进度的确定,可选用下列方法:(1)已完工作的测量;(2)已提供劳务占劳务总量的比例;(3)发生成本占总成本的比例。

**34.** 下列各项费用中既影响当期合计净利润又影响当期应纳税所得额的项目有(　　　)。

　　A. 管理费用　　　B. 财务费用　　　C. 营业费用　　　D. 所得税费用

【答案】 ABC

【解析】 所得税费用,是指企业经营利润应交纳的所得税。"所得税费用"核算企业负担的所得税,是损益类科目,这一般不等于当期应交所得税,因为可能存在"暂时性差异";如果具有永久性差异,则等于当期应交所得税。

**35.** 企业发生的下列业务中可以分期确认收入的有(　　　)。

　　A. 以分期收款方式销售货物的,按照合同约定的收款日期确认收入的实现

　　B. 企业受托加工制造大型机械设备、船舶、飞机,以及从事建筑、安装、装配工程业务或者提供其他劳务等,持续时间超过12个月的,按照纳税年度内完工进度或者完成的工作量确认收入的实现

　　C. 申请入会或加入会员,会员在会员期内不再付费就可得到各种服务或商品,或者以低于非会员的价格销售商品或提供服务的

　　D. 属于提供设备和其他有形资产的特许权费

【答案】 ABC

【解析】《中华人民共和国企业所得税法实施条例》第23条规定,企业的下列生产经营业务可以分期确认收入的实现:(1)以分期收款方式销售货物的,按照合同约定的收款日期确认收入的实现;(2)企业受托加工制造大型机械设备、船舶、飞机,以及从事建筑、安装、装配工程业务或者提供其他劳务等,持续时间超过12个月的,按照纳税年度内完工进度或者完成的工作量确认收入的实现。

《国家税务总局关于确认企业所得税收入若干问题的通知》(国税函〔2008〕875号)规

定,申请入会或加入会员,只允许取得会籍,所有其他服务或商品都要另行收费的,在取得该会员费时确认收入。申请入会或加入会员后,会员在会员期内不再付费就可得到各种服务或商品,或者以低于非会员的价格销售商品或提供服务的,该会员费应在整个受益期内分期确认收入。属于提供设备和其他有形资产的特许权费,在交付资产或转移资产所有权时确认收入;属于提供初始及后续服务的特许权费,在提供服务时确认收入。

**36.** 下列收入中,属于不征税收入的有( )。

A. 社保基金会及养老基金投资管理机构在国务院批准的投资范围内,运用养老基金投资取得的归属于养老基金的投资收入

B. 社保基金理事会、社保基金投资管理人管理的社保基金银行存款利息收入

C. 依法收取并纳入财政管理的行政事业性收费、政府性基金

D. 核力发电企业取得的增值税退税款

【答案】　ABCD

【解析】《财政部　国家税务总局关于财政性资金、行政事业性收费、政府性基金有关企业所得税政策问题的通知》(财税〔2008〕151 号)规定,对企业依照法律、法规及国务院有关规定收取并上缴财政的政府性基金和行政事业性收费,准予作为不征税收入,于上缴财政的当年在计算应纳税所得额时从收入总额中减除;未上缴财政的部分,不得从收入总额中减除。

《财政部　国家税务总局关于核电行业税收政策有关问题的通知》(财税〔2008〕38 号)规定,自 2008 年 1 月 1 日起,核力发电企业取得的增值税退税款,专项用于还本付息,不征收企业所得税。

《财政部　国家税务总局关于全国社会保障基金有关企业所得税问题的通知》(财税〔2008〕136 号)规定,对社保基金理事会、社保基金投资管理人管理的社保基金银行存款利息收入,社保基金从证券市场中取得的收入,包括买卖证券投资基金、股票、债券的差价收入、证券投资基金红利收入,股票的股息、红利收入,债券的利息收入及产业投资基金收益、信托投资收益等其他投资收入,作为企业所得税不征税收入。

《财政部　国家税务总局关于基本养老保险基金有关投资业务税收政策的通知》(财税〔2018〕95 号)规定,对社保基金会及养老基金投资管理机构在国务院批准的投资范围内,运用养老基金投资取得的归属于养老基金的投资收入,作为企业所得税不征税收入;对养老基金投资管理机构、养老基金托管机构从事养老基金管理活动取得的收入,依照税法规定征收企业所得税。

**37.** 下列表述中,正确的有( )。

A. 不征税收入用于支出所形成的费用,不得在计算应纳税所得额时扣除;用于支出所形成的资产,其计算的折旧、摊销不得在计算应纳税所得额时扣除

B. 财政性资金作不征税收入处理后,在 3 年内未发生支出且未缴回财政部门或其他拨付资金的政府部门的部分,应计入取得该资金第 4 年的应税收入总额;计入应税收入总额的财政性资金发生的支出,允许在计算应纳税所得额时扣除

C. 财政性资金作不征税收入处理后,凡未按照《财政部国家税务总局关于专项用途

财政性资金企业所得税处理问题的通知》(财税〔2011〕70号)规定进行管理的,应作为企业应税收入计入应纳税所得额,依法缴纳企业所得税

D. 企业从乡级以上各级人民政府财政部门及直属部门取得的财政性资金,可以作为不征税收入

【答案】 AC

【解析】 根据《财政部 国家税务总局关于专项用途财政性资金企业所得税处理问题的通知》(财税〔2011〕70号)第1条的规定,企业从县级以上各级人民政府财政部门及其他部门取得的应计入收入总额的财政性资金,凡同时符合以下条件的,可以作为不征税收入,在计算应纳税所得额时从收入总额中减除:(1)企业能够提供规定资金专项用途的资金拨付文件;(2)财政部门或其他拨付资金的政府部门对该资金有专门的资金管理办法或具体管理要求;(3)企业对该资金以及以该资金发生的支出单独进行核算。

财税〔2011〕70号第2条规定,根据《中华人民共和国企业所得税法实施条例》第28条的规定,上述不征税收入用于支出所形成的费用,不得在计算应纳税所得额时扣除;用于支出所形成的资产,其计算的折旧、摊销不得在计算应纳税所得额时扣除。

财税〔2011〕70号第3条规定,企业将符合本通知第1条规定条件的财政性资金作不征税收入处理后,在5年(60个月)内未发生支出且未缴回财政部门或其他拨付资金的政府部门的部分,应计入取得该资金第6年的应税收入总额;计入应税收入总额的财政性资金发生的支出,允许在计算应纳税所得额时扣除。

**38.** 企业下列收入中,属于免税收入的有(    )。

A. 国债利息收入

B. 符合条件的居民企业之间的股息、红利等权益性投资收益

C. 在中国境内设立机构、场所的非居民企业从居民企业取得与该机构、场所有实际联系的股息、红利等权益性投资收益

D. 符合条件的非营利公益组织的收入

【答案】 ABCD

【解析】 《中华人民共和国企业所得税法》第26条规定,企业的下列收入为免税收入:(1)国债利息收入。国债利息收入,是指企业持有国务院财政部门发行的国债取得的利息收入。(2)符合条件的居民企业之间的股息、红利等权益性投资收益。(3)在中国境内设立机构、场所的非居民企业从居民企业取得与该机构、场所有实际联系的股息、红利等权益性投资收益。符合条件的居民企业之间的股息、红利等权益性投资收益,是指居民企业直接投资于其他居民企业取得的投资收益。股息、红利等权益性投资收益,不包括连续持有居民企业公开发行并上市流通的股票不足12个月取得的投资收益。(4)符合条件的非营利公益组织的收入。

**39.** 下列各项中,属于非营利组织需要符合的条件有(    )。

A. 依法履行非营利组织登记手续

B. 从事公益性或者非营利性活动

C. 取得的收入除用于与该组织有关的、合理的支出外,全部用于登记核定或者章程

规定的公益性或者非营利性事业

  D. 财产及其孳息不用于分配

  E. 工作人员工资福利开支控制在规定的比例内,不变相分配该组织的财产,其中,工作人员平均工资薪金水平不得超过税务登记所在地的地市级以下地区的同行业同类组织平均工资水平的三倍

【答案】　ABCD

【解析】　《中华人民共和国企业所得税法实施条例》第 84 条和第 85 条规定,符合条件的非营利组织,是指同时符合下列条件的组织:(1)依法履行非营利组织登记手续;(2)从事公益性或者非营利性活动;(3)取得的收入除用于与该组织有关的、合理的支出外,全部用于登记核定或者章程规定的公益性或者非营利性事业;(4)财产及其孳息不用于分配;(5)按照登记核定或者章程规定,该组织注销后的剩余财产用于公益性或者非营利性目的,或者由登记管理机关转赠给与该组织性质、宗旨相同的组织,并向社会公告;(6)投入人对投入该组织的财产不保留或者享有任何财产权利;(7)工作人员工资福利开支控制在规定的比例内,不变相分配该组织的财产。上述规定的非营利组织的认定管理办法由国务院财政、税务主管部门会同国务院有关部门制定。符合条件的非营利组织的收入,不包括非营利组织从事营利性活动取得的收入,但国务院财政、税务主管部门另有规定的除外。

  《财政部　国家税务总局关于非营利组织免税资格认定管理有关问题的通知》(财税〔2018〕13 号)第 1 条规定,工作人员工资福利开支控制在规定的比例内,不变相分配该组织的财产,其中:工作人员平均工资薪金水平不得超过税务登记所在地的地市级(含地市级)以上地区的同行业同类组织平均工资水平的两倍,工作人员福利按照国家有关规定执行。

  **40.** 下列表述中,正确的有(　　　)。

  A. 金融企业按规定发放的贷款,属于逾期贷款(含展期),应根据先收利息后收本金的原则,按贷款合同确认的利率和结算利息的期限计算利息,并于债务人应付利息的日期确认收入的实现

  B. 属于未逾期贷款,其未逾期后发生的应收利息,应于实际收到的日期,或者虽未实际收到,但会计上确认为利息收入的日期,确认收入的实现

  C. 金融企业已确认为利息收入的应收利息,逾期 90 天仍未收回,且会计上已冲减了当期利息收入的,准予抵扣当期应纳税所得额

  D. 金融企业已冲减了利息收入的应收未收利息,以后年度收回时,应计入当期应纳税所得额计算纳税

【答案】　CD

【解析】　《国家税务总局关于金融企业贷款利息收入确认问题的公告》(国家税务总局公告 2010 年第 23 号)规定,关于金融企业贷款利息收入确认问题:

  (1)金融企业按规定发放的贷款,属于未逾期贷款(含展期),应根据先收利息后收本金的原则,按贷款合同确认的利率和结算利息的期限计算利息,并于债务人应付利息的日期确认收入的实现;属于逾期贷款,其逾期后发生的应收利息,应于实际收到的日期,或者虽未实际收到,但会计上确认为利息收入的日期,确认收入的实现。

（2）金融企业已确认为利息收入的应收利息,逾期90天仍未收回,且会计上已冲减了当期利息收入的,准予抵扣当期应纳税所得额。

（3）金融企业已冲减了利息收入的应收未收利息,以后年度收回时,应计入当期应纳税所得额计算纳税。

**41.** 按现行会计准则规定,计算企业所得税时,计入税金及附加科目扣除的有( )。

A. 房产税 B. 增值税 C. 车船税 D. 土地使用税

【答案】 ACD

【解析】 增值税为价外税,不属于可扣除的税金。

**42.** 按照《中华人民共和国企业所得税法实施条例》所称的"合理工资薪金",是指企业按照股东大会、董事会、薪酬委员会或相关管理机构制订的工资薪金制度规定,实际发放给员工的工资薪金。其合理性应包括( )。

A. 企业制订了较为规范的员工工资薪金制度

B. 企业所制订的工资薪金制度符合行业及地区水平

C. 企业在一定时期所发放的工资薪金是相对固定的,工资薪金的调整是有序进行的

D. 企业对应发放的工资薪金,已依法履行了代扣代缴个人所得税义务

E. 有关工资薪金的安排,不以减少或逃避税款为目的

【答案】 ABCE

【解析】 《国家税务总局关于企业工资薪金及职工福利费扣除问题的通知》（国税函〔2009〕3号）规定,《中华人民共和国企业所得税法实施条例》第34条所称的"合理工资薪金",是指企业按照股东大会、董事会、薪酬委员会或相关管理机构制订的工资薪金制度规定实际发放给员工的工资薪金。税务机关在对工资薪金进行合理性确认时,可按以下原则掌握:（1）企业制订了较为规范的员工工资薪金制度;（2）企业所制订的工资薪金制度符合行业及地区水平;（3）企业在一定时期所发放的工资薪金是相对固定的,工资薪金的调整是有序进行的;（4）企业对实际发放的工资薪金,已依法履行了代扣代缴个人所得税义务;（5）有关工资薪金的安排,不以减少或逃避税款为目的。

**43.** 下列关于职工福利费的说法中,正确的有( )。

A. 企业发生的职工福利费支出,不超过工资、薪金总额14％的部分,准予扣除

B. 企业发生的职工福利费,应该单独设置账册,进行准确核算。没有单独设置账册准确核算的,税务机关应责令企业在规定的期限内进行改正;逾期仍未改正的,税务机关可对企业发生的职工福利费进行合理的核定

C. 企业发生的职工福利费超过工资、薪金总额14％的部分,可以结转以后年度扣除

D. 列入企业员工工资薪金制度、固定与工资薪金一起发放的福利性补贴,符合《国家税务总局关于企业工资薪金及职工福利费扣除问题的通知》（国税函〔2009〕3号）第1条规定的,应按福利费扣除要求在税前扣除

【答案】 AB

【解析】 《国家税务总局关于企业所得税若干税务事项衔接问题的通知》（国税函〔2009〕98号）规定,根据《国家税务总局关于做好2007年度企业所得税汇算清缴工作的补充

通知》(国税函〔2008〕264 号)的规定,企业 2008 年以前按照规定计提但尚未使用的职工福利费余额,2008 年及以后年度发生的职工福利费,应首先冲减上述的职工福利费余额,不足部分按新税法规定扣除;仍有余额的,继续留在以后年度使用。企业 2008 年以前节余的职工福利费,已在税前扣除,属于职工权益,如果改变用途的,应调整增加企业应纳税所得额。

《国家税务总局关于企业工资薪金和职工福利费等支出税前扣除问题的公告》(国家税务总局公告 2015 年第 34 号)规定,列入企业员工工资薪金制度、固定与工资薪金一起发放的福利性补贴,符合《国家税务总局关于企业工资薪金及职工福利费扣除问题的通知》(国税函〔2009〕3 号)第 1 条规定的,可作为企业发生的工资薪金支出,按规定在税前扣除。不能同时符合上述条件的福利性补贴,应作为国税函〔2009〕3 号文件第 3 条规定的职工福利费,按规定计算限额税前扣除。

**44.** 下列关于保险费的说法中,正确的有(　　　)。

　　A. 企业依照国务院有关主管部门或者省级人民政府规定的范围和标准为职工缴纳的基本养老保险费、基本医疗保险费、失业保险费、工伤保险费、生育保险费等基本社会保险费和住房公积金,准予扣除

　　B. 自 2008 年 1 月 1 日起,企业根据国家有关政策规定,为在本企业任职或者受雇的员工支付的补充养老保险费、补充医疗保险费,分别在不超过职工工资总额 5% 标准内的部分,在计算应纳税所得额时准予扣除;超过的部分,不予扣除

　　C. 除企业依照国家有关规定为特殊工种职工支付的人身安全保险费和国务院财政、税务主管部门规定可以扣除的其他商业保险费外,企业为投资者或者职工支付的商业保险费,不得扣除

　　D. 企业参加雇主责任险、公众责任险等责任保险,按照规定缴纳的保险费,准予在企业所得税税前扣除

【答案】　ACD

【解析】　《财政部　国家税务总局关于补充养老保险费补充医疗保险费有关企业所得税政策问题的通知》(财税〔2009〕27 号)规定,自 2008 年 1 月 1 日起,企业根据国家有关政策规定,为在本企业任职或者受雇的全体员工支付的补充养老保险费、补充医疗保险费,分别在不超过职工工资总额 5% 标准内的部分,在计算应纳税所得额时准予扣除;超过的部分,不予扣除。

**45.** 企业发生在经营活动中的利息支出可税前扣除的有(　　　)。

　　A. 非金融企业向金融企业借款的利息支出、金融企业的各项存款利息支出和同业拆借利息支出、企业经批准发行债券的利息支出

　　B. 非金融企业向非金融企业借款的利息支出,不超过按照金融企业同期同类贷款利率计算的数额的部分

　　C. 企业实际支付给关联方的利息支出,不超过规定比例和税法及其实施条例有关规定计算的部分,准予扣除,超过的部分可以在后年度结转扣除

　　D. 企业如果能够按照税法及其实施条例的有关规定提供相关资料,并证明相关交易活动符合独立交易原则的;或者该企业的实际利率不高于境内关联方的,其实际

支付给境内关联方的利息支出,在计算应纳税所得额时准予扣除

【答案】 AB

【解析】《财政部 国家税务总局关于企业关联方利息支出税前扣除标准有关税收政策问题的通知》(财税〔2008〕121号)第1条规定,在计算应纳税所得额时,企业实际支付给关联方的利息支出,不超过以下规定比例和税法及其实施条例有关规定计算的部分,准予扣除,超过的部分不得在发生当期和以后年度扣除。企业实际支付给关联方的利息支出,除符合本通知(财税〔2008〕121号)第2条规定外,其接受关联方债权性投资与其权益性投资比例为:金融企业,为5∶1;其他企业,为2∶1。

财税〔2008〕121号第2条规定,企业如果能够按照税法及其实施条例的有关规定提供相关资料,并证明相关交易活动符合独立交易原则的;或者该企业的实际税负不高于境内关联方的,其实际支付给境内关联方的利息支出,在计算应纳税所得额时准予扣除。

**46.** 企业向自然人(不含股东或其他与企业有关联关系的自然人)借款同时符合以下条件的,其利息支出在企业所得税税前可以扣除(    )。

    A. 企业与自然人借款合同已向税务机关备案

    B. 不超过按照金融企业同期同类贷款利率计算的数额的部分

    C. 企业与个人之间的借贷是真实、合法、有效的,并且不具有非法集资目的或其他违反法律、法规的行为

    D. 企业与个人之间签订了借款合同

【答案】 BCD

【解析】《国家税务总局关于企业向自然人借款的利息支出企业所得税税前扣除问题的通知》(国税函〔2009〕777号)第1条规定,企业向股东或其他与企业有关联关系的自然人借款的利息支出,应根据《中华人民共和国企业所得税法》第46条及《财政部 国家税务总局关于企业关联方利息支出税前扣除标准有关税收政策问题的通知》(财税〔2008〕121号)规定的条件,计算企业所得税扣除额。

国税函〔2009〕777号第2条规定,企业向除第1条规定以外的内部职工或其他人员借款的利息支出,其借款情况同时符合以下条件的,其利息支出在不超过按照金融企业同期同类贷款利率计算的数额的部分,根据税法第8条和税法实施条例第27条规定,准予扣除。(1)企业与个人之间的借贷是真实、合法、有效的,并且不具有非法集资目的或其他违反法律、法规的行为;(2)企业与个人之间签订了借款合同。

**47.** 下列关于业务招待费的说法中,错误的有(    )。

    A. 企业发生的与生产经营活动有关的业务招待费支出,按照发生额的60%扣除,但最高不得超过当年销售(营业)收入的5‰

    B. 对从事股权投资业务的企业(包括集团公司总部、创业投资企业等),其从被投资企业所分配的股息、红利以及股权转让收入,可以按规定的比例计算业务招待费扣除限额

    C. 企业在筹建期间,发生的与筹办活动有关的业务招待费支出,可按实际发生额的60%计入企业筹办费,最高不得超过当年销售(营业)收入的5‰

D. 企业在计算业务招待费、广告费和业务宣传费等费用扣除限额时,其销售(营业)收入额应包括营业外收入

【答案】　CD

【解析】《国家税务总局关于企业所得税应纳税所得额若干税务处理问题的公告》(国家税务总局公告 2012 年第 15 号)规定,企业在筹建期间,发生的与筹办活动有关的业务招待费支出,可按实际发生额的 60% 计入企业筹办费,并按有关规定在税前扣除;发生的广告费和业务宣传费,可按实际发生额计入企业筹办费,并按有关规定在税前扣除。

《国家税务总局关于企业所得税执行中若干税务处理问题的通知》(国税函〔2009〕202号)规定,企业在计算业务招待费、广告费和业务宣传费等费用扣除限额时,其销售(营业)收入额应包括《中华人民共和国企业所得税法实施条例》第 25 条规定的视同销售(营业)收入额。

**48.** 自 2021 年 1 月 1 日起至 2025 年 12 月 31 日止,对特殊行业广告费和业务宣传费扣除限额规定,下列表述错误的有(　　)。

A. 对化妆品制造和销售、医药制造和饮料制造(不含酒类制造)企业发生的广告费和业务宣传费支出,不超过当年销售(营业)收入 30% 的部分,准予扣除;超过部分,准予在以后纳税年度结转扣除

B. 对签订广告费和业务宣传费分摊协议(以下简称分摊协议)的关联企业,其中一方发生的不超过当年销售(营业)收入税前扣除限额比例内的广告费和业务宣传费支出可以在本企业扣除,或将其中的部分(不含全部)按照分摊协议归集至另一方扣除。另一方在计算本企业广告费和业务宣传费支出企业所得税税前扣除限额时,可将按照上述办法归集至本企业的广告费和业务宣传费不计算在内

C. 烟草企业的烟草广告费和业务宣传费支出,一律不得在计算应纳税所得额时扣除

D. 烟草企业的广告费和业务宣传费支出,一律不得在计算应纳税所得额时扣除

【答案】　ABD

【解析】《财政部　国家税务总局关于广告费和业务宣传费支出税前扣除政策的通知》(财政部　国家税务总局公告 2020 年第 43 号)规定,自 2021 年 1 月 1 日起至 2025 年 12 月 31 日止,对特殊行业广告费和业务宣传费扣除限额规定:(1)对化妆品制造或销售、医药制造和饮料制造(不含酒类制造)企业发生的广告费和业务宣传费支出,不超过当年销售(营业)收入 30% 的部分,准予扣除;超过部分,准予在以后纳税年度结转扣除。(2)对签订广告费和业务宣传费分摊协议(以下简称分摊协议)的关联企业,其中一方发生的不超过当年销售(营业)收入税前扣除限额比例内的广告费和业务宣传费支出可以在本企业扣除,也可以将其中的部分或全部按照分摊协议归集至另一方扣除。另一方在计算本企业广告费和业务宣传费支出企业所得税税前扣除限额时,可将按照上述办法归集至本企业的广告费和业务宣传费不计算在内。(3)烟草企业的烟草广告费和业务宣传费支出,一律不得在计算应纳税所得额时扣除。

**49.** 关于企业发生的租赁费用,下列说法正确的有(　　)。

A. 经营租赁费用在合同或者协议约定的租赁期内均匀扣除

  B. 融资租赁租赁支出应予以资本化,按照固定资产折旧的要求提取折旧费在税前扣除

  C. 以融资租赁方式租入固定资产发生的租赁费支出,按照规定构成融资租入固定资产价值的部分应一次性扣除

  D. 经营租赁期较长,长于资产有效使用期,而融资租赁的租赁期较短,短于资产的有效使用期

【答案】 AB

【解析】《中华人民共和国企业所得税法实施条例》第47条规定:(1)经营租赁费用:在合同或者协议约定的租赁期内均匀扣除。以经营租赁方式租入固定资产发生的租赁费支出,按照租赁期限均匀扣除。(2)融资租赁租赁支出:应予以资本化,按照固定资产折旧的要求提取折旧费在税前扣除。以融资租赁方式租入固定资产发生的租赁费支出,按照规定构成融资租入固定资产价值的部分应当提取折旧费用,分期扣除。《企业会计准则第21号——租赁》第36条规定,一项租赁存在下列一种或多种情形的,通常分类为融资租赁:……(三)资产的所有权虽然不转移,但租赁期占租赁资产使用寿命的大部分。因此,一般来说,融资租赁比经营租赁的租赁期更长。

**50.** 母子公司间提供服务支付费用,下列说法正确的有( )。

  A. 母公司为其子公司提供各种服务而发生的费用,应按照独立企业之间公平交易原则确定服务的价格,作为企业正常的劳务费用进行税务处理

  B. 母公司向其子公司提供各项服务,双方应签订服务合同或协议,明确规定提供服务的内容、收费标准及金额等,凡按合同或协议规定所发生的服务费,母公司应作为营业收入申报纳税;子公司作为成本费用在税前扣除

  C. 母公司以管理费形式向子公司提取费用,子公司作为成本费用在税前扣除

  D. 子公司申报税前扣除向母公司支付的服务费用,应向主管税务机关提供与母公司签订的服务合同或者协议等与税前扣除该项费用相关的材料。不能提供相关材料的,支付的服务费用不得税前扣除

【答案】 ABD

【解析】 根据《国家税务总局关于母子公司间提供服务支付费用有关企业所得税处理问题的通知》(国税发〔2008〕86号)的规定,选项ABD表述正确。选项C表述错误,母公司以管理费形式向子公司提取费用,子公司因此支付给母公司的管理费,不得在税前扣除。

**51.** 下列关于手续费说法中,正确的有( )。

  A. 电信企业在发展客户、拓展业务等过程中因委托销售电话入网卡、电话充值卡实际发生的相关手续费及佣金支出,不超过企业当年收入总额5%的部分,准予在企业所得税前据实扣除

  B. 从事代理服务、主营业务收入为手续费、佣金的企业(如证券、期货、保险代理等企业),其为取得该类收入而实际发生的营业成本(包括手续费及佣金支出),准予在企业所得税前据实扣除

  C. 企业已计入固定资产、无形资产等相关资产的手续费及佣金支出,准予在当期税

前据实扣除

D. 企业发生的手续费及佣金支出可计入回扣、业务提成、返利、进场费等费用

【答案】 AB

【解析】《财政部 国家税务总局关于企业手续费及佣金支出税前扣除政策的通知》(财税〔2009〕29号)规定,企业不得将手续费及佣金支出计入回扣、业务提成、返利、进场费等费用。企业已计入固定资产、无形资产等相关资产的手续费及佣金支出,应当通过折旧、摊销等方式分期扣除,不得在发生当期直接扣除。

《国家税务总局关于企业所得税应纳税所得额若干税务处理问题的公告》(国家税务总局公告2012年第15号)规定,从事代理服务、主营业务收入为手续费、佣金的企业(如证券、期货、保险代理等企业),其为取得该类收入而实际发生的营业成本(包括手续费及佣金支出),准予在企业所得税税前据实扣除。

电信企业在发展客户、拓展业务等过程中(如委托销售电话入网卡、电话充值卡等),需向经纪人、代办商支付手续费及佣金的,其实际发生的相关手续费及佣金支出,不超过企业当年收入总额5%的部分,准予在企业所得税税前据实扣除。

**52.** 下列各项中,符合公益性社会团体条件的有( )。

A. 依法登记,具有法人资格

B. 全部资产及其增值为股东所有

C. 有健全的财务会计制度

D. 捐赠者不以任何形式参与该法人财产的分配

E. 收益和营运结余主要用于符合该法人设立目的的事业

【答案】 ACDE

【解析】《中华人民共和国企业所得税法实施条例》第52条规定,所称公益性社会组织,是指同时符合下列条件的慈善组织以及其他社会组织:(1)依法登记,具有法人资格;(2)以发展公益事业为宗旨,且不以营利为目的;(3)全部资产及其增值为该法人所有;(4)收益和营运结余主要用于符合该法人设立目的的事业;(5)终止后的剩余财产不归属任何个人或者营利组织;(6)不经营与其设立目的无关的业务;(7)有健全的财务会计制度;(8)捐赠者不以任何形式参与该法人财产的分配;(9)国务院财政、税务主管部门会同国务院民政部门等登记管理部门规定的其他条件。

**53.** 公益性社会组织存在以下情形之一的,应当取消其公益性捐赠税前扣除资格,且取消资格的当年及之后3个年度内不得重新确认资格( )。

A. 违反规定接受捐赠的,包括附加对捐赠人构成利益回报的条件、以捐赠为名从事营利性活动、利用慈善捐赠宣传烟草制品或法律禁止宣传的产品和事项、接受不符合公益目的或违背社会公德的捐赠等情形

B. 开展违反组织章程的活动,或者接受的捐赠款项用于组织章程规定用途之外的

C. 在确定捐赠财产的用途和受益人时,指定特定受益人,且该受益人与捐赠人或公益性社会组织管理人员存在明显利益关系的

D. 从事、资助危害国家安全或者社会公共利益活动的

【答案】 ABC

【解析】 《财政部 国家税务总局 民政部关于公益性捐赠税前扣除有关事项的公告》(财政部 国家税务总局 民政部公告2020年第27号)第8条规定,公益性社会组织存在以下情形之一的,应当取消其公益性捐赠税前扣除资格,且取消资格的当年及之后三个年度内不得重新确认资格:(1)违反规定接受捐赠的,包括附加对捐赠人构成利益回报的条件、以捐赠为名从事营利性活动、利用慈善捐赠宣传烟草制品或法律禁止宣传的产品和事项、接受不符合公益目的或违背社会公德的捐赠等情形;(2)开展违反组织章程的活动,或者接受的捐赠款项用于组织章程规定用途之外的;(3)在确定捐赠财产的用途和受益人时,指定特定受益人,且该受益人与捐赠人或公益性社会组织管理人员存在明显利益关系的。

财政部 国家税务总局 民政部公告2020年第27号第9条规定,公益性社会组织存在以下情形之一的,应当取消其公益性捐赠税前扣除资格且不得重新确认资格:(1)从事非法政治活动的;(2)从事、资助危害国家安全或者社会公共利益活动的。

**54.** 下列关于公益性捐赠税前扣除的说法中,正确的有(      )。

A. 企业通过公益性社会组织或者市级(含市级)以上人民政府及其组成部门和直属机构,用于慈善活动、公益事业的捐赠支出,在年度利润总额12%以内的部分,准予在计算应纳税所得额时扣除

B. 企业当年发生及以前年度结转的公益性捐赠支出,准予在当年税前扣除的部分,不能超过企业当年年度利润总额的12%

C. 企业发生的公益性捐赠支出未在当年税前扣除的部分,准予向以后年度结转扣除,但结转年限自捐赠发生年度的次年起计算最长不得超过3年

D. 企业在对公益性捐赠支出计算扣除时,应先扣除以前年度结转的捐赠支出,再扣除当年发生的捐赠支出

【答案】 BCD

【解析】 《财政部 国家税务总局关于公益性捐赠支出企业所得税税前结转扣除有关政策的通知》(财税〔2018〕15号)规定,企业通过公益性社会组织或者县级(含县级)以上人民政府及其组成部门和直属机构,用于慈善活动、公益事业的捐赠支出,在年度利润总额12%以内的部分,准予在计算应纳税所得额时扣除;超过年度利润总额12%的部分,准予结转以后3年内在计算应纳税所得额时扣除。

**55.** 房地产开发企业取得商品房销售手续费及佣金支出税前扣除的条件有(      )。

A. 不超过签订协议或者合同收入5%

B. 向境外委托销售机构支付的,不超过5%

C. 银行转账方式支付

D. 不得对冲入账

E. 取得合法有效凭证

【答案】 ACDE

【解析】 根据《财政部 国家税务总局关于〈企业手续费及佣金支出税前扣除政策〉的通知》(财税〔2009〕29号)的规定,企业应同时符合以下条件,才能税前扣除,具有合法经营

资格中介服务企业或个人;签订代办协议或合同,按与具有合法经营资格中介服务机构或个人(不含交易双方及其雇员、代理人和代表人等)所签订服务协议或合同;确认的收入金额的5％计算限额。

财税〔2009〕29 号同时还规定:"企业应与具有合法经营资格中介服务企业或个人签订代办协议或合同,并按国家有关规定支付手续费及佣金。除委托个人代理外,企业以现金等非转账方式支付的手续费及佣金不得在税前扣除。""企业支付的手续费及佣金不得直接冲减服务协议或合同金额,并如实入账。""企业应当依法取得合法真实凭证。"

需要注意的是,对于房地产开发企业委托境外机构销售开发产品的,根据《国家税务总局关于印发〈房地产开发经营业务企业所得税处理办法〉的通知》(国税发〔2009〕31 号)第 20条的规定:"企业委托境外机构销售开发产品的,其支付境外机构的销售费用(含佣金或手续费)不超过委托销售收入 10％的部分,准予据实扣除。"

**56.** 保险公司按下列规定缴纳的保险保障基金,准予据实税前扣除的有(　　　　)。

A. 非投资型财产保险业务,不得超过保费收入的 0.08％

B. 投资型财产保险业务,有保证收益的,不得超过业务收入的 0.08％,无保证收益的,不得超过业务收入的 0.15％

C. 有保证收益的人寿保险业务,不得超过业务收入的 0.15％;无保证收益的人寿保险业务,不得超过业务收入的 0.05％

D. 短期健康保险业务,不得超过保费收入的 0.8％;长期健康保险业务,不得超过保费收入的 0.15％

E. 非投资型意外伤害保险业务,不得超过保费收入的 0.8％;投资型意外伤害保险业务,有保证收益的,不得超过业务收入的 0.08％,无保证收益的,不得超过业务收入的 0.05％

**【答案】**　CDE

**【解析】**　《财政部　国家税务总局关于保险公司准备金支出企业所得税税前扣除有关政策问题的通知》(财税〔2016〕114 号)规定,保险公司按下列规定缴纳的保险保障基金,准予据实税前扣除:(1)非投资型财产保险业务,不得超过保费收入的 0.8％;投资型财产保险业务,有保证收益的,不得超过业务收入的 0.08％,无保证收益的,不得超过业务收入的0.05％;(2)有保证收益的人寿保险业务,不得超过业务收入的 0.15％;无保证收益的人寿保险业务,不得超过业务收入的 0.05％;(3)短期健康保险业务,不得超过保费收入的 0.8％;长期健康保险业务,不得超过保费收入的 0.15％;(4)非投资型意外伤害保险业务,不得超过保费收入的 0.8％;投资型意外伤害保险业务,有保证收益的,不得超过业务收入的0.08％,无保证收益的,不得超过业务收入的 0.05％。

**57.** 下列项目中,可以从发生当期应纳税所得额中扣除的有(　　　　)。

A. 逾期归还银行贷款而支付的罚息

B. 无形资产开发支出未形成资产的部分

C. 融资租入固定资产的租金支出

D. 企业之间支付的管理费

【答案】 AB

【解析】《中华人民共和国企业所得税法实施条例》第28条规定,企业发生的支出应当区分收益性支出和资本性支出。收益性支出在发生当期直接扣除;资本性支出应当分期扣除或者计入有关资产成本,不得在发生当期直接扣除。除《中华人民共和国企业所得税法》和本条例另有规定外,企业实际发生的成本、费用、税金、损失和其他支出,不得重复扣除。

融资租入固定资产应计提折旧处理;企业之间支付的管理费不得税前扣除。

**58.** 下列关于资产损失的说法中,正确的有(　　　)。

    A. 商业零售企业存货因零星失窃、报废、废弃、过期、破损、腐败、鼠咬、顾客退换货等正常因素形成的损失,为存货正常损失,准予按会计科目进行归类、汇总,然后再将汇总数据以清单的形式进行企业所得税纳税申报,同时出具损失情况分析报告

    B. 商业零售企业存货因风、火、雷、震等自然灾害,仓储、运输失事,重大案件等非正常因素形成的损失,为存货非正常损失,应当以专项申报形式进行企业所得税纳税申报

    C. 存货单笔(单项)损失超过300万元的,无论何种因素形成的,均应以专项申报方式进行企业所得税纳税申报

    D. 企业因国务院决定事项形成的资产损失,应以专项申报的方式向主管税务机关申报扣除

【答案】 ABD

【解析】《国家税务总局关于商业零售企业存货损失税前扣除问题的公告》(国家税务总局公告2014年第3号)规定:(1)商业零售企业存货因零星失窃、报废、废弃、过期、破损、腐败、鼠咬、顾客退换货等正常因素形成的损失,为存货正常损失,准予按会计科目进行归类、汇总,然后再将汇总数据以清单的形式进行企业所得税纳税申报,同时出具损失情况分析报告;(2)商业零售企业存货因风、火、雷、震等自然灾害,仓储、运输失事,重大案件等非正常因素形成的损失,为存货非正常损失,应当以专项申报形式进行企业所得税纳税申报;(3)存货单笔(单项)损失超过500万元的,无论何种因素形成的,均应以专项申报方式进行企业所得税纳税申报。

《国家税务总局关于企业因国务院决定事项形成的资产损失税前扣除问题的公告》(国家税务总局公告2014年第18号)规定,企业因国务院决定事项形成的资产损失,应以专项申报的方式向主管税务机关申报扣除。

**59.** 金融企业涉农贷款、中小企业贷款逾期1年以上,经追索无法收回,应依据涉农贷款、中小企业贷款分类证明,按下列规定计算确认贷款损失进行税前扣除(　　　)。

    A. 单户贷款余额100万元至200万元(含200万元)的,企业可自行计算确认损失进行税前扣除

    B. 单户贷款余额不超过300万元(含300万元)的,应依据向借款人和担保人的有关原始追索记录(包括司法追索、电话追索、信件追索和上门追索等原始记录之一,并由经办人和负责人共同签章确认),计算确认损失进行税前扣除

    C. 单户贷款余额超过300万元至1000万元(含1000万元)的,应依据有关原始追索

记录(应当包括司法追索记录,并由经办人和负责人共同签章确认),计算确认损失进行税前扣除

    D. 单户贷款余额超过 1 000 万元的,仍按《国家税务总局关于发布〈企业资产损得税税前扣除管理办法〉的公告》(国家税务总局公告 2011 年第 25 号)有关规定计算确认损失进行税前扣除

【答案】 BCD

【解析】 《国家税务总局关于金融企业涉农贷款和中小企业贷款损失税前扣除问题的公告》(国家税务总局公告 2015 年第 25 号)规定,金融企业涉农贷款、中小企业贷款逾期 1 年以上,经追索无法收回,应依据涉农贷款、中小企业贷款分类证明,按下列规定计算确认贷款损失进行税前扣除:(1)单户贷款余额不超过 300 万元(含 300 万元)的,应依据向借款人和担保人的有关原始追索记录(包括司法追索、电话追索、信件追索和上门追索等原始记录之一,并由经办人和负责人共同签章确认),计算确认损失进行税前扣除;(2)单户贷款余额超过 300 万元至 1 000 万元(含 1 000 万元)的,应依据有关原始追索记录(应当包括司法追索记录,并由经办人和负责人共同签章确认),计算确认损失进行税前扣除;(3)单户贷款余额超过 1 000 万元的,仍按《国家税务总局关于发布〈企业资产损失所得税税前扣除管理办法〉的公告》(国家税务总局公告 2011 年第 25 号)有关规定计算确认损失进行税前扣除。

**60.** 企业发生的以下支出,在计算应纳税所得额时,准予扣除的有(　　)。

    A. 存货跌价准备

    B. 科技开发费

    C. 企业内营业机构之间支付的租金和特许权使用费

    D. 已实际支出并提供证明资料的会议费

【答案】 BD

【解析】 《中华人民共和国企业所得税法》第 8 条、第 10 条规定,企业实际发生的与取得收入有关的、合理的支出,包括成本、费用、税金、损失和其他支出,准予在计算应纳税所得额时扣除。在计算应纳税所得额时,下列支出不得扣除,未经核定的准备金支出。

    《中华人民共和国企业所得税法实施条例》第 55 条、第 49 条规定,《中华人民共和国企业所得税法》第 10 条第 7 项所称未经核定的准备金支出,是指不符合国务院财政、税务主管部门规定的各项资产减值准备、风险准备等准备金支出。企业之间支付的管理费、企业内营业机构之间支付的租金和特许权使用费,以及非银行企业内营业机构之间支付的利息,不得扣除。

**61.** 固定资产不得计算折旧扣除的情形有(　　)。

    A. 房屋、建筑物以外未投入使用的固定资产

    B. 以融资租赁方式租入的固定资产

    C. 单独估价作为固定资产入账的土地

    D. 已足额提取折旧仍继续使用的固定资产

    E. 与经营活动无关的固定资产

【答案】 ACDE

【解析】《中华人民共和国企业所得税法》第 11 条规定,资产不得计算折旧扣除的情形:(1)房屋、建筑物以外未投入使用的固定资产;(2)以经营租赁方式租入的固定资产;(3)以融资租赁方式租出的固定资产;(4)已足额提取折旧仍继续使用的固定资产;(5)与经营活动无关的固定资产;(6)单独估价作为固定资产入账的土地;(7)其他不得计算折旧扣除的固定资产。

**62.** 无形资产不得计算摊销费用扣除的情形有(    )。

  A. 自行开发的支出已在计算应纳税所得额时扣除的无形资产

  B. 外购的商誉

  C. 自创商誉

  D. 与经营活动无关的无形资产

【答案】 ACD

【解析】《中华人民共和国企业所得税法》第 12 条规定,无形资产不得计算摊销费用扣除的情形:(1)自行开发的支出已在计算应纳税所得额时扣除的无形资产;(2)自创商誉;(3)与经营活动无关的无形资产;(4)其他不得计算摊销费用扣除的无形资产。

**63.** 企业在计算企业所得税税前据实扣除有(    )。

  A. 财产保险费用     B. 低值易耗品摊销

  C. 补充养老保险费    D. 职工福利费

  E. 业务招待费

【答案】 AB

【解析】《财政部　国家税务总局关于补充养老保险费补充医疗保险费有关企业所得税政策问题的通知》(财税〔2009〕27 号)规定,自 2008 年 1 月 1 日起,企业根据国家有关政策规定,为在本企业任职或者受雇的全体员工支付的补充养老保险费、补充医疗保险费,分别在不超过职工工资总额 5% 标准内的部分,在计算应纳税所得额时准予扣除;超过的部分,不予扣除。

《中华人民共和国企业所得税法实施条例》第 40 条规定,企业发生的职工福利费支出,不超过工资、薪金总额 14% 的部分,准予扣除。第 43 条规定,企业发生的与生产经营活动有关的业务招待费支出,按照发生额的 60% 扣除,但最高不得超过当年销售(营业)收入的 5‰。

**64.** 下列关于固定资产计税基础的说法中,正确的有(    )。

  A. 外购的固定资产,以购买价款和支付的相关税费以及直接归属于使该资产达到预定用途发生的其他支出为计税基础

  B. 自行建造的固定资产,以竣工结算前发生的支出为计税基础

  C. 融资租入的固定资产,以租赁合同约定的付款总额和承租人在签订租赁合同过程中发生的相关费用为计税基础,租赁合同未约定付款总额的,以该资产的账面价值和承租人在签订租赁合同过程中发生的相关费用为计税基础

  D. 盘盈的固定资产,以同类固定资产的重置完全价值为计税基础

  E. 通过捐赠、投资、非货币性资产交换、债务重组等方式取得的固定资产,以该资产

的公允价值和支付的相关税费为计税基础

**【答案】** ABDE

**【解析】**《中华人民共和国企业所得税法实施条例》第 58 条规定,融资租入的固定资产,以租赁合同约定的付款总额和承租人在签订租赁合同过程中发生的相关费用为计税基础,租赁合同未约定付款总额的,以该资产的公允价值和承租人在签订租赁合同过程中发生的相关费用为计税基础。

**65.** 除国务院财政、税务主管部门另有规定外,下列关于固定资产计算折旧的最低年限的说法中,正确的有( )。

    A. 房屋、建筑物,为 20 年

    B. 飞机、火车、轮船、机器、机械和其他生产设备,为 8 年

    C. 与生产经营活动有关的器具、工具、家具等,为 5 年

    D. 飞机、火车、轮船以外的运输工具,为 4 年

    E. 电子设备,为 3 年

**【答案】** ACDE

**【解析】**《中华人民共和国企业所得税法实施条例》第 60 条规定,除国务院财政、税务主管部门另有规定外,固定资产计算折旧的最低年限如下:(1)房屋、建筑物,为 20 年;(2)飞机、火车、轮船、机器、机械和其他生产设备,为 10 年;(3)与生产经营活动有关的器具、工具、家具等,为 5 年;(4)飞机、火车、轮船以外的运输工具,为 4 年;(5)电子设备,为 3 年。

**66.** 固定资产的大修理支出,是指同时符合的条件支出有( )。

    A. 修理支出达到取得固定资产时的计税基础 50% 以上

    B. 修理后固定资产的使用年限延长 2 年以上

    C. 修理后固定资产的使用年限延长 3 年以上

    D. 修理支出,是指改变房屋或者建筑物结构、延长使用年限等发生的支出

**【答案】** AB

**【解析】**《中华人民共和国企业所得税法实施条例》第 68 条规定,《中华人民共和国企业所得税法》第 13 条第 1 项和第 2 项所称固定资产的改建支出,是指改变房屋或者建筑物结构、延长使用年限等发生的支出。第 69 条规定,固定资产的大修理支出,是指同时符合下列条件的支出:(1)修理支出达到取得固定资产时的计税基础 50% 以上;(2)修理后固定资产的使用年限延长 2 年以上。

**67.** 下列方法中,属于存货计税基础的有( )。

    A. 通过支付现金方式取得的存货,以购买价款和支付的相关税费为成本

    B. 通过支付现金以外的方式取得的存货,以该存货的公允价值和支付的相关税费为成本

    C. 生产性生物资产收获的农产品,以产出或者采收过程中发生的材料费、人工费和分摊的间接费用等必要支出为成本

    D. 以赊销方式购入存货以合同约定价格确定其成本

**【答案】** ABC

【解析】《中华人民共和国企业所得税法实施条例》第72条规定,存货按照以下方法确定成本:(1)通过支付现金方式取得的存货,以购买价款和支付的相关税费为成本;(2)通过支付现金以外的方式取得的存货,以该存货的公允价值和支付的相关税费为成本;(3)生产性生物资产收获的农产品,以产出或者采收过程中发生的材料费、人工费和分摊的间接费用等必要支出为成本。

**68.** 企业适合一般性重组,下列关于债务重组处理相关交易的说法中,正确的有( )。

　　A. 以非货币资产清偿债务,应当分解为转让相关非货币性资产、按非货币性资产公允价值清偿债务两项业务,确认相关资产的所得或损失

　　B. 发生债权转股权的,应当分解为债务清偿和股权投资两项业务,确认有关债务清偿所得或损失

　　C. 债务人应当按照支付的债务清偿额低于债务计税基础的差额,确认债务重组所得;债权人应当按照收到的债务清偿额低于债权计税基础的差额,确认债务重组损失

　　D. 企业债务重组确认的应纳税所得额占该企业当年应纳税所得额50%以上,可以在5个纳税年度的期间内,均匀计入各年度的应纳税所得额

【答案】　ABC

【解析】《财政部　国家税务总局关于企业重组业务企业所得税处理若干问题的通知》(财税〔2009〕59号)规定,企业适用特殊性税务处理,企业债务重组确认的应纳税所得额占该企业当年应纳税所得额50%以上,可以在5个纳税年度的期间内,均匀计入各年度的应纳税所得额。一般性重组不得分摊。

**69.** 合伙企业的合伙人确定应纳税所得额按照的原则,下列说法中,正确的有( )。

　　A. 合伙企业的合伙人以合伙企业的生产经营所得和其他所得,按照合伙协议约定的分配比例确定应纳税所得额

　　B. 合伙协议未约定或者约定不明确的,以全部生产经营所得和其他所得,按照合伙人协商决定的分配比例确定应纳税所得额

　　C. 协商不成的,以全部生产经营所得和其他所得,按照合伙人当年利润总额比例确定应纳税所得额

　　D. 无法确定出资比例的,以全部生产经营所得和其他所得,按照合伙人数量平均计算每个合伙人的应纳税所得额

【答案】　ABD

【解析】《财政部　国家税务总局关于合伙企业合伙人所得税问题的通知》(财税〔2008〕159号)规定,合伙企业的合伙人按照下列原则确定应纳税所得额:(1)合伙企业的合伙人以合伙企业的生产经营所得和其他所得,按照合伙协议约定的分配比例确定应纳税所得额;(2)合伙协议未约定或者约定不明确的,以全部生产经营所得和其他所得,按照合伙人协商决定的分配比例确定应纳税所得额;(3)协商不成的,以全部生产经营所得和其他所得,按照合伙人实缴出资比例确定应纳税所得额;(4)无法确定出资比例的,以全部生产经营所得和其他所得,按照合伙人数量平均计算每个合伙人的应纳税所得额。合伙协议不得约定

将全部利润分配给部分合伙人。

**70.** 不可以抵免境外已缴纳税款的情形有（　　　）。

A. 按照境外所得税法律及相关规定属于错缴或错征的境外所得税税款

B. 按照税收协定规定应征收的境外所得税税款

C. 因少缴或迟缴境外所得税而追加的利息、滞纳金或罚款

D. 境外所得税纳税人或者其利害关系人从境外征税主体得到实际返还或补偿的境外所得税税款

E. 按照我国企业所得税法及其实施条例规定，已经免征我国企业所得税的境外所得负担的境外所得税税款

【答案】　ACDE

【解析】　《财政部　国家税务总局关于企业境外所得税收抵免有关问题的通知》（财税〔2009〕125号）规定，可抵免境外所得税税额，是指企业来源于中国境外的所得依照中国境外税收法律以及相关规定应当缴纳并已实际缴纳的企业所得税性质的税款。但不包括：（1）按照境外所得税法律及相关规定属于错缴或错征的境外所得税税款；（2）按照税收协定规定不应征收的境外所得税税款；（3）因少缴或迟缴境外所得税而追加的利息、滞纳金或罚款；（4）境外所得税纳税人或者其利害关系人从境外征税主体得到实际返还或补偿的境外所得税税款；（5）按照我国《中华人民共和国企业所得税法》及其实施条例规定，已经免征我国企业所得税的境外所得负担的境外所得税税款；（6）按照国务院财政、税务主管部门有关规定已经从企业境外应纳税所得额中扣除的境外所得税税款。

**71.** 下列企业中，应进行清算的所得税处理的有（　　　）。

A. 按《公司法》《企业破产法》等规定需要进行清算的企业

B. 按税法等规定转非正常户的企业

C. 企业重组中需要按清算处理的企业

D. 核定征收企业的注销

【答案】　ACD

【解析】　根据《财政部　国家税务总局关于企业清算业务企业所得税处理若干问题的通知》（财税〔2009〕60号）的规定，下列企业应进行清算的所得税处理：（1）《中华人民共和国公司法》《中华人民共和国企业破产法》等规定需要进行清算的企业（即公司除特殊原因合并或分立而解散外，其余原因引起的解散，均须经过清算程序）；（2）企业重组中需要按清算处理的企业（视同清算）。不符合《财政部　国家税务总局关于企业重组业务企业所得税处理若干问题的通知》规定的适用特殊税务处理原则的重组业务，如企业由法人转变为个人独资企业、合伙企业、个体工商户等非法人组织或将登记注册地转移至中华人民共和国境外（包括港澳台地区）；不适用特殊性税务处理的企业合并、分立等，改组企业不需要履行上述清算程序，但需要视同清算进行所得税处理。

**72.** 企业清算的所得税处理包括（　　　）。

A. 全部资产均应按可变现价值或交易价格，确认资产转让所得或损失

B. 确认债权清理、债务清偿的所得或损失

C. 改变持续经营核算原则,对预提或待摊性质的费用进行处理

D. 确定清算所得,但应当划分正常经营所得与清算所得,不得弥补以前年度的亏损

E. 计算并缴纳清算所得税

【答案】 ABCE

【解析】 根据《财政部 国家税务总局关于企业清算业务企业所得税处理若干问题的通知》(财税〔2009〕60号)的规定,企业清算的所得税处理包括以下内容:(1)全部资产均应按可变现价值或交易价格,确认资产转让所得或损失;(2)确认债权清理、债务清偿的所得或损失;(3)改变持续经营核算原则,对预提或待摊性质的费用进行处理;(4)依法弥补亏损,确定清算所得;(5)计算并缴纳清算所得税;(6)确定可向股东分配的剩余财产、应付股息等。

**73.** 企业享受优惠事项采取的办理方式为( )。

A. 税务机关审批　　　　　　　　　B. 自行判别

C. 申报享受　　　　　　　　　　　D. 相关资料留存备查

【答案】 BCD

【解析】《国家税务总局关于发布修订后的〈企业所得税优惠政策事项办理办法〉的公告》(国家税务总局公告2018年第23号)规定,企业享受优惠事项采取"自行判别、申报享受、相关资料留存备查"的办理方式。企业应当根据经营情况以及相关税收规定自行判断是否符合优惠事项规定的条件,符合条件的可以按照《企业所得税优惠事项备案管理目录》列示的时间自行计算减免税额,并通过填报企业所得税纳税申报表享受税收优惠。

**74.** 企业对享受优惠事项留存备查资料的( )承担法律责任。

A. 合理性　　　　B. 合法性　　　　C. 真实性　　　　D. 相关性

【答案】 BC

【解析】《国家税务总局关于发布修订后的〈企业所得税优惠政策事项办理办法〉的公告》(国家税务总局公告2018年第23号)规定,企业对优惠事项留存备查资料的真实性、合法性承担法律责任。

**75.** 企业享受优惠事项后,哪些企业必须在完成年度汇算清缴后,按照《目录》"后续管理要求"项目中列示的清单向税务机关提交资料,上述所说的企业有( )。

A. 集成电路生产企业　　　　　　　B. 集成电路设计企业

C. 软件企业　　　　　　　　　　　D. 高新技术企业

【答案】 ABC

【解析】《国家税务总局关于发布修订后的〈企业所得税优惠政策事项办理办法〉的公告》(国家税务总局公告2018年第23号)规定,企业享受优惠事项后,税务机关将适时开展后续管理。在后续管理时,企业应当根据税务机关管理服务的需要,按照规定的期限和方式提供留存备查资料,以证实享受优惠事项符合条件。其中,享受集成电路生产企业、集成电路设计企业、软件企业、国家规划布局内的重点软件企业和集成电路设计企业等优惠事项的企业,应当在完成年度汇算清缴后,按照《企业所得税优惠事项管理目录(2017版)》"后续管理要求"项目中列示的清单向税务机关提交资料。

**76.** 在计算企业所得税时不得扣除的项目有( )。

A. 为企业子女入托支付给幼儿园的赞助支出

B. 利润分红支出

C. 企业违反销售协议被采购方索取的罚款

D. 违反食品卫生法被政府处以的罚款

【答案】　ABD

【解析】　《中华人民共和国企业所得税法》规定,在计算应纳税所得额时,下列支出不得扣除:(1)向投资者支付的股息、红利等权益性投资收益款项;(2)企业所得税税款;(3)税收滞纳金;(4)罚金、罚款和被没收财物的损失;(5)本法第9条规定以外的捐赠支出;(6)赞助支出;(7)未经核定的准备金支出;(8)与取得收入无关的其他支出。

**77.** 下列非营利组织取得的收入中,为免税收入的有(　　)。

A. 接受其他单位或者个人捐赠的收入

B. 除《中华人民共和国企业所得税法》第7条规定的财政拨款以外的其他政府补助收入,包括因政府购买服务取得的收入

C. 按照各级民政、财政部门规定收取的会费

D. 不征税收入和免税收入孳生的银行存款利息收入

【答案】　AD

【解析】　《财政部　国家税务总局关于非营利组织企业所得税免税收入问题的通知》(财税〔2009〕122号)规定,免税收入的范围:(1)接受其他单位或者个人捐赠的收入;(2)除《中华人民共和国企业所得税法》第7条规定的财政拨款以外的其他政府补助收入,但不包括因政府购买服务取得的收入;(3)按照省级以上民政、财政部门规定收取的会费;(4)不征税收入和免税收入孳生的银行存款利息收入;(5)财政部、国家税务总局规定的其他收入。

**78.** 享受减免企业所得税优惠的技术转让应符合的条件有(　　)。

A. 享受优惠的技术转让主体是企业所得税法规定的企业

B. 技术转让包括转让专利技术、计算机软件著作权、集成电路布图设计权、植物新品种、生物医药新品种

C. 境内技术转让经省级以上商务部门认定

D. 向境外转让技术经省级以上科技部门认定

E. 技术转让应签订技术转让合同

【答案】　BE

【解析】　《国家税务总局关于技术转让所得减免企业所得税有关问题的通知》(国税函〔2009〕212号)和《财政部　国家税务总局关于居民企业技术转让有关企业所得税政策问题的通知》(财税〔2010〕111号)规定,享受减免企业所得税优惠的技术转让应符合以下条件:(1)享受优惠的技术转让主体是企业所得税法规定的居民企业。(2)技术转让属于财政部、国家税务总局规定的范围。①技术转让的范围,包括居民企业转让专利技术、计算机软件著作权、集成电路布图设计权、植物新品种、生物医药新品种,以及财政部和国家税务总局确定的其他技术。②技术转让,是指居民企业转让其拥有符合《财政部　国家税务总局关于居民企业技术转让有关企业所得税政策问题的通知》第1条规定技术的所有权或5年以上(含5

年)全球独占许可使用权的行为。(3)境内技术转让经省级以上科技部门认定。(4)向境外转让技术经省级以上商务部门认定。(5)国务院税务主管部门规定的其他条件。

**79.** 下列保险支出中,可以在企业所得税税前列支的有( )。

  A. 政府规定标准的基本养老保险基金支出

  B. 政府规定标准的补充养老保险基金支出

  C. 职工家庭保险费用支出

  D. 企业货物保险支出

【答案】 AD

【解析】《中华人民共和国企业所得税法实施条例》第36条规定,除企业依照国家有关规定为特殊工种职工支付的人身安全保险费和国务院财政、税务主管部门规定可以扣除的其他商业保险费外,企业为投资者或者职工支付的商业保险费,不得扣除。

**80.** 高新技术企业要求企业近3个会计年度(实际经营期不满3年的按实际经营时间计算,下同)的研究开发费用总额占同期销售收入总额的比例应符合的要求有( )。

  A. 最近1年销售收入小于5 000万元(含)的企业,比例不低于6%

  B. 最近1年销售收入在5 000万元至2亿元(含)的企业,比例不低于4%

  C. 最近1年销售收入在2亿元以上的企业,比例不低于3%

  D. 企业在中国境内发生的研究开发费用总额占全部研究开发费用总额的比例不低于60%

【答案】 BCD

【解析】《科技部 财政部 国家税务总局关于修订印发〈高新技术企业认定管理办法〉的通知》(国科发火〔2016〕32号)规定,企业近3个会计年度(实际经营期不满3年的按实际经营时间计算,下同)的研究开发费用总额占同期销售收入总额的比例符合如下要求:(1)最近1年销售收入小于5 000万元(含)的企业,比例不低于5%;(2)最近1年销售收入在5 000万元至2亿元(含)的企业,比例不低于4%;(3)最近1年销售收入在2亿元以上的企业,比例不低于3%。

其中,企业在中国境内发生的研究开发费用总额占全部研究开发费用总额的比例不低于60%。

**81.** 高新技术企业研究开发费用的归集范围包括( )。

  A. 人员人工费用,包括企业科技人员的工资薪金、基本养老保险费、基本医疗保险费、失业保险费、工伤保险费、生育保险费和住房公积金,以及外聘科技人员的劳务费用

  B. 直接投入费用,包括:直接消耗的材料、燃料和动力费用;用于中间试验和产品试制的模具、工艺装备开发及制造费,不构成固定资产的样品、样机及一般测试手段购置费,试制产品的检验费

  C. 折旧费用与长期待摊费用,包括研究开发活动的仪器、设备折旧费,但不包含在用建筑物的折旧费

  D. 无形资产摊销费用包括用于研究开发活动的软件、知识产权、非专利技术(专有技

术、许可证、设计和计算方法等)的摊销费用

【答案】　ABD

【解析】　根据《高新技术企业认定管理工作指引》(国科发火〔2016〕195 号附件)的规定,高新技术企业认定归集折旧费用与长期待摊费用包括用于研究开发活动的仪器、设备和在用建筑物的折旧费。长期待摊费用是指研发设施的改建、改装、装修和修理过程中发生的长期待摊费用。

**82.** 已认定的高新技术企业有下列行为之一的,由认定机构取消其高新技术企业资格的有(　　)。

  A. 在申请认定过程中存在严重弄虚作假行为的

  B. 发生重大安全、重大质量事故或有严重环境违法行为的

  C. 存在重大偷漏税嫌疑的

  D. 未按期报告与认定条件有关重大变化情况,或累计两年未填报年度发展情况报表的

【答案】　ABD

【解析】　根据《科技部　财政部　国家税务总局关于修订印发〈高新技术企业认定管理办法〉的通知》(国科发火〔2016〕32 号)第 19 条的规定,已认定的高新技术企业有下列行为之一的,由认定机构取消其高新技术企业资格:(1)在申请认定过程中存在严重弄虚作假行为的;(2)发生重大安全、重大质量事故或有严重环境违法行为的;(3)未按期报告与认定条件有关重大变化情况,或累计两年未填报年度发展情况报表的。

**83.** 不适用研究开发费用税前加计扣除政策的行业有(　　)。

  A. 烟草制造业　　　　　　　　B. 住宿和餐饮业

  C. 批发和零售业　　　　　　　　D. 房地产业

  E. 生物制药业

【答案】　ABCD

【解析】　《财政部　国家税务总局　科技部关于完善研究开发费用税前加计扣除政策的通知》(财税〔2015〕119 号)规定,不适用税前加计扣除政策的行业:(1)烟草制造业;(2)住宿和餐饮业;(3)批发和零售业;(4)房地产业;(5)租赁和商务服务业;(6)娱乐业;(7)财政部和国家税务总局规定的其他行业。

**84.** 在计算企业所得税应纳税所得额时允许加计扣除的有(　　)。

  A. 企业安置残疾人员工资

  B. 高新技术企业发生的研发费用

  C. 中小型科技企业发生的研发费用

  D. 烟草制造企业发生的研发费用

【答案】　ABC

【解析】　《中华人民共和国企业所得税法》第 30 条规定,安置残疾人员及国家鼓励安置的其他就业人员所支付的工资,可以在计算应纳税所得额时加计扣除。

  《中华人民共和国企业所得税法》及其实施条例、《财政部　国家税务总局　科技部关于

完善研究开发费用税前加计扣除政策的通知》(财税〔2015〕119号)规定,研究开发费用可税前加计扣除。

**85.** 企业享受安置残疾职工工资100％加计扣除应同时具备的条件有(    )。

　　A. 依法与安置的每位残疾人签订了3年以上(含3年)的劳动合同或服务协议,并且安置的每位残疾人在企业实际上岗工作

　　B. 为安置的每位残疾人按月足额缴纳了企业所在区县人民政府根据国家政策规定的基本养老保险、基本医疗保险、失业保险和工伤保险等社会保险

　　C. 定期通过银行等金融机构向安置的每位残疾人实际支付了不低于企业所在区县适用的经省级人民政府批准的最低工资标准的工资

　　D. 具备安置残疾人上岗工作的基本设施

【答案】 BCD

【解析】 《财政部　国家税务总局关于安置残疾人员就业有关企业所得税优惠政策问题的通知》(财税〔2009〕70号)规定,企业享受安置残疾职工工资100％加计扣除应同时具备如下条件:(1)依法与安置的每位残疾人签订了1年以上(含1年)的劳动合同或服务协议,并且安置的每位残疾人在企业实际上岗工作。(2)为安置的每位残疾人按月足额缴纳了企业所在区县人民政府根据国家政策规定的基本养老保险、基本医疗保险、失业保险和工伤保险等社会保险。(3)定期通过银行等金融机构向安置的每位残疾人实际支付了不低于企业所在区县适用的经省级人民政府批准的最低工资标准的工资。(4)具备安置残疾人上岗工作的基本设施。

**86.** 企业在2018年1月1日至2023年12月31日新购进的设备、器具,单位价值不超过500万元的,允许一次性计入当期成本费用在计算应纳税所得额时扣除,不再分年度计算折旧,固定资产购进时点确认原则说法正确的有(    )。

　　A. 以货币形式购进的固定资产,除采取分期付款或赊销方式购进外,按固定资产到货时间确认

　　B. 以分期付款或赊销方式购进的固定资产,按发票开具时间确认

　　C. 自行建造的固定资产,按竣工结算时间确认

　　D. 固定资产在投入使用月份的次月所属年度一次性税前扣除

　　E. 企业选择享受一次性税前扣除政策的,其资产的税务处理可与会计处理不一致

【答案】 CDE

【解析】 《国家税务总局关于设备、器具扣除有关企业所得税政策执行问题的公告》(国家税务总局公告2018年第46号)规定,企业在2018年1月1日至2020年12月31日新购进的设备、器具,单位价值不超过500万元的,允许一次性计入当期成本费用在计算应纳税所得额时扣除,不再分年度计算折旧(以下简称一次性税前扣除政策)。固定资产购进时点按以下原则确认:(1)以货币形式购进的固定资产,除采取分期付款或赊销方式购进外,按发票开具时间确认;(2)以分期付款或赊销方式购进的固定资产,按固定资产到货时间确认;(3)自行建造的固定资产,按竣工结算时间确认。固定资产在投入使用月份的次月所属年度一次性税前扣除。企业选择享受一次性税前扣除政策的,其资产的税务处理可与会计处理

不一致。另外,根据《财政部 税务总局关于延长部分优惠政策执行期限的公告》(财政部 税务总局公告 2021 年第 6 号)的规定,该政策执行期限延长至 2023 年 12 月 31 日。

**87.** 关于执行资源综合利用企业所得税优惠政策,下列说法正确的有( )。

    A. 在《资源综合利用企业所得税优惠目录》生产的产品符合国家或行业相关标准,收入减按 90% 计入当年收入总额

    B. 兼营非资源综合利用收入,企业可自行选择核算方法

    C. 企业从事不符合实施条例和《资源综合利用企业所得税优惠目录》规定范围、条件和技术标准的项目,不得享受资源综合利用企业所得税优惠政策

    D. 企业同时从事其他项目而取得的非资源综合利用收入,应与资源综合利用收入分开核算,没有分开核算的,不得享受优惠政策

【答案】 ACD

【解析】 根据《财政部 国家税务总局关于执行资源综合利用企业所得税优惠目录有关问题的通知》(财税〔2008〕47 号)的规定,在《资源综合利用企业所得税优惠目录》生产的产品符合国家或行业相关标准,收入减按 90% 计入当年收入总额。兼营非资源综合利用收入,必须分开核算。企业同时从事其他项目而取得的非资源综合利用收入,应与资源综合利用收入分开核算,没有分开核算的,不得享受优惠政策。企业从事不符合实施条例和《目录》规定范围、条件和技术标准的项目,不得享受资源综合利用企业所得税优惠政策。

**88.** 企业购置环境保护专用设备投资额,是指购买专用设备发票价税合计价格,但不包括的费用有( )。

    A. 允许抵扣增值税进项税额     B. 退还的增值税税款

    C. 设备运输费     D. 设备安装和调试费

【答案】 ABCD

【解析】 《财政部 国家税务总局关于执行环境保护专用设备企业所得税优惠目录、节能节水专用设备企业所得税优惠目录和安全生产专用设备企业所得税优惠目录有关问题的通知》(财税〔2008〕48 号)规定,(1)按专用设备投资额的 10% 抵免当年税额,不足抵免的,结转期限为 5 年。企业自 2008 年 1 月 1 日起购置并实际使用列入《目录》范围内的环境保护、节能节水和安全生产专用设备,可以按专用设备投资额的 10% 抵免当年企业所得税应纳税额;企业当年应纳税额不足抵免的,可以向以后年度结转,但结转期不得超过 5 个纳税年度。(2)专用设备投资额的确定。专用设备投资额,是指购买专用设备发票价税合计价格,但不包括按有关规定退还的增值税税款以及设备运输、安装和调试等费用。

**89.** 自 2018 年 1 月 1 日起至 2023 年 12 月 31 日止,下列对中国保险保障基金有限责任公司根据《保险保障基金管理办法》取得的收入中,免征企业所得税( )。

    A. 境内保险公司依法缴纳的保险保障基金

    B. 依法从撤销或破产保险公司清算财产中获得的受偿收入和向有关责任方追偿所得,以及依法从保险公司风险处置中获得的财产转让所得

    C. 接受捐赠收入

    D. 银行存款利息收入

E. 购买政府债券、中央银行、中央企业和中央级金融机构发行债券的利息收入

【答案】 ABCDE

【解析】 《财政部 税务总局关于保险保障基金有关税收政策问题的通知》(财税〔2018〕41号)规定,取得的下列收入,免征企业所得税:(1)境内保险公司依法缴纳的保险保障基金;(2)依法从撤销或破产保险公司清算财产中获得的受偿收入和向有关责任方追偿所得,以及依法从保险公司风险处置中获得的财产转让所得;(3)接受捐赠收入;(4)银行存款利息收入;(5)购买政府债券、中央银行、中央企业和中央级金融机构发行债券的利息收入;(6)国务院批准的其他资金运用取得的收入。

根据《财政部 国家税务总局关于延长部分税收优惠政策执行期限的公告》(财政部 税务总局公告2021年第6号)的规定,(财税〔2018〕41号)税收优惠政策执行期限延长至2023年12月31日。

**90.** 按照现行企业所得税的规定,下列企业实际发生的存货损失中,按税务管理方式可自行计算扣除的有( )。

　　A. 正常经营中销售存货发生的资产损失

　　B. 存货盘亏损失

　　C. 存货的正常损耗

　　D. 存货被盗损失

【答案】 AC

【解析】 《企业资产损失所得税税前扣除管理办法》(国家税务总局公告2011年第25号)第9条规定,下列资产损失,应以清单申报的方式向税务机关申报扣除:(1)企业在正常经营管理活动中,按照公允价格销售、转让、变卖非货币资产的损失;(2)企业各项存货发生的正常损耗;(3)企业固定资产达到或超过使用年限而正常报废清理的损失;(4)企业生产性生物资产达到或超过使用年限而正常死亡发生的资产损失;(5)企业按照市场公平交易原则,通过各种交易场所、市场等买卖债券、股票、期货、基金以及金融衍生产品等发生的损失。

**91.** 下列收入中,适合企业所得税减计收入的有( )。

　　A. 金融机构对农户贷款取得的利息收入

　　B. 金融机构取得农户小额贷款利息收入

　　C. 保险公司为种植业、养殖业提供保险业务取得保费收入

　　D. 对境外机构投资境内债券市场取得的债券利息收入

【答案】 BC

【解析】 《财政部 国家税务总局关于延续支持农村金融发展有关税收政策的通知》(财税〔2017〕44号)规定,金融机构取得农户小额贷款利息收入的税收优惠政策。自2017年1月1日至2019年12月31日,对金融机构农户小额贷款的利息收入,在计算应纳税所得额时,按90%计入收入总额。保险公司为种植业、养殖业提供保险业务取得保费收入的税收优惠政策。自2017年1月1日至2019年12月31日,对保险公司为种植业、养殖业提供保险业务取得的保费收入,在计算应纳税所得额时,按90%计入收入总额。

《财政部 税务总局关于延续实施普惠金融有关税收优惠政策的公告》(财政部 国家税

务总局公告 2020 年第 22 号)将《财政部　国家税务总局关于延续支持农村金融发展有关税收政策的通知》(财税〔2017〕44 号)中规定于 2019 年 12 月 31 日执行到期的税收优惠政策,实施期限延长至 2023 年 12 月 31 日。

**92.** 税务机关实施特别纳税调查,应当重点关注具有以下风险特征的企业有(　　)。

　　A. 关联交易金额较大或者类型较多

　　B. 存在长期亏损、微利或者跳跃性盈利

　　C. 低于同行业利润水平

　　D. 与低税国家(地区)发生交易

　　E. 利润水平与其所承担的功能风险不相匹配,或者分享的收益与分摊的成本不相配比

**【答案】**　ABCE

**【解析】**《国家税务总局关于发布〈特别纳税调查调整及相互协商程序管理办法〉的公告》(税务总局公告 2017 年第 6 号)规定,企业要求税务机关确认关联交易定价原则和方法等特别纳税调整事项的,税务机关应当启动特别纳税调查程序。税务机关实施特别纳税调查,应当重点关注具有以下风险特征的企业:(1)关联交易金额较大或者类型较多;(2)存在长期亏损、微利或者跳跃性盈利;(3)低于同行业利润水平;(4)利润水平与其所承担的功能风险不相匹配,或者分享的收益与分摊的成本不相配比;(5)与低税国家(地区)关联方发生关联交易;(6)未按照规定进行关联申报或者准备同期资料;(7)从其关联方接受的债权性投资与权益性投资的比例超过规定标准;(8)由居民企业,或者由居民企业和中国居民控制的设立在实际税负低于 12.5% 的国家(地区)的企业,并非由于合理的经营需要而对利润不作分配或者减少分配;(9)实施其他不具有合理商业目的的税收筹划或者安排。

**93.** 非居民企业可不参加当年度的所得税汇算清缴的情形包括(　　)。

　　A. 临时来华承包工程和提供劳务不足 1 年,在年度中间终止经营活动,且已经结清税款

　　B. 汇算清缴期内已办理注销

　　C. 被税务机关定为非正常户

　　D. 其他经主管税务机关批准可不参加当年度所得税汇算清缴

**【答案】**　ABD

**【解析】**《国家税务总局关于印发〈非居民企业所得税汇算清缴管理办法〉的通知》(国税发〔2009〕6 号)规定,企业具有下列情形之一的,可不参加当年度的所得税汇算清缴:(1)临时来华承包工程和提供劳务不足 1 年,在年度中间终止经营活动,且已经结清税款;(2)汇算清缴期内已办理注销;(3)其他经主管税务机关批准可不参加当年度所得税汇算清缴。

**94.** 下列关于非居民企业汇算清缴时限的说法中,错误的有(　　)。

　　A. 企业应当自年度终了之日起 5 个月内,向税务机关报送年度企业所得税纳税申报表,并汇算清缴,结清应缴应退税款

　　B. 企业应当自年度终了之日起 3 个月内,向税务机关报送年度企业所得税纳税申报

　　表,并汇算清缴,结清应缴应退税款

　　C. 企业在年度中间终止经营活动的,应当自实际经营终止之日起 45 日内,向税务机
　　　　关办理当期企业所得税汇算清缴

　　D. 企业在年度中间终止经营活动的,应当自实际经营终止之日起 60 日内,向税务机
　　　　关办理当期企业所得税汇算清缴

【答案】　BC

【解析】　《国家税务总局关于印发〈非居民企业所得税汇算清缴管理办法〉的通知》(国
税发〔2009〕6 号)规定,汇算清缴时限:(1)企业应当自年度终了之日起 5 个月内,向税务机
关报送年度企业所得税纳税申报表,并汇算清缴,结清应缴应退税款;(2)企业在年度中间终
止经营活动的,应当自实际经营终止之日起 60 日内,向税务机关办理当期企业所得税汇算
清缴。

　　**95.** 汇总纳税企业实行(　　　)的企业所得税征收管理办法。

　　A. 统一计算　　　　B. 分级管理　　　　C. 就地预缴　　　　D. 统一汇缴

　　E. 汇总清算

【答案】　ABCE

【解析】　《国家税务总局关于印发〈跨地区经营汇总纳税企业所得税征收管理办法〉的
公告》(国家税务总局公告 2012 年第 57 号)规定,汇总纳税企业实行"统一计算、分级管理、
就地预缴、汇总清算、财政调库"的企业所得税征收管理办法。

　　**96.** 不就地分摊缴纳企业所得税二级分支机构的有(　　　)。

　　A. 不具有主体生产经营职能,且在当地不缴纳增值税的产品售后服务、内部研发、仓
　　　　储等汇总纳税企业内部辅助性的二级分支机构

　　B. 上年度认定为小型微利企业的二级分支机构

　　C. 新设立的二级分支机构,设立当年不就地分摊缴纳企业所得税

　　D. 当年撤销的二级分支机构,自本年度年初起

　　E. 汇总纳税企业在中国境外设立的不具有法人资格的二级分支机构

【答案】　ABCE

【解析】　《国家税务总局关于印发〈跨地区经营汇总纳税企业所得税征收管理办法〉的
公告》(国家税务总局公告 2012 年第 57 号)规定,以下二级分支机构不就地分摊缴纳企业所
得税:(1)不具有主体生产经营职能,且在当地不缴纳增值税的产品售后服务、内部研发、仓
储等汇总纳税企业内部辅助性的二级分支机构,不就地分摊缴纳企业所得税;(2)上年度认
定为小型微利企业的,其二级分支机构不就地分摊缴纳企业所得税;(3)新设立的二级分支
机构,设立当年不就地分摊缴纳企业所得税;(4)当年撤销的二级分支机构,自办理注销税务
登记之日所属企业所得税预缴期间起,不就地分摊缴纳企业所得税;(5)汇总纳税企业在中
国境外设立的不具有法人资格的二级分支机构,不就地分摊缴纳企业所得税。

　　**97.** 汇总纳税企业发生的资产损失,下列说法正确的有(　　　)。

　　A. 总机构及二级分支机构发生的资产损失,除应按专项申报和清单申报的有关规定
　　　　各自向所在地主管税务机关申报外,二级分支机构还应同时上报总机构

B. 三级及以下分支机构发生的资产损失不需向所在地主管税务机关申报,应并入二级分支机构,由二级分支机构统一申报

C. 总机构对各分支机构上报的资产损失,除税务机关另有规定外,应以清单申报的形式向所在地主管税务机关申报

D. 总机构将分支机构所属资产捆绑打包转让所发生的资产损失,由总机构向所在地主管税务机关专项申报

【答案】 ABCD

【解析】《国家税务总局关于印发〈跨地区经营汇总纳税企业所得税征收管理办法〉的公告》(国家税务总局公告2012年第57号)规定:(1)总机构及二级分支机构发生的资产损失,除应按专项申报和清单申报的有关规定各自向所在地主管税务机关申报外,二级分支机构还应同时上报总机构;三级及以下分支机构发生的资产损失不需向所在地主管税务机关申报,应并入二级分支机构,由二级分支机构统一申报;(2)总机构对各分支机构上报的资产损失,除税务机关另有规定外,应以清单申报的形式向所在地主管税务机关申报;(3)总机构将分支机构所属资产捆绑打包转让所发生的资产损失,由总机构向所在地主管税务机关专项申报。二级分支机构所在地主管税务机关应对二级分支机构申报扣除的资产损失强化后续管理。

**98.** 纳税人具有下列情形之一的,核定征收企业所得税( )。

A. 依照法律、行政法规的规定可以不设置账簿的

B. 依照法律、行政法规的规定应当设置但未设置账簿的

C. 擅自销毁账簿或者拒不提供纳税资料的

D. 虽设置账簿,但账目混乱或者成本资料、收入凭证、费用凭证残缺不全,难以查账的

E. 申报的计税依据明显偏低的

【答案】 ABCD

【解析】《国家税务总局关于印发〈企业所得税核定征收办法〉(试行)的通知》(国税发〔2008〕30号)规定,纳税人具有下列情形之一的,核定征收企业所得税:(1)依照法律、行政法规的规定可以不设置账簿的;(2)依照法律、行政法规的规定应当设置但未设置账簿的;(3)擅自销毁账簿或者拒不提供纳税资料的;(4)虽设置账簿,但账目混乱或者成本资料、收入凭证、费用凭证残缺不全,难以查账的;(5)发生纳税义务,未按照规定的期限办理纳税申报,经税务机关责令限期申报,逾期仍不申报的;(6)申报的计税依据明显偏低,又无正当理由的。

**99.** 下列各项中,不适用核定征收企业所得税的情形有( )。

A. 一定规模以下的纳税人

B. 专门从事股权(股票)投资业务的企业

C. 汇总纳税企业

D. 会计、审计、资产律师、价格鉴证、公证机构、基层法律服务机构、专利代理、商标代理以及其他经济鉴证类社会中介机构

E. 银行信托投资公司、金融资产管理公司、融资租赁公司、担保公司、财务公司、典当公司等金融企业

【答案】 BCDE

【解析】《国家税务总局关于企业所得税核定征收若干问题的通知》(国税函〔2009〕377号)规定,不适用核定征收企业所得税的情形：特殊行业、特殊类型的纳税人和一定规模以上的纳税人不适用本办法。

特定纳税人包括以下类型的企业：

(1) 享受《中华人民共和国企业所得税法》及其实施条例和国务院规定的一项或几项企业所得税优惠政策的企业(不包括仅享受《中华人民共和国企业所得税法》第26条规定免税收入优惠政策的企业、第二十八条规定的符合条件的小型微利企业)。

(2) 汇总纳税企业。

(3) 上市公司。

(4) 银行、信用社、小额贷款公司、保险公司、证券公司、期货公司、信托投资公司、金融资产管理公司、融资租赁公司、担保公司、财务公司、典当公司等金融企业。

(5) 会计、审计、资产评估、税务、房地产估价、土地估价、工程造价、律师、价格鉴证、公证机构、基层法律服务机构、专利代理、商标代理以及其他经济鉴证类社会中介机构。

(6) 国家税务总局规定的其他企业。

《国家税务总局关于企业所得税核定征收有关问题的公告》(国家税务总局公告2012年第27号)规定,专门从事股权(股票)投资业务的企业,不得核定征收企业所得税。

**100.** 下列各项中,不属于企业所得税工资、薪金支出范围的有(　　)。

A. 为雇员支付集资分红的支出

B. 为雇员年终加薪的支出

C. 按规定为雇员交纳社会保险的支出

D. 为雇员提供的劳动保护费支出

【答案】 ACD

【解析】《中华人民共和国企业所得税法实施条例》规定,工资薪金,是指企业每一纳税年度支付给在本企业任职或者受雇的员工的所有现金形式或者非现金形式的劳动报酬,包括基本工资、奖金、津贴、补贴、年终加薪、加班工资以及与员工任职或者受雇有关的其他支出。

**101.** 下列关于政策性搬迁说法中,正确的有(　　)。

A. 企业搬迁的资产,简单安装或不需要安装即可继续使用的,在该项资产重新投入使用后,就其净值按《中华人民共和国企业所得税法》及其实施条例规定的该资产尚未折旧或摊销的年限,继续计提折旧或摊销

B. 企业搬迁的资产,需要进行大修理后才能重新使用的,应就该资产的净值,加上大修理过程所发生的支出,为该资产的计税成本。在该项资产重新投入使用后,按该资产尚可使用的年限,计提折旧或摊销

C. 企业搬迁中被征用的土地,采取土地置换的,换入土地的计税成本按被征用土地

的净值,以及该换入土地投入使用前所发生的各项费用支出,为该换入土地的计税成本,在该换入土地投入使用后,按《中华人民共和国企业所得税法》及其实施条例规定年限摊销

D. 企业搬迁期间新购置的各类资产,应按《中华人民共和国企业所得税法》及其实施条例等有关规定,计算确定资产的计税成本及折旧或摊销年限。企业发生的购置资产支出,可以从搬迁收入中扣除

【答案】　ABC

【解析】　《国家税务总局关于发布〈企业政策性搬迁所得税管理办法〉的公告》(国家税务总局公告2012年第40号)的规定,资产税务处理如下:

(1)简单安装或不需要安装即可继续使用资产计税成本。

企业搬迁的资产,简单安装或不需要安装即可继续使用的,在该项资产重新投入使用后,就其净值按《中华人民共和国企业所得税法》及其实施条例规定的该资产尚未折旧或摊销的年限,继续计提折旧或摊销。

(2)需要进行大修理后才能重新使用资产计税成本。

企业搬迁的资产,需要进行大修理后才能重新使用的,应就该资产的净值,加上大修理过程所发生的支出,为该资产的计税成本。在该项资产重新投入使用后,按该资产尚可使用的年限,计提折旧或摊销。

(3)土地使用权置换的计税成本。

企业搬迁中被征用的土地,采取土地置换的,换入土地的计税成本按被征用土地的净值,以及该换入土地投入使用前所发生的各项费用支出,为该换入土地的计税成本,在该换入土地投入使用后,按《中华人民共和国企业所得税法》及其实施条例规定年限摊销。

(4)购置新资产的计税成本。

企业搬迁期间新购置的各类资产,应按《中华人民共和国企业所得税法》及其实施条例等有关规定,计算确定资产的计税成本及折旧或摊销年限。企业发生的购置资产支出,不得从搬迁收入中扣除。

**102.** 下列关于政策性搬迁应税所得确定的说法中,正确的有(　　)。

A. 搬迁期间暂不确定当期应纳税所得额,完成搬迁年度汇总清算

B. 企业的搬迁收入,扣除搬迁支出后的余额,为企业的搬迁所得

C. 企业搬迁收入扣除搬迁支出后为负数的,应为搬迁损失

D. 企业边搬迁、边生产的,搬迁年度应从搬迁规划已基本完成计算

【答案】　ABC

【解析】　根据《国家税务总局关于发布〈企业政策性搬迁所得税管理办法〉的公告》(国家税务总局公告2012年第40号)的规定:

企业在搬迁期间发生的搬迁收入和搬迁支出,可以暂不计入当期应纳税所得额,而在完成搬迁的年度,对搬迁收入和支出进行汇总清算。

企业的搬迁收入,扣除搬迁支出后的余额,为企业的搬迁所得。

企业应在搬迁完成年度,将搬迁所得计入当年度企业应纳税所得额计算纳税。

企业边搬迁、边生产的,搬迁年度应从实际开始搬迁的年度计算。

企业搬迁收入扣除搬迁支出后为负数的,应为搬迁损失。

**103.** 企业房地产开发产品符合下列条件之一的,应视为已经完工( )。

A. 开发产品竣工证明材料已报房地产管理部门备案

B. 开发产品已开始投入使用

C. 发产品已取得了初始产权证明

D. 税务部门开始进行清算的

【答案】 ABC

【解析】 《房地产开发经营业务企业所得税处理办法》(国税发〔2009〕31号)第3条规定,企业房地产开发经营业务包括土地的开发,建造、销售住宅、商业用房以及其他建筑物、附着物、配套设施等开发产品。除土地开发之外,其他开发产品符合下列条件之一的,应视为已经完工:

(1) 开发产品竣工证明材料已报房地产管理部门备案。

(2) 开发产品已开始投入使用。

(3) 开发产品已取得了初始产权证明。

**104.** 企业通过正式签订《房地产销售合同》或《房地产预售合同》所取得的收入,应确认为销售收入的实现,下列说法正确的有( )。

A. 采取一次性全额收款方式销售开发产品的,应于实际收讫价款或取得索取价款凭据(权利)之日,确认收入的实现

B. 采取分期收款方式销售开发产品的,应按销售合同或协议中约定的价款于收到受托方已销开发产品清单之日确认收入的实现

C. 采取银行按揭方式销售开发产品的,应按销售合同或协议约定的价款确定收入额,其首付款应于实际收到日确认收入的实现,余款在银行按揭贷款办理转账之日确认收入的实现

D. 采取支付手续费方式委托销售开发产品的,应按销售合同或协议约定的价款和付款日确认收入的实现。付款方提前付款的,在实际付款日确认收入的实现

【答案】 AC

【解析】 根据《国家税务总局关于印发〈房地产开发经营业务企业所得税处理办法〉的通知》(国税发〔2009〕31号)的规定,企业通过正式签订《房地产销售合同》或《房地产预售合同》所取得的收入,应确认为销售收入的实现,具体按以下规定确认:

(1) 采取一次性全额收款方式销售开发产品的,应于实际收讫价款或取得索取价款凭据(权利)之日,确认收入的实现。

(2) 采取分期收款方式销售开发产品的,应按销售合同或协议约定的价款和付款日确认收入的实现。付款方提前付款的,在实际付款日确认收入的实现。

(3) 采取银行按揭方式销售开发产品的,应按销售合同或协议约定的价款确定收入额,其首付款应于实际收到日确认收入的实现,余款在银行按揭贷款办理转账之日确认收入的实现。

（4）采取支付手续费方式委托销售开发产品的,应按销售合同或协议中约定的价款于收到受托方已销开发产品清单之日确认收入的实现。

**105.** 按照现行企业所得税的规定,企业的固定资产计算加速折旧的有(　　)。

　　A. 轻工、纺织、机械、汽车领域

　　B. 轻工、纺织、机械、家具领域

　　C. 房屋、机械、纺织、建筑领域

　　D. 轻工、纺织、机械领域、生物药品制造业

【答案】　ABD

【解析】　《财政部　国家税务总局关于扩大固定资产加速折旧优惠政策适用范围的公告》(财政部　国家税务总局公告 2019 年第 66 号)规定,自 2019 年 1 月 1 日起,适用《财政部国家税务总局关于完善固定资产加速折旧企业所得税政策的通知》(财税〔2014〕75 号)和《财政部　国家税务总局关于进一步完善固定资产加速折旧企业所得税政策的通知》(财税〔2015〕106 号)规定固定资产加速折旧优惠的行业范围,扩大至全部制造业领域。

**106.** 房地产开发确定计税成本对象的原则有(　　)。

　　A. 可否销售原则　　　　　　　　B. 分类归集原则

　　C. 功能区分原则　　　　　　　　D. 定价差异原则

　　E. 成本差异原则

【答案】　ABCDE

【解析】　根据《国家税务总局关于印发〈房地产开发经营业务企业所得税处理办法〉的通知》(国税发〔2009〕31 号)的规定,计税成本对象的确定原则如下:

（1）可否销售原则。

（2）分类归集原则。

（3）功能区分原则。

（4）定价差异原则。

（5）成本差异原则。

（6）权益区分原则。

**107.** 符合房地产开发可以预提费用的情况有(　　)。

　　A. 出包工程未最终办理结算而未取得全额发票的,在证明资料充分的前提下,其发
　　　　票不足金额可以预提,但最高不得超过合同总金额的 15%

　　B. 公共配套设施尚未建造或尚未完工的,可按预算造价合理预提建造费用

　　C. 应向政府上交但尚未上交的报批报建费用、物业完善费用可以按规定预提

　　D. 实际已发生但尚未取得合法凭据的支出

【答案】　BC

【解析】　根据《国家税务总局关于印发〈房地产开发经营业务企业所得税处理办法〉的通知》(国税发〔2009〕31 号)的规定,除以下几项预提(应付)费用外,计税成本均应为实际发生的成本。

（1）出包工程未最终办理结算而未取得全额发票的,在证明资料充分的前提下,其发票

不足金额可以预提,但最高不得超过合同总金额的 10%。

（2）公共配套设施尚未建造或尚未完工的,可按预算造价合理预提建造费用。

（3）应向政府上交但尚未上交的报批报建费用、物业完善费用可以按规定预提。

**108.** 下列居民企业的所得中,可以享受企业所得税技术转让所得优惠政策的有（　　）。

A. 转让拥有 5 年以上非独占许可使用权的所得

B. 转让植物新品种的所得

C. 转让计算机软件著作权的所得

D. 从直接或间接持有股权之和达 100% 的关联方取得的转让所得

【答案】　ABC

【解析】　《财政部　国家税务总局关于居民企业技术转让有关企业所得税政策问题的通知》（财税〔2010〕111 号）规定,技术转让的范围,包括居民企业转让专利技术、计算机软件著作权、集成电路布图设计权、植物新品种、生物医药新品种,以及财政部和国家税务总局确定的其他技术。专利技术,是指法律授予独占权的发明、实用新型和非简单改变产品图案的外观设计。技术转让,是指居民企业转让其拥有符合本通知第一条规定技术的所有权或 5 年以上（含 5 年）全球独占许可使用权的行为。居民企业从直接或间接持有股权之和达到 100% 的关联方取得的技术转让所得,不享受技术转让减免企业所得税优惠政策。

《财政部　国家税务总局关于将国家自主创新示范区有关税收试点政策推广到全国范围实施的通知》（财税〔2015〕116 号）第 2 条规定,自 2015 年 10 月 1 日起,全国范围内的居民企业转让 5 年（含）以上非独占许可使用权取得的技术转让所得,也纳入上述享受企业所得税优惠的技术转让所得范围。

**109.** 软件企业的下列支出中,在计算应纳税所得额时可在发生当期据实扣除的有（　　）。

A. 职工培训费　　　　　　　　　B. 诉讼费

C. 工资薪金支出　　　　　　　　D. 非广告性赞助支出

【答案】　ABC

【解析】　《中华人民共和国企业所得税法》第 10 条第 6 项规定,赞助支出不得扣除;根据《中华人民共和国企业所得税法实施条例》第 54 条规定,《中华人民共和国企业所得税法》第 10 条第 6 项所称赞助支出,是指企业发生的与生产经营活动无关的各种非广告性质支出。因此,非广告性赞助支出不得扣除。

**110.** 企业所得税的下列收入中,应一次性计入所属纳税年度的有（　　）。

A. 企业资产溢余收入　　　　　　B. 接受捐赠收入

C. 无法偿付的应付款收入　　　　D. 工期为两年的船舶制造收入

E. 财产转让收入

【答案】　ABCE

【解析】　选项 D,企业受托加工制造大型机械设备、船舶、飞机,以及从事建筑、安装、装配工程业务或者提供其他劳务等,持续时间超过 12 个月的,按照纳税年度内完工进度或者完成的工作量确认收入的实现。

**111.** 企业下列支出超过税法规定扣除限额标准,准予向以后年度结转扣除的有(　　)。

A. 业务宣传费支出 　　　　B. 广告费支出

C. 职工福利费支出 　　　　D. 职工教育经费支出

E. 公益性捐赠支出

【答案】　ABDE

【解析】　根据《中华人民共和国企业所得税法》的规定,选项C,职工福利费支出超出限额标准的部分,不得结转扣除;选项E,公益性捐赠支出可向后结转3年扣除,选项AB可无限期结转扣除。根据《中华人民共和国企业所得税法实施条例》的规定,选项D,职工教育经费支出,不超过工资薪金总额2.5%的部分,准予扣除;超过部分,准予在以后纳税年度结转扣除。《财政部　国家税务总局关于企业职工教育经费税前扣除政策的通知》(财税〔2018〕51号)将比例提高至8%,企业发生的职工教育经费支出,不超过工资薪金总额8%的部分,准予在计算企业所得税应纳税额时扣除;超过部分,准予在以后纳税年度结转扣除。

**112.** 下列支出中,应作为长期待摊费用进行税务处理的有(　　)。

A. 融资租入固定资产的租赁费支出

B. 固定资产的大修理支出

C. 未提足折旧的固定资产改建支出

D. 已足额提取折旧的固定资产的改建支出

E. 租入固定资产的改建支出

【答案】　BDE

【解析】　根据《中华人民共和国企业所得税》的相关规定,企业发生的下列支出作为长期待摊费用,按照规定摊销的,准予扣除:(1)已足额提取折旧的固定资产的改建支出;(2)租入固定资产的改建支出;(3)固定资产的大修理支出;(4)其他应当作为长期待摊费用的支出。

**113.** 下列项目中,应调增应纳税所得额的有(　　)。

A. 国有性质的企业工资费用支出超标准

B. 业务招待费超标准

C. 公益、救济性支出超标准

D. 税收的滞纳金

E. 国债利息收入

【答案】　ABCD

【解析】　《中华人民共和国企业所得税法》规定,企业的下列收入为免税收入:(1)国债利息收入;(2)符合条件的居民企业之间的股息、红利等权益性投资收益;(3)在中国境内设立机构、场所的非居民企业从居民企业取得与该机构、场所有实际联系的股息、红利等权益性投资收益;(4)符合条件的非营利组织的收入。

**114.** 金融企业准予税前提取贷款损失准备金的有(　　)。

A. 保证贷款 　　B. 委托贷款 　　C. 代理贷款 　　D. 抵押贷款

E. 质押贷款

**【答案】** ADE

**【解析】** 《财政部 国家税务总局关于金融企业贷款损失准备金企业所得税税前扣除有关政策的公告》(财政部 税务总局公告 2019 第 86 号)规定,准予税前提取贷款损失准备金的贷款包括:抵押贷款、质押贷款和保证、信用贷款。

**115.** 在计算企业所得税时,企业支出允许在税前扣除的有( )。

    A. 向银行支付的罚息         B. 发生的诉讼费用

    C. 合同违约金               D. 企业所得税税款

    E. 向投资者支付的股息、红利

**【答案】** ABC

**【解析】** 《中华人民共和国企业所得税法》规定,在计算应纳税所得额时,下列支出不得扣除:(1)向投资者支付的股息、红利等权益性投资收益款项;(2)企业所得税税款;(3)税收滞纳金;(4)罚金、罚款和被没收财物的损失;(5)本法第 9 条规定以外的捐赠支出;(6)赞助支出;(7)未经核定的准备金支出;(8)与取得收入无关的其他支出。选项 A,企业向银行支付的罚息,不属于行政性罚款,可以税前扣除;选项 BC,诉讼费用、合同违约金都可以税前扣除。

**116.** 在计算应纳税所得额时,企业的各项支出在不超过职工工资总额规定标准内准予扣除;超过的部分不予扣除的有( )。

    A. 职工福利费支出         B. 拨缴的工会经费

    C. 职工商业保险支出       D. 补充养老保险费

**【答案】** ABD

**【解析】** 《中华人民共和国企业所得税法实施条例》规定,企业发生的职工福利费支出,不超过工资薪金总额 14% 的部分,准予扣除。企业拨缴的工会经费,不超过工资薪金总额 2% 的部分,准予扣除。

根据《中华人民共和国企业所得税法实施条例》的规定,企业为投资者或者职工支付的补充养老保险费、补充医疗保险费,在国务院财政、税务主管部门规定的范围和标准内,准予扣除。

根据《关于补充养老保险费补充医疗保险费有关企业所得税政策问题的通知》(财税〔2009〕27 号)的规定,自 2008 年 1 月 1 日起,企业根据国家有关政策规定,为在本企业任职或者受雇的全体员工支付的补充养老保险费、补充医疗保险费,分别在不超过职工工资总额 5% 标准内的部分,在计算应纳税所得额时准予扣除;超过的部分,不予扣除。

**117.** 依据企业所得税的相关规定,企业发生的广告费和业务宣传费可按当年销售(营业)收入的 30% 的比例扣除的有( )。

    A. 白酒制造企业         B. 饮料销售企业

    C. 医药制造企业         D. 化妆品制造企业

    E. 化妆品销售企业

**【答案】** CDE

**【解析】** 《财政部 国家税务总局关于广告费和业务宣传费支出税前扣除有关事项的通知》(财政部 国家税务总局公告 2020 第 43 号)规定,自 2021 年 1 月 1 日起至 2025 年 12

月 31 日止,对特殊行业广告费和业务宣传费扣除限额规定:化妆品制造或销售、医药制造和饮料制造(不含酒类制造)企业发生的广告费和业务宣传费支出,不超过当年销售(营业)收入 30% 的部分,准予扣除;超过部分,准予在以后纳税年度结转扣除。

**118.** 下列关于资产的企业所得税税务处理的说法中,正确的有(    )。

A. 外购商誉的支出在企业整体转让时准予扣除

B. 租入资产的改建支出作为长期待摊费用摊销扣除

C. 企业持有至到期投资成本按照预计持有期限分期摊销扣除

D. 固定资产大修理支出按照尚可使用年限分期摊销扣除

E. 外购固定资产以购买价款和支付的增值税作为计税基础

【答案】 ABD

【解析】 选项 C,企业对外投资期间,投资资产的成本在计算应纳税所得额时不得扣除;选项 E,外购的固定资产,以购买价款和支付的相关税费以及直接归属于使该项资产达到预定用途发生的其他支出为计税基础,不含可用于抵扣的增值税。

**119.** 下列关于手续费及佣金支出的企业所得税税务处理的表述中,正确的有(    )。

A. 企业计入固定资产的手续费及佣金支出应通过折旧方式分期扣除

B. 电信企业按照企业当年收入总额的 5% 计算可扣除手续费及佣金限额

C. 人身保险企业按照当年全部保费收入的 15% 计算可扣除佣金限额

D. 财产保险企业按照当年全部保费收入的 15% 计算可扣除佣金限额

E. 以现金方式支付给具有合法经营资格个人的佣金可以扣除

【答案】 AB

【解析】 选项 CD,保险企业发生与其经营活动有关的手续费及佣金支出,不超过当年全部保费收入扣除退保金等后余额的 18%(含本数)的部分,在计算应纳税所得额时准予扣除;超过部分,允许结转以后年度扣除;选项 E,以现金方式支付给具有合法经营资格个人的佣金超过 5% 的限额不可以扣除。

**120.** 下列对 100% 直接控制的居民企业之间按照账面净值划转资产,符合特殊税务处理条件的税务处理中,正确的有(    )。

A. 划入方企业取得的被划转资产,应按其账面原值计算折旧扣除

B. 划入方企业取得被划转资产的计税基础以账面原值确定

C. 划入方企业取得的被划转资产,应按其账面净值计算折旧扣除

D. 划入方企业不确认所得

【答案】 CD

【解析】 《财政部 国家税务总局关于促进企业重组有关企业所得税处理问题的通知》(财税〔2014〕109 号)第 3 条规定,对 100% 直接控制的居民企业之间,以及受同一或相同多家居民企业 100% 直接控制的居民企业之间按账面净值划转股权或资产,凡具有合理商业目的、不以减少、免除或者推迟缴纳税款为主要目的,股权或资产划转后连续 12 个月内不改变被划转股权或资产原来实质性经营活动,且划出方企业和划入方企业均未在会计上确认损益的,可以选择按以下规定进行特殊性税务处理:(1)划出方企业和划入方企业均不确认所

得;(2)划入方企业取得被划转股权或资产的计税基础,以被划转股权或资产的原账面净值确定;(3)划入方企业取得的被划转资产,应按其原账面净值计算折旧扣除;(4)划入方企业取得被划转资产的计税基础以账面净值确定。

**121.** 下列支出在计算应纳税所得额时,可以当期在税前扣除的有(　　)。

　　A. 汽车使用到期报废的损失　　　B. 按规定计算的无形资产摊销

　　C. 长期股权投资支出　　　　　　D. 固定资产购建支出

【答案】　AB

【解析】　《中华人民共和国企业所得税法实施条例》规定,企业发生的支出应当区分收益性支出和资本性支出。收益性支出在发生当期直接扣除;资本性支出应当分期扣除或者计入有关资产成本,不得在发生当期直接扣除。

选项CD为资本性支出,应当分期扣除或者计入有关资产成本,不得在发生当期直接扣除。

**122.** 下列关于房地产开发企业成本费用扣除的企业所得税处理中,正确的有(　　)。

　　A. 企业因国家无偿收回土地使用权形成的损失可按照规定扣除

　　B. 企业利用地下基础设施建成的停车场应作为公共配套设施处理

　　C. 企业单独建造的停车场所应作为成本对象单独核算

　　D. 企业支付给境外销售机构不超过委托销售收入20%的部分准予扣除

　　E. 企业在房地产开发区内建造的学校应单独核算成本

【答案】　ABCE

【解析】　《国家税务总局关于印发〈房地产开发经营业务企业所得税处理办法〉的通知》(国税发〔2009〕31号)规定,企业支付给境外销售机构不超过委托销售收入10%的部分准予扣除。其他选项均符合规定。

**123.** 企业与关联方签署成本分摊协议,发生特殊情形会导致其自行分配的成本不得税前扣除,这些情况包括(　　)。

　　A. 不具有合理商业目的和经济实质

　　B. 自签署成本分摊协议之日起经营期限为25年

　　C. 没有遵循成本与收益配比原则

　　D. 未按照有关规定备案或准备有关成本分摊协议的同期资料

　　E. 不符合独立交易原则

【答案】　ACDE

【解析】　《特别纳税调整实施办法(试行)》第75条规定,企业与其关联方签署成本分摊协议,有下列情形之一的,其自行分摊的成本不得税前扣除:

(1)不具有合理商业目的和经济实质。

(2)不符合独立交易原则。

(3)没有遵循成本与收益配比原则。

(4)未按本办法有关规定备案或准备、保存和提供有关成本分摊协议的同期资料。

(5)自签署成本分摊协议之日起经营期限少于20年。

**124.** 间接转让中国应税财产的交易双方及被间接转让股权的中国居民企业可以向主管税务机关报告股权转让事项,并提交以下资料。这些材料包括(　　)。

A. 境外企业及间接持有中国应税财产的下属企业上两个年度财务、会计报表

B. 境外企业及直接持有中国应税财产的下属企业上两个年度财务、会计报表

C. 被间接转让股权的中国居民企业上一年度财务会计报表

D. 股权转让前后的企业股权架构图

E. 股权转让合同

【答案】　ABDE

【解析】　《关于非居民企业间接转让财产企业所得税若干问题的公告》(国家税务总局公告 2015 年第 7 号)规定,间接转让中国应税财产的交易双方及被间接转让股权的中国居民企业可以向主管税务机关报告股权转让事项,并提交以下资料:

(1)股权转让合同或协议。

(2)股权转让前后的企业股权架构图。

(3)境外企业及直接或间接持有中国应税财产的下属企业上两个年度财务、会计报表。

(4)间接转让中国应税财产交易不适用国家税务总局公告 2015 年第 7 号公告第 1 条的理由。

**125.** 依照现行企业所得税的规定,下列单位中,不就地预缴企业所得税的有(　　)。

A. 企业的总机构

B. 具有主体生产经营职能的二级分支机构

C. 上年度认定为小型微利企业的分支机构

D. 建筑企业所属二级或二级以下分支机构直接管理的项目部

【答案】　CD

【解析】　国家税务总局关于印发《跨地区经营汇总纳税企业所得税征收管理办法》的公告(国家税务总局公告 2012 年第 57 号)规定,总机构和具有主体生产经营职能的二级分支机构,就地分摊缴纳企业所得税。二级分支机构,是指汇总纳税企业依法设立并领取非法人营业执照(登记证书),且总机构对其财务、业务、人员等直接进行统一核算和管理的分支机构。以下二级分支机构不就地分摊缴纳企业所得税:

(1)不具有主体生产经营职能,且在当地不缴纳增值税的产品售后服务、内部研发、仓储等汇总纳税企业内部辅助性的二级分支机构,不就地分摊缴纳企业所得税。

(2)上年度认定为小型微利企业的,其二级分支机构不就地分摊缴纳企业所得税。

(3)新设立的二级分支机构,设立当年不就地分摊缴纳企业所得税。

(4)当年撤销的二级分支机构,自办理注销税务登记之日所属企业所得税预缴期间起,不就地分摊缴纳企业所得税。

(5)汇总纳税企业在中国境外设立的不具有法人资格的二级分支机构,不就地分摊缴纳企业所得税。

**126.** 下列各项中,属于企业所得税法规定的职工福利支出的有(　　)。

A. 集体福利部门工作人员的住房公积金

    B. 职工因公外地就医费用

    C. 自办职工食堂经费补贴

    D. 离退休人员工资

    E. 职工疗养费用

【答案】 ABCE

【解析】 根据《国家税务总局关于企业工资薪金及职工福利费扣除问题的通知》(国税函〔2009〕3号)第3条的规定,职工福利支出应当包括以下内容:

(1) 尚未实行分离办社会职能的企业,其内设福利部门所发生的设备、设施和人员费用,包括职工食堂、职工浴室、理发室、医务所、托儿所、疗养院等集体福利部门的设备、设施及维修保养费用和福利部门工作人员的工资薪金、社会保险费、住房公积金、劳务费等。

(2) 为职工卫生保健、生活、住房、交通等所发放的各项补贴和非货币性福利,包括企业向职工发放的因公外地就医费用、未实行医疗统筹企业职工医疗费用、职工供养直系亲属医疗补贴、供暖费补贴、职工防暑降温费、职工困难补贴、救济费、职工食堂经费补贴、职工交通补贴等。

(3) 按照其他规定发生的其他职工福利费,包括丧葬补助费、抚恤费、安家费、探亲假路费等。

选项D,离退休人员工资与企业取得的收入无关,不得列入福利费支出在企业所得税税前扣除。

**127.** 企业从事下列项目所得中,免征企业所得税的有( )。

    A. 企业受托从事蔬菜种植        B. 企业委托个人饲养家禽

    C. 企业外购蔬菜分包后销售       D. 农机作业和维修

    E. 农产品初加工

【答案】 ABDE

【解析】 根据《中华人民共和国企业所得税法实施条例》第86条的规定,企业从事下列项目的所得,免征企业所得税:(1)蔬菜、谷物、薯类、油料、豆类、棉花、麻类、糖料、水果、坚果的种植;(2)农作物新品种的选育;(3)中药材的种植;(4)林木的培育和种植;(5)牲畜、家禽的饲养;(6)林产品的采集;(7)灌溉、农产品初加工、兽医、农技推广、农机作业和维修等农、林、牧、渔服务业项目;(8)远洋捕捞。

选项C,企业购买农产品后直接进行贸易销售活动产生的所得,不能享受农、林、牧、渔业项目的税收优惠政策。

**128.** 企业提供的下列劳务中,按照完工进度确认企业所得税应税收入的有( )。

    A. 广告的制作              B. 提供宴会招待

    C. 提供艺术表演           D. 为特定客户开发软件

    E. 为商品销售附带条件的安装

【答案】 AD

【解析】 《国家税务总局关于确认企业所得税收入若干问题的通知》(国税函〔2008〕875号)规定,企业在各个纳税期末,提供劳务交易的结果能够可靠估计的,应采用完工进度(完工百分比)法确认提供劳务收入。

(1) 安装费。应根据安装完工进度确认收入。安装工作是商品销售附带条件的,安装费在确认商品销售实现时确认收入。

(2) 宣传媒介的收费。应在相关的广告或商业行为出现于公众面前时确认收入。广告的制作费,应根据制作广告的完工进度确认收入。

(3) 软件费。为特定客户开发软件的收费,应根据开发的完工进度确认收入。

(4) 艺术表演、招待宴会和其他特殊活动的收费。在相关活动发生时确认收入。收费涉及几项活动的,预收的款项应合理分配给每项活动,分别确认收入。

选项BC,提供宴会招待和提供艺术表演在相关活动发生时确认收入。选项E,安装工作是商品销售附带条件的,安装费在确认商品销售实现时确认收入。

**129.** 企业所得税的纳税人包括(　　)。

 A. 国有企业　　　B. 集体企业　　　C. 私营企业　　　D. 外商投资企业

 E. 合伙企业

**【答案】**　ABCD

**【解析】**《中华人民共和国企业所得税法》规定,企业分为居民企业和非居民企业。本法所称居民企业,是指依法在中国境内成立,或者依照外国(地区)法律成立但实际管理机构在中国境内的企业。本法所称非居民企业,是指依照外国(地区)法律成立且实际管理机构不在中国境内,但在中国境内设立机构、场所的,或者在中国境内未设立机构、场所,但有来源于中国境内所得的企业。

《财政部　国家税务总局关于合伙企业合伙人所得税问题的通知》(财税〔2008〕159号)规定,合伙企业以每一个合伙人为纳税义务人。合伙企业合伙人是自然人的,缴纳个人所得税;合伙人是法人和其他组织的,缴纳企业所得税。合伙企业生产经营所得和其他所得采取"先分后税"的原则。

**130.** 非居民企业因会计账簿不健全,资料残缺难以查账,不能准确计算并据实申报其应纳税所得额,税务机关有权采取(　　)核定其应纳税所得额。

 A. 按收入总额核定　　　　　　　　B. 按成本费用核定

 C. 按经费支出换算收入核定　　　　D. 按照上期应纳税所得额直接核定

**【答案】**　ABC

**【解析】**《非居民企业所得税核定征收管理办法》(国税发〔2010〕19号)规定,非居民企业因会计账簿不健全,资料残缺难以查账,不能准确计算并据实申报其应纳税所得额,税务机关可以采取的方法有三种:按收入总额核定、按成本费用核定、按经费支出换算收入核定。

**131.** 按企业所得税法规定,应计入应纳税所得额缴纳企业所得税的有(　　)。

 A. 国债利息收入

 B. 依法收取并纳入财政管理的行政事业性收费

 C. 违约金收入

 D. 确实无法偿付的应付款项

E. 符合条件的非营利组织接受其他单位捐赠的收入

【答案】 CD

【解析】《中华人民共和国企业所得税法》第26条规定,企业的下列收入为免税收入:(1)国债利息收入。(2)符合条件的居民企业之间的股息、红利等权益性投资收益。(3)在中国境内设立机构、场所的非居民企业从居民企业取得与该机构、场所有实际联系的股息、红利等权益性投资收益。(4)符合条件的非营利组织的收入。

根据《财政部 国家税务总局关于财政性资金、行政事业性收费、政府性基金有关企业所得税政策问题的通知》(财税〔2008〕151号)的规定,对企业依照法律、法规及国务院有关规定收取并上缴财政的政府性基金和行政事业性收费,准予作为不征税收入,于上缴财政的当年在计算应纳税所得额时从收入总额中减除;未上缴财政的部分,不得从收入总额中减除。

根据《财政部 国家税务总局关于非营利组织企业所得税免税收入问题的通知》(财税〔2009〕122号)的规定,非营利组织的下列收入为免税收入:接受其他单位或者个人捐赠的收入;除《中华人民共和国企业所得税法》第七条规定的财政拨款以外的其他政府补助收入,但不包括因政府购买服务取得的收入;按照省级以上民政、财政部门规定收取的会费;不征税收入和免税收入孳生的银行存款利息收入;财政部、国家税务总局规定的其他收入。

**132.** 企业取得的下列收入中,属于非货币形式收入的有( )。

A. 股权投资
B. 准备持有至到期的债券投资
C. 生物资产
D. 不准备持有至到期的债券投资
E. 应收票据

【答案】 ACD

【解析】 根据《财政部 国家税务总局关于非货币性资产投资企业所得税政策问题的通知》(财税〔2014〕116号)的规定,非货币性资产,是指现金、银行存款、应收账款、应收票据以及准备持有至到期的债券投资等货币性资产以外的资产。

准备持有至到期的债券投资、应收票据属于货币形式的收入。

**133.** 企业申请单边预约定价安排的,应向税务机关书面提出谈签意向。在预备会谈期间企业应提供的主要资料有( )。

A. 预约定价安排的适用年度

B. 预约定价安排涉及的关联方及关联交易

C. 预约定价安排涉及的关联方最近3至5个年度生产经营情况及关联交易情况

D. 预约定价安排涉及各关联方功能和风险的说明,包括功能和风险划分所依据的机构、人员、费用、资产

E. 企业最近3至5个年度生产经营情况、同期资料

【答案】 ABDE

【解析】 根据《国家税务总局关于完善预约定价安排管理有关事项的公告》(国家税务总局公告2016年第64号)的规定,预约定价安排涉及的关联方最近3至5个年度生产经营情况及关联交易情况,属于双边或多边预约定价安排申请草案需要准备的资料。

**134.** 下列资产的税务处理中,正确的有( )。

    A. 通过支付现金方式取得的投资资产,以购买价款为成本

    B. 林木类生产性生物资产,折旧年限不得超过 10 年

    C. 外购商誉不得税前扣除

    D. 被清算企业的股东分得的剩余资产的金额,相当于被清算企业累计未分配利润和累计盈余公积中按该股东所占股份比例计算的部分,应确认为股息所得

【答案】 AD

【解析】 林木类生产性生物资产,最低折旧年限为 10 年;外购商誉支出,在企业整体转让或者清算时准予扣除。

**135.** 可以减按 10% 的税率征收企业所得税的有( )。

    A. 符合小型微利企业取得的所得

    B. 经认定的技术先进型服务企业

    C. 国家鼓励的集成电路设计企业和软件企业,自获利年度起,第一年至第五年免征企业所得税,接续年度减按 10% 的税率征收企业所得税

    D. 在中国境内未设立机构、场所的非居民企业,取得的来源于于中国境内的所得

【答案】 CD

【解析】《财政部 国家税务总局关于实施小微企业和个体工商户所得税优惠政策的公告》(财政部 国家税务总局公告 2021 第 12 号)规定,对小型微利企业年应纳税所得额不超过 100 万元的部分,在《财政部 国家税务总局关于实施小微企业普惠性税收减免政策的通知》(财税〔2019〕13 号)第 2 条规定的优惠政策基础上,再减半征收企业所得税。

    《财政部 国家税务总局 商务部 科技部 国家发展改革委关于将技术先进型服务企业所得税政策推广至全国实施的通知》(财税〔2017〕79 号)规定,经认定的技术先进型服务企业,减按 15% 的税率征收企业所得税。

    《关于促进集成电路产业和软件产业高质量发展企业所得税政策的公告》(财政部 税务总局 发改委 工业和信息化部公告 2020 年第 45 号)规定:"国家鼓励的重点集成电路设计企业和软件企业,自获利年度起,第一年至第五年免征企业所得税,接续年度减按 10% 的税率征收企业所得税。"

    《中华人民共和国企业所得税法实施条例》第 91 条:非居民企业取得《中华人民共和国企业所得税法》第 27 条第 5 项规定的所得,减按 10% 的税率征收企业所得税。

**136.** 下列项目中,产生可抵扣暂时性差异的有( )。

    A. 因产品质量保证确认的预计负债

    B. 计提存货跌价准备

    C. 因奖励积分确认的递延收益

    D. 负债账面价值小于计税基础

【答案】 ABC

【解析】 选项 AC,计税基础均为 0,负债账面价值大于计税基础,产生可抵扣暂时性差异;选项 B,资产的账面价值小于计税基础,产生可抵扣暂时性差异;选项 D 属于应纳税暂

时性差异。

**137.** 在发生的下列交易或事项中,可能产生应纳税暂时性差异的有(    )。

  A. 为关联方提供债务担保而确认的预计负债,按照税法规定,计提时和实际发生损失时均不允许在税前扣除

  B. 企业当期以吸收合并方式购入乙公司,乙公司可辨认净资产公允价值与计税基础的差额

  C. 企业当期购入的无形资产,作为使用寿命不确定的无形资产进行核算,且当期未经测试未减值

  D. 企业当期收到客户预付的款项,尚未确认收入,但按照税法规定,应计入当期应纳税所得额

【答案】　BC

【解析】　选项A,属于永久性差异,不产生暂时性差异;选项D,预收账款账面价值大于计税基础,产生可抵扣暂时性差异。

**138.** 转让定价调查应重点选择的企业有(    )。

  A. 关联交易数额较大或类型较多的企业

  B. 高于同行业利润水平的企业

  C. 与避税港关联方发生业务往来的企业

  D. 长期亏损、微利或跳跃性盈利的企业

  E. 利润水平与其所承担的功能风险明显不相匹配的企业

【答案】　ACDE

【解析】　选项B错误,应低于同行业利润水平的企业。

**139.** 依据企业所得税特别纳税调整的相关规定,转让定价的方法主要包括(    )。

  A. 再销售价格法          B. 现金与实物分配法

  C. 交易净利润法          D. 可比非受控价格法

  E. 利润分割法

【答案】　ACDE

【解析】《中华人民共和国企业所得税法实施条例》第111条规定,《中华人民共和国企业所得税法》第41条所称合理方法,包括:

(1) 可比非受控价格法,是指按照没有关联关系的交易各方进行相同或者类似业务往来的价格进行定价的方法。

(2) 再销售价格法,是指按照从关联方购进商品再销售给没有关联关系的交易方的价格,减除相同或者类似业务的销售毛利进行定价的方法。

(3) 成本加成法,是指按照成本加合理的费用和利润进行定价的方法。

(4) 交易净利润法,是指按照没有关联关系的交易各方进行相同或者类似业务往来取得的净利润水平确定利润的方法。

(5) 利润分割法,是指将企业与其关联方的合并利润或者亏损在各方之间采用合理标准进行分配的方法。

(6) 其他符合独立交易原则的方法。

**140.** 符合企业所得税减计收入和税额抵免优惠政策的有( )。

A. 企业综合利用资源生产符合国家产业政策规定的产品所取得的收入,可以在计算应纳税所得额时减计收入

B. 综合利用资源指企业以规定的资源作为主要原材料,生产国家非限制和禁止并符合国家和行业相关标准的产品取得的收入,减按90%计入收入总额

C. 企业购置并实际使用规定的环境保护专用设备的,该专用设备的投资额的10%可以从企业当年的应纳税额中抵免

D. 企业购置规定的环境保护专用设备在5年内出租的,也可享受企业所得税优惠

E. 企业购买环境保护专用设备取得普通发票的,其专用设备投资额为普通发票上注明的金额

【答案】 ABCE

【解析】 企业购置规定的环境保护专用设备在5年内转让、出租的,应当停止享受企业所得税优惠,并补缴已经抵免的企业所得税税款。

**141.** 税务机关可以采取( )的方法核定征收企业所得税。

A. 按照应税收入额或成本费用支出额定率核定

B. 按照耗用的原材料、燃料、动力等推算或测算核定

C. 按照企业上期缴纳的税款核定本期应纳税额

D. 根据企业的生产经营情况估计企业的盈利情况,并以此定额核定应纳税额

E. 参照当地同类行业或者类似行业中经营规模和收入水平相近的纳税人的税负水平核定

【答案】 ABE

【解析】《国家税务总局关于印发〈企业所得税核定征收办法(试行)〉的通知》(国税发〔2008〕30号)第5条规定,税务机关采用下列方法核定征收企业所得税:(1)参照当地同类行业或者类似行业中经营规模和收入水平相近的纳税人的税负水平核定;(2)按照应税收入额或成本费用支出额定率核定;(3)按照耗用的原材料、燃料、动力等推算或测算核定;(4)按照其他合理方法核定。

**142.** 属于外国企业常驻代表机构经费支出的有( )。

A. 在中国境外支付给工作人员的工资薪金

B. 固定资产的采购费

C. 设备租赁费

D. 以货币形式用于我国境内的公益性质的捐赠

【答案】 ABC

【解析】《国家税务总局关于印发〈外国企业常驻代表机构税收管理暂行办法〉的通知》(国税发〔2010〕18号)规定,代表机构的经费支出额包括:在中国境内、外支付给工作人员的工资薪金、奖金、福利费、物品采购费、房租、设备租赁费、交际费等。

**143.** 甲公司适用的所得税税率为25%,其2021年发生的交易或事项中,会计与税收处

理存在差异的事项如下:

(1) 当期以 1 022.35 万元购入一项 3 年期到期还本付息国债,作为持有至到期投资核算。该国债票面金额为 1 000 万元,票面年利率为 5%,年实际利率为 4%;(2)当期确认的应付职工薪酬 200 万元计入了当期损益,超出允许税前扣除的职工薪酬 20 万元;(3)收到与收益相关的政府补助 1 600 万元,直接计入当期损益。甲公司 2021 年利润总额为 5 000 万元,假定递延所得税资产/负债的年初余额为零,未来期间能够取得足够的应纳税所得额用以抵扣可抵扣暂时性差异。甲公司 2021 年所得税的处理中,正确的有( )。

A. 当期所得税为 1 244.78 万元　　B. 递延所得税资产为 400 万元

C. 递延所得税负债为 0　　D. 所得税费用为 1 250 万元

【答案】 AC

【解析】 2021 年应交所得税＝(5 000－1 022.35×4%＋20)×25%＝1 244.78(万元);递延所得税负债＝0,递延所得税资产＝0;所得税费用＝1 244.78 万元。

**144.** 若某公司未来期间有足够的应纳税所得额用以抵扣可抵扣暂时性差异,则下列交易或事项中,会引起"递延所得税资产"科目余额增加的有( )。

A. 本期发生净亏损,税法允许在以后 5 年内弥补

B. 计提持有至到期投资减值准备

C. 预提产品质量保证金

D. 确认国债利息收入

【答案】 ABC

【解析】 选项 D,国债利息收入不形成暂时性差异,不会引起递延所得税资产余额变化。

**145.** 根据企业所得税法的规定,企业所得可以免征企业所得税的有( )。

A. 农作物新品种的选育　　B. 林产品的采集

C. 海水养殖　　D. 牲畜、家禽的饲养

【答案】 ABD

【解析】 根据《中华人民共和国企业所得税法实施条例》的规定,海水养殖、内陆养殖所得,可以减半征税,不是免税。

**146.** 非居民企业在中国境内未设立机构、场所的,或者虽设立机构、场所但取得的所得与其所设机构、场所没有实际联系的,应当就其来源于中国境内的所得缴纳企业所得税。其取得的所得,按照下列方法计算其应纳税所得额的有( )。

A. 股息等权益性投资收益,以收入全额为应纳税所得额

B. 转让财产所得,以收入全额减除财产净值后的余额为应纳税所得额

C. 租金、特许权使用费所得,以收入额的 50% 为应纳税所得额

D. 以上说法都不正确

【答案】 AB

【解析】《中华人民共和国企业所得税法》第 19 条规定:非居民企业取得本法第 3 条第 3 款规定的所得,按照下列方法计算其应纳税所得额:

（1）股息、红利等权益性投资收益和利息、租金、特许权使用费所得，以收入全额为应纳税所得额。

（2）转让财产所得，以收入全额减除财产净值后的余额为应纳税所得额。

（3）其他所得，参照前两项规定的方法计算应纳税所得额。

**147.** 特许权使用费收入是指企业提供（　　　）取得的收入。

A. 专利权　　　　B. 非专利技术　　　C. 商标权　　　　D. 土地使用权

【答案】　ABC

【解析】　根据《中华人民共和国企业所得税法实施条例》第20条的规定，特许权使用费收入，是指企业提供专利权、非专利技术、商标权、著作权以及其他特许权的使用权取得的收入。

**148.** 企业使用或者销售的存货的成本计算方法，可以在（　　　）中选用一种。计价方法一经选用，不得随意变更。

A. 先进先出法　　B. 后进先出法　　C. 加权平均法　　D. 个别计价法

【答案】　ACD

【解析】　根据《中华人民共和国企业所得税法实施条例》第73条的规定，企业使用或者销售的存货的成本计算方法，可以在先进先出法、加权平均法、个别计价法中选用一种。计价方法一经选用，不得随意变更。

**149.** 综试区内的跨境电商企业，同时符合下列哪些条件的，试行核定征收企业所得税办法，同时符合的条件有（　　　）。

A. 在综试区注册，并在注册地跨境电子商务线上综合服务平台登记出口货物日期、名称、计量单位、数量、单价、金额的

B. 所称跨境电商企业，仅指利用第三方跨境电子商务平台开展电子商务进出口的企业

C. 出口货物通过综试区所在地海关办理电子商务出口申报手续的

D. 出口货物未取得有效进货凭证，其增值税、消费税享受免税政策的

【答案】　ACD

【解析】《国家税务总局关于跨境电子商务综合试验区零售出口企业所得税核定征收有关问题的公告》（国家税务总局公告2019年第36号）规定，综试区内的跨境电商企业，同时符合下列条件的，试行核定征收企业所得税办法：（1）在综试区注册，并在注册地跨境电子商务线上综合服务平台登记出口货物日期、名称、计量单位、数量、单价、金额的；（2）出口货物通过综试区所在地海关办理电子商务出口申报手续的；（3）出口货物未取得有效进货凭证，其增值税、消费税享受免税政策的。

跨境电商企业，是指自建跨境电子商务销售平台或利用第三方跨境电子商务平台开展电子商务出口的企业。

**150.** 下列关于捐赠税收政策的说法中，正确的有（　　　）。

A. 通过公益性社会组织或者县级以上人民政府及其部门等国家机关，捐赠用于应对新型冠状病毒感染的肺炎疫情的现金和物品，在年度利润总额12%以内的部分，

准予在计算应纳税所得额时扣除;超过年度利润总额 12% 的部分,准予结转以后 3 年内在计算应纳税所得额时扣除

 B. 直接向承担疫情防治任务的医院捐赠用于应对新型冠状病毒感染的肺炎疫情的物品,允许在计算应纳税所得额时全额扣除

 C. 捐赠人可凭承担疫情防治任务的医院开具的捐赠接收函办理税前扣除事宜

 D. 直接向承担疫情防治任务的医院捐赠用于应对新型冠状病毒感染的肺炎疫情的现金,允许在计算应纳税所得额时全额扣除

【答案】 BC

【解析】 《财政部 国家税务总局关于支持新型冠状病毒感染的肺炎疫情防控有关捐赠税收政策的公告》(财政部 国家税务总局公告 2020 年第 9 号)规定,企业和个人通过公益性社会组织或者县级以上人民政府及其部门等国家机关,捐赠用于应对新型冠状病毒感染的肺炎疫情的现金和物品,允许在计算应纳税所得额时全额扣除。企业和个人直接向承担疫情防治任务的医院捐赠用于应对新型冠状病毒感染的肺炎疫情的物品,允许在计算应纳税所得额时全额扣除。捐赠人凭承担疫情防治任务的医院开具的捐赠接收函办理税前扣除事宜。

**151.** 下列企业中,享受减按 15% 的税率征收企业所得税优惠政策的有(  )。

 A. 高新技术企业

 B. 西部地区鼓励类产业企业

 C. 技术先进型服务企业

 D. 从事污染防治的第三方企业

 E. 注册在海南自由贸易港并实质性运营的鼓励类产业企业

【答案】 ABCDE

【解析】 《中华人民共和国企业所得税法》第 28 条规定,国家需要重点扶持的高新技术企业,减按 15% 的税率征收企业所得税。

根据《财政部 税务总局 国家发展改革委关于延续西部大开发企业所得税政策的公告》(财政部 税务总局 国家发展改革委公告 2020 年第 23 号)的规定,自 2021 年 1 月 1 日至 2030 年 12 月 31 日,对设在西部地区的鼓励类产业企业减按 15% 的税率征收企业所得税。

《财政部 国家税务总局 商务部 科技部 国家发展改革委关于将技术先进型服务企业所得税政策推广至全国实施的通知》(财税〔2017〕79 号)第 1 条规定,自 2017 年 1 月 1 日起,在全国范围内对经认定的技术先进型服务企业,减按 15% 的税率征收企业所得税。

《财政部 国家税务总局 国家发展改革委 生态环境部关于从事污染防治的第三方企业所得税政策问题的公告》(财政部 国家税务总局 国家发展改革委 生态环境部公告 2019 年第 60 号)第 1 条规定,对符合条件的从事污染防治的第三方企业(以下称第三方防治企业)减按 15% 的税率征收企业所得税。

《财政部 国家税务总局关于海南自由贸易港企业所得税优惠政策的通知》(财税〔2020〕31 号)第 1 条规定,对注册在海南自由贸易港并实质性运营的鼓励类产业企业,减按

15%的税率征收企业所得税。

**152.** 公益性社会组织存在应当取消其公益性捐赠税前扣除资格情形的有（　　）。

A. 未按本公告规定时间和要求向登记管理机关报送专项信息报告的

B. 非营利组织免税资格到期后超过六个月未重新获取免税资格的

C. 有受到登记管理机关行政处罚的

D. 被登记管理机关列入严重违法失信名单的

E. 社会组织评估等级低于2A或者无评估等级的

**【答案】** ABD

**【解析】**《财政部　国家税务总局　民政部关于公益性捐赠税前扣除有关事项的公告》（财政部　国家税务总局　民政部公告2020年第27号）规定，公益性社会组织存在以下情形之一的，应当取消其公益性捐赠税前扣除资格：（1）未按本公告规定时间和要求向登记管理机关报送专项信息报告的；（2）最近一个年度用于公益慈善事业的支出不符合本公告第4条第3项规定的；（3）最近一个年度支出的管理费用不符合本公告第4条第4项规定的；（4）非营利组织免税资格到期后超过6个月未重新获取免税资格的；（5）受到登记管理机关行政处罚（警告除外）的；（6）被登记管理机关列入严重违法失信名单的；（7）社会组织评估等级低于3A或者无评估等级的。

**153.** 下列表述中，正确的有（　　）。

A. 国家鼓励的集成电路线宽小于28纳米（含），且经营期在15年以上的集成电路生产企业或项目，第1年至第10年免征企业所得税

B. 国家鼓励的集成电路线宽小于65纳米（含），且经营期在15年以上的集成电路生产企业或项目，第1年至第5年免征企业所得税，第6年至第10年按照25%的法定税率减半征收企业所得税

C. 国家鼓励的集成电路线宽小于130纳米（含），且经营期在10年以上的集成电路生产企业或项目，第1年至第3年免征企业所得税，第4年至第5年按照25%的法定税率减半征收企业所得税

D. 国家鼓励的集成电路设计、装备、材料、封装、测试企业和软件企业，自获利年度起，第1年至第2年免征企业所得税，第3年至第5年按照25%的法定税率减半征收企业所得税

**【答案】** ABD

**【解析】**《关于促进集成电路产业和软件产业高质量发展企业所得税政策的公告》（财政部　国家税务总局　国家发展改革委　工业和信息化部公告2020年第45号）规定，国家鼓励的集成电路线宽小于28纳米（含），且经营期在15年以上的集成电路生产企业或项目，第1年至第10年免征企业所得税；国家鼓励的集成电路线宽小于65纳米（含），且经营期在15年以上的集成电路生产企业或项目，第1年至第5年免征企业所得税，第6年至第10年按照25%的法定税率减半征收企业所得税；国家鼓励的集成电路线宽小于130纳米（含），且经营期在10年以上的集成电路生产企业或项目，第1年至第2年免征企业所得税，第3年至第5年按照25%的法定税率减半征收企业所得税。

国家鼓励的集成电路设计、装备、材料、封装、测试企业和软件企业，自获利年度起，第1年至第2年免征企业所得税，第3年至第5年按照25%的法定税率减半征收企业所得税。

**154.** 国家鼓励的软件企业是指同时符合的条件有（　　）。

    A. 汇算清缴年度具有劳动合同关系或劳务派遣、聘用关系，其中具有本科及以上学历的月平均职工人数占企业月平均职工总人数的比例不低于50%，研究开发人员月平均数占企业月平均职工总数的比例不低于25%

    B. 拥有核心关键技术，并以此为基础开展经营活动，汇算清缴年度研究开发费用总额占企业销售（营业）收入总额的比例不低于6%，企业在中国境内发生的研究开发费用金额占研究开发费用总额的比例不低于60%

    C. 汇算清缴年度软件产品开发销售及相关信息技术服务（营业）收入占企业收入总额的比例不低于50%［嵌入式软件产品开发销售（营业）收入占企业收入总额的比例不低于45%］，其中软件产品自主开发销售及相关信息技术服务（营业）收入占企业收入总额的比例不低于45%［嵌入式软件产品开发销售（营业）收入占企业收入总额的比例不低于40%］

    D. 主营业务或主要产品具有专利或计算机软件著作权等属于本企业的知识产权

    E. 具有与软件开发相适应的生产经营场所、软硬件设施等开发环境（如合法的开发工具等），建立符合软件工程要求的质量管理体系并持续有效运行

**【答案】** DE

**【解析】**《中华人民共和国工业和信息化部　国家发展改革委　财政部　国家税务总局公告2021年第10号——国家鼓励的软件企业条件的公告》(工业和信息化部　国家发展改革委　财政部　税务总局公告2021年第10号)规定，国家鼓励的软件企业是指同时符合下列条件的企业：

（1）在中国境内（不包括港、澳、台地区）依法设立，以软件产品开发及相关信息技术服务为主营业务并具有独立法人资格的企业；该企业的设立具有合理商业目的，且不以减少、免除或推迟缴纳税款为主要目的。

（2）汇算清缴年度具有劳动合同关系或劳务派遣、聘用关系，其中具有本科及以上学历的月平均职工人数占企业月平均职工总人数的比例不低于40%，研究开发人员月平均数占企业月平均职工总数的比例不低于25%。

（3）拥有核心关键技术，并以此为基础开展经营活动，汇算清缴年度研究开发费用总额占企业销售（营业）收入总额的比例不低于7%，企业在中国境内发生的研究开发费用金额占研究开发费用总额的比例不低于60%。

（4）汇算清缴年度软件产品开发销售及相关信息技术服务（营业）收入占企业收入总额的比例不低于55%［嵌入式软件产品开发销售（营业）收入占企业收入总额的比例不低于45%］，其中软件产品自主开发销售及相关信息技术服务（营业）收入占企业收入总额的比例不低于45%［嵌入式软件产品开发销售（营业）收入占企业收入总额的比例不低于40%］。

（5）主营业务或主要产品具有专利或计算机软件著作权等属于本企业的知识产权。

（6）具有与软件开发相适应的生产经营场所、软硬件设施等开发环境（如合法的开发工

具等),建立符合软件工程要求的质量管理体系并持续有效运行。

(7)汇算清缴年度未发生重大安全事故、重大质量事故、知识产权侵权等行为,企业合法经营。

**155.** 第三方防治企业依照《关于从事污染防治的第三方企业所得税政策问题的公告》(财政部 国家税务总局 国家发展改革委 生态环境部公告2019年第60号)规定享受优惠政策的,主要留存备查资料有( )。

    A. 连续从事环境污染治理设施运营实践一年以上的情况说明,与环境污染治理设施运营有关的合同、收入凭证

    B. 当年有效的技术人员的职称证书或执(职)业资格证书、劳动合同及工资发放记录等材料

    C. 从事环境保护设施运营服务的年度营业收入、总收入及其占比等情况说明

    D. 可说明当年企业具备检验能力,拥有自有实验室,仪器配置可满足运行服务范围内常规污染物指标的检测需求的有关材料

    E. 可说明当年企业能保证其运营的环境保护设施正常运行,使污染物排放指标能够连续稳定达到国家或者地方规定的排放标准要求的有关材料

【答案】 ABCDE

【解析】《关于落实从事污染防治的第三方企业所得税政策有关问题的公告》(国家税务总局 国家发展改革委 生态环境部公告2021年第11号)规定,第三方防治企业依照《关于从事污染防治的第三方企业所得税政策问题的公告》(财政部 税务总局国家发展改革委 生态环境部公告2019年第60号)规定享受优惠政策的,主要留存备查资料为:

(1)连续从事环境污染治理设施运营实践一年以上的情况说明,与环境污染治理设施运营有关的合同、收入凭证。

(2)当年有效的技术人员的职称证书或执(职)业资格证书、劳动合同及工资发放记录等材料。

(3)从事环境保护设施运营服务的年度营业收入、总收入及其占比等情况说明。

(4)可说明当年企业具备检验能力,拥有自有实验室,仪器配置可满足运行服务范围内常规污染物指标的检测需求的有关材料:

① 污染物检测仪器清单,其中列入《实施强制管理计量器具目录》的检测仪器需同时留存备查相关检定证书;

② 当年常规理化指标的化验检测全部原始记录,其中污染治理类别为危险废物的利用与处置的,还需留存备查危险废物转移联单。

(5)可说明当年企业能保证其运营的环境保护设施正常运行,使污染物排放指标能够连续稳定达到国家或者地方规定的排放标准要求的有关材料:①环境污染治理运营项目清单、项目简介。②反映污染治理设施运营期间主要污染物排放连续稳定达标的所有自动监测日均值等记录,由具备资质的生态环境监测机构出具的全部检测报告。从事机动车船、非道路移动机械、餐饮油烟治理的,如未进行在线数据监测,也可不留存备查在线监测数据记录。③运营期内能够反映环境污染治理设施日常运行情况的全部记录、能够说明自动监测

仪器设备符合生态环境保护相关标准规范要求的材料。

（6）仅从事自动连续监测运营服务的第三方企业，提供反映运营服务期间自动监测故障后及时修复、监测数据"真、准、全"等相关证明材料，无须提供反映污染物排放连续稳定达标相关材料。

**156.**《中华人民共和国企业所得税法实施条例》规定，企业发生的与生产经营活动有关的业务招待费支出，按发生额60%扣除，但最高不得超过当年销售（营业）收入的5‰。在具体实践中，企业取得的下列收入可以作为"当年销售（营业）收入"，用于计算招待费支出基数的有（    ）。

  A. 出租房屋取得的租金收入

  B. 出售报废设备取得的收入

  C. 将自产产品用于职工福利

  D. 因进货达到一定额度从供货方取得的"返利"收入

【答案】 AC

【解析】 《国家税务总局关于企业所得税执行中若干税务处理问题的通知》（国税函〔2009〕202号）规定，企业在计算业务招待费、广告费和业务宣传费等费用扣除限额时，其销售（营业）收入额应包括《中华人民共和国企业所得税法实施条例》第25条规定的视同销售（营业）收入额。

**157.** 下列纳税人取得的生产经营所得中，不缴纳企业所得税的有（    ）。

  A. 由多名纳税人投资的有限公司  B. 由一名个人投资的有限责任公司

  C. 由一名个人投资的独资企业  D. 由多名合伙投资的合伙企业

  E. 个体工商户

【答案】 CDE

【解析】 《中华人民共和国企业所得税法》规定，在中华人民共和国境内，企业和其他取得收入的组织为企业所得税的纳税人，依照本法的规定缴纳企业所得税。个人独资企业、合伙企业不适用本法。

**158.** 下列符合生产和装配伤残人员专门用品的居民企业可免征企业所得税的条件有（    ）。

  A. 生产和装配伤残人员专门用品，且在民政部发布的《中国伤残人员专门用品目录》范围之内

  B. 以销售本企业生产或者装配的伤残人员专门用品为主，其所取得的年度伤残人员专门用品销售收入（不含出口取得的收入）占企业收入总额50%以上

  C. 企业拥有假肢制作师、矫形器制作师资格证书的专业技术人员不得少于1人；其企业生产人员如超过20人，则其拥有假肢制作师、矫形器制作师资格证书的专业技术人员不得少于全部生产人员的1/6

  D. 具有独立的接待室、假肢或者矫形器（辅助器具）制作室和假肢功能训练室，使用面积不少于100平方米

【答案】 AC

【解析】《关于生产和装配伤残人员专门用品企业免征企业所得税的公告》(财政部税务总局　民政部公告 2021 年第 14 号)规定,自 2021 年 1 月 1 日至 2023 年 12 月 31 日,对符合下列条件的居民企业,免征企业所得税:

(1) 生产和装配伤残人员专门用品,且在民政部发布的《中国伤残人员专门用品目录》范围之内。

(2) 以销售本企业生产或者装配的伤残人员专门用品为主,其所取得的年度伤残人员专门用品销售收入(不含出口取得的收入)占企业收入总额 60% 以上。

收入总额,是指《中华人民共和国企业所得税法》第 6 条规定的收入总额。

(3) 企业账证健全,能够准确、完整地向主管税务机关提供纳税资料,且本企业生产或者装配的伤残人员专门用品所取得的收入能够单独、准确核算。

(4) 企业拥有假肢制作师、矫形器制作师资格证书的专业技术人员不得少于 1 人;其企业生产人员如超过 20 人,则其拥有假肢制作师、矫形器制作师资格证书的专业技术人员不得少于全部生产人员的 1/6。

(5) 具有与业务相适应的测量取型、模型加工、接受腔成型、打磨、对线组装、功能训练等生产装配专用设备和工具。

(6) 具有独立的接待室、假肢或者矫形器(辅助器具)制作室和假肢功能训练室,使用面积不少于 115 平方米。

**159.** 属于企业会计准则与企业所得税法共同遵循的,但是实际运用时却存在差异的原则有(　　)。

　　A. 权责发生制原则　　　　　　　　B. 相关性原则

　　C. 实质重于形式原则　　　　　　　D. 可靠性原则

【答案】　ABCD

【解析】　企业应当以权责发生制为基础进行会计确认、计量和报告。税法规定企业实际发生的与取得收入有关的合理的支出,包括成本、费用、税金、损失和其他支出,准予在计算应纳税所得额时扣除。除企业所得税法及其实施条例另有规定外,企业销售收入的确认,必须遵循权责发生制原则和实质重于形式原则。

**160.** 下列项目属于企业所得税收入总额但不属于会计收入要素的有(　　)。

　　A. 商品收入　　　　　　　　　　　B. 捐赠收入

　　C. 租金收入　　　　　　　　　　　D. 土地使用权转让收入

【答案】　BD

【解析】《中华人民共和国企业所得税法》规定,企业以货币形式和非货币形式从各种来源取得的收入,为收入总额。包括:(1)销售货物收入;(2)提供劳务收入;(3)转让财产收入;(4)股息、红利等权益性投资收益;(5)利息收入;(6)租金收入;(7)特许权使用费收入;(8)接受捐赠收入;(9)其他收入。

**161.** 下列固定资产中,会计与税法规定都应计提折旧的固定资产有(　　)。

　　A. 因季节性等原因而暂停使用的固定资产

　　B. 因改扩建等原因而暂停使用的固定资产

C. 企业临时性出租给其他企业使用的固定资产

D. 融资租入的固定资产

【答案】 ACD

【解析】 《中华人民共和国企业所得税法》规定,在计算应纳税所得额时,企业按照规定计算的固定资产折旧,准予扣除。下列固定资产不得计算折旧扣除:(1)房屋、建筑物以外未投入使用的固定资产;(2)以经营租赁方式租入的固定资产;(3)以融资租赁方式租出的固定资产;(4)已足额提取折旧仍继续使用的固定资产;(5)与经营活动无关的固定资产;(6)单独估价作为固定资产入账的土地;(7)其他不得计算折旧扣除的固定资产。

**162.** 公益性群众团体存在应当取消其公益性捐赠税前扣除资格且不得重新确认资格的情形包括( )。

A. 从事非法政治活动的

B. 从事、资助危害国家安全或者社会公共利益活动的

C. 在申请公益性捐赠税前扣除资格时有弄虚假行为的

D. 存在违反该组织章程的活动,或者接受的捐赠款用于组织章程规定用途之外的支出等情况

【答案】 AB

【解析】 根据《财政部 国家税务总局关于通过公益性群众团体的公益性捐赠税前扣除有关事项的公告》(财政部 国家税务总局公告 2021 年第 20 号)第 10 条的规定,公益性群众团体存在以下情形之一的,应当取消其公益性捐赠税前扣除资格且不得重新确认资格:(1)从事非法政治活动的;(2)从事、资助危害国家安全或者社会公共利益活动的。

**163.** 下列关于可转换债券转换为股权投资的税务处理中,正确的有( )。

A. 购买方企业购买可转换债券,在其持有期间按照约定利率取得的利息收入,应当依法申报缴纳企业所得税

B. 购买方企业可转换债券转换为股票时,将应收未收利息一并转为股票的,该应收未收利息会计上未确认收入,税收上则不要作为当期利息收入申报纳税;转换后以该债券购买价、应收未收利息和支付的相关税费为该股票投资成本

C. 发行方企业发生的可转换债券的利息,不得在税前扣除

D. 发行方企业按照约定将购买方持有的可转换债券和应付未付利息一并转为股票的,其应付未付利息不得税前扣除

【答案】 AC

【解析】 《国家税务总局关于企业所得税若干政策征管口径问题的公告》(国家税务总局公告 2021 年第 17 号)第二条"关于可转换债券转换为股权投资的税务处理问题"规定:

(1)购买方企业的税务处理:①购买方企业购买可转换债券,在其持有期间按照约定利率取得的利息收入,应当依法申报缴纳企业所得税。②购买方企业可转换债券转换为股票时,将应收未收利息一并转为股票的,该应收未收利息即使会计上未确认收入,税收上也应当作为当期利息收入申报纳税;转换后以该债券购买价、应收未收利息和支付的相关税费为该股票投资成本。

（2）发行方企业的税务处理：①发行方企业发生的可转换债券的利息,按照规定在税前扣除。②发行方企业按照约定将购买方持有的可转换债券和应付未付利息一并转为股票的,其应付未付利息视同已支付,按照规定在税前扣除。

**164.** 境外投资者在境内从事混合性投资业务,同时满足( )条件的,被投资企业应于应付利息的日期,确认利息支出,并按税法规定进行税前扣除。

A. 被投资企业接受投资后,需要按投资合同或协议约定的利率支付利息

B. 有明确的投资期限或特定的投资条件,并在投资期满或者满足特定投资条件后,被投资企业无需要赎回投资或偿还本金

C. 投资企业对被投资企业净资产不拥有所有权

D. 投资企业具有选举权和被选举权

E. 投资企业不参与被投资企业日常生产经营活动

F. 该境外投资者与境内被投资企业构成关联关系

G. 境外投资者所在国家(地区)将该项投资收益认定为权益性投资收益,且不征收企业所得税

【答案】 CE

【解析】 《国家税务总局关于企业所得税若干政策征管口径问题的公告》(国家税务总局公告2021年第17号)第三条规定,境外投资者在境内从事混合性投资业务,满足《国家税务总局关于企业混合性投资业务企业所得税处理问题的公告》(国家税务总局公告2013年第41号)第一条规定的条件的,可以按照该公告第二条第一款的规定进行企业所得税处理,但同时符合以下两种情形的除外:(1)该境外投资者与境内被投资企业构成关联关系;(2)境外投资者所在国家(地区)将该项投资收益认定为权益性投资收益,且不征收企业所得税。同时符合上述第(一)项和第(二)项规定情形的,境内被投资企业向境外投资者支付的利息应视为股息,不得进行税前扣除。

《国家税务总局关于企业混合性投资业务企业所得税问题的公告》(国家税务总局公告2013年第14号)第一条规定,企业混合性投资业务,是指兼具权益和债权双重特性的投资业务。同时符合下列条件的混合性投资业务、按本公告进行企业所得税处理:

（1）被投资企业接受投资后,需要按投资合同或协议约定的利率定期支付利息(或定期支付保底利息、固定利润、固定股息)。

（2）有明确的投资期限或特定的投资条件,并在投资期满或者满足特定投资条件后,被投资企业需要赎回投资或偿还本金。

（3）投资企业对被投资企业净资产不拥有所有权。

（4）投资企业不具有选举权和被选举权。

（5）投资企业不参与被投资企业日常生产经营活动。

国家税务总局公告2013年第14号第二条规定,对于被投资企业支付的利息,投资企业应于被投资应付利息的日期,确认收入的实现并计入当期应纳税所得额;被投资企业应于应付利息的日期,确认利息支出,并按税法和《国家税务总局关于企业所得税若干问题的公告》(国家税务总局公告2011年第34号)第一条的规定,进行税前扣除。

# 三、判断题

**1.** 居民纳税人针对来自我国境内的全部收入纳入征税范围；非居民纳税人通常仅对来自于我国境内的收入纳入征税范围。 （ ）

【答案】 ×

【解析】 居民企业针对来自我国境内境外的全部收入纳入征税范围；非居民企业通常仅对来自我国境内的收入纳入征税范围。所以，熟练掌握居民企业和非居民企业是非常重要的。

**2.** 非居民企业委托营业代理人在中国境内从事生产经营活动的，包括委托单位或者个人经常代其签订合同，或者储存、交付货物等，该营业代理人视为非居民企业在中国境内设立的机构、场所。 （ ）

【答案】 √

【解析】 《中华人民共和国企业所得税法实施条例》第 5 条第 2 款规定，非居民企业委托营业代理人在中国境内从事生产经营活动的，包括委托单位或者个人经常代其签订合同，或者储存、交付货物等，该营业代理人视为非居民企业在中国境内设立的机构、场所。

**3.** 非居民企业派遣人员在中国境内提供劳务，如果派遣企业对被派遣人员工作结果承担部分或全部责任和风险，通常考核评估被派遣人员的工作业绩，应视为派遣企业在中国境内设立机构、场所提供劳务；如果派遣企业属于税收协定缔约对方企业，且提供劳务的机构、场所具有相对的固定性和持久性，该机构、场所构成在中国境内设立的常设机构。 （ ）

【答案】 √

【解析】 依据《国家税务总局关于非居民企业派遣人员在中国境内提供劳务征收企业所得税有关问题的公告》（国家税务总局公告 2013 年第 19 号）的规定。

**4.** 非境内注册居民企业从中国境内其他居民企业取得的股息、红利等权益性投资收益，应当征收企业所得税。非境内注册居民企业的投资者从该居民企业分得的股息红利等权益性投资收益，应作为其免税收入。 （ ）

【答案】 ×

【解析】 《国家税务总局关于境外注册中资控股企业依据实际管理机构标准认定为居民企业有关问题的通知》（国税发〔2009〕82 号）规定，非境内注册居民企业从中国境内其他居民企业取得的股息、红利等权益性投资收益，按照《中华人民共和国企业所得税法》第 26 条和实施条例第 83 条的规定，作为其免税收入。非境内注册居民企业的投资者从该居民企业分得的股息红利等权益性投资收益，根据《中华人民共和国企业所得税法实施条例》第 7 条第 4 款的规定，属于来源于中国境内的所得，应当征收企业所得税；该权益性投资收益中符合《中华人民共和国企业所得税法》第 26 条和《中华人民共和国企业所得税法实施条例》第 83 条规定的部分，可作为收益人的免税收入。

**5.** 居民纳税人征税范围包括来源于我国境内的一切所得，不含来源于中国境外的所得。 （ ）

**【答案】**　×

**【解析】**　《中华人民共和国企业所得税法》第3条规定,居民企业应当就其来源于中国境内、境外的所得缴纳企业所得税。

**6.** 企业在境内发生的支出项目属于增值税小额零星经营业务范围的,其支出以税务机关代开的发票或者收款凭证及内部凭证作为税前扣除凭证,收款凭证应载明收款单位名称、个人姓名及身份证号、支出项目、收款金额等相关信息。 （　　）

**【答案】**　×

**【解析】**　《企业所得税税前扣除凭证管理办法》(国家税务总局公告2018年第28号)第9条规定,企业在境内发生的支出项目属于增值税应税项目(以下简称"应税项目")的,对方为已办理税务登记的增值税纳税人,其支出以发票(包括按照规定由税务机关代开的发票)作为税前扣除凭证;对方为依法无需办理税务登记的单位或者从事小额零星经营业务的个人,其支出以税务机关代开的发票或者收款凭证及内部凭证作为税前扣除凭证,收款凭证应载明收款单位名称、个人姓名及身份证号、支出项目、收款金额等相关信息。

小额零星经营业务的判断标准是个人从事应税项目经营业务的销售额不超过增值税相关政策规定的起征点。

**7.** 企业取得私自印制、伪造、变造、作废、开票方非法取得、虚开、填写不规范等不符合规定的发票(以下简称"不合规发票"),以及取得不符合国家法律、法规等相关规定的其他外部凭证(以下简称"不合规其他外部凭证"),不得作为税前扣除凭证。但如果其支出真实且已实际发生,且企业在当年度汇算清缴期结束前,通过补开、换开后的发票、其他外部凭证符合规定的,可以作为税前扣除凭证。 （　　）

**【答案】**　√

**【解析】**　依据是《企业所得税税前扣除凭证管理办法》(国家税务总局公告2018年第28号)。

**8.** 税前扣除凭证是企业计算企业所得税应纳税所得额时,扣除相关支出的依据。企业支出的税前扣除范围和标准应当按照企业所得税法及其实施条例等相关规定执行。（　　）

**【答案】**　√

**【解析】**　《企业所得税税前扣除凭证管理办法》第2条规定,税前扣除凭证,是指企业在计算企业所得税应纳税所得额时,证明与取得收入有关的、合理的支出实际发生,并据以税前扣除的各类凭证。《中华人民共和国企业所得税法》第8条规定,企业实际发生的与取得收入有关的、合理的支出,包括成本、费用、税金、损失和其他支出,准予在计算应纳税所得额时扣除。

**9.** 企业在经营活动、经济往来中常常伴生有合同协议、付款凭证等相关资料,在某些情形下,作为支出依据,如法院判决企业支付违约金而出具的裁判文书。以上资料不属于税前扣除凭证,但属于与企业经营活动直接相关且能够证明税前扣除凭证真实性的资料,企业也应按照法律、法规等相关规定,履行保管责任,以备包括税务机关在内的有关部门、机构或者人员核实。 （　　）

**【答案】**　√

【解析】《企业所得税税前扣除凭证管理办法》规定,企业发生支出,应取得税前扣除凭证,作为计算企业所得税应纳税所得额时扣除相关支出的依据。企业应在当年度企业所得税法规定的汇算清缴期结束前取得税前扣除凭证。企业应将与税前扣除凭证相关的资料,包括合同协议、支出依据、付款凭证等留存备查,以证实税前扣除凭证的真实性。

**10.** 委托境外进行研发活动所发生的费用,按照费用实际发生额的80%计入委托方的委托境外研发费用。委托境外研发费用不超过境内符合条件的研发费用三分之二的部分,可以按规定在企业所得税前加计扣除。该费用实际发生额应按照独立交易原则确定。委托方与受托方存在关联关系的,受托方应向委托方提供研发项目费用支出明细情况,其费用分别由受托方与委托方分别扣除。 （ ）

【答案】 ✕

【解析】《关于企业委托境外研究开发费用税前加计扣除有关政策问题的通知》(财税〔2018〕64号)规定,委托境外进行研发活动所发生的费用,按照费用实际发生额的80%计入委托方的委托境外研发费用。委托境外研发费用不超过境内符合条件的研发费用三分之二的部分,可以按规定在企业所得税前加计扣除。上述费用实际发生额应按照独立交易原则确定。委托方与受托方存在关联关系的,受托方应向委托方提供研发项目费用支出明细情况。委托方与受托方存在关联关系的,由委托方加计扣除,受托方不得加计扣除。

**11.** 委托境外进行研发活动应签订技术开发合同,由委托方到科技行政主管部门进行登记,没有登记的不得加计扣除。 （ ）

【答案】 ✓

【解析】《国家税务总局关于企业研究开发费用税前加计扣除政策有关问题的公告》(国家税务总局公告2015年第97号)留存资料要求,委托研发、合作研发的合同需经科技主管部门登记。未申请认定登记和未予登记的技术合同,不得享受研发费用加计扣除优惠政策。

**12.** 从2018年1月1日起,委托境外进行研发活动所发生的费用,按照费用实际发生额的80%计入委托方的委托境外研发费用。委托境外研发费用不超过境内符合条件的研发费用三分之二的部分,可以按规定在企业所得税前加计扣除。委托境外进行研发活动包括委托境外个人进行的研发活动。 （ ）

【答案】 ✕

【解析】《关于企业委托境外研究开发费用税前加计扣除有关政策问题的通知》(财税〔2018〕64号)规定,委托境外进行研发活动所发生的费用,按照费用实际发生额的80%计入委托方的委托境外研发费用。委托境外研发费用不超过境内符合条件的研发费用三分之二的部分,可以按规定在企业所得税前加计扣除。本通知所称委托境外进行研发活动不包括委托境外个人进行的研发活动。

**13.** 自2018年1月1日至2022年12月31日,小型微利企业的年应纳税所得额上限由50万元提高至100万元,对年应纳税所得额低于100万元(含100万元)的小型微利企业,其所得减按50%计入应纳税所得额,按20%的税率缴纳企业所得税。 （ ）

【答案】 ✕

【解析】《财政部　国家税务总局关于实施小微企业普惠性税收减免政策的通知》(财税〔2019〕13号)规定,2019年1月1日至2021年12月31日,对小型微利企业年应纳税所得额不超过100万元的部分,减按25%计入应纳税所得额,按20%的税率缴纳企业所得税;对年应纳税所得额超过100万元但不超过300万元的部分,减按50%计入应纳税所得额,按20%的税率缴纳企业所得税。

《关于实施小微企业和个体工商户所得税优惠政策的公告》(财政部　税务总局公告2021年第12号)规定,2021年1月1日至2022年12月31日,对小型微利企业年应纳税所得额不超过100万元的部分,在《关于实施小微企业普惠性税收减免政策的通知》(财税〔2019〕13号)第2条规定的优惠政策基础上,再减半征收企业所得税。

**14.** 自2018年1月1日起,当年具备高新技术企业或科技型中小企业资格的企业,其具备资格年度之前5个年度发生的尚未弥补完的亏损,准予结转以后年度弥补,最长结转年限由5年延长至10年。延长亏损结转弥补年限政策,企业自行计算申报享受,同时应向税务机关申请审批或办理备案手续。　　　　　　　　　　　　　　　(　　)

【答案】✕

【解析】《财政部　国家税务总局关于延长高新技术企业和科技型中小企业亏损结转年限的通知》(财税〔2018〕76号)规定,自2018年1月1日起,当年具备高新技术企业或科技型中小企业资格(以下统称资格)的企业,其具备资格年度之前5个年度发生的尚未弥补完的亏损,准予结转以后年度弥补,最长结转年限由5年延长至10年。《国家税务总局关于延长高新技术企业和科技型中小企业亏损结转弥补年限有关企业所得税处理问题的公告》(国家税务总局公告2018年第45号)第4条规定,延长亏损结转弥补年限条件的企业,在企业所得税预缴和汇算清缴时,自行计算亏损结转弥补年限,并填写相关纳税申报表。

**15.** 为进一步优化优惠管理机制,实行企业自行申报并直接享受优惠、税务部门强化后续管理的机制。企业购置节能节水和环境保护专用设备,应自行判断是否符合税收优惠政策规定条件,按规定向税务部门履行企业所得税优惠备案手续后享受税收优惠。(　　)

【答案】✕

【解析】根据《国家税务总局关于发布修订后的〈企业所得税优惠政策事项办理办法〉的公告》(国家税务总局公告2018年第23号)的规定:企业享受优惠事项采取"自行判别、申报享受、相关资料留存备查"的办理方式。企业应当根据经营情况以及相关税收规定自行判断是否符合优惠事项规定的条件,符合条件的可以按照《企业所得税优惠事项管理目录(2017年版)》列示的时间自行计算减免税额,并通过填报企业所得税纳税申报表享受税收优惠。同时,按照本办法的规定归集和留存相关资料备查。因此,企业享受企业所得税优惠不需要办理备案手续。

**16.** 企业享受优惠事项采取"自行判别、申报享受、相关资料留存备查"的办理方式。企业应当根据经营情况以及相关税收规定自行判断是否符合优惠事项规定的条件,符合条件的可以按照《目录》列示的时间自行计算减免税额,并通过向税务机关报送相关资料进行备案。　　　　　　　　　　　　　　　　　　　　(　　)

【答案】✕

【解析】 《国家税务总局关于发布修订后的〈企业所得税优惠政策事项办理办法〉的公告》(国家税务总局公告 2018 年第 23 号)规定,企业应当按照规定归集和留存相关资料备查。

**17.** 享受集成电路生产企业、集成电路设计企业、软件企业、国家规划布局内的重点软件企业和集成电路设计企业等优惠事项的企业,只要在汇算清缴后留存资料备查即可。
（ ）

【答案】 ×

【解析】 《国家税务总局关于发布修订后的〈企业所得税优惠政策事项办理办法〉的公告》(国家税务总局公告 2018 年第 23 号)规定,企业享受优惠事项后,税务机关将适时开展后续管理。在后续管理时,企业应当根据税务机关管理服务的需要,按照规定的期限和方式提供留存备查资料,以证实享受优惠事项符合条件。其中,享受集成电路生产企业、集成电路设计企业、软件企业、国家规划布局内的重点软件企业和集成电路设计企业等优惠事项的企业,应当在完成年度汇算清缴后,按照《企业所得税优惠事项管理目录(2017 年版)》"后续管理要求"项目中列示的清单向税务机关提交资料。

**18.** 关于 2018 年 1 月 1 日至 2023 年 12 月 31 日新购进的设备、器具,单位价值不超过 500 万元的,固定资产购进时点按以下原则确认:以货币形式购进的固定资产,包括采取分期付款或赊销方式购进,按发票开具时间确认;以分期付款或赊销方式购进的固定资产,按固定资产到货时间确认;自行建造的固定资产,按达到预定可使用状态时确认。 （ ）

【答案】 ×

【解析】 根据《国家税务总局关于设备、器具扣除有关企业所得税政策执行问题的公告》(国家税务总局公告 2018 年第 46 号)规定,固定资产购进时点按以下原则确认:以货币形式购进的固定资产,除采取分期付款或赊销方式购进外,按发票开具时间确认;以分期付款或赊销方式购进的固定资产,按固定资产到货时间确认;自行建造的固定资产,按竣工结算时间确认。

《财政部 税务总局关于延长部分税收优惠政策执行期限的公告》(财政部 国家税务总局公告 2021 年第 6 号)将国家税务总局公告 2018 年第 46 号税收优惠执行期限延长至 2023 年 12 月 31 日。

**19.** 对社保基金取得的直接股权投资收益、股权投资基金收益,作为企业所得税免税收入。
（ ）

【答案】 ×

【解析】 根据《关于全国社会保障基金有关投资业务税收政策的通知》(财税〔2018〕94 号)的规定,对社保基金取得的直接股权投资收益、股权投资基金收益,作为企业所得税不征税收入。

**20.** 对社保基金会及养老基金投资管理机构在国务院批准的投资范围内,运用养老基金投资取得的归属于养老基金的投资收入,作为企业所得税免税收入;对养老基金投资管理机构、养老基金托管机构从事养老基金管理活动取得的收入,作为企业所得税不征税收入。
（ ）

【答案】　×

【解析】　根据《关于基本养老保险基金有关投资业务税收政策的通知》(财税〔2018〕95号)的规定,对社保基金会及养老基金投资管理机构在国务院批准的投资范围内,运用养老基金投资取得的归属于养老基金的投资收入,作为企业所得税不征税收入;对养老基金投资管理机构、养老基金托管机构从事养老基金管理活动取得的收入,依照税法规定征收企业所得税。

**21.** 企业开展研发活动中实际发生的研发费用,未形成无形资产计入当期损益的,在按规定据实扣除的基础上,在 2021 年 1 月 1 日至 2023 年 12 月 31 日期间,再按照实际发生额的 100% 在税前加计扣除;形成无形资产的,在上述期间按照无形资产成本的 200% 在税前摊销。　　　　　　　　　　　　　　　　　　　　　　　　( 　 )

【答案】　×

【解析】　《财政部　国家税务总局关于进一步完善研发费用税前加计扣除政策的公告》(财政部　国家税务总局公告 2021 年第 13 号)规定,制造业企业开展研发活动中实际发生的研发费用,未形成无形资产计入当期损益的,在按规定据实扣除的基础上,自 2021 年 1 月 1 日起,再按照实际发生额的 100% 在税前加计扣除;形成无形资产的,自 2021 年 1 月 1 日起,按照无形资产成本的 200% 在税前摊销。

**22.** 自 2018 年 1 月 1 日起,对境外投资者从中国境内居民企业分配的利润,用于境内直接投资暂不征收预提所得税政策的适用范围,其范围仅指外商投资鼓励类项目的项目和领域。　　　　　　　　　　　　　　　　　　　　　　　　　　　( 　 )

【答案】　×

【解析】　《关于扩大境外投资者以分配利润直接投资暂不征收预提所得税政策适用范围的通知》(财税〔2018〕102 号)规定,对境外投资者从中国境内居民企业分配的利润,用于境内直接投资暂不征收预提所得税政策的适用范围,由外商投资鼓励类项目扩大至所有非禁止外商投资的项目和领域。

**23.** 自 2018 年 1 月 1 日起,对境外投资者从中国境内居民企业分配的利润,用于境内直接投资暂不征收预提所得税,经税务部门后续管理核实不符合规定条件的,除属于利润分配企业责任外,视为境外投资者未按照规定申报缴纳企业所得税,依法追究延迟纳税责任,税款延迟缴纳期限自相关利润支付之日起计算。　　　　　　　　　　　　　　　( 　 )

【答案】　√

【解析】　本题依据是《关于扩大境外投资者以分配利润直接投资暂不征收预提所得税政策适用范围的通知》(财税〔2018〕102 号)。

**24.** 2019 年财产保险企业发生与生产经营有关的手续费及佣金支出,不超过当年全部保费收入扣除退保金等后余额的 15%(含本数,下同)计算限额、人身保险企业按当年全部保费收入扣除退保金等后余额的 10% 计算限额。计算限额以内的部分,准予扣除,超过部分,不得扣除。　　　　　　　　　　　　　　　　　　　　　　　　　　　　　　( 　 )

【答案】　×

【解析】　《关于保险企业手续费及佣金支出税前扣除政策的公告》(财政部　国家税务

总局公告2019年第72号)规定,自2019年1月1日起,保险企业发生与其经营活动有关的手续费及佣金支出,不超过当年全部保费收入扣除退保金等后余额的18%(含本数)的部分,在计算应纳税所得额时准予扣除;超过部分,允许结转以后年度扣除。

**25.** 依法成立且符合条件的集成电路设计企业和软件企业,在2018年12月31日前自获利年度起计算优惠期,第1年至第3年免征企业所得税,第4年至第6年按照25%的法定税率减半征收企业所得税,并享受至期满为止。                    (　　)

**【答案】** ×

**【解析】**《关于集成电路设计和软件产业企业所得税政策的公告》(财政部　税务总局公告2019年第68号)规定,依法成立且符合条件的集成电路设计企业和软件企业,在2018年12月31日前自获利年度起计算优惠期,第1年至第2年免征企业所得税,第3年至第5年按照25%的法定税率减半征收企业所得税,并享受至期满为止。

**26.** 自2019年1月1日起,适用固定资产加速折旧企业所得税优惠政策的行业范围,扩大至全部制造业领域。                    (　　)

**【答案】** √

**【解析】**《关于扩大固定资产加速折旧优惠政策适用范围的公告》(财政部　国家税务总局公告2019年第66号)规定,自2019年1月1日起,适用《财政部　国家税务总局关于完善固定资产加速折旧企业所得税政策的通知》(财税〔2014〕75号)和《财政部　国家税务总局关于进一步完善固定资产加速折旧企业所得税政策的通知》(财税〔2015〕106号)规定固定资产加速折旧优惠的行业范围,扩大至全部制造业领域。

**27.** 企业发行符合规定条件的永续债,可以按照债券利息适用企业所得税政策,即:发行方支付的永续债利息支出准予在其企业所得税税前扣除;投资方取得的永续债利息收入应当依法纳税。                    (　　)

**【答案】** √

**【解析】** 本题依据是《关于永续债企业所得税政策问题的公告》(财政部　国家税务总局公告2019年第64号)。

**28.** 从事饮水工程新建项目投资经营的所得,自项目获利年度起,第1年至第3年免征企业所得税,第4年至第6年减半征收企业所得税。                    (　　)

**【答案】** ×

**【解析】**《关于继续实行农村饮水安全工程税收优惠政策的公告》(财政部　国家税务总局公告2019年第67号)规定,对饮水工程运营管理单位从事《公共基础设施项目企业所得税优惠目录》规定的饮水工程新建项目投资经营的所得,自项目取得第一笔生产经营收入所属纳税年度起,第1年至第3年免征企业所得税,第4年至第6年减半征收企业所得税。

**29.** 企事业单位、社会团体以及其他组织捐赠住房作为公租房,符合税收法律法规规定的,对其公益性捐赠支出在年度利润总额12%以内的部分,准予在计算应纳税所得额时扣除,超过年度利润总额12%的部分,准予结转以后在计算应纳税所得额时扣除。                    (　　)

**【答案】** ×

**【解析】**《关于公共租赁住房税收优惠政策的公告》(财政部　国家税务总局公告2019

年第 61 号)规定,企事业单位、社会团体以及其他组织捐赠住房作为公租房,符合税收法律法规规定的,对其公益性捐赠支出在年度利润总额 12% 以内的部分,准予在计算应纳税所得额时扣除,超过年度利润总额 12% 的部分,准予结转以后 3 年内在计算应纳税所得额时扣除。

**30.** 自 2019 年 1 月 1 日至 2025 年 12 月 31 日,企业通过公益性社会组织或者县级(含县级)以上人民政府及其组成部门和直属机构,用于目标脱贫地区的扶贫捐赠支出,准予在计算企业所得税应纳税所得额时据实扣除。在政策执行期限内,目标脱贫地区实现脱贫的,不再适用上述政策。"目标脱贫地区"包括 832 个国家扶贫开发工作重点县、集中连片特困地区县(新疆阿克苏地区 6 县 1 市享受片区政策)和建档立卡贫困村。 （ ）

【答案】 ×

【解析】 《关于企业扶贫捐赠所得税税前扣除政策的公告》(财政部 国家税务总局 国务院扶贫办公告 2019 年第 49 号)和《关于延长部分扶贫税收优惠政策执行期限的公告》(财政部 国家税务总局 人力资源社会保障部 国家乡村振兴局公告 2021 年第 18 号)规定,自 2019 年 1 月 1 日至 2025 年 12 月 31 日,企业通过公益性社会组织或者县级(含县级)以上人民政府及其组成部门和直属机构,用于目标脱贫地区的扶贫捐赠支出,准予在计算企业所得税应纳税所得额时据实扣除。在政策执行期限内,目标脱贫地区实现脱贫的,可继续适用上述政策。"目标脱贫地区"包括 832 个国家扶贫开发工作重点县、集中连片特困地区县(新疆阿克苏地区 6 县 1 市享受片区政策)和建档立卡贫困村。

**31.** 经营性文化事业单位转制为企业,自转制注册之日起 3 年内免征企业所得税。2018 年 12 月 31 日之前已完成转制的企业,自 2019 年 1 月 1 日起可继续免征 3 年企业所得税。 （ ）

【答案】 ×

【解析】 《关于继续实施文化体制改革中经营性文化事业单位转制为企业若干税收政策的通知》(财税〔2019〕16 号)规定,经营性文化事业单位转制为企业,自转制注册之日起 5 年内免征企业所得税。2018 年 12 月 31 日之前已完成转制的企业,自 2019 年 1 月 1 日起可继续免征 5 年企业所得税。

**32.** 企业参加雇主责任险、公众责任险等责任保险,属商业保险,不得在企业所得税税前扣除。 （ ）

【答案】 ×

【解析】 《关于责任保险费企业所得税税前扣除有关问题的公告》(国家税务总局公告 2018 年第 52 号)规定,企业参加雇主责任险、公众责任险等责任保险,按照规定缴纳的保险费,准予在企业所得税税前扣除。

**33.** 自 2008 年 1 月 1 日起,对社保基金投资管理人、社保基金托管人从事社保基金管理活动取得的收入,依照税法的规定征收企业所得税。 （ ）

【答案】 √

【解析】 本题依据是《财政部 国家税务总局关于全国社会保障基金有关企业所得税问题的通知》(财税〔2008〕136 号)。

227

**34.** 自 2016 年 12 月 5 日起,对内地企业投资者通过深港通投资香港联交所上市股票取得的转让所得和对内地企业投资者通过深港通投资香港联交所上市股票取得的股息红利所得,一律计入其收入总额,依法征收企业所得税。　　　　　　　　（　　）

【答案】　×

【解析】　《财政部　国家税务总局　证监会关于深港股票市场交易互联互通机制试点有关税收政策的通知》(财税〔2016〕127 号)规定,自 2016 年 12 月 5 日起,对内地企业投资者通过深港通投资香港联交所上市股票取得的转让所得,计入其收入总额,依法征收企业所得税。对内地企业投资者通过深港通投资香港联交所上市股票取得的股息红利所得,计入其收入总额,依法计征企业所得税。其中,内地居民企业连续持有 H 股满 12 个月取得的股息红利所得,依法免征企业所得税。

**35.** 企业所得税过渡优惠政策与新税法及实施条例规定的优惠政策存在交叉的,由企业选择最优惠的政策执行,不得叠加享受,且一经选择,不得改变。不得改变的税收优惠情形,仅限于企业所得税过渡优惠政策与企业所得税法及其实施条例中规定的定期减免税的税收优惠。　　　　　　　　　　　　　　　　　（　　）

【答案】　×

【解析】　《财政部　国家税务总局关于执行企业所得税优惠政策若干问题的通知》(财税〔2009〕69 号)规定,《国务院关于实施企业所得税过渡优惠政策的通知》(国发〔2007〕39 号)第 3 条所称不得叠加享受,且一经选择,不得改变的税收优惠情形,限于企业所得税过渡优惠政策与企业所得税法及其实施条例中规定的定期减免税和减低税率类的税收优惠。

**36.** 企业以货币形式和非货币形式从各种来源取得的收入,为收入总额。企业取得收入的非货币形式,包括固定资产、生物资产、无形资产、股权投资、存货、准备持有至到期的债券投资以及债务的豁免、劳务以及有关权益等。　　　　　　　　（　　）

【答案】　×

【解析】　《中华人民共和国企业所得税法实施条例》第 12 条规定,企业取得收入的非货币形式,包括固定资产、生物资产、无形资产、股权投资、存货、不准备持有至到期的债券投资、劳务以及有关权益等。

**37.** 企业以货币形式和非货币形式从各种来源取得的收入,为收入总额。其中利息收入包括权益性投资收益、存款利息、贷款利息、债券利息、欠款利息等收入。　　（　　）

【答案】　×

【解析】　《中华人民共和国企业所得税法实施条例》第 18 条规定,利息收入,是指企业将资金提供他人使用但不构成权益性投资,或者因他人占用本企业资金取得的收入,包括存款利息、贷款利息、债券利息、欠款利息等收入。

**38.** 企业发生非货币性资产交换,以及将货物、财产、劳务用于捐赠、偿债、赞助、集资、广告、样品、职工福利或者利润分配等用途的,因没有现金流入,在计算应纳税所得额时可不确认为收入。　　　　　　　　　　　　　　　　　　　　　　　（　　）

【答案】　×

【解析】　《中华人民共和国企业所得税法实施条例》第 25 条规定,企业发生非货币性资产交换,以及将货物、财产、劳务用于捐赠、偿债、赞助、集资、广告、样品、职工福利或者利润分配等用途的,应当视同销售货物、转让财产或者提供劳务,但国务院财政、税务主管部门另有规定的除外。

**39.** 企业将资产移送他人因资产所有权属已发生改变而不属于内部处置资产,应按规定视同销售确定收入。属于企业自制的资产,应按企业同类资产同期对外销售价格确定销售收入;属于外购的资产,可按购入时的价格确定销售收入。　　　　　　　　　　　（　）

【答案】　×

【解析】　《国家税务总局关于企业所得税有关问题的公告》(国家税务总局公告 2016 年第 80 号)规定,企业发生《国家税务总局关于企业处置资产所得税处理问题的通知》(国税函〔2008〕828 号)第 2 条规定情形的,除另有规定外,应按照被移送资产的公允价值确定销售收入。

**40.** 自 2010 年 10 月 1 日起,根据现行企业所得税法及有关收入确定规定,融资性售后回租业务中,承租人出售资产的行为,应确认为销售收入,对融资性租赁的资产,仍按承租人出售前原账面价值作为计税基础计提折旧。租赁期间,承租人支付的属于融资利息的部分,作为企业财务费用在税前扣除。　　　　　　　　　　　　（　）

【答案】　×

【解析】　《国家税务总局关于融资性售后回租业务中承租方出售资产行为有关税收问题的公告》(国家税务总局公告 2010 年第 13 号)规定,自 2010 年 10 月 1 日起,根据现行企业所得税法及有关收入确定规定,融资性售后回租业务中,承租人出售资产的行为,不确认为销售收入,对融资性租赁的资产,仍按承租人出售前原账面价值作为计税基础计提折旧。租赁期间,承租人支付的属于融资利息的部分,作为企业财务费用在税前扣除。

**41.** 除企业所得税法及实施条例另有规定外,企业销售收入的确认,必须遵循真实性原则和合理性原则。　　　　　　　　　　　　　　　　　　　　　　　　　（　）

【答案】　×

【解析】　《国家税务总局关于确认企业所得税收入若干问题的通知》(国税函〔2008〕875 号)规定,除《中华人民共和国企业所得税法》及实施条例另有规定外,企业销售收入的确认,必须遵循权责发生制原则和实质重于形式原则。

**42.** 企业以买一赠一等方式组合销售本企业商品的,不属于捐赠,应将总的销售金额按各项商品的公允价值的比例来分摊确认各项的销售收入。　　　　　　　　　　　（　）

【答案】　√

【解析】　本题依据是《国家税务总局关于确认企业所得税收入若干问题的通知》(国税函〔2008〕875 号)。

**43.** 企业在各个纳税期末,提供劳务交易的结果能够可靠估计的,可采用合同折扣法确认提供劳务收入。　　　　　　　　　　　　　　　　　　　　　　　　　　　　（　）

【答案】　×

【解析】　《国家税务总局关于确认企业所得税收入若干问题的通知》(国税函〔2008〕875 号)规定,企业在各个纳税期末,提供劳务交易的结果能够可靠估计的,应采用完工进度(完工百分比)法确认提供劳务收入。

**44.** 企业采用完工进度法确认提供劳务收入的,应按照实际收到的金额确定劳务收入总额,根据纳税期末提供劳务收入总额乘以完工进度扣除以前纳税年度累计已确认提供劳务收入后的金额,确认为当期劳务收入;同时,按照提供劳务估计总成本乘以完工进度扣除以前纳税期间累计已确认劳务成本后的金额,结转为当期劳务成本。                    (  )

【答案】 ×

【解析】 《国家税务总局关于确认企业所得税收入若干问题的通知》(国税函〔2008〕875号)规定,企业应按照从接受劳务方已收或应收的合同或协议价款确定劳务收入总额,根据纳税期末提供劳务收入总额乘以完工进度扣除以前纳税年度累计已确认提供劳务收入后的金额,确认为当期劳务收入;同时,按照提供劳务估计总成本乘以完工进度扣除以前纳税期间累计已确认劳务成本后的金额,结转为当期劳务成本。

**45.** 企业权益性投资取得股息、红利等收入,应以合同约定的日期,确定收入的实现。

(  )

【答案】 ×

【解析】 《国家税务总局关于贯彻落实企业所得税法若干税收问题的通知》(国税函〔2010〕79号)规定,企业权益性投资取得股息、红利等收入,应以被投资企业股东会或股东大会作出利润分配或转股决定的日期,确定收入的实现。

**46.** 企业转让股权收入,应于转让协议生效、且完成股权变更手续时,确认收入的实现。转让股权收入扣除为取得该股权所发生的成本后,为股权转让所得。企业在计算股权转让所得时,应扣除被投资企业未分配利润等股东留存收益中按该项股权所可能分配的金额。

(  )

【答案】 ×

【解析】 《国家税务总局关于贯彻落实企业所得税法若干税收问题的通知》(国税函〔2010〕79号)规定,企业转让股权收入,应于转让协议生效、且完成股权变更手续时,确认收入的实现。转让股权收入扣除为取得该股权所发生的成本后,为股权转让所得。企业在计算股权转让所得时,不得扣除被投资企业未分配利润等股东留存收益中按该项股权所可能分配的金额。

**47.** 企业提供固定资产、包装物或者其他有形资产的使用权取得的租金收入,应按交易合同或协议规定的承租人应付租金的日期确认收入的实现。如果交易合同或协议中规定租赁期限跨年度,且租金提前一次性支付的,可按照收入与费用配比原则,出租人可对已确认的收入,在租赁期内,分期均匀计入相关年度收入。                    (  )

【答案】 √

【解析】 《国家税务总局关于贯彻落实企业所得税法若干税收问题的通知》(国税函〔2010〕79号)规定。根据《中华人民共和国企业所得税法实施条例》第19条的规定,企业提供固定资产、包装物或者其他有形资产的使用权取得的租金收入,应按交易合同或协议规定的承租人应付租金的日期确认收入的实现。其中,如果交易合同或协议中规定租赁期限跨年度,且租金提前一次性支付的,可按照《中华人民共和国企业所得税法实施条例》第九条规定的收入与费用配比原则,出租人可对上述已确认的收入,在租赁期内,分期均匀计入相关年度收入。

**48.** 对企业依照法律、法规及国务院有关规定收取并上缴财政的政府性基金和行政事业性收费,准予作为不征税收入,于上缴财政的当年在计算应纳税所得额时从收入总额中减除;未上缴财政的部分,不得从收入总额中减除。 （　）

【答案】　√

【解析】　依据是《财政部　国家税务总局关于财政性资金、行政事业性收费、政府性基金有关企业所得税政策问题的通知》(财税〔2008〕151 号)。

**49.** 财政性资金,是指企业取得的来源于政府及其有关部门的财政补助、补贴、贷款贴息,以及其他各类财政专项资金,包括直接减免的增值税和即征即退、先征后退、先征后返、出口退税款等各种税收;国家投资,是指国家以投资者身份投入企业、并按有关规定相应增加企业实收资本(股本)的直接投资。 （　）

【答案】　×

【解析】　《财政部　国家税务总局关于财政性资金、行政事业性收费、政府性基金有关企业所得税政策问题的通知》(财税〔2008〕151 号)规定,财政性资金,是指企业取得的来源于政府及其有关部门的财政补助、补贴、贷款贴息,以及其他各类财政专项资金,包括直接减免的增值税和即征即退、先征后退、先征后返的各种税收,但不包括企业按规定取得的出口退税款;所称国家投资,是指国家以投资者身份投入企业、并按有关规定相应增加企业实收资本(股本)的直接投资。

**50.** 在中国境内设立机构、场所的非居民企业从居民企业取得与该机构、场所有实际联系的股息、红利等权益性投资收益为免税收入。 （　）

【答案】　√

【解析】　《中华人民共和国企业所得税法实施条例》第 83 条规定,在中国境内设立机构、场所的非居民企业从居民企业取得与该机构、场所有实际联系的股息、红利等权益性投资收益为免税收入。符合条件的居民企业之间的股息、红利等权益性投资收益,是指居民企业直接投资于其他居民企业取得的投资收益。股息、红利等权益性投资收益,不包括连续持有居民企业公开发行并上市流通的股票不足 12 个月取得的投资收益。

**51.** 企业取得财产转让收入、债务重组收入、接受捐赠收入、无法偿付的应付款收入等,不论是以货币形式、还是非货币形式体现,可在不超过 5 年期限内,分期均匀计入相应年度的应纳税所得额,按规定计算缴纳企业所得税。 （　）

【答案】　×

【解析】　《国家税务总局关于企业取得财产转让等所得企业所得税处理问题的公告》(国家税务总局公告 2010 年第 19 号)规定,企业取得财产(包括各类资产、股权、债权等)转让收入、债务重组收入、接受捐赠收入、无法偿付的应付款收入等,不论是以货币形式、还是非货币形式体现,除另有规定外,均应一次性计入确认收入的年度计算缴纳企业所得税。

**52.** 企业将符合规定条件的财政性资金作不征税收入处理后,在 5 年(60 个月)内未发生支出且未缴回财政部门或其他拨付资金的政府部门的部分,应计入取得该资金第 5 年的应税收入总额;计入应税收入总额的财政性资金发生的支出,允许在计算应纳税所得额时扣除。　　　　　　　　　　　　　　　　　　　　　　　　　　　( )

【答案】　×

【解析】　《财政部　国家税务总局关于专项用途财政性资金企业所得税处理问题的通知》(财税〔2011〕70号)规定,企业将符合规定条件的财政性资金作不征税收入处理后,在5年(60个月)内未发生支出且未缴回财政部门或其他拨付资金的政府部门的部分,应计入取得该资金第6年的应税收入总额;计入应税收入总额的财政性资金发生的支出,允许在计算应纳税所得额时扣除。

53. 企业应纳税所得额的计算,以权责发生制和实质重于形式为原则,属于当期的收入和费用,不论款项是否收付,均作为当期的收入和费用;不属于当期的收入和费用,即使款项已经在当期收付,均不作为当期的收入和费用。　　　　　　　　　　　　　( )

【答案】　×

【解析】　《中华人民共和国企业所得税法实施条例》第9条规定,企业应纳税所得额的计算,以权责发生制为原则,属于当期的收入和费用,不论款项是否收付,均作为当期的收入和费用;不属于当期的收入和费用,即使款项已经在当期收付,均不作为当期的收入和费用。本条例和国务院财政、税务主管部门另有规定的除外。

54. 企业的各项资产,包括固定资产、生物资产、无形资产、长期待摊费用、投资资产、存货等,以历史成本为计税基础。企业持有各项资产期间资产增值或者减值,可以调整该资产的计税基础。　　　　　　　　　　　　　　　　　　　　　　　( )

【答案】　×

【解析】　《中华人民共和国企业所得税法实施条例》第56条规定,企业的各项资产,以历史成本为计税基础。企业的各项资产,包括固定资产、生物资产、无形资产、长期待摊费用、投资资产、存货等,以历史成本为计税基础。前款所称历史成本,是指企业取得该项资产时实际发生的支出。

企业持有各项资产期间资产增值或者减值,除国务院财政、税务主管部门规定可以确认损益外,不得调整该资产的计税基础。

55. 企业已经作为损失处理的资产,在以后纳税年度又全部收回或者部分收回时,应当追溯到损失的年度确认为收入。　　　　　　　　　　　　　　　　　　　( )

【答案】　×

【解析】　《中华人民共和国企业所得税法实施条例》第33条规定,企业发生的损失,减除责任人赔偿和保险赔款后的余额,依照国务院财政、税务主管部门的规定扣除。企业已经作为损失处理的资产,在以后纳税年度又全部收回或者部分收回时,应当计入当期收入。

56. 企业因雇用季节工、临时工、实习生、返聘离退休人员所实际发生的费用,应区分为工资薪金支出和职工福利费支出,并按《中华人民共和国企业所得税法》规定在企业所得税税前扣除。其中属于工资薪金支出的,准予计入企业工资薪金总额的基数,作为计算其他各项相关费用扣除的依据。　　　　　　　　　　　　　　　　　　　　( )

【答案】　√

【解析】 依据是《国家税务总局关于企业所得税应纳税所得额若干税务处理问题的公告》(国家税务总局公告 2012 年第 15 号)规定。

**57.** 自 2018 年 1 月 1 日起,企业发生的职工教育经费支出,不超过工资、薪金总额 2.5% 的部分,准予扣除;超过部分,准予在以后纳税年度结转扣除。 （ ）

【答案】 ×

【解析】 《财政部 国家税务总局关于企业职工教育经费税前扣除政策的通知》(财税〔2018〕51 号)规定,自 2018 年 1 月 1 日起,企业发生的职工教育经费支出,不超过工资薪金总额 8% 的部分,准予在计算企业所得税应纳税所得额时扣除;超过部分,准予在以后纳税年度结转扣除。

**58.** 自 2008 年 1 月 1 日起,软件生产企业发生的职工教育经费中的职工培训费用,可以全额在企业所得税税前扣除。软件生产企业应准确划分职工教育经费中的职工培训费支出,对于不能准确划分的,税务机关可对企业发生的职工教育经费进行合理的核定。 （ ）

【答案】 ×

【解析】 《国家税务总局关于企业所得税执行中若干税务处理问题的通知》(国税函〔2009〕202 号)规定,软件生产企业应准确划分职工教育经费中的职工培训费支出,对于不能准确划分的,以及准确划分后职工教育经费中扣除职工培训费用的余额,一律按照《中华人民共和国企业所得税法实施条例》第 42 条规定的比例扣除。

**59.** 国有企业(包括国有独资、全资和国有资本绝对控股、相对控股企业),纳入管理费用的党组织工作经费,实际支出不超过职工年度工资薪金总额 1% 的部分,可以据实在企业所得税税前扣除,年末如有结余,结转下一年度使用。累计结转超过上一年度职工工资总额 2% 的,当年不再从管理费用中安排。 （ ）

【答案】 √

【解析】 依据《中共中央组织部 财政部 国务院 国资委党委 国家税务总局关于国有企业党组织工作经费问题的通知》(组通字〔2017〕38 号)的规定。

**60.** 企业为购置、建造固定资产、无形资产和经过 12 个月以上的建造才能达到预定可销售状态的存货发生借款的,在有关资产购置、建造期间发生的合理的借款费用,符合资本化条件的,应计入相关资产成本;不符合资本化条件的,应作为财务费用,准予在企业所得税前据实扣除。 （ ）

【答案】 ×

【解析】 《中华人民共和国企业所得税法实施条例》第 37 条规定,企业为购置、建造固定资产、无形资产和经过 12 个月以上的建造才能达到预定可销售状态的存货发生借款的,在有关资产购置、建造期间发生的合理的借款费用,应当作为资本性支出计入有关资产的成本,并依照本条例的规定扣除。

**61.** 凡企业在规定期限内未缴足其应缴资本额的,该企业对外借款所发生的利息,相当于企业实缴资本额与在规定期限内应缴资本额的差额应计付的利息,其不属于企业合理的支出,应由企业负担,不得在计算企业应纳税所得额时扣除。 （ ）

【答案】 ×

【解析】《国家税务总局关于企业投资者投资未到位而发生的利息支出企业所得税前扣除问题的批复》(国税函〔2009〕312号)规定,根据《中华人民共和国企业所得税法实施条例》第27条规定,凡企业投资者在规定期限内未缴足其应缴资本额的,该企业对外借款所发生的利息,相当于投资者实缴资本额与在规定期限内应缴资本额的差额应计付的利息,其不属于企业合理的支出,应由企业投资者负担,不得在计算企业应纳税所得额时扣除。

**62.** 生产性企业统一向金融机构借款分摊集团内部其他成员企业使用的,借入方凡能出具从金融机构取得借款的证明文件,可以在使用借款的企业间合理的分摊利息费用,使用借款的企业分摊的合理利息准予在税前扣除。 ( )

【答案】 ×

【解析】《国家税务总局关于印发〈房地产开发经营业务企业所得税处理办法〉的通知》(国税发〔2009〕31号)规定,企业集团或其成员企业统一向金融机构借款分摊集团内部其他成员企业使用的,借入方凡能出具从金融机构取得借款的证明文件,可以在使用借款的企业间合理的分摊利息费用,使用借款的企业分摊的合理利息准予在税前扣除。

**63.** 企业发生的符合条件的广告费和业务宣传费支出,除国务院财政、税务主管部门另有规定外,不超过当年利润总额15%的部分,准予扣除;超过部分,准予在以后纳税年度结转扣除。 ( )

【答案】 ×

【解析】《中华人民共和国企业所得税法实施条例》规定,企业发生的符合条件的广告费和业务宣传费支出,除国务院财政、税务主管部门另有规定外,不超过当年销售(营业)收入15%的部分,准予扣除;超过部分,准予在以后纳税年度结转扣除。

**64.** 母公司向其多个子公司提供不同类项服务,其收取的服务费可以采取分项签订合同或协议收取;也可以采取服务分摊协议的方式,即,由母公司与各子公司签订服务费用分摊合同或协议,以母公司为其子公司提供服务所发生的实际费用并附加一定比例利润作为向子公司收取的总服务费,在各服务受益子公司(包括盈利企业、亏损企业和享受减免税企业)之间按《中华人民共和国企业所得税法》规定合理分摊。 ( )

【答案】 ×

【解析】《国家税务总局关于母子公司间提供服务支付费用有关企业所得税处理问题的通知》(国税发〔2008〕86号)规定,母公司向其多个子公司提供同类项服务,其收取的服务费可以采取分项签订合同或协议收取;也可以采取服务分摊协议的方式,即,由母公司与各子公司签订服务费用分摊合同或协议,以母公司为其子公司提供服务所发生的实际费用并附加一定比例利润作为向子公司收取的总服务费,在各服务受益子公司(包括盈利企业、亏损企业和享受减免税企业)之间按《中华人民共和国企业所得税法》第41条第2款规定合理分摊。

**65.** 保险企业发生与其经营活动有关的手续费及佣金支出,不超过当年全部保费收入扣除退保金等后余额的18%(含本数)的部分,在计算应纳税所得额时准予扣除;超过部分,允许结转以后年度扣除。 ( )

【答案】 √

【解析】　依据是《财政部　国家税务总局关于保险企业手续费及佣金支出税前扣除政策的公告》(财政部　国家税务总局公告2019年第72号)规定。

**66.** 电信企业在发展客户、拓展业务等过程中(如委托销售电话入网卡、电话充值卡等),需向经纪人、代办商支付手续费及佣金的,其为取得该类收入而实际发生的营业成本(包括手续费及佣金支出),准予在企业所得税税前据实扣除。　　　　　　　　　　　　　(　　)

【答案】　×

【解析】　《国家税务总局关于企业所得税应纳税所得额若干税务处理问题的公告》(国家税务总局公告2012年第15号)规定,电信企业在发展客户、拓展业务等过程中(如委托销售电话入网卡、电话充值卡等),需向经纪人、代办商支付手续费及佣金的,其实际发生的相关手续费及佣金支出,不超过企业当年收入总额5%的部分,准予在企业所得税税前据实扣除。

**67.** 采取产品分成方式取得收入的,其收入额按收到产品时价格确定。　　　　(　　)

【答案】　×

【解析】　《中华人民共和国企业所得税法实施条例》第24条规定,采取产品分成方式取得收入的,按照企业分得产品的日期确认收入的实现,其收入额按照产品的公允价值确定。

**68.** 企业发生的公益性捐赠支出,不超过年度利润总额12%的部分,准予扣除。年度利润总额,是指企业会计报表的利润。　　　　　　　　　　　　　　　　　(　　)

【答案】　×

【解析】　《中华人民共和国企业所得税法实施条例》第53条规定,企业当年发生以及以前年度结转的公益性捐赠支出,不超过年度利润总额12%的部分,准予扣除。

年度利润总额,是指企业依照国家统一会计制度的规定计算的年度会计利润。

**69.** 对于通过公益性社会团体发生的公益性捐赠支出,企业或个人必须提供税务部门监制的发票,方可按规定进行税前扣除。　　　　　　　　　　　　　　　　(　　)

【答案】　×

【解析】　《财政部　国家税务总局　民政部关于公益性捐赠税前扣除有关事项的公告》(财政部　税务总局　民政部公告2020年第27号)规定,公益性社会组织、县级以上人民政府及其部门等国家机关在接受捐赠时,应当按照行政管理级次分别使用由财政部或省、自治区、直辖市财政部门监(印)制的公益事业捐赠票据,并加盖本单位的印章。

企业或个人将符合条件的公益性捐赠支出进行税前扣除,应当留存相关票据备查。

**70.** 公益性社会组织、县级以上人民政府及其部门等国家机关在接受企业或个人捐赠时,接受的是非货币性资产捐赠,以其公允价值确认捐赠额。捐赠方在向公益性社会组织、县级以上人民政府及其部门等国家机关捐赠时,应当提供注明捐赠非货币性资产公允价值的证明;不能提供证明的,接受捐赠方不得向其开具捐赠票据。　　　　　　　　　(　　)

【答案】　√

【解析】　《财政部　国家税务总局　民政部关于公益性捐赠税前扣除有关事项的公告》(财政部　国家税务总局　民政部公告2020年第27号)规定,公益性社会组织、县级以上人民政府及其部门等国家机关在接受企业或个人捐赠时,按以下原则确认捐赠额:接受的货币性资产捐赠,以实际收到的金额确认捐赠额;接受的非货币性资产捐赠,以其公允价值确认捐赠额。捐赠方在向公益性社会组织、县级以上人民政府及其部门等国家机关捐赠时,应当提供注明捐赠非货币性资产公允价值的证明;不能提供证明的,接受捐赠方不得向其开具捐赠票据。

**71.** 小型微利企业是指从事国家非限制和禁止行业,且符合年度应纳税所得额不超过300万元、从业人数不超过300人、资产总额不超过5 000万元三个条件之一的企业。

（　　）

**【答案】** ×

**【解析】** 《财政部　国家税务总局关于实施小微企业普惠性税收减免政策的通知》(财税〔2019〕13号)规定,小型微利企业是指从事国家非限制和禁止行业,且同时符合年度应纳税所得额不超过300万元、从业人数不超过300人、资产总额不超过5 000万元等三个条件的企业。

**72.** 符合条件的中小企业融资(信用)担保机构按照不超过当年年末担保责任余额2%的比例计提的担保赔偿准备,允许在企业所得税税前扣除,同时将上年度计提的担保赔偿准备余额转为当期收入。

（　　）

**【答案】** ×

**【解析】** 《财政部　国家税务总局关于中小企业融资(信用)担保机构有关准备金企业所得税税前扣除政策的通知》(财税〔2017〕22号)规定,符合条件的中小企业融资(信用)担保机构按照不超过当年年末担保责任余额1%的比例计提的担保赔偿准备,允许在企业所得税税前扣除,同时将上年度计提的担保赔偿准备余额转为当期收入。

《财政部　国家税务总局关于延长部分税收优惠政策执行期限的公告》(财政部　国家税务总局公告2021年第6号)将财税〔2017〕22号执行期限延长至2023年12月31日。

**73.** 自2015年度及以后年度企业所得税汇算清缴时,企业向税务机关申报扣除资产损失,仅需填报企业所得税年度纳税申报表《资产损失税前扣除及纳税调整明细表》,不再报送资产损失相关资料。相关资料由企业留存备查,备查期限为5年。企业应当完整保存资产损失相关资料,保证资料的真实性、合法性。

（　　）

**【答案】** ×

**【解析】** 《国家税务总局关于企业所得税资产损失资料留存备查有关事项的公告》(国家税务总局公告2018年第15号)规定,自2017年度及以后年度企业所得税汇算清缴时,企业向税务机关申报扣除资产损失,仅需填报企业所得税年度纳税申报表《资产损失税前扣除及纳税调整明细表》,不再报送资产损失相关资料。相关资料由企业留存备查。企业应当完整保存资产损失相关资料,保证资料的真实性、合法性。

**74.** 企业所得税法及有关收入确定规定,融资性售后回租业务中,承租人出售资产的行为,不确认为销售收入,对融资性租赁的资产,仍按承租人出售前原账面价值作为计税基础计提折旧。租赁期间,承租人支付的属于融资利息的部分,作为企业财务费用在税前扣除。

（　　）

**【答案】** √

【解析】 依据是《国家税务总局关于融资性售后回租业务中承租方出售资产行为有关税收问题的公告》(国家税务总局公告 2010 年第 13 号)。

**75.** 对企业发现以前年度实际发生的、按照税收规定应在企业所得税税前扣除而未扣除或者少扣除的支出,企业做出专项申报及说明后,准予追补至该项目发生年度计算扣除,但追补确认期限不得超过 3 年。 (  )

【答案】 ×

【解析】 《国家税务总局关于企业所得税应纳税所得额若干税务处理问题的公告》(国家税务总局公告 2012 年第 15 号)规定,根据《中华人民共和国税收征收管理法》的有关规定,对企业发现以前年度实际发生的、按照税收规定应在企业所得税税前扣除而未扣除或者少扣除的支出,企业做出专项申报及说明后,准予追补至该项目发生年度计算扣除,但追补确认期限不得超过 5 年。

**76.** 房地产开发企业在结算计税成本时其实际发生的支出应当取得但未取得合法凭据的,不得计入计税成本,待实际取得合法凭据时,再按规定计入计税成本。 (  )

【答案】 √

【解析】 依据《国家税务总局关于印发〈房地产开发经营业务企业所得税处理办法〉的通知》(国税发〔2009〕31 号)的规定。

**77.** 汇算清缴期结束后,税务机关发现企业应当取得而未取得发票、其他外部凭证或者取得不合规发票、不合规其他外部凭证并且告知企业的,企业应当自被告知之日起 30 日内补开、换开符合规定的发票、其他外部凭证。其中,因对方特殊原因无法补开、换开发票、其他外部凭证的,企业应当按照规定,自被告知之日起 30 日内提供可以证实其支出真实性的相关资料。 (  )

【答案】 ×

【解析】 《国家税务总局关于发布〈企业所得税税前扣除凭证管理办法〉的公告》(国家税务总局公告 2018 年第 28 号)规定,汇算清缴期结束后,税务机关发现企业应当取得而未取得发票、其他外部凭证或者取得不合规发票、不合规其他外部凭证并且告知企业的,企业应当自被告知之日起 60 日内补开、换开符合规定的发票、其他外部凭证。其中,因对方特殊原因无法补开、换开发票、其他外部凭证的,企业应当按照本办法第 14 条的规定,自被告知之日起 60 日内提供可以证实其支出真实性的相关资料。

**78.** 企业对外投资期间,投资资产应当区分收益性支出和资本性支出。收益性支出在发生当期直接扣除;资本性支出应当分期扣除或者计入有关资产成本,不得在发生当期直接扣除。 (  )

【答案】 ×

【解析】 《中华人民共和国企业所得税法》规定,企业对外投资期间,投资资产的成本在计算应纳税所得额时不得扣除。

**79.** 免税收入用于支出所形成的费用,不得在计算应纳税所得额时扣除;用于支出所形成的资产,其计算的折旧、摊销不得在计算应纳税所得额时扣除。 (  )

【答案】 ×

【解析】 《财政部 国家税务总局关于专项用途财政性资金企业所得税处理问题的通知》(财税〔2011〕70号)规定,不征税收入用于支出所形成的费用,不得在计算应纳税所得额时扣除;用于支出所形成的资产,其计算的折旧、摊销不得在计算应纳税所得额时扣除。

免税收入用于支出所形成的费用等,可以在税前扣除,并无特殊规定。

80. 企业应与具有合法经营资格中介服务企业或个人签订代办协议或合同,并按国家有关规定支付手续费及佣金。企业以现金等非转账方式支付的手续费及佣金一律不得在税前扣除。企业为发行权益性证券支付给有关证券承销机构的手续费及佣金不得在税前扣除。 （ ）

【答案】 ×

【解析】 《财政部 国家税务总局关于企业手续费及佣金支出税前扣除政策的通知》(财税〔2009〕29号)规定,企业应与具有合法经营资格中介服务企业或个人签订代办协议或合同,并按国家有关规定支付手续费及佣金。除委托个人代理外,企业以现金等非转账方式支付的手续费及佣金不得在税前扣除。企业为发行权益性证券支付给有关证券承销机构的手续费及佣金不得在税前扣除。

81. 煤矿企业实际发生的维简费支出和高危行业企业实际发生的安全生产费用支出,属于收益性支出的,可直接作为当期费用在税前扣除;属于资本性支出的,应计入有关资产成本,并按《中华人民共和国企业所得税法》规定计提折旧或摊销费用在税前扣除。企业按照有关规定预提的维简费和安全生产费用可以按上述规定在税前扣除。 （ ）

【答案】 ×

【解析】 《国家税务总局关于煤矿企业维简费和高危行业企业安全生产费用企业所得税税前扣除问题的公告》(国家税务总局公告2011年第26号)规定,煤矿企业实际发生的维简费支出和高危行业企业实际发生的安全生产费用支出,属于收益性支出的,可直接作为当期费用在税前扣除;属于资本性支出的,应计入有关资产成本,并按《中华人民共和国企业所得税法》规定计提折旧或摊销费用在税前扣除。企业按照有关规定预提的维简费和安全生产费用,不得在税前扣除。

82. 固定资产投入使用后,由于工程款项尚未结清未取得全额发票的,可暂按合同规定的金额计入固定资产计税基础计提折旧,待发票取得后进行调整,但该项调整应在固定资产投入使用后24个月内进行。 （ ）

【答案】 ×

【解析】 《国家税务总局关于贯彻落实企业所得税法若干税收问题的通知》(国税函〔2010〕79号)第5条规定,企业固定资产投入使用后,由于工程款项尚未结清未取得全额发票的,可暂按合同规定的金额计入固定资产计税基础计提折旧,待发票取得后进行调整,但该项调整应在固定资产投入使用后12个月内进行。

83. 企事业单位所购软件,凡购置成本达到固定资产标准或构成无形资产的,可以按固定资产或无形资产进行核算,经税务部门批准,其折旧或摊销年限可以适当缩短,最短可为1年。 （ ）

【答案】 ×

**【解析】**《国务院关于印发鼓励软件产业和集成电路产业发展若干政策的通知》（国发〔2000〕18 号）规定，企事业单位所购软件，凡购置成本达到固定资产标准或构成无形资产的，可以按固定资产或无形资产进行核算，经税务部门批准，其折旧或摊销年限可以适当缩短，最短可为 2 年。

**84.** 投资企业从被投资企业撤回或减少投资，其取得的资产中，相当于初始出资的部分，应确认为投资收回；相当于被投资企业累计未分配利润和累计盈余公积按减少实收资本比例计算的部分，应确认为投资资产转让所得；其余部分确认为股息所得。　　　　　　（　　）

**【答案】**　×

**【解析】**《国家税务总局关于企业所得税若干问题的公告》（国家税务总局公告 2011 年第 34 号）规定，投资企业从被投资企业撤回或减少投资，其取得的资产中，相当于初始出资的部分，应确认为投资收回；相当于被投资企业累计未分配利润和累计盈余公积按减少实收资本比例计算的部分，应确认为股息所得；其余部分确认为投资资产转让所得。

**85.** 各企业类型居民企业以非货币性资产对外投资确认的非货币性资产转让所得，可在不超过 5 年期限内，分期均匀计入相应年度的应纳税所得额，按规定计算缴纳企业所得税。

（　　）

**【答案】**　×

**【解析】**《国家税务总局关于非货币性资产投资企业所得税有关征管问题的公告》（国家税务总局公告 2015 年第 33 号）规定：(1)居民企业以非货币性资产对外投资确认的非货币性资产转让所得，可在不超过 5 年期限内，分期均匀计入相应年度的应纳税所得额，按规定计算缴纳企业所得税；(2)实行查账征收的居民企业以非货币性资产对外投资确认的非货币性资产转让所得，可自确认非货币性资产转让收入年度起不超过连续 5 个纳税年度的期间内，分期均匀计入相应年度的应纳税所得额，按规定计算缴纳企业所得税。

根据《财政部　国家税务总局关于非货币性资产投资企业所得税政策问题的通知》（财税〔2014〕116 号）的规定，非货币性资产投资递延纳税仅限于向居民纳税人出资。非货币性资产投资，限于以非货币性资产出资设立新的居民企业，或将非货币性资产注入现存的居民企业。

**86.** 股权收购，是指一家企业（以下称为收购企业）购买另一家企业（以下称为被收购企业）的股权，以实现对被收购企业控制的交易。收购企业支付对价的形式包括股权支付、非股权支付或两者的组合。　　　　　　（　　）

**【答案】**　√

**【解析】**　依据《财政部　国家税务总局关于企业重组业务企业所得税处理若干问题的通知》（财税〔2009〕59 号）规定。

**87.** 企业重组符合特殊性重组的，对其交易中股权支付和非股权支付暂不确认有关资产的转让所得或损失的。　　　　　　（　　）

**【答案】**　×

**【解析】**《财政部　国家税务总局关于企业重组业务企业所得税处理若干问题的通知》（财税〔2009〕59 号）规定，重组交易各方按第 6 条第 1 至 5 项规定对交易中股权支付暂不确认有关资产的转让所得或损失的，其非股权支付仍应在交易当期确认相应的资产转让所得或损失,并调整相应资产的计税基础。

**88.** 在计算应纳税所得额时,企业财务、会计处理办法与税收法律、行政法规的规定不一致的,应当依照税收法律、行政法规的规定计算纳税。                                （  ）

【答案】 √

【解析】 依据《中华人民共和国企业所得税法》第21条的规定。

**89.** 对企业依据财务会计制度规定,并实际在财务会计处理上已确认的支出,没有超过《中华人民共和国企业所得税法》和有关税收法规规定的税前扣除范围和标准的,应按税收规定在企业所得税税前扣除,计算其应纳税所得额。                                （  ）

【答案】 ×

【解析】 《国家税务总局关于企业所得税应纳税所得额若干税务处理问题的公告》(国家税务总局公告2012年第15号)规定,根据《中华人民共和国企业所得税法》第21条的规定,对企业依据财务会计制度规定,并实际在财务会计处理上已确认的支出,凡没有超过《中华人民共和国企业所得税法》和有关税收法规规定的税前扣除范围和标准的,可按企业实际会计处理确认的支出,在企业所得税税前扣除,计算其应纳税所得额。

**90.** 房地产开发企业单独建造的停车场所,应作为成本对象单独核算。利用地下基础设施形成的停车场所,作为公共配套设施进行处理。                                （  ）

【答案】 √

【解析】 依据《国家税务总局关于印发〈房地产开发经营业务企业所得税处理办法〉的通知》(国税发〔2009〕31号)的规定。

**91.** 企业的应纳税所得额乘以适用税率,减除依照企业所得税法关于税收优惠的规定减免和抵免的税额后的余额,为应纳税额。应纳税额的计算公式可以简化为:应纳税额=(应纳税所得额－减免所得额－抵免所得额)×适用税率。                                （  ）

【答案】 ×

【解析】 《中华人民共和国企业所得税法》第22条规定,企业的应纳税所得额乘以适用税率,减除依照本法关于税收优惠的规定减免和抵免的税额后的余额,为应纳税额。

《中华人民共和国企业所得税法实施条例》第76条规定,《中华人民共和国企业所得税法》第22条规定的应纳税额的计算公式为:

应纳税额=应纳税所得额×适用税率－减免税额－抵免税额

公式中的减免税额和抵免税额,是指依照《中华人民共和国企业所得税法》和国务院的税收优惠规定减征、免征和抵免的应纳税额。

**92.** 居民企业来源于中国境外的应税所得和非居民企业在中国境内设立机构、场所,取得发生在中国境外但与该机构、场所有实际联系的应税所得,其已在境外缴纳的所得税税额,可以从其当期应纳税额中抵免。抵免限额为该项所得依照规定计算的应纳税额,超过抵免限额的部分,可以在以后3个年度内,用每年度抵免限额抵免当年应抵税额后的余额进行抵补。                                （  ）

【答案】 ×

【解析】 《中华人民共和国企业所得税法》第23条规定,企业取得的下列所得已在境外缴纳的所得税税额,可以从其当期应纳税额中抵免,抵免限额为该项所得依照本法规定计算的应纳税额;超过抵免限额的部分,可以在以后5个年度内,用每年度抵免限额抵免当年应抵税额后的余额进行抵补:(1)居民企业来源于中国境外的应税所得;(2)非居民企业在中国境内设立机构、场所,取得发生在中国境外但与该机构、场所有实际联系的应税所得。

**93.** 抵免限额,是指企业来源于中国境外的所得,依照企业所得税法和条例的规定计算的应纳税额。除国务院财政、税务主管部门另有规定外,该抵免限额应当分国(地区)不分项计算,计算公式如下:

抵免限额＝中国境内、境外所得依照企业所得税法和本条例的规定计算的应纳税总额×来源于某国(地区)的应纳税所得额÷中国境内、境外应纳税所得总额。　　(　　)

【答案】　√

【解析】　依据《中华人民共和国企业所得税法实施条例》的规定。

**94.** 企业在年度中间终止经营活动的,应当自实际经营终止之日起90日内,向税务机关办理当期企业所得税汇算清缴。　　　　　　　　　　　　　　　　　　　　(　　)

【答案】　×

【解析】　《中华人民共和国企业所得税法》规定,企业在年度中间终止经营活动的,应当自实际经营终止之日起60日内,向税务机关办理当期企业所得税汇算清缴。企业应当在办理注销登记前,就其清算所得向税务机关申报并依法缴纳企业所得税。

**95.** 投资方企业从被清算企业分得的剩余资产,其中相当于从被清算企业累计未分配利润和累计盈余公积中应当分得的部分,应当确认为股息所得;剩余资产减除上述股息所得后的余额,超过或者低于投资成本的部分,应当确认为投资资产转让所得或者损失。　(　　)

【答案】　√

【解析】　依据《中华人民共和国企业所得税法实施条例》的规定。

**96.** 企业清算时,应当以整个清算期间作为一个纳税年度,依法计算清算所得及其应纳所得税。企业应当自清算结束之日起30日内,向主管税务机关报送企业清算所得税纳税申报表,结清税款。　　　　　　　　　　　　　　　　　　　　　　　　(　　)

【答案】　×

【解析】　《财政部　国家税务总局关于企业清算业务企业所得税处理若干问题的通知》(财税〔2009〕60号)规定,企业清算时,应当以整个清算期间作为一个纳税年度,依法计算清算所得及其应纳所得税。企业应当自清算结束之日起15日内,向主管税务机关报送企业清算所得税纳税申报表,结清税款。

**97.** 房地产开发企业集团或其成员企业统一向金融机构借款分摊集团内部其他成员企业使用的,借入方凡能出具从金融机构取得借款的证明文件,可以在使用借款的企业间合理的分摊利息费用,使用借款的企业分摊的合理利息准予在税前扣除。　　　　　(　　)

【答案】　√

【解析】　《国家税务总局关于印发〈房地产开发经营业务企业所得税处理办法〉的通知》(国税发〔2009〕31号)规定,企业集团或其成员企业统一向金融机构借款分摊集团内部其他成员企业使用的,借入方凡能出具从金融机构取得借款的证明文件,可以在使用借款的企业间合理的分摊利息费用,使用借款的企业分摊的合理利息准予在税前扣除。

**98.** 自 2018 年 1 月 1 日起,所有的企业纳税年度发生的亏损,准予向以后年度结转,用以后年度的所得弥补,但结转年限最长一律不得超过 5 年。 (  )

**【答案】** ✕

**【解析】** 延长高新技术企业和科技型中小企业亏损结转年限。《财政部 税务总局关于延长高新技术企业和科技型中小企业亏损结转年限的通知》(财税〔2018〕76 号)规定,自 2018 年 1 月 1 日起,当年具备高新技术企业或科技型中小企业资格(以下简称资格)的企业,其具备资格年度之前 5 个年度发生的尚未弥补完的亏损,准予结转以后年度弥补,最长结转年限由 5 年延长至 10 年。受疫情影响较大的困难企业、电影行业企业 2020 年度发生的亏损,最长结转年限由 5 年延长至 8 年。

**99.** 企业从事生产经营之前进行筹办活动期间发生筹办费用支出,可确认为发生年度当期的亏损。 (  )

**【答案】** ✕

**【解析】** 《国家税务总局关于贯彻落实企业所得税法若干税收问题的通知》(国税函〔2010〕79 号)规定,企业自开始生产经营的年度,为开始计算企业损益的年度。企业从事生产经营之前进行筹办活动期间发生筹办费用支出,不得计算为当期的亏损,应按照《国家税务总局关于企业所得税若干税务事项衔接问题的通知》(国税函〔2009〕98 号)第 9 条规定执行。即:新税法中开(筹)办费未明确列作长期待摊费用,企业可以在开始经营之日的当年一次性扣除,也可以按照新税法有关长期待摊费用的处理规定处理,但一经选定,不得改变。

**100.** 税务机关对企业以前年度纳税情况进行检查时调增的应纳税所得额,凡企业以前年度发生亏损、且该亏损属于企业所得税法规定允许弥补的,应允许调增的应纳税所得额弥补该亏损。弥补该亏损后仍有余额的,按照企业所得税法规定计算缴纳企业所得税。对检查调增的应纳税所得额应根据其情节,依照《中华人民共和国税收征收管理法》有关规定进行处理或处罚。 (  )

**【答案】** ✓

**【解析】** 依据《国家税务总局关于查增应纳税所得额弥补以前年度亏损处理问题的公告》(国家税务总局公告 2010 年第 20 号)的规定。

**101.** 企业同时享受多项优惠事项或者享受的优惠事项按照规定分项目进行核算的,应汇总归集留存备查资料。 (  )

**【答案】** ✕

**【解析】** 《国家税务总局关于发布修订后的〈企业所得税优惠政策事项办理办法〉的公告》(国家税务总局公告 2018 年第 23 号)规定,企业同时享受多项优惠事项或者享受的优惠事项按照规定分项目进行核算的,应当按照优惠事项或者项目分别归集留存备查资料。

**102.** 分支机构以及被汇总纳税的非居民企业机构、场所按照规定可独立享受优惠事项的,由分支机构以及被汇总纳税的非居民企业机构、场所负责归集并留存备查资料,同时分支机构以及被汇总纳税的非居民企业机构、场所应在当完成年度汇算清缴后将留存的备查资料清单送总机构以及汇总纳税的主要机构、场所汇总。 (  )

【答案】　√

【解析】　《国家税务总局关于发布修订后的〈企业所得税优惠政策事项办理办法〉的公告》(国家税务总局公告 2018 年第 23 号)规定,设有非法人分支机构的居民企业以及实行汇总纳税的非居民企业机构、场所享受优惠事项的,由居民企业的总机构以及汇总纳税的主要机构、场所负责统一归集并留存备查资料。分支机构以及被汇总纳税的非居民企业机构、场所按照规定可独立享受优惠事项的,由分支机构以及被汇总纳税的非居民企业机构、场所负责归集并留存备查资料,同时分支机构以及被汇总纳税的非居民企业机构、场所应在当完成年度汇算清缴后将留存的备查资料清单送总机构以及汇总纳税的主要机构、场所汇总。

**103.** 企业未能按照税务机关要求提供留存备查资料,或者提供的留存备查资料与实际生产经营情况、财务核算情况、相关技术领域、产业、目录、资格证书等不符,无法证实符合优惠事项规定条件的,或者存在弄虚作假情况的,税务机关将依法追缴其已享受的企业所得税优惠,并按照税收征管法等相关规定处理。　　　　　　　　　　　　　(　　)

【答案】　√

【解析】　依据《国家税务总局关于发布修订后的〈企业所得税优惠政策事项办理办法〉的公告》(国家税务总局公告 2018 年第 23 号)的规定

**104.** 企业在不同时间购买同一品种国债的,其转让时的成本计算方法,可在先进先出法、加权平均法、个别计价法中选用一种。计价方法的选用,可根据当年经营情况进行调整。
　　　　　　　　　　　　　　　　　　　　　　　　　　　　　(　　)

【答案】　×

【解析】　《国家税务总局关于企业国债投资业务企业所得税处理问题的公告》(国家税务总局公告 2011 年第 36 号)规定,企业在不同时间购买同一品种国债的,其转让时的成本计算方法,可在先进先出法、加权平均法、个别计价法中选用一种。计价方法一经选用,不得随意改变。

**105.** 永续债利息收入可以适用企业所得税法规定的居民企业之间的股息、红利等权益性投资收益免征企业所得税规定;同时发行方支付的永续债利息支出也可在企业所得税税前扣除。　　　　　　　　　　　　　　　　　　　　　　　　(　　)

【答案】　×

【解析】　《财政部　国家税务总局关于永续债企业所得税政策问题的公告》(财政部　国家税务总局公告 2019 年第 64 号)规定,自 2019 年 1 月 1 日起,永续债利息收入可以适用《中华人民共和国企业所得税法》规定的居民企业之间的股息、红利等权益性投资收益免征企业所得税规定;同时发行方支付的永续债利息支出不得在企业所得税税前扣除。

**106.** 非营利组织从事营利性活动取得的收入,属于免税收入。　　　　(　　)

【答案】　×

【解析】　《中华人民共和国企业所得税法实施条例》第 85 条规定,非营利组织从事营利性活动取得的收入,不属于免税收入。

符合条件的非营利组织的收入,不包括非营利组织从事营利性活动取得的收入,但国务院财政、税务主管部门另有规定的除外。

**107.** 经地市级或县级登记管理机关批准设立或登记的非营利组织,凡符合规定条件的,应向省级税务主管机关提出免税资格申请,并提供财税〔2018〕13 号规定的相关材料。

（　　）

【答案】　×

【解析】　《财政部　国家税务总局关于非营利组织免税资格认定管理有关问题的通知》(财税〔2018〕13 号)规定,经省级(含省级)以上登记管理机关批准设立或登记的非营利组织,凡符合规定条件的,应向其所在地省级税务主管机关提出免税资格申请,并提供本通知规定的相关材料;经地市级或县级登记管理机关批准设立或登记的非营利组织,凡符合规定条件的,分别向其所在地的地市级或县级税务主管机关提出免税资格申请,并提供本通知规定的相关材料。

**108.** 非营利组织免税优惠资格的有效期为 3 年。非营利组织应在免税优惠资格期满后 3 个月内提出复审申请,不提出复审申请或复审不合格的,其享受免税优惠的资格到期自动失效。非营利组织免税资格复审,按照初次申请免税优惠资格的规定办理。　　　（　　）

【答案】　×

【解析】　《财政部　国家税务总局关于非营利组织免税资格认定管理有关问题的通知》(财税〔2018〕13 号)规定,非营利组织免税优惠资格的有效期为 5 年。非营利组织应在免税优惠资格期满后 6 个月内提出复审申请,不提出复审申请或复审不合格的,其享受免税优惠的资格到期自动失效。非营利组织免税资格复审,按照初次申请免税优惠资格的规定办理。

**109.** 采取"公司＋农户"经营模式的企业,企业不直接从事畜禽的养殖,不得按照《中华人民共和国企业所得税法实施条例》第 86 条的有关规定,享受减免企业所得税优惠政策。

（　　）

【答案】　×

【解析】　《国家税务总局关于"公司＋农户"经营模式企业所得税优惠问题的通知》(国家税务总局公告 2010 年第 2 号)规定,企业采取"公司＋农户"经营模式从事牲畜、家禽的饲养,即公司与农户签订委托养殖合同,向农户提供畜禽苗、饲料、兽药及疫苗等(所有权〈产权〉仍属于公司),农户将畜禽养大成为成品后交付公司回收。鉴于采取"公司＋农户"经营模式的企业,虽不直接从事畜禽的养殖,但系委托农户饲养,并承担诸如市场、管理、采购、销售等经营职责及绝大部分经营管理风险,公司和农户是劳务外包关系。为此,对此类以"公司＋农户"经营模式从事农、林、牧、渔业项目生产的企业,可以按照《中华人民共和国企业所得税法实施条例》第 86 条的有关规定,享受减免企业所得税优惠政策。

**110.** 企业根据委托合同,受托对符合规定的农产品进行初加工服务,其所收取的加工费,不得按照农产品初加工的免税项目处理。　　　　　　　　　　　（　　）

【答案】　×

【解析】　《国家税务总局关于实施农、林、牧、渔业项目企业所得税优惠问题的公告》(国家税务总局公告 2011 年第 48 号)第 5 条和第 6 条规定,企业根据委托合同,受托对符合《财政部　国家税务总局关于发布享受企业所得税优惠政策的农产品初加工范围(试行)的通知》(财税〔2008〕149 号)和《财政部　国家税务总局关于享受企业所得税优惠的农产品初加工有关范围的补充通知》(财税〔2011〕26号)规定的农产品进行初加工服务,其所收取的加工费,可以按照农产品初加工的免税项目处理。

**111.** 在减免税期限内转让的,受让方自受让之日起,可以在剩余期限内享受规定的减免税优惠;减免税期限届满后转让的,受让方不得就该项目重复享受减免税优惠。 (　)

【答案】 √

【解析】 依据《中华人民共和国企业所得税法实施条例》第89条的规定。

**112.** 企业从事公共污水处理、公共垃圾处理、沼气综合开发利用、节能减排技术改造、海水淡化等规定的符合条件的环境保护、节能节水项目的所得,自获利年度起,第1年至第2年免征企业所得税,第3年至第5年减半征收企业所得税。 (　)

【答案】 ×

【解析】 《中华人民共和国企业所得税法实施条例》第86条规定,符合条件的环境保护、节能节水项目,包括公共污水处理、公共垃圾处理、沼气综合开发利用、节能减排技术改造、海水淡化等。企业从事上述规定的符合条件的环境保护、节能节水项目的所得,自项目取得第一笔生产经营收入所属纳税年度起,第1年至第3年免征企业所得税,第4年至第6年减半征收企业所得税。

**113.** 符合条件的技术转让所得免征、减征企业所得税,是指一个纳税年度内,居民企业技术转让所得不超过500万元的部分,免征企业所得税;超过500万元的部分,减半征收企业所得税。 (　)

【答案】 √

【解析】 依据《中华人民共和国企业所得税法实施条例》第90条的规定。

**114.** 技术转让收入是指当事人履行技术转让合同后获得的价款,包括销售或转让设备、仪器、零部件、原材料等非技术性收入。属于与技术转让项目密不可分的技术咨询、技术服务、技术培训等收入,不得计入技术转让收入。 (　)

【答案】 ×

【解析】 《国家税务总局关于技术转让所得减免企业所得税有关问题的通知》(国税函〔2009〕212号)规定,技术转让收入是指当事人履行技术转让合同后获得的价款,不包括销售或转让设备、仪器、零部件、原材料等非技术性收入。不属于与技术转让项目密不可分的技术咨询、技术服务、技术培训等收入,不得计入技术转让收入。

**115.** 房地产开发企业对尚未出售的已完工开发产品和按照有关法律、法规或合同规定对已售开发产品(包括共用部位、共用设施设备)进行日常维护、保养、修理等实际发生的维修费用,应计入开发产品,按规定扣除。 (　)

【答案】 ×

【解析】 《国家税务总局关于印发〈房地产开发经营业务企业所得税处理办法〉的通知》(国税发〔2009〕31号)规定,企业对尚未出售的已完工开发产品和按照有关法律、法规或合同规定对已售开发产品(包括共用部位、共用设施设备)进行日常维护、保养、修理等实际发生的维修费用,准予在当期据实扣除。

**116.** 高新技术企业认定,其他费用包括技术图书资料费、资料翻译费、专家咨询费、高新科技研发保险费,研发成果的检索、论证、评审、鉴定、验收费用,知识产权的申请费、注册费、代理费,会议费、差旅费、通信费等。此项费用一般不得超过研究开发总费用的10%。

（　　）

【答案】　×

【解析】　根据《科技部　财政部　国家税务总局关于修订印发〈高新技术企业认定管理工作指引〉的通知》(国科发火〔2016〕195号)附件《高新技术企业认定管理工作指引》的规定,归集高新技术企业研发费用中的其他费用是指上述费用之外与研究开发活动直接相关的其他费用,包括技术图书资料费、资料翻译费、专家咨询费、高新科技研发保险费,研发成果的检索、论证、评审、鉴定、验收费用,知识产权的申请费、注册费、代理费,会议费、差旅费、通信费等。此项费用一般不得超过研究开发总费用的20%,另有规定的除外。

**117.** 企业销售未完工开发产品取得的收入,应先按预计计税毛利率分季(或月)计算出预计毛利额,计入当期应纳税所得额。开发产品完工后,企业应及时结算其计税成本并计算此前销售收入的实际毛利额,同时将其实际毛利额与其对应的预计毛利额之间的差额,计入当年度企业本项目与其他项目合并计算的应纳税所得额。在年度纳税申报时,企业须出具由中介部门出具的对该项开发产品实际毛利额与预计毛利额之间差异调整情况的报告以及税务机关需要的其他相关资料。

（　　）

【答案】　×

【解析】　《国家税务总局关于印发〈房地产开发经营业务企业所得税处理办法〉的通知》(国税发〔2009〕31号)规定,企业销售未完工开发产品取得的收入,应先按预计计税毛利率分季(或月)计算出预计毛利额,计入当期应纳税所得额。开发产品完工后,企业应及时结算其计税成本并计算此前销售收入的实际毛利额,同时将其实际毛利额与其对应的预计毛利额之间的差额,计入当年度企业本项目与其他项目合并计算的应纳税所得额。

在年度纳税申报时,企业须出具对该项开发产品实际毛利额与预计毛利额之间差异调整情况的报告以及税务机关需要的其他相关资料。

**118.** 创业投资企业采取股权投资方式投资于未上市的中小高新技术企业3年以上的,可以按照其投资额的70%在股权持有满3年的当年抵扣该创业投资企业的应纳税所得额;当年不足抵扣的,可以在以后纳税年度结转抵扣。

（　　）

【答案】　×

【解析】　《中华人民共和国企业所得税法实施条例》第97条规定,创业投资企业从事国家需要重点扶持和鼓励的创业投资,可以按投资额的一定比例抵扣应纳税所得额。抵扣应纳税所得额,是指创业投资企业采取股权投资方式投资于未上市的中小高新技术企业2年以上的,可以按照其投资额的70%在股权持有满2年的当年抵扣该创业投资企业的应纳税所得额;当年不足抵扣的,可以在以后纳税年度结转抵扣。

**119.** 固定资产采取缩短折旧年限方法的,最低折旧年限不得低于《中华人民共和国企业所得税法实施条例》第60条规定折旧年限的50%;采取加速折旧方法的,可以采取双倍余额递减法或者年数总和法。

（　　）

【答案】　×

【解析】《中华人民共和国企业所得税法实施条例》第 98 条规定,采取缩短折旧年限方法的,最低折旧年限不得低于本条例第 60 条规定折旧年限的 60%;采取加速折旧方法的,可以采取双倍余额递减法或者年数总和法。

**120.** 双倍余额递减法,是指在考虑固定资产预计净残值的情况下,根据每期期初固定资产原值减去累计折旧再减去预计净残值后的金额和双倍的直线法折旧率计算固定资产折旧的一种方法。计算公式如下:　　　　　　　　　　　　　　　　　　　　　　（　　）

年折旧率＝2÷预计使用寿命(年)×100%

月折旧率＝年折旧率÷12

月折旧额＝(固定资产原值—预计净残值)×月折旧率

【答案】　×

【解析】　双倍余额递减法,是指在不考虑固定资产预计净残值的情况下,根据每期期初固定资产原值减去累计折旧后的金额和双倍的直线法折旧率计算固定资产折旧的一种方法。应用这种方法计算折旧额时,由于每年年初固定资产净值没有减去预计净残值,所以在计算固定资产折旧额时,应在其折旧年限到期前的两年期间,将固定资产净值减去预计净残值后的余额平均摊销。计算公式如下:

年折旧率＝2÷预计使用寿命(年)×100%

月折旧率＝年折旧率÷12

月折旧额＝月初固定资产账面净值×月折旧率

**121.** 企业在 2018 年 1 月 1 日至 2023 年 12 月 31 日新购进的设备、器具,一次性购入价值不超过 500 万元的,允许一次性计入当期成本费用在计算应纳税所得额时扣除,不再分年度计算折旧;一次性购入价值超过 500 万元的,仍按企业所得税法及其实施条例的规定执行。　　　　　　　　　　　　　　　　　　　　　　　　　　　　　（　　）

【答案】　×

【解析】《财政部　国家税务总局关于设备、器具扣除有关企业所得税政策的通知》(财税〔2018〕54 号)规定,企业在 2018 年 1 月 1 日至 2020 年 12 月 31 日新购进的设备、器具,单位价值不超过 500 万元的,允许一次性计入当期成本费用在计算应纳税所得额时扣除,不再分年度计算折旧;单位价值超过 500 万元的,仍按《中华人民共和国企业所得税法实施条例》《财政部　国家税务总局关于完善固定资产加速折旧企业所得税政策的通知》(财税〔2014〕75 号)、《财政部　国家税务总局关于进一步完善固定资产加速折旧企业所得税政策的通知》(财税〔2015〕106 号)等相关规定执行。

《财政部　国家税务总局关于延长部分税收优惠政策执行期限的公告》(财政部　税务总局公告 2021 年第 6 号)将财税〔2018〕54 号政策执行期限延长至 2023 年 12 月 31 日。

**122.** 对新型冠状病毒感染疫情防控重点保障物资生产企业为扩大产能新购置的相关设备,允许一次性计入当期成本费用在企业所得税税前扣除。　　　　　　　　（　　）

【答案】　√

【解析】　依据《关于支持新型冠状病毒感染的肺炎疫情防控有关税收政策的公告》(财

政部 国家税务总局公告 2020 年第 8 号)的规定。

**123.** 企业利用自筹资金和银行贷款购置专用设备的投资额,可以按企业所得税法的规定抵免企业应纳所得税额;企业利用财政拨款购置专用设备的投资额,不得抵免企业应纳所得税额。 （ ）

【答案】 √

【解析】 依据《财政部 国家税务总局关于执行环境保护专用设备企业所得税优惠目录、节能节水专用设备企业所得税优惠目录和安全生产专用设备企业所得税优惠目录有关问题》(财税〔2008〕48 号)的规定

**124.** 购置并实际使用的环境保护、节能节水和安全生产专用设备,包括承租方企业以融资租赁方式租入的、并在融资租赁合同中约定租赁期届满时租赁设备所有权转移给承租方企业,且符合规定条件的专用设备。凡融资租赁期届满后租赁设备所有权未转移至承租方企业的,承租方企业应停止享受抵免企业所得税优惠,并补缴已经抵免的企业所得税税款。 （ ）

【答案】 √

【解析】 依据《财政部 国家税务总局关于执行企业所得税优惠政策若干问题的通知》(财税〔2009〕69 号)的规定。

**125.** 经认定的动漫企业自主开发、生产动漫产品,可申请享受国家现行鼓励软件产业发展的所得税优惠政策。 （ ）

【答案】 √

【解析】 依据《财政部 国家税务总局关于扶持动漫产业发展有关税收政策问题的通知》(财税〔2009〕65 号)的规定。

**126.** 符合条件的软件企业按照规定取得的即征即退增值税款,由企业专项用于软件产品研发和扩大再生产并单独进行核算,可以作为不征税收入,在计算应纳税所得额时从收入总额中减除。 （ ）

【答案】 √

【解析】 依据《财政部 国家税务总局关于进一步鼓励软件产业和集成电路产业发展企业所得税政策的通知》(财税〔2012〕27 号)第 5 条的规定。

**127.** 我国境内新办的集成电路设计企业和符合条件的软件企业,经认定后,在 2016 年 12 月 31 日前自取得第一笔销售收入年度起计算优惠期,第 1 年至第 2 年免征企业所得税,第 3 年至第 5 年按照 25% 的法定税率减半征收企业所得税,并享受至期满止。 （ ）

【答案】 ×

【解析】 《财政部 税务总局关于集成电路设计和软件产业企业所得税政策的公告》(财政部 税务总局公告 2019 年第 68 号)规定,依法成立且符合条件的集成电路设计企业和软件企业,在 2018 年 12 月 31 日前自获利年度起计算优惠期,第 1 年至第 2 年免征企业所得税,第 3 年至第 5 年按照 25% 的法定税率减半征收企业所得税,并享受至期满为止。

**128.** 房地产开发企业出现《中华人民共和国税收征收管理法》第 35 条规定的情形,税务机关可对其以往应缴的企业所得税按核定征收方式进行征收管理。税务机关应在每年 6 月

底前对上年度实行核定征收企业所得税的纳税人进行重新鉴定。重新鉴定工作完成前,纳税人可按上年度的核定征收方式预缴企业所得税;重新鉴定工作完成后,按重新鉴定的结果进行调整。　　　　　　　　　　　　　　　　　　　　　　　　　　　　　　　(　　)

**【答案】**　×

**【解析】**《国家税务总局关于印发〈房地产开发经营业务企业所得税处理办法〉的通知》(国税发〔2009〕31 号)规定,企业出现《中华人民共和国税收征收管理法》第 35 条规定的情形,税务机关可对其以往应缴的企业所得税按核定征收方式进行征收管理,并逐步规范,同时按《中华人民共和国税收征收管理法》等税收法律、行政法规的规定进行处理,但不得事先确定企业的所得税按核定征收方式进行征收、管理。

**129.** 受排污企业或政府委托,负责环境污染治理设施(包括自动连续监测设施)运营维护的企业,自该项目取得第一笔生产经营收入所属纳税年度起,第 1 年至第 3 年免征企业所得税,第 4 年至第 6 年减半征收企业所得税。　　　　　　　　　　　　　　　(　　)

**【答案】**　×

**【解析】**《财政部　国家税务总局　国家发展改革委　生态环境部关于从事污染防治的第三方企业所得税政策问题的公告》(财政部　国家税务总局　国家发展改革委　生态环境部公告 2019 年第 60 号)规定,对符合条件的从事污染防治的第三方企业减按 15% 的税率征收企业所得税。

**130.** 各级税务机关要处理好企业所得税预缴和汇算清缴税款入库的关系,原则上各地企业所得税年度预缴税款占当年企业所得税入库税款(预缴数＋汇算清缴数)应不少于 60%。

　　　　　　　　　　　　　　　　　　　　　　　　　　　　　　　(　　)

**【答案】**　×

**【解析】**《国家税务总局关于加强企业所得税预缴工作的通知》(国税函〔2009〕34 号)规定,各级税务机关要处理好企业所得税预缴和汇算清缴税款入库的关系,原则上各地企业所得税年度预缴税款占当年企业所得税入库税款(预缴数＋汇算清缴数)应不少于 70%。

**131.** 跨省经营汇总纳税企业按照规定汇总计算的企业所得税,包括预缴税款和汇算清缴应缴应退税款,60% 在各分支机构间分摊,各分支机构根据分摊税款就地办理缴库或退库;40% 由总机构分摊缴纳。　　　　　　　　　　　　　　　　　　　　　　　(　　)

**【答案】**　×

**【解析】**《国家税务总局关于印发〈跨地区经营汇总纳税企业所得税征收管理办法〉的公告》(国家税务总局公告 2012 年第 57 号)规定,汇总纳税企业按照《中华人民共和国企业所得税法》规定汇总计算的企业所得税,包括预缴税款和汇算清缴应缴应退税款,50% 在各分支机构间分摊,各分支机构根据分摊税款就地办理缴库或退库;50% 由总机构分摊缴纳,其中 25% 就地办理缴库或退库,25% 就地全额缴入中央国库或退库。具体的税款缴库或退库程序按照《财政部　国家税务总局　中国人民银行关于印发〈跨省市总分机构企业所得税分配及预算管理办法〉的通知》(财预〔2012〕40 号)第 5 条等相关规定执行。

**132.** 汇总纳税企业在纳税年度内预缴企业所得税税款少于全年应缴企业所得税税款的,应在汇算清缴期内由总、分机构分别结清应缴的企业所得税税款;预缴税款超过应缴税

款的,主管税务机关应及时按有关规定分别办理退税,或者经总、分机构同意后分别抵缴其下一年度应缴企业所得税税款。 （ ）

【答案】 √

【解析】 依据《国家税务总局关于印发〈跨地区经营汇总纳税企业所得税征收管理办法〉的公告》(国家税务总局公告 2012 年第 57 号)的规定。

**133.** 总机构应按照上年度分支机构的营业收入、职工薪酬和资产总额三个因素计算各分支机构分摊所得税款的比例;三级及以下分支机构,其营业收入、职工薪酬和资产总额统一计入二级分支机构;三因素的权重依次为 0.30、0.35、0.35。 （ ）

【答案】 ×

【解析】 《国家税务总局关于印发〈跨地区经营汇总纳税企业所得税征收管理办法〉的公告》(国家税务总局公告 2012 年第 57 号)规定,总机构应按照上年度分支机构的营业收入、职工薪酬和资产总额三个因素计算各分支机构分摊所得税款的比例;三级及以下分支机构,其营业收入、职工薪酬和资产总额统一计入二级分支机构;三因素的权重依次为 0.35、0.35、0.30。

**134.** 对于按照税收法律、法规和其他规定,总机构和分支机构处于不同税率地区的,先由总机构统一计算全部应纳税所得额,然后再分别按各自的适用税率计算应纳税额。

（ ）

【答案】 ×

【解析】 《国家税务总局关于印发〈跨地区经营汇总纳税企业所得税征收管理办法〉的公告》(国家税务总局公告 2012 年第 57 号)规定,对于按照税收法律、法规和其他规定,总机构和分支机构处于不同税率地区的,先由总机构统一计算全部应纳税所得额,然后按本办法第 6 条规定的比例和按第 15 条计算的分摊比例,计算划分不同税率地区机构的应纳税所得额,再分别按各自的适用税率计算应纳税额后加总计算出汇总纳税企业的应纳所得税总额,最后按本办法第 6 条规定的比例和按第 15 条计算的分摊比例,向总机构和分支机构分摊就地缴纳的企业所得税款。

**135.** 总机构应将查补所得税款(包括滞纳金、罚款,下同)的 50% 按照"三因素及权重"规定计算的分摊比例,分摊给各分支机构缴纳,各分支机构根据分摊查补税款就地办理缴库;50% 分摊给总机构缴纳,其中 25% 就地办理缴库,25% 就地全额缴入中央国库。 （ ）

【答案】 √

【解析】 《国家税务总局关于印发〈跨地区经营汇总纳税企业所得税征收管理办法〉的公告》(国家税务总局公告 2012 年第 57 号)规定,总机构应将查补所得税款(包括滞纳金、罚款,下同)的 50% 按照本办法第 15 条规定计算的分摊比例,分摊给各分支机构(不包括本办法第 5 条规定的分支机构)缴纳,各分支机构根据分摊查补税款就地办理缴库;50% 分摊给总机构缴纳,其中 25% 就地办理缴库,25% 就地全额缴入中央国库。具体的税款缴库程序按照《财政部 国家税务总局 中国人民银行关于印发〈跨省市总分机构企业所得税分配及预算管理办法〉的通知》(财预〔2012〕40 号)第 5 条等相关规定执行。

**136.** 依照外国(地区)法律成立且实际管理机构不在中国境内,但在中国境内设立机构、场所的非居民企业,无论盈利或者亏损,均应按照《中华人民共和国企业所得税法》及《非居民企业所得税汇算清缴管理办法》规定参加所得税汇算清缴。　　　　　　（　　）

【答案】　√

【解析】　依据《国家税务总局关于印发〈非居民企业所得税汇算清缴管理办法〉的通知》的规定。

**137.** 实行应税所得率方式核定征收企业所得税的纳税人,经营多业的,无论其经营项目是否单独核算,均由税务机关根据其主营项目确定适用的应税所得率。　　（　　）

【答案】　√

【解析】　依据《国家税务总局关于印发〈企业所得税核定征收办法(试行)〉的通知》(国税发〔2008〕30 号)的规定实行应税所得率方式核定征收企业所得税的纳税人,经营多业的,无论其经营项目是否单独核算,均由税务机关根据其主营项目确定适用的应税所得率。主营项目应为纳税人所有经营项目中,收入总额或者成本(费用)支出额或者耗用原材料、燃料、动力数量所占比重最大的项目。

**138.** 依法按核定应税所得率方式核定征收企业所得税的企业,取得的转让股权(股票)收入等转让财产收入,应全额计入应税收入额,按照主营项目(业务)确定适用的应税所得率计算征税;若主营项目(业务)发生变化,应在当年汇算清缴时,按照变化后的主营项目(业务)重新确定适用的应税所得率计算征税。　　　　　　　　　　　　　（　　）

【答案】　√

【解析】　依据《国家税务总局关于企业所得税核定征收有关问题的公告》(国家税务总局公告 2012 年第 27 号)的规定。

**139.** 纳税人的生产经营范围、主营业务发生重大变化,或者应纳税所得额或应纳税额增减变化达到 30%的,应及时向税务机关申报调整已确定的应纳税额或应税所得率。（　　）

【答案】　×

【解析】　《国家税务总局关于印发〈企业所得税核定征收办法〉(试行)的通知》(国税发〔2008〕30 号)规定,纳税人的生产经营范围、主营业务发生重大变化,或者应纳税所得额或应纳税额增减变化达到 20%的,应及时向税务机关申报调整已确定的应纳税额或应税所得率。

**140.** 企业政策性搬迁被征用的资产,采取资产置换的,其换入资产的计税成本按被征用资产的净值,加上换入资产所支付的税费(涉及补价,还应加上补价款)计算确定。　（　　）

【答案】　√

【解析】　依据是《国家税务总局关于企业政策性搬迁所得税有关问题的公告》(国家税务总局公告 2013 年第 11 号)。

**141.** 建筑企业总机构直接管理的跨地区设立的项目部,应按项目实际经营收入的 2%按月或按季由总机构向项目所在地预分企业所得税,并由项目部向所在地主管税务机关预缴。　　　　　　　　　　　　　　　　　　　　　　　（　　）

【答案】　×

【解析】　《国家税务总局关于跨地区经营建筑企业所得税征收管理问题的通知》(国税

函〔2010〕156号)规定,建筑企业总机构直接管理的跨地区设立的项目部,应按项目实际经营收入的0.2%按月或按季由总机构向项目所在地预分企业所得税,并由项目部向所在地主管税务机关预缴。

**142.** 受新型冠状病毒疫情影响较大的困难行业企业2020年度发生的亏损,最长结转年限由5年延长至10年。 （　　）

【答案】　×

【解析】　《关于支持新型冠状病毒感染的肺炎疫情防控有关税收政策的公告》(财政部 税务总局公告2020年第8号)规定,受疫情影响较大的困难行业企业2020年度发生的亏损,最长结转年限由5年延长至8年。困难行业企业,包括交通运输、餐饮、住宿、旅游(指旅行社及相关服务、游览景区管理两类)四大类,具体判断标准按照现行《国民经济行业分类》执行。困难行业企业2020年度主营业务收入须占收入总额(剔除不征税收入和投资收益)的50%以上。

**143.** 对企业委托给境外单位进行开发的研发费用,符合条件的,由受托方进行加计扣除。 （　　）

【答案】　×

【解析】　《关于企业委托境外研究开发费用税前加计扣除有关政策问题的通知》(财税〔2018〕64号)规定,委托境外进行研发活动所发生的费用,按照费用实际发生额的80%计入委托方的委托境外研发费用。委托境外研发费用不超过境内符合条件的研发费用三分之二的部分,可以按规定在企业所得税税前加计扣除。

**144.** 直接向承担疫情防治任务的医院捐赠用于应对新型冠状病毒感染的肺炎疫情的现金和物品,允许在计算应纳税所得额时全额扣除。 （　　）

【答案】　×

【解析】　《关于支持新型冠状病毒感染的肺炎疫情防控有关捐赠税收政策的公告》(财政部　税务总局公告2020年第9号)规定,企业和个人直接向承担疫情防治任务的医院捐赠用于应对新型冠状病毒感染的肺炎疫情的物品,允许在计算应纳税所得额时全额扣除。捐赠人凭承担疫情防治任务的医院开具的捐赠接收函办理税前扣除事宜。

**145.** 对国际奥委会相关实体中的非居民企业取得的与北京冬奥会有关的收入,免征企业所得税。 （　　）

【答案】　√

【解析】　依据《财政部　国家税务总局　海关总署关于北京2022年冬奥会和冬残奥会税收优惠政策的公告》(财政部　国家税务总局　海关总署公告2019年第92号)的规定。

**146.** 发行方支付的永续债利息支出准予在其企业所得税税前扣除;投资方取得的永续债利息收入可以适用企业所得税法规定的居民企业之间的股息、红利等权益性投资收益免征企业所得税规定。 （　　）

【答案】　×

【解析】　《财政部　国家税务总局关于永续债企业所得税政策问题的公告》(财政部　国家税务总局公告2019年第64号)规定,投资方取得的永续债利息收入属于股息、红利性质,按照现行企业所得税政策相关规定进行处理,其中,发行方和投资方均为居民企业的,永续债利息收入可以适用《中华人民共和国企业所得税法》规定的居民企业之间的股息、红利等权益性投资收益免征企业所得税规定;同时发行方支付的永续债利息支出不得在企业所得税税前扣除。企业发行符合规定条件的永续债,也可以按照债券利息适用企业所得税政策,发行方支付的永续债利息支出准予在其企业所得税税前扣除;投资方取得的永续债利息收入应当依法纳税。

**147.** 非居民纳税人享受协定待遇,采取"自行判断、申报享受、相关资料留存备查"的方式办理。非居民纳税人自行判断符合享受协定待遇条件的,可在纳税申报时,或通过扣缴义务人在扣缴申报时,自行享受协定待遇,同时按照规定归集和留存相关资料备查,并接受税务机关后续管理。 （ ）

**【答案】** √

**【解析】** 依据是《国家税务总局关于发布〈非居民纳税人享受协定待遇管理办法〉的公告》(国家税务总局公告 2019 年第 35 号)。

**148.** 非居民纳税人、扣缴义务人应配合主管税务机关进行非居民纳税人享受协定待遇的后续管理与调查。非居民纳税人、扣缴义务人均未按照税务机关要求提供相关资料,或逃避、拒绝、阻挠税务机关进行后续调查,主管税务机关无法查实其是否符合享受协定待遇条件的,按《征管法》有关规定处理,不影响享受协定待遇条件。 （ ）

**【答案】** ✕

**【解析】** 《国家税务总局关于发布〈非居民纳税人享受协定待遇管理办法〉的公告》(国家税务总局公告 2019 年第 35 号)规定,非居民纳税人、扣缴义务人应配合主管税务机关进行非居民纳税人享受协定待遇的后续管理与调查。非居民纳税人、扣缴义务人均未按照税务机关要求提供相关资料,或逃避、拒绝、阻挠税务机关进行后续调查,主管税务机关无法查实其是否符合享受协定待遇条件的,应视为不符合享受协定待遇条件。

**149.** 对公募证券投资基金(封闭式证券投资基金、开放式证券投资基金)转让创新企业 CDR 取得的差价所得和持有创新企业 CDR 取得的股息红利所得,按公募证券投资基金税收政策规定征免企业所得税。 （ ）

**【答案】** ✕

**【解析】** 《关于创新企业境内发行存托凭证试点阶段有关税收政策的公告》(财政部 国家税务总局 证监会公告 2019 年第 52 号)规定,对公募证券投资基金(封闭式证券投资基金、开放式证券投资基金)转让创新企业 CDR 取得的差价所得和持有创新企业 CDR 取得的股息红利所得,按公募证券投资基金税收政策规定暂不征收企业所得税。

**150.** 自 2021 年 1 月 1 日至 2030 年 12 月 31 日,对设在西部地区的鼓励类产业企业减按 15% 的税率征收企业所得税。所称鼓励类产业企业是指以《西部地区鼓励类产业目录》中规定的产业项目为主营业务,且其主营业务收入占企业收入总额 50% 以上的企业。 （ ）

**【答案】** ✕

**【解析】** 《财政部 国家税务总局 国家发展改革委关于延续西部大开发企业所得税政策的公告》(财政部 国家税务总局 国家发展改革委公告 2020 年第 23 号)自 2021 年 1 月 1

日至 2030 年 12 月 31 日,对设在西部地区的鼓励类产业企业减按 15% 的税率征收企业所得税。本条所称鼓励类产业企业是指以《西部地区鼓励类产业目录》中规定的产业项目为主营业务,且其主营业务收入占企业收入总额 60% 以上的企业。

**151.** 对注册在海南自由贸易港并实质性运营的鼓励类产业企业自获利年度起计算优惠期,第 1 年至第 2 年免征企业所得税,第 3 年至第 5 年按照 25% 的法定税率减半征收企业所得税,并享受至期满为止。 ( )

【答案】 ×

【解析】《关于海南自由贸易港企业所得税优惠政策的通知》(财税〔2020〕31 号)规定,对注册在海南自由贸易港并实质性运营的鼓励类产业企业,减按 15% 的税率征收企业所得税。

**152.** 公益性社会组织存在违反规定接受捐赠的,包括附加对捐赠人构成利益回报的条件、以捐赠为名从事营利性活动、利用慈善捐赠宣传烟草制品或法律禁止宣传的产品和事项、接受不符合公益目的或违背社会公德的捐赠等情形,应当取消其公益性捐赠税前扣除资格且不得重新确认资格。 ( )

【答案】 ×

【解析】《财政部 国家税务总局 民政部关于公益性捐赠税前扣除有关事项的公告》(财政部 国家税务总局 民政部公告 2020 年第 27 号)规定:

(1)公益性社会组织存在以下情形之一的,应当取消其公益性捐赠税前扣除资格,且取消资格的当年及之后三个年度内不得重新确认资格:①违反规定接受捐赠的,包括附加对捐赠人构成利益回报的条件、以捐赠为名从事营利性活动、利用慈善捐赠宣传烟草制品或法律禁止宣传的产品和事项、接受不符合公益目的或违背社会公德的捐赠等情形;②开展违反组织章程的活动,或者接受的捐赠款项用于组织章程规定用途之外的;③在确定捐赠财产的用途和受益人时,指定特定受益人,且该受益人与捐赠人或公益性社会组织管理人员存在明显利益关系的。

(2)公益性社会组织存在以下情形之一的,应当取消其公益性捐赠税前扣除资格且不得重新确认资格:①从事非法政治活动的;②从事、资助危害国家安全或者社会公共利益活动的。

**153.** 被清算企业的股东从清算企业分得的资产应按清算时资产的账面价值确定计税基础。 ( )

【答案】 ×

【解析】《财政部 国家税务总局关于企业清算业务企业所得税处理若干问题的通知》(财税〔2009〕60 号)规定,被清算企业的股东从被清算企业分得的资产应按可变现价值或实际交易价格确定计税基础。

**154.** 企业在计算股权转让所得时,不得扣除被投资企业未分配利润等股东留存收益中按该项股权所可能分配的金额。 ( )

【答案】 √

【解析】《国家税务总局关于贯彻落实企业所得税法若干税收问题的通知》(国税函

〔2010〕79 号)规定,企业转让股权收入,应于转让协议生效、且完成股权变更手续时,确认收入的实现。转让股权收入扣除为取得该股权所发生的成本后,为股权转让所得。企业在计算股权转让所得时,不得扣除被投资企业未分配利润等股东留存收益中按该项股权所可能分配的金额。

**155.** 以销售本企业生产或者装配的伤残人员专门用品为主,其所取得的年度伤残人员专门用品销售收入(不含出口取得的收入)占企业收入总额 50％以上的居民企业,免征企业所得税。 （ ）

【答案】 ✕

【解析】 《关于生产和装配伤残人员专门用品企业免征企业所得税的公告》(财政部 税务总局 民政部公告 2021 年第 14 号)规定,自 2021 年 1 月 1 日至 2023 年 12 月 31 日,对符合下列条件的居民企业,免征企业所得税:

(1) 生产和装配伤残人员专门用品,且在民政部发布的《中国伤残人员专门用品目录》范围之内。

(2) 以销售本企业生产或者装配的伤残人员专门用品为主,其所取得的年度伤残人员专门用品销售收入(不含出口取得的收入)占企业收入总额 60％以上。

收入总额,是指《中华人民共和国企业所得税法》第 6 条规定的收入总额。

(3) 企业账证健全,能够准确、完整地向主管税务机关提供纳税资料,且本企业生产或者装配的伤残人员专门用品所取得的收入能够单独、准确核算。

(4) 企业拥有假肢制作师、矫形器制作师资格证书的专业技术人员不得少于 1 人;其企业生产人员如超过 20 人,则其拥有假肢制作师、矫形器制作师资格证书的专业技术人员不得少于全部生产人员的 1/6。

(5) 具有与业务相适应的测量取型、模型加工、接受腔成型、打磨、对线组装、功能训练等生产装配专用设备和工具。

(6) 具有独立的接待室、假肢或者矫形器(辅助器具)制作室和假肢功能训练室,使用面积不少于 115 平方米。

**156.** 企业收到的政府补助如果不满足不征税条件,应在收到当期纳税,相反,如果满足不征税条件,仅应在当期作纳税调减处理。 （ ）

【答案】 ✕

【解析】 《财政部 国家税务总局关于财政性资金、行政事业性收费、政府性基金有关企业所得税政策问题的通知》(财税〔2008〕151 号)规定,企业的不征税收入用于支出所形成的费用,不得在计算应纳税所得额时扣除;企业的不征税收入用于支出所形成的资产,其计算的折旧、摊销不得在计算应纳税所得额时扣除。

**157.** 企业应对研发费用和生产经营费用分别核算,准确、合理归集各项费用支出,对划分不清的,不得实行加计扣除。 （ ）

【答案】 ✓

【解析】 依据是《财政部 国家税务总局 科学技术部关于完善研究开发费用税前加计扣除政策的通知》(财税〔2015〕119 号 )。

**158.** 对企业依据财务会计制度规定,并实际在财务会计处理上已确认的支出,可按企业实际会计处理确认的支出,在企业所得税税前扣除,计算其应纳税所得额。　　　　（　）

【答案】　×

【解析】　《中华人民共和国企业所得税法》规定,在计算应纳税所得额时,企业财务、会计处理办法与税收法律、行政法规的规定不一致的,应当依照税收法律、行政法规的规定计算。

**159.** 国家鼓励的软件企业汇算清缴年度具有劳动合同关系或劳务派遣、聘用关系,其中具有本科及以上学历的月平均职工人数占企业月平均职工总人数的比例不低于50%,研究开发人员月平均数占企业月平均职工总数的比例不低于30%。　　　　（　）

【答案】　×

【解析】　《国家鼓励的软件企业条件公告》(工业和信息化部　国家发展改革委　财政部　国家税务总局公告2021年第10号)规定,国家鼓励的软件企业是指同时符合下列条件的企业:

(1) 在中国境内(不包括港、澳、台地区)依法设立,以软件产品开发及相关信息技术服务为主营业务并具有独立法人资格的企业;该企业的设立具有合理商业目的,且不以减少、免除或推迟缴纳税款为主要目的。

(2) 汇算清缴年度具有劳动合同关系或劳务派遣、聘用关系,其中具有本科及以上学历的月平均职工人数占企业月平均职工总人数的比例不低于40%,研究开发人员月平均数占企业月平均职工总数的比例不低于25%。

(3) 拥有核心关键技术,并以此为基础开展经营活动,汇算清缴年度研究开发费用总额占企业销售(营业)收入总额的比例不低于7%,企业在中国境内发生的研究开发费用金额占研究开发费用总额的比例不低于60%。

(4) 汇算清缴年度软件产品开发销售及相关信息技术服务(营业)收入占企业收入总额的比例不低于55%[嵌入式软件产品开发销售(营业)收入占企业收入总额的比例不低于45%],其中软件产品自主开发销售及相关信息技术服务(营业)收入占企业收入总额的比例不低于45%[嵌入式软件产品开发销售(营业)收入占企业收入总额的比例不低于40%]。

(5) 主营业务或主要产品具有专利或计算机软件著作权等属于本企业的知识产权。

(6) 具有与软件开发相适应的生产经营场所、软硬件设施等开发环境(如合法的开发工具等),建立符合软件工程要求的质量管理体系并持续有效运行。

(7) 汇算清缴年度未发生重大安全事故、重大质量事故、知识产权侵权等行为,企业合法经营。

**160.** 企业或个人通过公益性群众团体用于符合法律规定的慈善事业捐赠支出,准予按税法规定在计算应纳税所得额时扣除。　　　　（　）

【答案】　×

【解析】　根据《财政部　国家税务总局关于通过公益性群众团体的公益性捐赠税前扣除有关事项的公告》(财政部　国家税务总局公告2021年第20号)规定,企业或个人通过公益性群众团体用于符合法律规定的公益慈善事业捐赠支出,准予按税法规定在计算应纳税所得额时扣除。

**161.** 公益性群众团体前 3 年接受捐赠的总收入中用于公益慈善事业的支出比例低于 60％的,应当取消其公益性捐赠税前扣除资格。 （　　）

**【答案】** ✕

**【解析】** 根据《财政部　国家税务总局关于通过公益性群众团体的公益性捐赠税前扣除有关事项的公告》(财政部　国家税务总局公告 2021 年第 20 号)规定,公益性群众团体前 3 年接受捐赠的总收入中用于公益慈善事业的支出比例低于 70％的,应当取消其公益性捐赠税前扣除资格。

**162.** 公益性群众团体在接受捐赠时,应按照行政管理级次分别使用由财政部或省、自治区、直辖市财政部门监(印)制的公益事业捐赠票据,并加盖本单位的印章;对个人索取捐赠票据的,应予以开具。企业或个人将符合条件的公益性捐赠支出进行税前扣除,应当留存相关票据备查。 （　　）

**【答案】** ✓

**【解析】** 根据《财政部　国家税务总局关于通过公益性群众团体的公益性捐赠税前扣除有关事项的公告》(财政部　国家税务总局公告 2021 年第 20 号)的规定。

**163.** 企业购买的文物、艺术品用于收藏、展示、保值增值的,作为固定资产进行税务处理。文物、艺术品资产在持有期间,计提的折旧、摊销费用,可以在税前扣除。 （　　）

**【答案】** ✕

**【解析】** 《国家税务总局关于企业所得税若干政策征管口径问题的公告》(国家税务总局公告 2021 年第 17 号)规定,企业购买的文物、艺术品用于收藏、展示、保值增值的,作为投资资产进行税务处理。文物、艺术品资产在持有期间,计提的折旧、摊销费用,不得税前扣除。

**164.** 对于政府按照企业销售货物、提供劳务服务的数量、金额给予的补贴,以及政府支付的属于货物、劳务服务价款的组成部分,企业应按权责发生制原则确认收入。除上述情形外,企业取得的各种政府财政资金,如财政补贴、补助、退税、补偿,按照权责发生制原则确认收入实现。 （　　）

**【答案】** ✕

**【解析】** 《国家税务总局关于企业所得税若干政策征管口径问题的公告》(国家税务总局公告 2021 年第 17 号)规定,为规范企业取得财政补贴等政府支付款项计算收入的时间问题,原则上,对于政府按照企业销售货物、提供劳务服务的数量、金额给予的补贴,以及政府支付的属于货物、劳务服务价款的组成部分,企业应按权责发生制原则确认收入。除上述情形外,企业取得的各种政府财政资金,如财政补贴、补助、退税、补偿,按照收付实现制原则确认收入实现。

**165.** 境外投资者与境内被投资企业构成关联关系,且境外投资者所在国家(地区)将境外投资者在境内从事混合性投资业务认定为权益性投资收益,应征收企业所得税,境内被投资企业向境外投资者支付的利息可以税前扣除。 （　　）

**【答案】** ✕

【解析】《国家税务总局关于企业所得税若干政策征管口径问题的公告》(国家税务总局公告2021年第17号)规定,境外投资者在境内从事混合性投资业务,满足《国家税务总局关于企业混合性投资业务企业所得税处理问题的公告》(2013年第41号)第一条规定的条件的,可以按照该公告第二条第一款的规定进行企业所得税处理,但同时符合以下两种情形的除外:(1)该境外投资者与境内被投资企业构成关联关系;(2)境外投资者所在国家(地区)将该项投资收益认定为权益性投资收益,且不征收企业所得税。

同时符合上述第(一)项和第(二)项规定情形的,境内被投资企业向境外投资者支付的利息应视为股息,不得进行税前扣除。

**166.**《中华人民共和国和西班牙王国对所得消除双重征税和防止逃避税的协定》约定,发生于缔约国一方而支付给缔约国另一方居民的利息,可以在缔约国一方按照该国法律征税。但是,如果利息的受益所有人是缔约国另一方居民,则所征税款不应超过利息总额的20%。 ( )

【答案】 ×

【解析】《中华人民共和国和西班牙王国对所得消除双重征税和防止逃避税的协定》(国家税务总局公告2021年第16号)规定,发生于缔约国一方而支付给缔约国另一方居民的利息,可以在缔约国一方按照该国法律征税。但是,如果利息的受益所有人是缔约国另一方居民,则所征税款不应超过利息总额的10%。

# 四、计算题

**1.** 我国境内某居民企业(以下称该企业)在A国设立一分公司(以下称境外分公司),2020年该企业境内应纳税所得额-14.29万元,境外分公司税后所得10万元。已在该国缴纳企业所得税4.29万元。2021年该企业境内应纳税所得额400万元,境外分公司税后所得14万元,已在该国缴纳企业所得税6万元。该企业适用企业所得税税率25%。境外分公司适用企业所得税税率30%。

根据上述资料,回答下列问题:

(1)2020年度汇总纳税时,境外分公司所得的抵免限额是多少万元?

(2)2021年度汇总纳税时,境外分公司所得的抵免限额是多少万元?

(3)2021年度汇总纳税时,境外分公司所得实际抵免的所得税税额是多少万元?

(4)2021年度汇总纳税时,该企业实际应缴纳的企业所得税多少万元?

【解析】

(1)2020年企业当期境内、境外应纳税所得总额为0,其当期境外所得税的抵免限额也是0。应有结转抵免4.29万元税款。

(2)2021年境外分公司税前所得=14+6=20(万元),抵免限额=20×25%=5(万元)。

(3)在境外实际缴纳的税额是6万元,抵免限额是5万元,所以抵免的税额是5万元。

(4)2021年度境内应纳税所得额是400万元,境外所得不用补税,所以实际应纳税额=400×25%=100(万元)。结转抵免税额1万元,累计5.29万元结转抵免税额。

**2.** 2021年5月，A公司将M产品5000万元(不含税)和一台已使用过的机床作价1500万元(含税)投资到B公司。该机床2010年购入，购入时未抵扣增值税进项税额，原值为2000万元，已提折旧1000万元。M产品为自产货物，成本为2800万元。假设A公司采用最长期限递延纳税，增值税采用对己方最有利政策，且未发生其他业务，计算A公司2021年应缴纳企业所得税额？

【解析】

该公司旧机床购入时没有抵扣进项税额，转让时可按照3％减按2％征收增值税，该机床转让收益＝1500－1500÷(1+3％)×2％－1000＝470.87(万元)。

应纳税所得额＝(5000－2800)＋[1500－1500÷(1+3％)×2％－1000]＝2670.87(万元)

A公司采用最长期限递延纳税，可按5年均匀分期计入相应年度应纳税所得额。

2021年应纳企业所得税税额＝2670.87÷5×25％＝133.54(万元)。

**3.** 位于某市区国家重点扶持的高新技术生产制造类企业，为增值税一般纳税人，2021年销售产品取得不含税收入6500万元，另外取得投资收益320万元，全年发生产品销售成本和相关费用共计5300万元，缴纳的税金及附加339万元，发生的营业外支出420万元，12月末企业自行计算的全年会计利润总额761万元，预缴企业所得税96万元，无留抵增值税。2022年1月经聘请的税务师事务所审核，发现以下问题：

(1) 8月中旬以预收款方式销售一批产品，收到预收账款232万元，并收存银行。12月下旬将该批产品发出，成本已结转，但未将预收款转作收入。

(2) 9月上旬接受客户捐赠原材料一批，取得增值税专用发票，发票上注明金额10万元，进项税额1.3万元，企业捐赠收入直接计入"资本公积"核算。

(3) 成本费用中包含业务招待费62万元，新产品研究开发费用72.75万元。

(4) 投资收益中有12.6万元是从其他居民企业分回的股息，其余为股权转让收益，营业外支出中含通过公益性社会团体向贫困山区捐赠130万元，直接捐赠10万元。

(5) 计入成本费用中的实发工资总额856万元，拨缴职工工会经费20万元。职工福利费实际支出131万元。职工教育经费实际支出32万元。(注：适用城建税7％，教育附加3％，企业所得税税率15％)

根据上述资料，回答下列问题(保留两位小数)：

(1) 该企业应补缴的增值税及附加税为(        )万元。

(2) 该企业2021年度经审核后会计利润总额为(        )万元。

(3) 业务招待费和新产品研发费分别调整应纳税所得额(        )万元。

(4) 投资收益、捐赠分别调整应纳税所得额(        )万元。

(5) 职工工会经费、职工教育经费、职工福利费分别调整应纳税所得额(        )万元。

(6) 2021年应补缴企业所得税(        )万元。

【解析】

(1) 补缴增值税及附加税费＝232÷(1+13％)×13％×(1+7％+3％)＝29.36(万元)。

(2) 审核后的会计利润总额＝761＋232÷(1+13％)－232÷(1+13％)×13％ ×

$(7\%+3\%)+(10+1.3)=974.94(万元)$。

（3）业务招待费：

按销售收入的限额$(6\,500+205.31)\times0.5\%=33.53(万元)$。

按发生额60%的限额$=62\times60\%=37.2(万元)$。

33.53万元＜37.2万元，业务招待费限额为33.53万元。

纳税调增额$=62-33.53=28.47(万元)$。

新产品研发费用：制造业企业开展研发活动中实际发生的研发费用，未形成无形资产计入当期损益的，在按规定据实扣除的基础上，自2021年1月1日起，再按照实际发生额的100%在税前加计扣除；形成无形资产的，自2021年1月1日起，按无形资产成本的200%，在税前摊销。加计扣除纳税调减额$=72.75\times100\%=72.75(万元)$。

（4）符合条件的居民企业之间股息、红利属免税收入，投资收益中的股息12.6万元应纳税调减。

捐赠支出：

直接捐赠10万元不得税前扣除，应该全额调增。

公益捐赠支出限额$=974.94\times12\%=116.99(万元)$。

公益捐赠支出超限纳税调增额$=130-116.99=13.01(万元)$。

捐赠合计纳税调增额$=13.01+10=23.01(万元)$。

（5）工会经费税前扣除限额$=856\times2\%=17.12(万元)$。

工会经费支出纳税调增额$=20-17.12=2.88(万元)$。

教育经费税前扣除限额$=856\times8\%=68.48(万元)$。

教育经费支出实际发生额未超限额，不用纳税调整。

职工福利费税前扣除限额$=856\times14\%=119.84(万元)$。

职工福利支出纳税调增额$=131-119.84=11.16(万元)$。

（6）2021年应补缴的企业所得税$=(974.94+28.47-72.75-12.6+23.01+2.88+11.16)\times15\%-96=47.27(万元)$。

**4.** M公司2021年利润总额为1 000万元。2021年1月将一批市场价为280万元的货物通过市政府捐给学校，适用增值税税率为13%。"营业外支出"列支该批货物成本及对应销项税额合计为236.4万元，计算该业务应调整的应纳税所得额是多少？

**【解析】**

（1）会计利润$=1\,000万元$。

（2）公益性捐赠扣除限额$=1\,000\times12\%=120(万元)$。

（3）《国家税务总局关于修订企业所得税年度纳税申报表的公告》（税务总局公告2020年第24号）附件规定，《捐赠支出及纳税调整明细表》（A105070）填报说明：6.第6行"本年"填报纳税人本年度发生，本年税前扣除，本年纳税调增以及结转以后年度扣除的公益性捐赠支出。具体如下：（1）第1列"账载金额"：填报计入本年损益的公益性捐赠支出金额，包括该支出已通过《纳税调整项目明细表》（A105000）第30行"（十七）其他"进行纳税调整的金额。公益性捐赠纳税调增$=236.4+80-120=196.4(万元)$。

（4）货物视同销售收入调增 280 万元。

（5）货物视同销售成本调减 200 万元。

（6）《国家税务总局关于修订企业所得税年度纳税申报表有关问题的公告》（国家税务总局公告 2020 年第 24 号）附件规定，《纳税调整项目明细表》A105000 填报说明：30.第 30 行"（十七）其他"：填报其他因会计处理与税收规定有差异需纳税调整的扣除类项目金额，企业将货物、资产、劳务用于捐赠、广告等用途时，进行视同销售纳税调整后，对应支出的会计处理与税收规定有差异需纳税调整的金额填报在本行。若第 1 列≥第 2 列，第 3 列"调增金额"填报第 1－2 列金额。若第 1 列＜第 2 列，第 4 列"调减金额"填报第 1－2 列金额的绝对值。

因此，必须在第 30 行"（十七）其他"调减 80 万元。

合计纳税调增＝196.4＋280－200－80＝196.4（万元）。

**5.** A 企业 2016 年成立，系资源综合利用企业（制造业企业），享受企业所得税税收优惠。2020 年亏损 30 万元，2021 年从业人数 100 人，资产总额 500 万元，销售资源综合利用产品收入 1 000 万元，业务招待费实际发生 20 万元，其他应扣除成本、费用、税金等合计 700 万元（其中研发费用 82.5 万元），无其他纳税调整事项。该企业 2021 年实际应纳所得税额是多少？

**【解析】**

（1）会计利润＝1 000－20－700＝280（万元）。

（2）该企业属资源综合利用企业，可享受减按 90％计入收入总额。

纳税调减＝1 000×10％＝100（万元）。

（3）企业发生的与生产经营活动有关业务招待费支出，按发生额 60％扣除，但最高不超过当年销售收入的 0.5％。

实际发生额扣除标准＝20×60％＝12（万元）。

销售收入扣除标准＝1 000×0.5％＝5（万元）。

两者相比，取孰小值，允许税前扣除的业务招待费为 5 万元。

纳税调增＝20－5＝15（万元）。

（4）制造业企业开展研发活动中实际发生的研发费用，未形成无形资产计入当期损益的，在按规定据实扣除的基础上，自 2021 年 1 月 1 日起，再按照实际发生额的 100％在税前加计扣除；形成无形资产的，自 2021 年 1 月 1 日起，按照无形资产成本的 200％在税前摊销。纳税调减＝82.5×100％＝82.5（万元）。

（5）纳税调整后所得＝280－100＋15－82.5＝112.5（万元）。

（6）企业发生亏损准予向以后年度结转，用以后年度所得弥补，但结转年限最长不得超过 5 年。

应纳税所得额＝112.5－30＝82.5（万元）。

（7）企业符合小微企业标准，实际应纳企业所得税额＝82.5×25％×20％×50％＝2.062 5（万元）。

**6.** A 公司系制造业企业，2021 年进行了二项研发活动甲和乙，甲项目第 1 项至第 5 项的费用之和 90 万元,与研发活动直接相关的其他费用 16 万元,乙项目第 1 项至第 5 项的费用之和也是 90 万元,与研发活动直接相关的其他费用 4 万元。研发活动均符合加计扣除相关规定。

试计算 2021 年 A 公司研发费用可加计扣除的金额?

**【解析】**

甲项目其他相关费用限额＝900 000×10％÷(1－10％)＝100 000(元),小于实际发生数 160 000 元,则甲项目允许加计扣除的研发费用应为 100 万元。

乙项目其他相关费用限额＝900 000×10％÷(1－10％)＝100 000(元),大于实际发生数 40 000 元,则乙项目允许加计扣除的研发费用应为 940 000 元。

制造业企业开展研发活动中实际发生的研发费用,未形成无形资产计入当期损益的,在按规定据实扣除的基础上,自 2021 年 1 月 1 日起,再按照实际发生额的 100％在税前加计扣除;形成无形资产的,自 2021 年 1 月 1 日起,按照无形资产成本的 200％在税前摊销。

A 公司 2021 年度可以享受的研发费用加计扣除额为(1 000 000＋940 000)×100％＝1 940 000(元)。

**7.** M 企业 2021 年度境内应税所得额为 200 万元,从业人数 301 人,适用 25％的企业所得税税率。该企业分别在 A、B 两国设有分支机构(我国与 A、B 两国已经缔结避免双重征税协定),在 A 国分支机构的应纳税所得额为 50 万元,A 国税率为 20％;在 B 国的分支机构的应纳税所得额为 30 万元,B 国税率为 30％。设该企业在 A、B 两国所得按我国税法计算的应纳税所得额和按 A、B 两国税法计算的应纳税所得额一致,两个分支机构在 A、B 两国分别缴纳了 10 万元和 9 万元的企业所得税。

要求:计算该企业 2021 年汇总时在我国应缴纳的企业所得税税额。

**【解析】** 采取国内外分别计算,多不退少要补。

(1) A 国扣除限额＝50×25％＝12.5(万元)。

B 国扣除限额＝30×25％＝7.5(万元)。

(2) A 国实缴税额＝10 万元。

B 国实缴额＝9 万元。

(3) A 国补交:2.5 万元,B 国本期不纳税。

应纳所得税额＝200×25％＋2.5＝52.5(万元)。

**8.** A 公司持有 B 公司 90％的股权,其计 4 500 万股,2021 年 2 月将其全部转让给 D 公司。收购日 B 公司每股资产的公允价值为 14 元,每股资产的计税基础为 12 万元。在收购对价中 D 公司以股权形式支付 55 440 万元,以银行存款支付 7 560 万元。假设符合特殊性税务处理的其他条件,A 公司转让股权应缴纳企业所得税多少万元?

**【解析】**

《财政部 国家税务总局关于企业重组业务企业所得税处理若干问题的通知》(财税〔2009〕59 号)规定,重组交易各方按第 6 条第 1 至 5 项规定对交易中股权支付暂不确认有关资产的转让所得或损失的,其非股权支付仍应在交易当期确认相应的资产转让所得或损失,并调整相应资产的计税基础。

非股权支付对应的资产转让所得或损失＝(被转让资产的公允价值－被转让资产的计税基础)×(非股权支付金额÷被转让资产的公允价值)。

A 企业转让股权的应纳税所得额＝4 500×(14－12)×7 560÷(7 560＋55 440)＝1 080(万元)。

A 公司转让股权应缴纳企业所得税税额＝1 080×25％＝270(万元)。

**9.** 甲公司是福建省的一个企业,总机构设立具有独立生产经营职能部门 A(营业收入、职工薪酬和资产总额与管理职能部门分开核算),具有主体生产经营职能的二级分支机构 B(设在广州)、C(设在广州横琴新区,主营业务为《广州横琴新区企业所得税优惠目录》内规定的产业项目,且主营业务收入占收入总额的 70％以上)。甲公司 2021 年第一季度利润额为 500 万元,其中,国债利息收入 100 万元。2020 年各分公司营业收入、职工薪酬和资产总额指标如附表所示,试计算甲公司 2021 年总机构和各分支机构第一季度预缴所得税额。

单位:万元

| 2020 年 | 营业收入 | 职工薪酬 | 资产总额 |
| --- | --- | --- | --- |
| A | 1 000 | 150 | 3 000 |
| B | 3 000 | 200 | 5 000 |
| C | 2 000 | 200 | 4 000 |
| 合计 | 6 000 | 550 | 12 000 |

**【解析】**

由于甲公司在广州设立了具有主体生产经营职能的二级分支机构 B,适用《国家税务总局关于印发〈跨地区经营汇总纳税企业所得税征收管理办法〉的公告》(国家税务总局公告 2012 年第 57 号)。总机构应按规定计算企业所得税,在总机构和 A、B、C 之间分摊预缴企业所得税。同时二级分支机构 C 适用广州横琴新区内鼓励类产业企业减按 15％税率征收企业所得税的优惠。

(1) 甲公司 2021 年第一季度预缴申报实际利润额为 500－100＝400(万元)。

填写预缴申报表第 9 行。

(2) 按 2020 年计算 2021 年各分支机构预缴分摊比例(按征管系统要求最多可保留小数点后八位,本例保留小数点后六位)。

A 分摊比例＝(1 000÷6 000)×0.35＋(150÷550)×0.35＋(3 000÷12 000)×0.3＝22.878 8％。

B 分摊比例＝(3 000÷6 000)×0.35＋(200÷550)×0.35＋(5 000÷12 000)×0.3＝42.727 3％。

C 分摊比例＝(2 000÷6 000)×0.35＋(200÷550)×0.35＋(4 000÷12 000)×0.3＝34.393 9％。

(3) 计算不同税率地区机构的应纳税所得额。

甲公司总机构应纳税所得额＝400×25％＋400×25％＝200(万元)。

A 应纳税所得额＝400×50％×22.878 8％＝45.757 6(万元)。

B 应纳税所得额＝400×50％×42.727 3％＝85.454 6（万元）。

C 应纳税所得额＝400×50％×34.393 9％＝68.787 8（万元）。

（4）计算不同税率地区总分机构应纳所得税额。

甲公司总机构应纳企业所得税税额＝200×25％＝50（万元）。

A 应纳企业所得税税额＝45.757 6×25％＝11.439 4（万元）。

B 应纳企业所得税税额＝85.454 6×25％＝21.363 65（万元）。

C 应纳企业所得税税额＝68.787 8×15％＝10.318 17（万元）。

（5）甲公司 2021 年第一季度实际应预缴所得税额。

甲公司 2021 年第一季度实际应预缴企业所得税税额＝50＋11.439 4＋21.363 65＋10.318 17＝93.121 22（万元）。

（6）总机构分配的预缴所得税额。

甲公司预缴申报表 17 行"总机构分摊所得税额"＝93.121 22×25％＝23.280 305（万元）。

甲公司预缴申报表 18 行"财政集中分配所得税额"＝93.121 22×25％＝23.280 305（万元）。

总机构预缴企业所得税税额＝23.280 305＋23.280 305＝46.560 61（万元）。

（7）各分支机构分配预缴所得税额。

甲公司预缴申报表"分支机构分摊所得税额"＝93.121 22×50％＝46.560 61（万元）。

A 分配的所得税额＝46.560 61×22.878 8％＝10.652 51（万元）。

填写在总机构预缴申报表"其中：总机构独立生产经营部门应分摊所得税额"。

B 分配的所得税额＝46.560 61×42.727 3％＝19.894 09（万元）。

填写在 B 分支机构预缴申报表"分配所得税额"。

C 分配的所得税额＝46.560 61×34.393 9％＝16.014 01（万元）。

填写在 C 分支机构预缴申报表"分配所得税额"。

**10.** 某企业 2018 年 6 月 1 日购入一固定资产并投入使用，购买价款 500 万元，支付相关税费 50 万元，该固定资产使用年限 5 年（与税法规定一致），预计残值为 20 万元。由于技术进步等原因，该企业决定采用加速折旧方法提取固定资产折旧。请用年数总和法计算该固定资产 2018 年至 2020 年每年可提取的折旧额。

**【解析】**

企业应当自固定资产投入使用月份的次月起计算折旧。因此 2018 年 6 月不计算折旧。

（1）2018 年 7 月至 12 月计提的折旧：（500＋50－20）×5÷15÷2＝88.33（万元）。

（2）2019 年 1 月至 6 月计提的折旧：（500＋50－20）×5÷15÷2＝88.33（万元）。

2019 年 7 月至 12 月计提的折旧：（500＋50－20）×4÷15÷2＝70.67（万元）。

2019 年合计计提折旧 88.33＋70.67＝159（万元）。

（3）2020 年 1 至 6 月计提的折旧：（500＋50－20）×4÷15÷2＝70.67（万元）。

2020 年 7 月至 12 月计提的折旧：（500＋50－20）×3÷15÷2＝53（万元）。

2020 年合计计提折旧 70.67＋53＝123.67（万元）。

**11.** 中国居民企业 A 拥有设立在甲国的 B 企业 70％的有表决权股份,2020 年 A 企业本部取得应纳税所得额为 2 000 万元,收到 B 企业分回股息 90 万元,A 企业适用所得税税率为 25％,B 企业实现应纳税所得额 300 万元,适用企业所得税税率为 20％,甲国规定的股息预提所得税税率为 10％,假定 B 企业按适用税率在甲国已经实际缴纳了企业所得税,且 A 企业当年也无减免税和投资抵免。请计算 A 企业 2020 年应在中国缴纳多少企业所得税。

**【解析】**

B 企业支付给 A 企业的股息＝90÷(1−10％)＝100(万元)。

B 企业对 A 企业代缴预提所得税税额＝100×10％＝10(万元)。

B 企业实现的当年税后利润＝300×(1−20％)＝240(万元)。

B 企业支付给 A 企业的股息所承担的企业所得税税额＝300×20％×100÷240＝25(万元)。

B 企业支付给 A 企业的股息还原后所得＝100+25＝125(万元)。

A 企业收到 B 企业分回股息已在甲国缴纳企业所得税税额＝25+10＝35(万元)。

抵免限额＝125×25％＝31.25(万元)＜35 万元。

允许抵免限额为 31.25 万元。

A 企业 2020 年在中国缴纳企业所得税税额＝(2 000+125)×25％−31.25＝500(万元)。

**12.** 某企业 2016 年 12 月 1 日购入一固定资产并投入使用,购买价款 300 万元,支付相关税费 20 万元,该固定资产使用年限 5 年(与税法规定一致),预计残值为 10 万元。由于技术进步等原因,该企业决定采用加速折旧方法提取固定资产折旧。请用双倍余额递减法计算该固定资产 2017 年至 2020 年每年可提取的折旧额。

**【解析】**

固定资产的原值 300+20＝320(万元)。

2017 年折旧额＝320×2÷5＝128(万元)。

2018 年折旧额＝(320−128)×2÷5＝76.8(万元)。

2019 年折旧额＝(320−128−76.8)×2÷5＝46.08(万元)。

2020 年、2021 年折旧额＝(320−128−76.8−46.08−10)÷2＝29.56(万元)。

**13.** A 纺织公司系一般纳税人,2020 年实现利润为 100 万元,发生下列业务:

(1) 2020 年 3 月,A 纺织公司与 B 织布厂达成含有让渡条件的债务重组协议,A 纺织公司以库存商品(市场不含税价 200 万元,账面成本价 180 万元)抵偿所欠 B 织布厂的应付账款 500 万元,企业将上述债务重组利得与财产转让所得记入"资本公积"科目。

(2) 已在"管理费用"科目中列支的为开发新技术、新产品、新工艺发生的研发费用 60 万元。

(3) 当年接受 10 万元现金捐赠,接受价值 20 万元固定资产捐赠,全部记入"资本公积"科目。

(4) 库存外购钢材(2018 年 4 月购入)遭受水灾,发生实质性损害,账面成本 10 万元,保险公司赔偿款 5 万元,仓库保管员责任赔偿 2 万元,对该项业务没有进行会计处理。

要求:

(1) 假设债务重组适用一般性税务处理,请计算 2020 年 A 纺织公司应纳企业所得税是多少。

(2) 对上述企业没有进行会计处理业务(4),进行会计处理。

**【解析】**

(1) 业务(1)、(3)、(4)会计处理不正确,应先确定正确的会计利润,再进行税会差异调整。

① 确认会计利润。

业务(1),根据新债务重组准则,债务人以非金融资产清偿债务,不需要区分资产处置损益和债务重组损益,直接将所清偿债务账面价值与转让资产账面价值之间的差额,计入"其他收益——债务重组收益"。确认其他收益＝500－180－200×13％＝294(万元);

业务(3),确认营业外收入＝10＋20＝30(万元);

业务(4),确认营业外支出＝10－5－2＝3(万元)。

会计利润＝100＋294＋30－3＝421(万元)。

② 纳税调整。

业务(1)适用一般性税务处理,则无税会差异。

业务(2)企业为开发新技术、新产品、新工艺发生的研发费用加计扣除,调减所得额60×75％＝45(万元)。(注:制造业研发费,在 2020 年发生按 75％ 加计扣除,如 2021 年可按 100％)

业务(3)无税会差异;

业务(4)无税会差异;

应纳税所得额＝421－45＝376(万元)。

应纳企业所得税＝376×25％＝94(万元)。

(2) 借:待处理财产损溢                                                    100 000

　　　贷:原材料                                                                    100 000

　借:其他应收款——保险公司                                       50 000

　　　其他应收款——保管员                                           20 000

　　　营业外支出                                                           30 000

　　　贷:待处理财产损溢                                                    100 000

**14.** 假设 A 企业 2021 年第 1 季、2 季、3 季、4 季度预缴企业所得税时,相应的累计应纳税所得额分别为 80 万元、240 万元、302 万元、280 万元,经过判断其他条件均符合小型微利企业条件。A 企业在预缴 2021 年企业所得税时,各季度小微减免税额分别为多少万元?

**【解析】**

第 1 季度:

实际应纳所得税额本年累计金额＝80×25％×20％×50％＝2(万元)。

减免税额本年累计金额＝80×25％－2＝18(万元)。

第 2 季度：

实际应纳所得税额本年累计金额 $=100\times25\%\times20\%\times50\%+(240-100)\times50\%\times20\%=16.5$(万元)。

减免税额本年累计金额 $=240\times25\%-16.5=43.5$(万元)。

第 3 季度：

实际应纳所得税额本年累计金额 $=302\times25\%=75.5$(万元)。

超过 300 万,不得享受小微优惠,减免税额本年累计金额 $=0$(万元)。

第 4 季度：

实际应纳企业所得税税额本年累计金额 $=100\times25\%\times20\%\times50\%+(280-100)\times50\%\times20\%=20.5$(万元)。

减免税额本年累计金额 $=280\times25\%-20.5=49.5$(万元)。

**15.** XX 市税务局于 2021 年 5 月对 A 厂进行 2020 年度所得税汇算清缴检查时,发现企业 2020 年 10 月销售一自建的旧仓库(2016 年建成),取得收入 189 万元(含税)。该仓库账面原价 100 万元,已提折旧 20 万元,未提固定资产减值准备。企业只作了如下会计处理：

| | |
|---|---|
| 借：银行存款 | 1 890 000 |
| 贷：应付职工薪酬 | 1 890 000 |

相关涉税资料：该企业适用的城建税、教育附加税率分别为 7%、3%;企业所得税税率 25%;截至检查之日该笔应付职工薪酬尚挂账未处理。

请指出企业上述会计处理对计税的影响(不考虑土地增值税地方教育附加的影响);并作出调账会计分录。

**【解析】** (1)对计税的影响：

① 漏缴增值税、城建税、教育费附加：$189\div(1+5\%)\times5\%\times(1+7\%+3\%)=9.9$(万元)。

② 销售不动产净收入未计入"营业外收入"科目,少缴企业所得税。

③ 应调增应纳税所得额 $=189-80-9.9=99.1$(万元)。

(2) 调账分录：

| | |
|---|---|
| 借：应付职工薪酬 | 1 890 000 |
| 累计折旧 | 200 000 |
| 贷：固定资产 | 1 000 000 |
| 应交税费——应交增值税 | 90 000 |
| ——应交城建税、教育费附加 | 9 000 |
| 以前年度损益调整 | 991 000 |
| 借：以前年度损益调整(注：991 000×25%) | 247 750 |
| 贷：应交税费——应交企业所得税 | 247 750 |
| 借：以前年度损益调整 | 743 250 |
| 贷：利润分配——未分配利润 | 743 250 |

# 五、综合分析题

**1.** 某生物制药企业,为增值税一般纳税人,2020 年企业自行核算的会计利润总额11 696 万元,已预缴企业所得税 1 500 万元。2021 年 1 月,经委托的税务师审核,发现以下业务:

(1) 企业 2020 年年初房产原值 12 300 万元,其中幼儿园房产原值 300 万元,本年尚未申报缴纳房产税。

(2) 企业 2020 年成本费用中,含实际发放合理工资薪金总额 4 000 万元,实际发生的职工工会经费 100 万元、职工福利费 480 万元、职工教育经费 450 万元。

(3) 合并一药品加工厂,合并基准日药品加工厂全部资产的计税基础和公允价值分别为 5 000 万元和 5 700 万元,全部负债的计税基础和公允价值分别为 3 600 万元和 3 200 万元,可结转以后年度弥补的亏损额 670 万元。

合并方支付本企业股权 2 300 万元,银行存款 200 万元。合并符合企业重组的特殊性税务处理条件且双方选择采用此方法。

(说明:计税房产余值的扣除比例 20%,合并当年国家发行最长期限的国债年利率为 4.3%)

根据上述资料,回答下列问题:

(1) 该企业 2020 年应缴纳的房产税为多少万元?

(2) 该企业 2020 年会计利润总额为多少万元?

(3) 该企业 2020 年职工福利费、职工教育经费和职工工会经费应调增应纳税所得额多少万元?

(4) 合并药品加工厂的所得税如何处理?

(5) 该企业 2020 年应纳税所得额为多少万元?

(6) 该企业 2020 年应补缴企业所得税多少万元?

**【解析】**

(1) 应缴纳的房产税=(12 300-300)×(1-20%)×1.2%=115.20(万元),企业办的各类学校、医院、托儿所、幼儿园自用的房产,免征房产税。

(2) 会计利润总额=11 696-115.2=11 580.8(万元)。

(3) 实际发放合理工资薪金总额 4 000 万元:

① 职工福利费扣除限额=4 000×14%=560(万元),实际发生额 480 万元,未超标,不用调整。

② 职工教育经费扣除限额=4 000×8%=320(万元),实际发生额 450 万元,纳税调增 130 万元。

③ 职工工会经费扣除限额=4 000×2%=80(万元),实际发生额 100 万元,纳税调增 20 万元。

三项经费应调增所得额=20+130=150(万元)。

(4) 合并的所得税处理:

① 弥补亏损有限额规定,采用特殊性税务处理时可由合并企业弥补的被合并企业亏损的限额=被合并企业净资产公允价值×截至合并业务发生当年年末国家发行的最长期限国债利率=(5 700-3 200)×4.3%=107.5(万元)。

实际亏损 670 万元,可以弥补亏损 107.5 万元。

② 非股权支付的 200 万元,药品加工厂应在交易当期确认相应的资产转让所得或损失,该企业应当增加相应资产的计税基础。

(5) 应纳税所得额=11 580.8+150-107.5=11 623.3(万元)。

(6) 应补缴企业所得税=11 623.3×25%-1 500=1 405.83(万元)。

**2.** 某房地产开发 A 公司(为增值税一般纳税人),2019 年 12 月与 B 公司签订租赁协议,约定将 A 公司开发办公楼在开发完成时租赁给 B 公司使用,租期为 10 年。2020 年 1 月 1 日该办公楼开发完成并开始起租,办公楼造价为 2 850 万元。每年租金 366.24 万元,于每年年初一次性收取。2020 年 12 月 31 日,该办公楼的公允价值为 3 500 万元。设 A 公司对投资性房地产采用公允价值模式计量,不考虑增值税以外其他税费,请写出相关会计分录并对涉税情况进行分析。

**【解析】**

一、相关会计分录:

(1) 2020 年 1 月 1 日,A 公司开发完成办公楼并出租。

借:投资性房地产——成本　　　　　　　　　　　　　　　　　28 500 000
　　贷:开发成本　　　　　　　　　　　　　　　　　　　　　　　　　28 500 000

(2) 2020 年 1 月 1 日,预收当年租金。

借:银行存款　　　　　　　　　　　　　　　　　　　　　　　3 662 400
　　贷:预收账款　　　　　　　　　　　　　　　　　　　　　　　　　3 360 000
　　　　应交税费——应交增值税　　　　　　　　　　　　　　　　　　302 400

(3) 2020 年按月确认租金收入 280 000 元。

借:预收账款　　　　　　　　　　　　　　　　　　　　　　　280 000
　　贷:其他业务收入　　　　　　　　　　　　　　　　　　　　　　　280 000

(4) 2020 年 12 月 31 日按照公允价值为基础调整其账面价值,公允价值与原账面价值之间的差额之间的差额计入当期损益。

借:投资性房地产——公允价值变动　　　　　　　　　　　　　6 500 000
　　贷:公允价值变动损益　　　　　　　　　　　　　　　　　　　　　6 500 000

二、相关的涉税问题。

《中华人民共和国企业所得税法实施条例》第 56 条规定,企业的各项资产,包括固定资产、生物资产、无形资产、长期待摊费用、投资资产、存货等,以历史成本为计税基础。企业持有各项资产期间资产增值或者减值,除国务院财政、税务主管部门规定可以确认损益外,不得调整该资产的计税基础。按税法规定,该项投资性房地产的计税基础为 2 850 万元,期末公允价值变动损益不计入当期应纳税所得额,计算所得税时作纳税调减 650 万元。

**3.** 某生产型生物制药企业,2014 年成立,2014—2020 年盈亏情况如下:

单位:万元

| 年度 | 2014 | 2015 | 2016 | 2017 | 2018 | 2019 | 2020 |
|------|------|------|------|------|------|------|------|
| 盈亏额 | −300 | −50 | −80 | 40 | −60 | 200 | −65 |

(1) 该公司 2018 年被认定为高新技术企业,资产总额 6 000 万元。

(2) 2021 年实现不含税收入情况如下:

① 营业收入 4 000 万元。其中:产品销售收入 3 800 万元、固定资产租金收入 200 万元。

② 营业外收入 1 100 万元。其中:出售固定资产取得收入 300 万元,该固定资产净值及相关费用 200 万元;技术转让收入(即出售无形资产收入)1 300 万元,技术转让成本及相关费用 300 万元。

③ 购买国债利息收入 100 万元。

(3) 除出售固定资产和无形资产相关成本费用外,按企业所得税法规定确认的各项成本费用共计 4 100 万元。其中包括:

① 业务招待费 40 万元。

② 研究开发费用 60 万元,未形成无形资产。

③ 当年发生广告宣传费支出 580 万元,以前年度累计结转的未扣除额 30 万元。

④ 合理的工资薪金总额 500 万元,职工福利费 80 万元,职工教育经费 22.50 万元,工会经费 10 万元(有工会经费收入专用收据)。

⑤ 税收滞纳金 10 万元,提取的各项准备金支出 120 万元,通过县政府向希望小学捐款 200 万元。

(4) 企业当年购置环境保护专用设备,增值税专用发票注明价款 300 万元,增值税 39 万元,合计 339 万元,购置完毕即投入使用。

(5) 2021 年资产总额 6 000 万元,实现会计利润 1 100 万元。

请计算 A 公司 2021 年应纳企业所得税税额。

**【解析】**

(1) 计算业务招待费、广告费和业务宣传费支出的销售收入基数＝主营业务收入＋其他业务收入＋视同销售收入＝3 800＋200＋0＝4 000(万元)。

(2) 业务招待费实际发生数扣除标准＝40×60％＝24(万元)。

业务招待费销售收入扣除标准＝4 000×5‰＝20(万元)。

两者相比取其小,允许税前扣除的业务招待费支出是 20 万元,应当纳税调增 20 万元(40−20)。

(3) 职工福利费扣除限额＝500×14％＝70(万元)。

实际发生金额 80 万元,纳税调增＝80−70＝10(万元)。

(4) 职工教育经费扣除限额＝500×8％＝40(万元)。

实际发生额 22.5 万元不要进行纳税调整。

工会经费扣除限额＝500×2％＝10(万元)。

实际发生额 10 万元,不需要纳税调整。

(5) 税收滞纳金纳税调增 10 万元。

(6) 提取的各项准备金支出纳税调增 120 万元。

(7) 公益性捐赠扣除限额＝1 100×12％＝132(万元)。

实际发生额 200 万元,纳税调增＝200－132＝68(万元)。

(8) 纳税调增额合计＝20＋10＋10＋120＋68＝228(万元)。

(9) 国债利息收入免征企业所得税,纳税调减 100 万元。

(10) 制造业企业开展研发活动中实际发生的研发费用,未形成无形资产计入当期损益的,在按规定据实扣除的基础上,自 2021 年 1 月 1 日起,再按照实际发生额的 100％在税前加计扣除;形成无形资产的,自 2021 年 1 月 1 日起,按照无形资产成本的 200％在税前摊销。研究开发费用按 100％加计扣除,纳税调减＝60×100％＝60(万元)。

(11) 广告宣传费支出扣除限额＝4 000×15％＝600(万元)。

当年实际发生 580 万元低于扣除限额,准予全部扣除;另以前年度累计结转的未扣除额 30 万元,合计 610 万元,可扣除限额 600 万元。因此,应当纳税调减 20 万元(600－580),余下 10 万元(610－600)结转以后年度扣除。

(12) 技术转让所得＝1 300－300＝1 000(万元)。

居民企业技术转让所得不超过 500 万元的部分,免征企业所得税,超过 500 万的部分,减半征收企业所得税。

符合条件的技术转让所得应按以下方法计算:

技术转让所得＝技术转让收入－技术转让成本－相关税费

技术转让所得纳税调减＝500＋(1 000－500)×50％＝750(万元)。

(13) 纳税调减＝100＋60＋20＋750＝930(万元)。

(14)《财政部　国家税务总局关于延长高新技术企业和科技型中小企业亏损结转年限的通知》(财税〔2018〕76 号)规定,自 2018 年 1 月 1 日起,当年具备高新技术企业或科技型中小企业资格(以下统称资格)的企业,其具备资格年度之前 5 个年度发生的尚未弥补完的亏损,准予结转以后年度弥补,最长结转年限由 5 年延长至 10 年。如 2018 年具备,则 2013—2017 年的亏损结转年限最长按 10 年,分别对应结转至 2023—2027 年。

A 公司 2018 年被认定为高新技术企业,其 2014—2017 年亏损的期限由原来的 5 年延至 10 年,至 2020 年该公司待弥补的亏损为 315 万元。

(15) 该企业 2021 年的应纳税所得额＝会计利润＋纳税调增额－纳税调减额－未弥补的亏损额＝1 100＋228－930－315＝83(万元)。

2021 年应纳所得税税额＝83×15％＝12.45(万元)。

(16) 购置环保专用设备可抵免税额＝300×10％＝30(万元)

A 公司 2021 年应纳税额为 12.45 万元,购入设备 300 万元可抵免税额为 30 万元,2021 年抵 12.45 万元,余 17.55 万元可向后 5 年内结转抵免。

**4.** 某机械加工企业 A 公司,2012 年成立,为增值税一般纳税人,2019 年被认定为高新技术企业,2012—2020 年盈亏情况如下:

单位：万元

| 年度 | 2012 | 2013 | 2014 | 2015 | 2016 | 2017 | 2018 | 2019 | 2020 |
|------|------|------|------|------|------|------|------|------|------|
| 盈亏金额 | −200 | −50 | −80 | −60 | 300 | 50 | −80 | −60 | 150 |

在 2022 年汇算清缴 2021 年度企业所得税时,企业计算全年会计利润 600 万元。全年已预缴所得税 75 万元。企业有以下几项业务事项没有进行处理:

（1）7 月企业购入机器设备一台,取得的增值税专用发票上注明价款 50 万元、增值税 6.5 万元,设备使用期为 5 年,预计无残值。当月投入使用。企业当年已计提了折旧费 11.7 万元。

（2）9 月为解决职工子女上学问题,直接向某小学捐款 40 万元,在营业外支出中列支。在计算应纳税所得额时未作纳税调整。

（3）10 月将在建工程应负担的贷款利息 10 万元计入当年财务费用。在计算应纳税所得额时未作纳税调整。

（4）12 月与具有合法经营资格中介服务机构签订服务合同,合同上注明对方介绍给本企业 120 万元收入的劳务项目,本企业支付中介服务机构佣金 18 万元。在计算应纳税所得额时未作纳税调整。

（5）将持有的全资子公司 B 公司 10 万股股权的 80% 转让给 C 公司。假定收购日 B 公司每股资产的计税基础为 7 元,每股资产的公允价值为 9 元。取得 C 公司股权支付 66 万元、银行存款 6 万元。A 公司认为上述属于免税重组,未作纳税处理。

假设 A 公司已采用对己当年最有利的税收政策,试计算 A 公司 2021 年应补（退）企业所得税税额。

【解析】

（1）纳税人新购置的固定资产,可一次性税前扣除增值税已作为进项税额抵扣,不再计入原值计提折旧。

A 公司当年设备折旧税前扣除额 50 万元。会计上已计提 11.7 万元,纳税调减 38.3 万元。

（2）直接向某小学捐款 40 万元,不属于公益性捐赠支出,在计算应纳税所得额时不扣除;在建工程应负担的贷款利息 10 万元应予资本化,在计算应纳税所得额时不得直接扣除。两者合计纳税调增 50 万元。

（3）非保险企业的佣金支出的税前扣除限额为服务协议或合同确认的收入金额的 5%。当年佣金支出税前扣除额＝120×5%＝6（万元）。纳税调增＝18−6＝12（万元）。

（4）企业虽然适用特殊性税务处理,但是非股权支付对应的股权转让所得是要记入当年应纳税所得额的。A 公司股权重组中取得非股权支付额对应的股权转让所得＝（9−7）× 10×80%×（6÷72）≈1.33（万元）。纳税调增 1.33 万元。

（5）A 公司以前年度尚未弥补亏损 30 万元。

（6）A 公司 2021 年应纳税所得额＝600−38.3＋40＋10＋（18−6）＋1.33−30＝595.03 （万元）。

(7) A 公司 2021 年应补缴企业所得税税额＝595.03×15％－75≈14.25（万元）。

**5.** 某高新技术企业（非制造业，非小微企业），自 2018 年起具备高新资格，为增值税一般纳税人，2021 年年度的生产经营情况如下：

（1）当年销售货物实现销售收入 8 000 万元，对应的成本为 5 100 万元。

（2）12 月购入专门用于研发的新设备，取得增值税普通发票上注明的金额为 600 万元，当月投入使用。会计上作为固定资产核算并按照 5 年计提折旧。

（3）通过其他业务收入核算转让 5 年以上非独占许可使用权收入 700 万元，与之相应的成本及税费为 100 万元。

（4）当年发生管理费用 800 万元，其中含新产品研究开发费用 400 万元（已独核算管理）、业务招待费 80 万元。

（5）当年发生销售费用 1 800 万元，其中含广告费 1 600 万元。

（6）当年发生财务费用 200 万元。

（7）取得国债利息收入 150 万元，企业债券利息收入 180 万元。

（8）全年计入成本、费用的实发合理工资总额 400 万元（含残疾职工工资 50 万元），实际发生职工福利费 120 万元，职工教育经费 33 万元，拨缴工会经费 18 万元。

（9）当年发生营业外支出共计 130 万元，其中违约金 5 万元，税收滞纳金 7 万元，补缴高管个人所得税 15 万元。

（10）当年税金及附加科目共列支 200 万元。

其他相关资料：扣除项目均已取得有效凭证。

要求：根据上述资料，按照下列顺序计算回答问题，如有计算需计算出合计数。

（1）判断 12 月购进新设备的成本能否一次性税前扣除并说明理由。

（2）计算当年的会计利润。

（3）计算业务（3）中转让非独占许可使用权应纳税所得额调整金额。

（4）计算业务（4）中研究开发费及业务招待费应纳税所得额调整金额。

（5）计算业务（5）中广告费应纳税所得额调整金额。

（6）计算业务（7）涉及的应纳税所得额调整金额。

（7）计算业务（8）中工资、职工福利费、工会经费、职工教育经费应纳税所得额调整金额。

（8）计算业务（9）涉及的应纳税所得额调整金额。

（9）计算当年该企业的企业所得税应纳税所得额。

（10）计算当年该企业应缴纳的企业所得税额。

**【解析】**

（1）12 月购进新设备的成本不能一次性税前扣除。因为根据税法相关规定，对所有行业 2018 年 1 月 1 日后新购进设备、器具单位价值不超过 500 万元的，允许一次性计入当期成本费用在计算应纳税所得额时扣除，不再分年度计算折旧。

（2）高管个人所得税应当由个人负担，不得计入企业利润中。

当年的会计利润＝（8 000－5 100）＋（700－100）－800－1 800－200＋（150＋180）－

$(130-15)-200=715$(万元)。

（3）转让非独占许可使用权应调减应纳税所得额$=500+(700-100-500)\times50\%=$ $550$(万元)。

（4）研究开发费用应调减应纳税所得额$=400\times75\%=300$(万元)。

业务招待费：

按销售额标准扣除限额：

$(8\,000+700)\times0.5\%=43.5$(万元)。

按发生额标准扣除限额：

$80\times60\%=48$(万元)。

48万元$>$43.5万元，可税前列支业务招待费为43.5万元。

业务招待费应调增应纳税所得额$=80-43.5=36.5$(万元)。

（5）广告费扣除限额$=(8\,000+700)\times15\%=1\,305$(万元)。

广告费应调增应纳税所得额$=1\,600-1\,305=295$(万元)。

广告费调增数可结转以后年度扣除。

（6）国债利息收入免税，企业债券利息收入不免。业务（7）应调减应纳税所得额150万元。

（7）①残疾职工工资可加计扣除$100\%$，应调减应纳税所得额50万元。

②工会经费扣除限额$=400\times2\%=8$(万元)。

应调增应纳税所得额$=18-8=10$(万元)。

③职工福利费扣除限额$=400\times14\%=56$(万元)。

应调增应纳税所得额$=120-56=64$(万元)。

④职工教育经费扣除限额$=400\times8\%=32$(万元)。

应调增应纳税所得额$=33-32=1$(万元)。

合计应调增应纳税所得额$=-50+10+64+1=25$(万元)。

（8）税收滞纳金不得税前扣除，业务（9）应调增应纳税所得额7万元。

（9）企业所得税的应纳税所得额$=715-550-300+36.5+295-150+25+7=78.5$(万元)。

（10）应缴纳的企业所得税税额$=78.5\times15\%=11.78$(万元)。

**6.** A公司为机械制造企业，2020年12月至2021年2月为该公司的筹建期，2021年认定为中小型科技企业。2021年3月1日开始生产经营，筹建期间发生支出300万元，其中职工工资110万元，办公用品费用30万元，与筹建有关各项费用10万元，业务招待费支出85万元，广告费和业务宣传费共计支出65万元。2021年3月至2021年12月发生经营业务如下：

（1）当年取得销售收入5\,800万元，成本为1\,600万元。

（2）发生管理费用300万元，其中业务招待费80万元，新产品研究开发费用200万元且未形成无形资产。

（3）发生销售费用450万元，其中含广告费220万元、业务宣传费180万元。

（4）发生财务费用 100 万元,全部属于支付给非金融企业的借款利息(支付给非金融企业的年利率为 4％,金融机构同期同类贷款利率为 5％)。

（5）发生税金及附加 50 万元。

（6）发生营业外支出 55 万元,其中包括通过公益性社会组织用于公益事业的捐赠支出 30 万元、因合同违约支付给其他企业违约金 12 万元、缴纳税收滞纳金 13 万元。

（7）全年计入成本、费用的实际发放的合理工资总额 800 万元,实际发生职工福利费 122 万元,拨缴的工会经费 18 万元,实际发生职工教育经费 15 万元。

（8）该公司筹办费在开始经营之日的当年一次性扣除。

试计算 2021 年该企业应缴纳企业所得税税额。

**【解析】** 企业会计利润＝5 800(收入)－300(筹办费)－1 600(成本)－300(管理费用)－450(销售费用)－100(财务费用)－50(税金及附加)－55(营业外支出)＝2 945(万元)。

（1）企业在筹建期间,发生的与筹办活动有关的业务招待费支出,可按实际发生额的 60％ 计入企业筹办费,按有关规定扣除;企业在筹建期间,发生的广告费和业务宣传费,可按实际发生额计入企业筹办费,按有关规定扣除。

准予在企业所得税税前扣除的筹办费用＝110＋30＋10＋85×60％＋65＝266(万元)。

应当纳税调增＝300－266＝34(万元)。

（2）企业发生的与生产经营活动有关的业务招待费支出,按照发生额的 60％ 扣除,但最高不超过当年销售收入的 0.5％。

按销售额标准扣除限额:5 800×0.5％＝29(万元)。

按发生额标准扣除限额:80×60％＝48(万元)。

48 万元＞29 万元,可税前列支业务招待费为 29 万元。

业务招待费应纳税调增＝80－29＝51(万元)。

应当纳税调增＝80－29＝51(万元)。

（3）制造业企业开展研发活动中实际发生的研发费用,未形成无形资产计入当期损益的,在按规定据实扣除的基础上,自 2021 年 1 月 1 日起,再按照实际发生额的 100％ 在税前加计扣除;形成无形资产的,自 2021 年 1 月 1 日起,按照无形资产成本的 200％ 在税前摊销。

加计扣除金额＝200×100％＝200(万元)。

应当纳税调减 200 万元。

（4）广告费和业务宣传费税前扣除限额＝5 800×15％＝870(万元),实际发生额＝220＋180＝400(万元),实际发生额未超过扣除限额,准予据实扣除,即允许在税前扣除的广告业务宣传费为 400 万元,无需纳税调整。

（5）非金融企业向非金融企业借款的利息支出,不超过按照金融企业同期同类贷款利率计算的数额部分可以税前扣除,该企业借款利息支出利率未超金融企业同期同类贷款利率,允许扣除的财务费用为 100 万元,无需纳税调整。

（6）企业通过公益性社会组织或者县级(含县级)以上人民政府及其组成部门和直属机构,用于慈善活动、公益事业的捐赠支出,在年度利润总额 12％ 以内的部分,准予在计算应纳税所得额时扣除;超过年度利润总额 12％ 的部分,准予结转以后 3 年内在计算应纳税所得额时扣除。

对外捐赠的限额＝2 945×12％＝353.4(万元)，因此，实际捐赠的 30 万元准予全部扣除，无需纳税调整。

支付的违约金 12 万元可以在税前扣除，无需纳税调整。

缴纳的税收滞纳金，不能税前扣除，应当纳税调增 13 万元。

允许在税前扣除的营业外支出＝30＋12＝42(万元)。

(7) 企业发生的合理的工资、薪金支出准予据实扣除。职工教育经费支出，不超过工资薪金总额8％的部分，准予在计算应纳税所得额时扣除；超过部分，准予在以后纳税年度结转扣除。

职工福利费税前扣除限额＝800×14％＝112(万元)，应调增应纳税所得额＝122－112＝10(万元)。

工会经费税前扣除限额＝800×2％＝16(万元)，应调增应纳税所得额＝18－16＝2(万元)。

职工教育经费税前扣除限额＝800×8％＝64(万元)，实际发生 15 万元，未超过扣除限额，准予据实扣除。

工资总额、职工福利费、职工教育经费及工会经费共计应调增应纳税所得额＝10＋2＝12(万元)。

(8) A 公司 2021 年应纳税所得额＝2 945＋34＋51－200＋13＋12＝2 855(万元)。

A 公司 2021 年应纳所得税额＝2 855×25％＝713.75(万元)。

**7.** 某公司为增值税一般纳税人，2021 年全年主营业务收入 5 000 万元，其他业务收入 300 万元，主营业务成本 3 800 万元，其他业务成本 230 万元，投资收益 30 万元，营业外支出 11.04 万元，税金及附加 38 万元，管理费用 100 万元，销售费用 90 万元，财务费用 20 万元。2022 年企业在汇算清缴时自行检查时发现以下情况：

(1) 2021 年 9 月接受捐赠一批原材料，取得增值税发票注明金额 10 万元，进项税额 1.3 万元，企业计入"资本公积"。

(2) 以自产货物对外投资，该批产品公允价值为 300 万元，成本为 220 万元，企业已正确会计处理。

(3) 管理费用包含业务招待费 50 万元，会议费 30 万元。

(4) 销售费用包含广告费 20 万元，上年结转未扣除的 14 万元。

(5) 财务费用中含利息支出 12 万元，该项支出是向银行借款发生的利息，借款金额为 200 万元，借款期限 2021 年 1 月 1 日至 2021 年 12 月 31 日，借款年利率为 6％，财务费用中含银行手续费 8 万元，且无法出具相关票据。

(6) 计入成本、费用的实发工资 240 万元(其中，包括直接付给劳务派遣公司的费用 40 万元)。拨缴职工工会经费 10 万元，发生职工福利费 30 万元、职工教育经费 20 万元。

(7) 投资收益 30 万元，均为企业所确认的来源被投资企业股息所得。已知该项投资以权益法核算，2021 年被投资企业实现净利润 100 万元，该企业按企业持股比例确认投资收益 30 万元。被投资方 2021 年作出利润分配决策。

（8）营业外支出中税务机关罚款 3 万元、交通部门罚款 2 万元、2021 年通过市政府有关部门向贫困地区捐赠自产产品一批价格 6.04 万元，该批成本 5 万元，同类产品销售 8 万元，增值税 1.04 万元。

（9）当年新购入一台设备，不含税单价 20 万元，增值税进项税额 2.6 万元。当年按会计规定计提并已在成本费用中列支的折旧费用为 2 万元。

除另有说明外，各扣除项目均已取得有效凭证，不考虑除增值税以外其他税费。

要求：根据上述资料计算 2021 年度的应缴纳的企业所得税税额。

**【解析】**

（1）2021 年 9 月接受捐赠一批原材料，取得增值税发票注明金额 10 万元，进项税额 1.3 万元，企业计入"资本公积"，应该计入营业外收入，不应当计入资本公积。营业外收入 $=$ $10+1.3=11.3$（万元）。

（2）2020 年度会计利润总额 $=5\,000+300-3\,800-230+30-11.04-38-100-90-20+11.3=1\,052.26$（万元）。

（3）根据《关于非货币性资产投资企业所得税政策问题的通知》（财税〔2014〕116 号）的规定，居民企业以非货币性资产对外投资确认的非货币性资产转让所得，可在不超过 5 年期限内，分期均匀计入相应年度的应纳税所得额，按规定计算缴纳企业所得税。非货币性资产投资应调减应纳税所得额 $=(300-220)\div 5\times 4=64$（万元）。

（4）当年企业营业收入 $=5\,000+300+8=5\,308$（万元）

业务招待费：

按销售额标准扣除限额：$5\,308\times 0.5\%=26.54$（万元）。

按发生额标准扣除限额：$50\times 60\%=30$（万元）。

30 万元 $>$ 26.54 万元，可税前列支业务招待费为 26.54 万元。

管理费用应调增 $=50-26.54=23.46$（万元）。

（5）广告宣传费税前扣除限额 $=5\,308\times 15\%=796.2$（万元），实际发生额 20 万元，同时可以将上年结转 14 万元在本年扣除。需纳税调减 14 万元。

（6）手续费 8 万元无法出具相关票据需纳税调增 8 万元。

（7）直接付给劳务派遣公司的费用 40 万元不作为工资薪金扣除，不得作为计提三项经费的基数。

职工福利费税前扣除限额 $=(240-40)\times 14\%=28$（万元），实际发生职工福利费 30 万元，需纳税调增 2 万元。

工会经费税前扣除限额 $=(240-40)\times 2\%=4$（万元），实际发生工会经费 10 万元，需纳税调增 6 万元。

职工教育经费税前扣除限额 $=(240-40)\times 8\%=16$（万元），实际发生职工教育经费 20 万元，需纳税调增 4 万元，工资及三项经费共需纳税调增 $=2+6+4=12$（万元）。

（8）被投资方 2021 年作出利润分配决策，应纳税调减 30 万元。

（9）捐赠视同销售，调整视同销售收入 8 万元，同时调整纳税成本 5 万元，合计调增 $=8-5=3$（万元）。

根据《国家税务总局关于修订企业所得税年度纳税申报表有关问题的公告》(国家税务总局公告 2020 年第 24 号)附件规定,《纳税调整项目明细表》(A105000)填报说明:30.第 30 行"(十七)其他":填报其他因会计处理与税收规定有差异需纳税调整的扣除类项目金额,企业将货物、资产、劳务用于捐赠、广告等用途时,进行视同销售纳税调整后,对应支出的会计处理与税收规定有差异需纳税调整的金额填报在本行。若第 1 列≥第 2 列,第 3 列"调增金额"填报第 1−2 列金额。若第 1 列<第 2 列,第 4 列"调减金额"填报第 1−2 列金额的绝对值。

因此,必须在第 30 行"(十七)其他"调减 3 万元。

(10) 行政罚款 5 万元不得税前扣除,应纳税调增。

(11) 公益性捐赠扣除限额＝1 052.26×12%≈126.27(万元),公益性捐赠支出 8＋1.04＝9.04(万元),没超过限额,可在营业外支出列支的全额扣除。

(12) 固定资产可一次性税前扣除,纳税调减＝20−2＝18(万元)。

(13) 2021 年应纳税所得额＝1052.26−64＋23.46−14＋8＋12−30＋3−3＋5−18＝974.72(万元)。

(14) 2020 年应纳企业所得税额＝974.72×25%＝243.68(万元)。

**8.** A 公司 2021 年会计报表上营业收入为 10 000 万元,利润总额为 1 000 万元,已预缴企业所得税 250 万元。2022 年汇算清缴结束后税务机关进行后续管理发现以下问题,没有进行涉税调整:

(1) 审核"投资收益"科目,发现转让国债收入 25 万元,国债利息收入 10 万元,分回其子公司(高新技术企业)投资收益 100 万元。

(2) 审核"营业外支出"科目,发现通过市政府有关部门向目标脱贫地区捐赠 50 万元,直接向农村小学捐赠 20 万元,当年发生自然灾害损失 30 万元,取得保险公司赔款 5 万元没有入账。

(3) 审核"销售费用"科目,发现列支餐费 5 万元,审核"管理费用"科目发现其借方列支业务招待费 125 万元。

(4) 审核"应付账款"科目,发现有 25 万元超过 10 年,确系无法支付。

(5) 审核"资本公积"科目,发现 2021 年 10 月增加资本公积 3.5 万元,系取得政府奖励。

(6) 审核"财务费用"科目,发现支付给境内某居民企业借款利息支出 53 万元,该笔借款为 1 年,借款金额 530 万元,同期银行借款利率为 6%。

(7) 审核"固定资产"科目,2021 年 12 月该公司建成竣工办公用房,计税基础为 350 万元,该公司将此办公用房折旧一次性扣除。

要求:根据上述资料计算 2021 年度的应缴纳的企业所得税税额,不考虑除所得税以外税费。

**【解析】**

(1)"投资收益"科目,发现转让国债收入 25 万元,国债利息收入 10 万元,分回其子公司(高新技术企业)投资收益 100 万元;国债利息收入免税,符合条件的居民企业之间的股息、红利等权益性投资收益免征企业所得税,应进行纳税调减;"投资收益"科目应调减境内应纳税所得额＝100＋10＝110(万元)。

(2)审核"营业外支出"科目,发现通过市政府有关部门向目标脱贫地区捐赠50万元,向目标脱贫地区捐赠可全额扣除。

直接向农村小学捐赠20万元,不得税前扣除应进行纳税调增。

当年发生自然灾害损失30万元,取得保险公司赔款5万元,5万元没有入账应进行纳税调增。

"营业外支出"科目应调增应纳税所得额＝20＋5＝25(万元)。

(3)审核"销售费用"科目,发现列支餐费5万元,审核"管理费用"科目发现其借方列支业务招待费125万元。

企业发生与生产经营活动有关的业务招待费支出,按发生额的60％扣除,但最高不得超过销售收入的0.5％。

业务招待费:

按销售额标准扣除限额:$10\,000×0.5％＝50(万元)$。

按发生额标准扣除限额:$(5＋125)×60％＝78(万元)$。

78万元＞50万元,可税前列支业务招待费为50万元。

业务招待费应调增应纳税所得额＝$(5＋125)－50＝80(万元)$。

(4)审核"应付账款"科目,发现有25万元超过10年,确系无法支付,应进行纳税调增;

"应付账款"应调增应纳税所得额＝25万元。

(5)审核"资本公积"科目,发现2021年10月增加资本公积3.5万元,系取得政府奖励,应进行纳税调增。

"资本公积"应调增应纳税所得额＝3.5万元。

(6)审核"财务费用"科目,发现支付给境内某居民企业借款利息支出53万元,该笔借款为1年,借款金额530万元,同期银行借款利率为6％,同期银行贷款可扣除利息＝$530×6％＝31.8(万元)$。

"财务费用"应进行纳税调增金额＝$53－31.8＝21.2(万元)$。

(7)审核"固定资产"科目,2021年12月该公司建成竣工办公用房,计税基础为350万元,该公司将此办公用房折旧一次性扣除。

根据《财政部 国家税务总局关于设备、器具扣除有关企业所得税政策的通知》(财税〔2018〕54号)的规定,企业在2018年1月1日至2023年12月31日新购进的设备、器具,单位价值不超过500万元的,允许一次性计入当期成本费用在计算应纳税所得额时扣除,不再分年度计算折旧;该公司采用一次性扣除办公用房应进行纳税调增:

"固定资产"科目应调增应纳税所得额＝350万元。

A公司应调增应纳税所得额＝25(营业外支出)＋80(业务招待费)＋25(应付账款)＋3.5(资本公积)＋21.2(财务费用)＋350(固定资产)＝504.7(万元)。

A公司应调减应纳税所得额＝110(万元)(投资收益)。

A公司2021年应补缴企业所得税额＝$(1\,000＋504.7－110)×25％－250＝98.68(万元)$。

**9.** 某居民企业为增值税一般纳税人,2021 年自行核算相关数据为:销售收入 69 000 万元,销售成本 46 200 万元,税金及附加 9 250 万元,销售费用 3 600 万元,管理费用 2 900 万元,财务费用 870 万元。企业有下列两笔业务处理如下:

(1) 2021 年销售一台机器给 B 公司,已知该设备原值 42 万元,预计净残值 2 万元,使用 2 年,计提折旧 8 万元,取得销售收入 52 万元(含税),企业会计处理:

| ① 借:银行存款 | 520 000 | |
|---|---|---|
| 贷:固定资产清理 | | 520 000 |

| ② 借:固定资产清理 | 340 000 | |
|---|---|---|
| 累计折旧 | 80 000 | |
| 贷:固定资产 | | 420 000 |

| ③ 借:固定资产清理 | 180 000 | |
|---|---|---|
| 贷:营业外收入 | | 180 000 |

(2) 2021 年 7 月直接向农村小学捐赠自产产品 10 吨,单位成本价 3 万元,公允价值为 5 万元(不含税),企业会计处理:

| 借:营业外支出 | 365 000 | |
|---|---|---|
| 贷:库存商品 | | 300 000 |
| 应交税费——应交增值税 | | 65 000 |

要求:如果上述会计科目有错进行更正,分析(1)(2)业务涉税问题,并计算 2021 年应纳所得税额。(不考虑增值税以外的税费)

**【解析】**

(1) 销售固定资产应交增值税 $=52\div(1+13\%)\times13\%=5.98$(万元)。

业务(1)会计科目更正:

| 借:固定资产清理 | 399 800 | |
|---|---|---|
| 累计折旧 | 80 000 | |
| 贷:应交税费——应交增值税 | | 59 800 |
| 固定资产 | | 420 000 |

| 借:银行存款 | 520 000 | |
|---|---|---|
| 贷:固定资产清理 | | 520 000 |

| 借:固定资产清理 | 120 200 | |
|---|---|---|
| 贷:资产处置损益 | | 120 200 |

涉及税收应调减应纳税所得额 $=18-12.02=5.98$(万元)。

(2) 2021 年 7 月直接向农村小学捐赠自产产品 10 吨,单位成本价 3 万元,公允价值为 5 万元(不含税):

① 将自产货物对外捐赠应视同销售,同时结转成本,应调增应纳税所得额 $=10\times(5-3)=20$(万元)。

② 根据《国家税务总局关于修订企业所得税年度纳税申报表的公告》(国家税务总局公

告 2020 年第 24 号)附件规定,《纳税调整项目明细表》(A105000)填报说明:30.第 30 行"(十七)其他":填报其他因会计处理与税收规定有差异需纳税调整的扣除类项目金额,企业将货物、资产、劳务用于捐赠、广告等用途时,进行视同销售纳税调整后,对应支出的会计处理与税收规定有差异需纳税调整的金额填报在本行。若第 1 列≥第 2 列,第 3 列"调增金额"填报第 1-2 列金额。若第 1 列<第 2 列,第 4 列"调减金额"填报第 1-2 列金额的绝对值。

因此,必须在第 30 行"(十七)其他"调减 10×(5-3)=20(万元)。

③ 直接向农村小学捐赠属非公益性捐赠,不得税前扣除。

根据《国家税务总局关于修订企业所得税年度纳税申报表的公告》(国家税务总局公告 2020 年第 24 号)附件规定,《捐赠支出及纳税调整明细表》(A105070)填报说明:1.第 1 行"非公益性捐赠":填报纳税人本年发生且已计入本年损益的税收规定公益性捐赠以外的其他捐赠支出及纳税调整情况。具体如下:

(1)第 1 列"账载金额":填报纳税人计入本年损益的公益性捐赠以外的其他捐赠支出金额,包括该支出已通过《纳税调整项目明细表》(A105000)第 30 行"(十七)其他"进行纳税调整的金额。

(2)第 5 列"纳税调增额":填报非公益性捐赠支出纳税调整增加额,金额等于第 1 列"账载金额"。

应进行纳税调增=36.5(营业外支出)+20[A105000 表第 30 行"(十七)其他"]=56.5(万元)。

2021 年应纳税额=(69 000-46 200-9 250-3 600-2 900-870-5.98+56.5+20-20)×25%=6 230.52×25%=1 557.63(万元)。

**10.** 某公司执行《企业会计准则》,从事国家非限制和禁止行业,资产总额 4 000 万元,职工人数 102 人。2021 年经营情况如下:

**利润表**　　　　　　　　　　　　　　　　　单位:万元

| 项　　　目 | 本期金额 |
| --- | --- |
| 一、主营业务收入 | 290 |
| 　减:营业成本 | 165 |
| 　　税金及附加 | 10 |
| 　　销售费用 | 52 |
| 　　管理费用 | 25 |
| 　　研发费用 | |
| 　　财务费用 | 2 |
| 　　其中:利息费用 | |
| 　　　　利息收入 | |
| 　加:其他收益 | |
| 　投资收益(损失以"-"号表示) | 10 |

(续表)

| 项　　目 | 本期金额 |
|---|---|
| 其中：对联营企业和合营企业的投资收益 | |
| 公允价值变动收益（损失以"－"号填列） | |
| 资产减值损失（损失以"－"号填列） | |
| 资产处置收益（损失以"－"号填列） | |
| 二、营业利润（亏损以"－"号填列） | 46 |
| 加：营业外收入 | 10 |
| 减：营业外支出 | 9 |
| 三、利润总额（亏损总额以"－"号填列） | 47 |
| 减：所得税费用 | |
| 四、净利润（净亏损以"－"号填列） | |

说明：

（1）销售费用 52 万元，其中广告业务宣传费 50 万元。

（2）管理费用 25 万元，其中业务招待费 15 万元；2020 年 6 月购入办公室使用空调 10 台，单价 0.6 万元（折旧年限 6 年计算，不考虑残值），金额 6 万元。

（3）财务费用 2 万元，其中列支从其他居民企业短期借款 20 万元，年利率 6%，已知银行贷款年利率为 5%。

（4）营业外支出 9 万元，其中税收滞纳金、罚款 3 万元，通过市扶贫办向目标贫困地区捐赠 2 万元。

（5）投资收益 10 万元，系从子公司分回的股息。

（6）实发工资 300 万元，拨缴职工工会经费 8 万元，福利费 40 万元，职工教育经费 15 万元。

要求：计算 2021 年应缴纳企业所得税税额。

【解析】

（1）广告业务宣传费限额＝290×15%＝43.5（万元），企业实际发生广告业务宣传费 50 万元，调增应纳税所得额＝50－43.5＝6.5（万元）。

（2）管理费用：

① 业务招待费：

按销售额标准扣除限额：290×0.5%＝1.45（万元）。

按发生额标准扣除限额：15×60%＝9（万元）。

9 万元＞1.45 万元，可税前列支业务招待费为 1.45 万元。

应调增＝15－1.45＝13.55（万元）。

② 办公室购入空调计提折旧＝0.6×10÷6÷12×6＝0.5（万元），税收上允许加速折旧一次性扣除，纳税调减＝6－0.5＝5.5（万元）。

（3）财务费用其他居民企业短期借款 20 万元，年利率 6‰，$20 \times 6‰ = 1.2$（万元），同期银行利息 $= 20 \times 5‰ = 1$（万元），纳税调增 $= 1.2 - 1 = 0.2$（万元）。

（4）税收滞纳金、罚款 3 万元不得税前扣除，向目标贫困地区捐款赠可全额扣除，调增应纳税所得额 3 万元。

（5）投资收益 10 万元，系从子公司分回的股息，可享受企业所得税免税优惠，纳税调减 10 万元。

（6）工会经费限额 $= 300 \times 2‰ = 6$（万元），调增应纳税所得额 $= 8 - 6 = 2$（万元），

福利费限额 $= 300 \times 14‰ = 42$（万元），实际发生 40 万元，可全额扣除。

职工教育经费限额 $= 300 \times 8‰ = 24$（万元），实际发生额 15 万元，可全额扣除。

（7）2021 年纳税调增 $= 6.5 + 13.55 + 0.2 + 3 + 2 = 25.25$（万元）。

纳税调减 $= 5.5 + 10 = 15.5$（万元）。

（8）《财政部 国家税务总局关于实施小微企业普惠性税收减免政策的通知》（财税〔2019〕13 号）第二条规定，对小型微利企业年应纳税所得额不超过 100 万元的部分，减按 25‰ 计入应纳税所得额，按 20‰ 的税率缴纳企业所得税；对年应纳税所得额超过 100 万元但不超过 300 万元的部分，减按 50‰ 计入应纳税所得额，按 20‰ 的税率缴纳企业所得税。

《关于实施小微企业和个体工商户所得税优惠政策的公告》（财政部 国家税务总局公告 2021 年第 12 号）第一条规定，自 2021 年 1 月 1 日至 2022 年 12 月 31 日，对小型微利企业年应纳税所得额不超过 100 万元的部分，在《财政部 国家税务总局关于实施小微企业普惠性税收减免政策的通知》（财税〔2019〕13 号）第二条规定的优惠政策基础上，再减半征收企业所得税。

该公司 2021 年应纳税所得额 $= 47 + 25.25 - 15.5 = 56.75$（万元），

2021 年应纳税额 $= 56.75 \times 25‰ \times 20‰ \times 50‰ = 1.43$（万元）。

**11.** A 公司于 2018 年成立，2019 年认定为高新技术企业，从事调和油、花生油生产销售，系增值税一般纳税人，执行《企业会计准则》。2020 年纳税调整后所得为 −52 万元。2021 年度有关资料如下：

（1）销售应税产品调和油取得应税收入 12 000 万元，销售免税产品花生油取得不含税收入 3 000 万元。

（2）应税产品销售成本 4 000 万元；免税产品成本为 1 000 万元。

（3）应税产品销售税金及附加 200 万元；免税产品税金附加 50 万元。

（4）销售费用 3 000 万元，其中广告及宣传费 2 600 万元。

（5）财务费用 200 万元。

（6）管理费用 1 190 万元，其中业务招待费 100 万元、新产品研究开发费 30 万元。

（7）取得投资收益 40 万元，其中，投资非上市公司权益性投资收益 30 万元，国债持有期间的利息收入 10 万元。

（8）营业外支出 800 万元，其中公益性捐赠支出 100 万元、非公益性捐赠 50 万元、违约金支出 20 万元。

（9）资产减值损失 200 万元,为本年度计提存货跌价准备。

（10）全年提取雇员工资 1 000 万元,实际支付 800 万元,全年列支职工福利性支出 120 万元,职工教育费提取 25 万元,实际支出 20 万元,工会经费计提并拨缴 20 万元。

设 A 公司期间费用按销售收入在应税与免税间分摊,其他无调整事项。（忽略工资的列支范围）

计算回答以下问题:

（1）A 公司 2021 年的会计利润是多少?

（2）A 公司 2021 年准予税前扣除的期间费用为多少（包括免税）?

（3）2021 年 A 公司纳税调整增加额是多少?

（4）2021 年 A 公司纳税调整减少额是多少?

（5）2021 年 A 公司实际应纳税所得额是多少?

【解析】

（1）会计利润。

会计利润＝（12 000＋3 000）－（4 000＋1 000）－（200＋50）－（3 000＋200＋1 190）＋40－800－200＝4 400（万元）。

（2）准予税前扣除的期间费用。

广告业务宣传费支出扣除限额＝15 000×15％＝2 250（万元）;

实际发生广告业务宣传费为 2 600 万元,应调增－2 600－2 250＝350（万元）,准予扣除的销售费用＝3 000－350＝2 650（万元）。

业务招待费:

按销售额标准扣除限额:15 000×0.5％＝75（万元）。

按发生额标准扣除限额:100×60％＝60（万元）。

75 万元＞60 万元,可税前列支业务招待费为 60 万元。

应调增＝100－60＝40（万元）。

准予扣除的管理费用＝1 190－100＋60＝1 150（万元）。

准予扣除的期间费用合计＝2 650＋1 150＋200＝4 000（万元）。

（3）纳税调整增加额。

广告业务宣传费调增 350 万元;业务招待费调增 40 万元。

捐赠支出:公益性捐赠限额＝4 400×12％＝528（万元）＞100 万元。

公益性捐赠可全额扣除;非公益性捐赠支出 50 万元调增所得。

资产减值损失不得扣除,应调增 200 万元。

工资薪金支出应调增＝1 000－800＝200（万元）。

福利费扣除限额＝800×14％＝112（万元）,实际列支 120 万元,应调增 8 万元。

工会经费扣除限额＝800×2％＝16（万元）,计提并拨缴 20 万元,应调增 4 万元。

职工教育经费扣除限额＝800×8％＝64（万元）,提取 25 万元,实际发生 20 万元,调增 5 万元。

纳税调增合计＝40＋350＋50＋200＋200＋8＋4＋5＝857（万元）。

（4）纳税调整减少额。

技术开发加计扣除额 $30 \times 100\% = 30$（万元），应调减。

投资收益 40 万元，应调减。

免税项目所得 $= 3\,000 - 1\,000 - 50 - 4\,000 \times 3\,000 \div (12\,000 + 3\,000) = 1\,950 - 800 = 1\,150$（万元）。

纳税调减合计 $= 30 + 40 + 1\,150 = 1\,220$（万元）。

（5）2021 年实际应纳税所得额。

应纳税所得额 $=$ 会计利润 $+$ 纳税调增 $-$ 纳税调减 $-$ 弥补亏损 $= 4\,400 + 857 - 1\,220 - 52 = 3\,985$（万元）。

应纳所得税额 $= 3\,985 \times 15\% = 597.75$（万元）。

# 2010 年全国税务系统企业所得税业务知识试题①

友情提醒：考试时间 150 分钟。试卷中涉及税收政策截至 2010 年 9 月 30 日。

| 总分 | | 统计人 | | 复核人 | |
|---|---|---|---|---|---|

| 题一得分 | | 阅卷人 | | 复核人 | |
|---|---|---|---|---|---|

一、单项选择题(下列各题给出的备选答案中只有一个是正确的,请将你认为正确的答案符号[A、B、C、D 中选一个]填入下表中。本题共 30 小题,每小题 1 分,共 30 分。)

| 题号 | 1 | 2 | 3 | 4 | 5 | 6 | 7 | 8 | 9 | 10 |
|---|---|---|---|---|---|---|---|---|---|---|
| 答案 | | | | | | | | | | |
| 题号 | 11 | 12 | 13 | 14 | 15 | 16 | 17 | 18 | 19 | 20 |
| 答案 | | | | | | | | | | |
| 题号 | 21 | 22 | 23 | 24 | 25 | 26 | 27 | 28 | 29 | 30 |
| 答案 | | | | | | | | | | |

**1.** 下列企业为企业所得税法中,所称居民企业的是( )。

　　A. 依照香港地区法律成立但实际管理机构在中国境内的企业

　　B. 依照香港地区法律成立且实际管理机构在香港地区的企业

　　C. 依照美国法律成立且实际管理机构不在中国境内,但在中国境内设立机构、场所的企业

　　D. 依照美国法律成立且实际管理机构不在中国境内,在中国境内未设立机构、场所,但有来源于中国境内所得的企业

**2.** 判断销售货物所得是来源于中国境内还是来源于中国境外的所得,应按照( )确定。

　　A. 销售货物的企业所在地　　　　B. 交易活动发生地

　　C. 购买货物的企业所在地　　　　D. 销售货物的目的地

---

　　① 本套模拟试题来自百度搜索引擎,为了让读者了解 2010 年至 2012 年真题,本模拟试题未进行改编,但对【答案解析】部分新政内容进行注释,以便读者理解。

**3.** 某商业企业 2009 年度应纳税所得额 2.8 万元,从业人数不超过 10 人,资产总额不超过 200 万元。该企业 2009 年度应纳企业所得税( )元。

    A. 7 000          B. 5 600          C. 4 200          D. 2 800

**4.** 下列关于收入确认时点的表述中,正确的是( )。

    A. 利息收入,按照合同约定的债务人应付利息的日期确认收入的实现

    B. 租金收入,按照承租人实际支付租金的日期确认收入的实现

    C. 接受捐赠收入,按照签订捐赠合同的日期确认收入的实现

    D. 权益性投资收益,按照被投资方作利润分配账务处理的日期确认收入的实现

**5.** 企业发生的下列业务,应当视同销售货物、转让财产或者提供劳务的是( )。

    A. 将财产用于在建工程          B. 将开发产品转为固定资产

    C. 将货物用于交际应酬          D. 将货物在总、分支机构之间调拨

**6.** 在 2009 年度,下列收入应该征收企业所得税的是( )。

    A. 符合条件的专项用途财政性资金

    B. 依法收取并纳入财政管理的行政事业收费

    C. 依法收取并纳入财政管理的政府性基金

    D. 特许权使用费收入

**7.** 按照规定,下列表述中,错误的是( )。

    A. 企业发生的计入成本费用的工资薪金支出准予全额税前扣除

    B. 企业发生的职工福利费支出不超过工资薪金总额 14% 的部分准予税前扣除

    C. 为投资者支付的补充养老保险费、补充医疗保险费在规定标准内准予扣除

    D. 为投资者或者职工支付的商业保险费,不得扣除

**8.** 某企业 2009 年度实际发生与生产经营活动有关的业务招待费支出 80 万元,当年销售(营业)收入 1 亿元,则该企业当年允许扣除的业务招待费支出是( )万元。

    A. 33          B. 48          C. 50          D. 80

**9.** 某化妆品生产企业 2009 年度实际发生的符合条件的广告费和业务宣传费支出分别为 300 万元和 70 万元,当年销售(营业)收入 2 200 万元,则该企业当年允许扣除的广告费和业务宣传费支出合计是( )万元。

    A. 187          B. 311          C. 330          D. 370

**10.** 在计算应纳税所得额时,下列支出中,不得扣除的是( )。

    A. 缴纳的营业税          B. 合理分配的材料成本

    C. 向投资者支付的股息、红利          D. 销售固定资产的损失

**11.** 企业提取的下列各项准备金中,允许在税前扣除的是( )。

    A. 坏账准备金          B. 固定资产减值准备

    C. 长期股权投资减值准备          D. 中小企业贷款损失准备

**12.** 按照现行企业所得税法的规定,下列固定资产中,可以提取折旧的是( )。

    A. 未使用的机器设备          B. 融资租赁方式租出的设备

    C. 未使用的仓库          D. 单独估价作为固定资产入账的土地

**13.** 关于自行开发的无形资产计税基础的确认,下列表述中,正确的是( )。

    A. 以研究、开发过程中实际发生的支出为计税基础

    B. 以研究、开发过程中达到预定用途前发生的支出为计税基础

    C. 以开发过程中实际发生的支出为计税基础

    D. 以开发过程中该资产符合资本化条件后至达到预定用途前发生的支出为计税基础

**14.** 按照税法规定,企业使用或者销售的存货成本计算方法不得采用( )。

    A. 先进先出法             B. 后进先出法

    C. 加权平均法             D. 个别计价法

**15.** 林木类和畜类生产性生物资产计算折旧的最低年限分别是( )。

    A. 10 年、3 年             B. 10 年、5 年

    C. 20 年、3 年             D. 20 年、5 年

**16.** 企业应当自月份或季度终了之日起( )日内,向税务机关报送预缴企业所得税申报表,预缴税款。

    A. 15          B. 10          C. 7          D. 5

**17.** 企业通过支付现金方式取得的下列资产中,只以购买价款为成本的是( )。

    A. 存货        B. 固定资产        C. 投资资产        D. 生产性生物资产

**18.** 企业外购商誉的支出,其税前扣除时间和方式是( )。

    A. 在生产经营过程中摊销扣除

    B. 不得扣除

    C. 在生产经营开始时一次性扣除

    D. 在企业整体转让或者清算时一次性扣除

**19.** 企业的下列收入中,属于应税收入的是( )。

    A. 国债利息收入

    B. 银行存款利息收入

    C. 从证券投资基金分配中取得的收入

    D. 对非上市的居民企业直接投资取得的股息、红利

**20.** 某企业为制造业纳税人,2008 年企业应纳税所得额为 1 000 万元。其中该企业于 2008 年转让了旧的电机生产设备,取得转让收入 80 万元,该项资产净值为 100 万元。在不考虑增值税和相关税费的情况下,对该项资产的所得税处理正确的是( )。

    A. 确认资产转让收入 80 万元,不得扣除资产净值 100 万元

    B. 资产转让损失 20 万元向主管税务机关报批后准予扣除

    C. 资产转让损失 20 万元自行计算扣除

    D. 不确认资产转让收入,允许扣除资产净值 100 万元

**21.** 企业从事下列项目的所得,免征企业所得税的是( )。

    A. 林木的培育和种植             B. 香料作物的种植

    C. 内陆养殖             D. 花卉的种植

**22.** 企业从事符合条件的( )所得,自项目取得第一笔生产经营收入所属纳税年度起,第一年至第三年免征企业所得税,第四年至第六年减半征收企业所得税。

    A. 技术转让项目　　　　　　　　B. 节能节水项目

    C. 资源综合利用项目　　　　　　D. 安全生产项目

**23.** 对非居民企业取得税法第三条第三款规定的所得应缴纳的所得税,实行源泉扣缴,以支付人为扣缴义务人。税款由扣缴义务人在每次支付或者到期应支付时,从支付或者到期应支付的款项中扣缴。下列各项支付方式中,属于非货币支付的是( )。

    A. 汇拨支付　　　　　　　　　　B. 转账支付

    C. 权益兑价支付　　　　　　　　D. 产品支付

**24.** 在进行特别纳税调整时,税务机关采用按照纳税人从关联方购进商品再销售给没有关联关系的交易方的价格,减除相同或者类似业务的销售毛利进行定价的方法。这一方法被称为( )。

    A. 可比非受控价格法　　　　　　B. 成本加成法

    C. 再销售价格法　　　　　　　　D. 交易净利润法

**25.** 某企业 2008 年 4 月 18 日开业,2010 年 5 月 19 日终止经营活动,至 2010 年 9 月 20 日清算结束,则该企业自开业以来共有( )个纳税年度。

    A. 1　　　　　　B. 2　　　　　　C. 3　　　　　　D. 4

**26.** 企业销售商品同时满足税法规定的条件,应确认收入的实现。下列各项中,不属于税法规定的确认销售商品收入条件的是( )。

    A. 商品销售合同已签订,企业已将商品所有权相关的主要风险和报酬转移给购货方

    B. 企业对已售出的商品既没有保留通常与所有权相联系的继续管理权,也没有实施
       有效控制

    C. 经济利益能够流入企业

    D. 收入的金额能够可靠地计量,已发生或将发生的销售方的成本能够可靠地核算

**27.** 对销售商品涉及折扣、折让、退回的处理,下列表述正确的是( )。

    A. 应当按扣除现金折扣后的金额确定销售商品收入金额

    B. 应当按照扣除商业折扣后的金额确定销售商品收入金额

    C. 销售折让不得冲减销售商品收入

    D. 销售退回应当在发生当期冲减当期销售商品收入(资产负债表日后事项除外)

**28.** 甲企业与乙企业于 2009 年 11 月 17 日签订股权转让协议,协议约定,乙企业应于 2009 年 11 月 30 日向甲企业支付股权转让款项,股权转让款项全部支付时股权转让协议生效。乙企业实际于 2009 年 12 月 20 日向甲企业支付了股权转让全部款项。2010 年 1 月 18 日办理了股权变更手续。则甲企业该项股权转让收入的实现时间为( )。

    A. 2009 年 11 月 17 日　　　　　　B. 2009 年 11 月 30 日

    C. 2009 年 12 月 20 日　　　　　　D. 2010 年 1 月 18 日

**29.** 某企业 2007 年按照规定计提但尚未使用的职工福利费余额 200 万元,2008 年发生职工福利费 170 万元,2008 年度税前扣除的职工工资总额 900 万元,2009 年发生职工福利

费 180 万元,2009 年度税前扣除的职工工资总额 1 100 万元,则 2009 年度允许扣除职工福利费( )万元。

    A. 150        B. 154        C. 180        D. 0

**30.** 房地产开发企业采取视同买断方式委托销售开发产品的,如企业与购买方签订销售合同或协议,且销售合同或协议中约定的价格高于买断价格,则应按( )确认收入的实现。

    A. 买断价格

    B. 销售合同或协议中约定的价格

    C. 买断价格和销售合同或协议中约定的价格平均

    D. 企业和税务机关协商确定的价格

| 题二得分 | | 阅卷人 | | 复核人 | |
|---|---|---|---|---|---|

**二、多项选择题**(下列各题给出的备选答案中有两个或两个以上是正确的,请将你认为正确的答案符号[A、B、C、D 中选两个或两个以上]填入下表中。本题共 **15** 小题,每小题 **2** 分,多选、错选均不得分,少选但所选答案正确的,每个得 **0.5** 分,共 **30** 分。)

| 题号 | 1 | 2 | 3 | 4 | 5 | 6 | 7 | 8 |
|---|---|---|---|---|---|---|---|---|
| 答案 | | | | | | | | |
| 题号 | 9 | 10 | 11 | 12 | 13 | 14 | 15 | |
| 答案 | | | | | | | | |

**1.** 下列企业中,适用企业所得税法的有( )。

    A. 国有独资企业        B. 合伙企业

    C. 外商独资企业        D. 境外上市的中国企业

**2.** 按照现行企业所得税规定,下列说法正确的有( )。

    A. 企业销售存货,按规定计算的存货成本可以在税前扣除

    B. 企业纳税年度发生的亏损,准予向以后年度结转弥补,直到弥补完为止

    C. 企业境外营业机构的亏损可以抵减境内营业机构的盈利汇总缴纳企业所得税

    D. 企业在证券市场买卖股票发生的损失,准予自行计算扣除

**3.** 下列优惠政策自 2008 年 1 月 1 日起,继续按原优惠政策规定的办法和时间执行到期的有( )。

    A. 就业再就业优惠政策        B. 社会公益优惠政策

    C. 上海世博会优惠政策        D. 证券投资基金优惠政策

**4.** 下列支出在计算应纳税所得额时,可以当期在税前扣除的有( )。

    A. 汽车使用到期报废的损失        B. 按规定计算的无形资产摊销

    C. 长期股权投资支出        D. 固定资产购建支出

**5.** 下列各项中,可以在税前按规定计算摊销扣除的有( )。

    A. 开办费                              B. 租入固定资产的改建支出

    C. 自创商誉                              D. 固定资产的大修理支出

**6.** 企业所得税法第六条第(一)项所称销售货物收入,包括企业( )取得的收入。

    A. 销售商品                              B. 销售包装物

    C. 销售金融商品                          D. 转让固定资产

**7.** 企业所得税法第6条所称企业取得收入的货币形式,包括下列各项中的( )。

    A. 现金和存款                            B. 股权投资

    C. 应收账款和应收票据               D. 债务的豁免

**8.** 企业的下列生产经营业务中,可以分期确认收入实现的有( )。

    A. 房地产企业销售开发产品

    B. 以分期收款方式销售货物的

    C. 企业受托加工制造大型机械设备持续时间超过 12 个月的

    D. 企业提供咨询、设计劳务持续时间超过 12 个月的

**9.** 依照现行企业所得税的规定,下列单位中,不就地预缴企业所得税的有( )。

    A. 企业的总机构

    B. 具有主体生产经营职能的二级分支机构

    C. 上年度认定为小型微利企业的分支机构

    D. 建筑企业所属二级或二级以下分支机构直接管理的项目部

**10.** 在计算应纳税所得额时,下列支出中,允许税前扣除的有( )。

    A. 违反交通法规的罚款           B. 违约金

    C. 水费滞纳金                         D. 缴纳的土地增值税

**11.** 在计算应纳税所得额时,企业的下列各项支出中,在不超过职工工资总额规定标准内准予扣除;超过的部分不予扣除的有( )。

    A. 职工福利费支出               B. 拨缴的工会经费

    C. 职工商业保险支出           D. 补充养老保险费

**12.** 按照现行企业所得税的规定,企业实际发生的下列存货损失中,按税务管理方式可自行计算扣除的有( )。

    A. 销售存货发生的资产损失      B. 存货盘亏损失

    C. 存货的正常损耗              D. 存货被盗损失

**13.** 企业的下列支出中,不得在税前扣除的有( )。

    A. 企业之间支付的服务费

    B. 企业内营业机构间支付的特许权使用费

    C. 企业内营业机构之间支付的租金

    D. 非银行企业内营业机构之间支付的利息

**14.** 按照现行企业所得税的规定,企业的固定资产计算折旧的最低年限为 10 年的有( )。

A. 飞机、火车      B. 工具、家具

C. 机器、机械      D. 房屋、建筑物

15. 居民企业取得的下列投资收益中,免征企业所得税的有(    )。

A. 企业债券利息收入

B. 国债利息收入

C. 直接投资于非上市公司取得的股息、红利

D. 股权转让净收益

| 题三得分 | | 阅卷人 | | 复核人 | |
|---|---|---|---|---|---|

**三、判断题**(判断下列各题,正确的划"√",错误的划"×",请将你所选答案符号[√、×中选一个]填入下表中。本题共 **10** 小题,每小题 **1** 分,共 **10** 分。)

| 题号 | 1 | 2 | 3 | 4 | 5 | 6 | 7 | 8 | 9 | 10 |
|---|---|---|---|---|---|---|---|---|---|---|
| 答案 | | | | | | | | | | |

**1.** 以经营租赁方式租入的固定资产不得计算折旧在税前扣除。 (    )

**2.** 企业同时从事适用不同企业所得税待遇的项目的,其优惠项目应当单独计算所得,并合理分摊企业的期间费用;没有单独计算的,不得享受企业所得税优惠。 (    )

**3.** 在进行企业所得税年度申报时,应税项目的所得可以在抵减或弥补免税项目的亏损后计算纳税调整后所得。 (    )

**4.** 企业重组业务适用一般性税务处理的,重组各方在重组前享受的各项税收优惠,不得由重组后的存续企业承继。 (    )

**5.** 因 2010 年 5 月 31 日后出台的个别企业所得税政策,涉及 2009 年度企业所得税纳税申报调整、需要补(退)企业所得税款的少数纳税人,可以在 2010 年 12 月 31 日前自行到税务机关补正申报企业所得税,相应所补企业所得税款不予加收滞纳金。 (    )

**6.** 企业以现金等非转账方式支付给具有合法经营资格中介服务企业或个人的手续费及佣金不得在税前扣除。 (    )

**7.** 对非居民企业在中国境内取得工程作业和劳务所得应缴纳的所得税,税务机关可以指定工程价款或者劳务费的支付人为扣缴义务人。 (    )

**8.** 企业在计算股权转让所得时,不得扣除被投资企业未分配利润等股东留存收益中按该项股权所可能分配的金额。 (    )

**9.** 企业可以向税务机关提出与其关联方之间业务往来的定价原则和计算方法,税务机关与企业协商、确认后,达成预约定价安排。 (    )

**10.** 企业在新企业所得税法实施以前年度发生,按当时企业所得税有关规定符合资产损失确认条件的损失,在当年因为各种原因未能扣除的,不能结转在以后年度扣除,也不得追补确认在该项资产损失发生的年度扣除。 (    )

| 题四得分 | | 阅卷人 | | 复核人 | |
|---|---|---|---|---|---|

**四、简答题(根据问题列出你所给出的答题要点,请将答题要点写在问题下面,表述要规范。本题共 2 小题,每小题 5 分,共 10 分。)**

| 题号 | 1 | 2 | 3 | 4 | 5 | 6 | 7 | 8 | 9 | 10 |
|---|---|---|---|---|---|---|---|---|---|---|
| 答案 | | | | | | | | | | |

(一)简述企业所得税法及其实施条例中关于税前扣除的原则。

(二)简述加强企业所得税管理的总体要求。

| 题五得分 | | 阅卷人 | | 复核人 | |
|---|---|---|---|---|---|

**五、计算题(根据下列资料计算并回答有关问题,请将你认为正确的答案符号[A、B、C、D 中选一个]填入下表中。本题共 10 小题,每小题 2 分,共 20 分。)**

| 题号 | 1 | 2 | 3 | 4 | 5 | 6 | 7 | 8 | 9 | 10 |
|---|---|---|---|---|---|---|---|---|---|---|
| 答案 | | | | | | | | | | |

## (一)

某市一工业企业于 2008 年 8 月 8 日开业,筹建期间发生费用 12 万元,企业在申报缴纳 2008 年企业所得税时选择分三年摊销。2009 年度有关资料如下:

(1)全年产品销售收入 2 000 万元,出租房屋取得租金收入 120 万元。

(2)年度中间接受捐赠资产,其含税公允价值为 23.4 万元。

(3)本年度发生产品销售成本 800 万元,销售费用 60 万元,管理费用 20 万元(其中新产品研究开发费用 10 万元),财务费用 10 万元,营业外支出 5 万元(其中工商行政罚款 1 万元)。全年缴纳增值税 180 万元、消费税 50 万元、营业税 6 万元、城市维护建设税 16.52 万元、教育费附加 7.08 万元。

(4)本年度企业从境内联营企业(高新技术企业、非上市公司)分回税后利润 85 万元,联营企业的企业所得税税率为 15%。

(5)2008 年度按税收规定确认的亏损额为 30 万元。

根据上述资料,计算并回答下列问题:

**1.** 该企业 2009 年收入总额为( )万元。

    A. 2 120　　　　　B. 2 140　　　　　C. 2 143.4　　　　　D. 2 228.4

**2.** 该企业 2009 年税前准予扣除项目金额为( )万元。

    A. 973.6　　　　　B. 978.6　　　　　C. 982.6　　　　　D. 1 158.6

**3.** 该企业 2009 年纳税调整后所得为( )万元。

    A. 1 069.8　　　　　B. 1 160.8　　　　　C. 1 164.8　　　　　D. 1 254.8

**4.** 该企业 2009 年应纳税所得额为（　　）万元。

　　A. 1 130.8　　　　B. 1 160.8　　　　C. 1 134.8　　　　D. 1 224.8

**5.** 该企业 2009 年应缴纳所得税为（　　）万元。

　　A. 282.7　　　　B. 283.7　　　　C. 292.7　　　　D. 306.2

（二）

　　某生产性外商投资企业于 2003 年在某经济特区成立,从事化妆品生产业务,2005 年开始获利并开始享受两免三减半的税收优惠。2009 年度有关资料如下:

　　（1）全年外购原材料用于生产化妆品,取得增值税专用发票,价款合计 2 000 万元,增值税额合计 340 万元,年内发票已通过认证并按规定申报抵扣。

　　（2）销售自产化妆品取得不含税收入 5 500 万元。

　　（3）企业已按税法规定申报缴纳了 2009 年度的应纳增值税和消费税。

　　（4）全年发生产品销售成本 1 700 万元,销售费用 1 000 万元(其中广告费 700 万元、业务宣传费 200 万元),财务费用 100 万元,管理费用 900 万元(其中业务招待费 200 万元)。

　　（5）5 月份发生火灾,损失外购的材料 40 万元(不含税),取得保险公司赔款 10 万元,取得责任人赔款 8 万元。企业已按规定向税务机关报批,主管税务机关同意扣除其实际发生的损失。

　　（6）取得国债利息收入 10 万元。

　　（7）转让 2006 年投资一境内企业的股权取得收入 1 000 万元,转让时,该境内企业累计未分配利润和累计盈余公积为 400 万元,该项股权投资的计税基础为 500 万元。

　　根据以上资料,计算并回答下列问题:

**6.** 该企业 2009 年度收入总额为（　　）万元。

　　A. 5 500　　　　B. 6 110　　　　C. 6 500　　　　D. 6 510

**7.** 该企业 2009 年准予扣除的管理费用为（　　）万元。

　　A. 727.5　　　　B. 780　　　　C. 820　　　　D. 900

**8.** 该企业 2009 年所得税前准予扣除的火灾损失为（　　）万元。

　　A. 22　　　　B. 28.8　　　　C. 40　　　　D. 46.8

**9.** 该企业 2009 年应纳税所得额为（　　）万元。

　　A. 393.7　　　　B. 793.7　　　　C. 868.7　　　　D. 958.7

**10.** 该企业 2009 年应缴纳所得税为（　　）万元。

　　A. 35.433　　　　B. 71.433　　　　C. 79.37　　　　D. 198.425

# 2010 年全国税务系统企业所得税业务知识考试题参考答案及解析

## 一、单项选择题

**1.【答案】** A

**【解析】**《中华人民共和国企业所得税法》第 2 条规定,所称居民企业,是指依法在中国境内成立,或者依照外国(地区)法律成立但实际管理机构在中国境内的企业。

**2.【答案】** B

**【解析】**《中华人民共和国企业所得税法实施条例》第 7 条规定,企业所得税法第三条所称来源于中国境内、境外的所得,按照以下原则确定:(1)销售货物所得,按照交易活动发生地确定;(2)提供劳务所得,按照劳务发生地确定;(3)转让财产所得,不动产转让所得按照不动产所在地确定,动产转让所得按照转让动产的企业或者机构、场所所在地确定,权益性投资资产转让所得按照被投资企业所在地确定;(4)股息、红利等权益性投资所得,按照分配所得的企业所在地确定;(5)利息所得、租金所得、特许权使用费所得,按照负担、支付所得的企业或者机构、场所所在地确定,或者按照负担、支付所得的个人的住所地确定;(6)其他所得,由国务院财政、税务主管部门确定。

**3.【答案】** B

**【解析】** 小微企业政策变化很大,2009 年度,根据《中华人民共和国企业所得税法》第 28 条的规定:符合条件的小型微利企业,减按 20% 的税率征收企业所得税。

计算:2.8×20%＝0.56(万元)

**注:** 自 2010 年起,才开始对年应纳税所得额低于 3 万元(含 3 万元)的小型微利企业,其所得减按 50% 计入应纳税所得额,按 20% 的税率缴纳企业所得税。

以后又经过多次变化,目前执行标准为《财政部 国家税务总局关于实施小微企业普惠性税收减免政策的通知》(财税〔2019〕13 号)的规定,对小型微利企业年应纳税所得额不超过 100 万元的部分,减按 25% 计入应纳税所得额,按 20% 的税率缴纳企业所得税;对年应纳税所得额超过 100 万元但不超过 300 万元的部分,减按 50% 计入应纳税所得额,按 20% 的税率缴纳企业所得税。上述小型微利企业是指从事国家非限制和禁止行业,且同时符合年度应纳税所得额不超过 300 万元、从业人数不超过 300 人、资产总额不超过 5 000 万元等三个条件的企业。

《财政部 国家税务总局关于实施小微企业和个体工商户所得税优惠政策的公告》(财政部 国家税务总局公告 2021 年第 12 号)规定,自 2021 年 1 月 1 日起至 2022 年 12 月 31 日,对小型微利企业年应纳税所得额不超过 100 万元的部分,在财税〔2019〕13 号第 2 条规定的优惠政策基础上,再减半征收企业所得税。

则:2.8×25%×20%×50%＝0.07(万元)。

**4.【答案】** A

**【解析】**《中华人民共和国企业所得税法实施条例》第 17 条、第 18 条、第 19 条、第 21 条规定,股息、红利等权益性投资收益,除国务院财政、税务主管部门另有规定外,按照被投资方作出利润分配决定的日期确认收入的实现。利息收入,按照合同约定的债务人应付利息的日期确认收入的实现。租金收入,按照合同约定的承租人应付租金的日期确认收入的实现。接受捐赠收入,按照实际收到捐赠资产的日期确认收入的实现。

**5.【答案】** C

**【解析】**《关于企业处置资产所得税处理问题的通知》(国税函〔2008〕828 号)第 2 条规定,企业将资产移送他人的下列情形,因资产所有权属已发生改变而不属于内部处置资产,应按规定视同销售确定收入:(1)用于市场推广或销售;(2)用于交际应酬;(3)用于职工奖励或福利;(4)用于股息分配;(5)用于对外捐赠;(6)其他改变资产所有权属的用途。

**6.【答案】** D

**【解析】**《中华人民共和国企业所得税法》第 7 条规定,收入总额中的下列收入为不征税收入:(1)财政拨款;(2)依法收取并纳入财政管理的行政事业性收费、政府性基金;(3)国务院规定的其他不征税收入。

**7.【答案】** A

**【解析】** 选项 A 错误,《中华人民共和国企业所得税法实施条例》第 34 条规定,企业发生的合理工资薪金支出,准予扣除。并非所有的企业发生的计入成本费用的工资薪金支出都准予全额税前扣除。选项 BCD 表述正确,依据《中华人民共和国企业所得税法实施条例》的规定。

**8.【答案】** B

**【解析】** 按实际发生额计算限额＝80×60％＝48(万元)。

按销售收入计算限额＝10 000×5‰＝50(万元)。

两者取较小值,当年允许扣除的业务招待费支出是 48 万元。

**9.【答案】** D

**【解析】**《财政部 国家税务总局关于部分行业广告费和业务宣传费税前扣除政策的通知》(财税〔2009〕72 号)规定,对化妆品制造、医药制造和饮料制造(不含酒类制造)企业发生的广告费和业务宣传费支出,不超过当年销售(营业)收入 30％的部分,准予扣除;超过部分,准予在以后纳税年度结转扣除。

扣除标准:2 200×30％＝660(万元)。

实际发生:300＋70＝370(万元)。

注:财税〔2009〕72 号本文自 2008 年 1 月 1 日起至 2010 年 12 月 31 日止执行。最新接力文件为:《财政部 国家税务总局关于广告费和业务宣传费支出税前扣除有关事项的公告》(财政部 国家税务总局公告 2020 年第 43 号)规定,对化妆品制造或销售、医药制造和饮料制造(不含酒类制造)企业发生的广告费和业务宣传费支出,不超过当年销售(营业)收入 30％的部分,准予扣除;超过部分,准予在以后纳税年度结转扣除。

**10.【答案】** C

【解析】 《中华人民共和国企业所得税法》第10条规定,在计算应纳税所得额时,下列支出不得扣除:(1)向投资者支付的股息、红利等权益性投资收益款项;(2)企业所得税税款;(3)税收滞纳金;(4)罚金、罚款和被没收财物的损失;(5)本法第9条规定以外的捐赠支出;(6)赞助支出;(7)未经核定的准备金支出;(8)与取得收入无关的其他支出。

**11.【答案】 D**

【解析】 《中华人民共和国企业所得税法实施条例》第55条规定,企业所得税法第10条第7项所称未经核定的准备金支出,是指不符合国务院财政、税务主管部门规定的各项资产减值准备、风险准备等准备金支出。选项ABC均属未经核定的准备金支出。选项D,《财政部 国家税务总局关于金融企业涉农贷款和中小企业贷款损失准备金税前扣除政策的通知》(财税〔2009〕99号)规定,按规定提取的金融企业涉农贷款和中小企业贷款损失准备金可税前扣除。

注:根据《财政部关于公布废止和失效的财政规章和规范性文件目录(第十三批)的决定》(财政部令第103号)的规定,财税〔2009〕99号全文废止。

**12.【答案】 C**

【解析】 《中华人民共和国企业所得税法》采用排除法将不得计提折旧的固定资产的范围予以明确,即下列固定资产不得计算折旧扣除:(1)房屋、建筑物以外未投入使用的固定资产;(2)以经营租赁方式租入的固定资产;(3)以融资租赁方式租出的固定资产;(4)已足额提取折旧仍继续使用的固定资产;(5)与经营活动无关的固定资产;(6)单独估价作为固定资产入账的土地;(7)其他不得计算折旧扣除的固定资产。

**13.【答案】 D**

【解析】 《中华人民共和国企业所得税法实施条例》第66条规定,无形资产按照以下方法确定计税基础:(1)外购的无形资产,以购买价款和支付的相关税费以及直接归属于使该资产达到预定用途发生的其他支出为计税基础;(2)自行开发的无形资产,以开发过程中该资产符合资本化条件后至达到预定用途前发生的支出为计税基础;(3)通过捐赠、投资、非货币性资产交换、债务重组等方式取得的无形资产,以该资产的公允价值和支付的相关税费为计税基础。

**14.【答案】 B**

【解析】 《中华人民共和国企业所得税法实施条例》第73条规定,企业使用或者销售的存货的成本计算方法,可以在先进先出法、加权平均法、个别计价法中选用一种。计价方法一经选用,不得随意变更。

**15.【答案】 A**

【解析】 《中华人民共和国企业所得税法实施条例》第64条规定,生产性生物资产计算折旧的最低年限如下:(1)林木类生产性生物资产,为10年;(2)畜类生产性生物资产,为3年。

**16.【答案】 A**

【解析】 《中华人民共和国企业所得税法》第54条规定,企业所得税分月或者分季预缴。企业应当自月份或者季度终了之日起15日内,向税务机关报送预缴企业所得税纳税申报表,预缴税款。企业应当自年度终了之日起5个月内,向税务机关报送年度企业所得税纳税申报表,并汇算清缴,结清应缴应退税款。企业在报送企业所得税纳税申报表时,应当按照规定附送财务会计报告和其他有关资料。

**17.【答案】** C

**【解析】** 《中华人民共和国企业所得税法实施条例》第71条规定,投资资产按照以下方法确定成本:(1)通过支付现金方式取得的投资资产,以购买价款为成本;(2)通过支付现金以外的方式取得的投资资产,以该资产的公允价值和支付的相关税费为成本。

**18.【答案】** D

**【解析】** 《中华人民共和国企业所得税法实施条例》第67条规定,外购商誉的支出,在企业整体转让或者清算时,准予扣除。

**19.【答案】** B

**【解析】** 《中华人民共和国企业所得税法》第26条规定,企业的下列收入为免税收入:(1)国债利息收入;(2)符合条件的居民企业之间的股息、红利等权益性投资收益;(3)在中国境内设立机构、场所的非居民企业从居民企业取得与该机构、场所有实际联系的股息、红利等权益性投资收益;(4)符合条件的非营利组织的收入。

《财政部 国家税务总局关于企业所得税若干优惠政策的通知》(财税〔2008〕1号)第2条规定,对投资者从证券投资基金分配中取得的收入,暂不征收企业所得税。

**20.【答案】** C

**【解析】** 正常经营管理活动中转让固定资产发生的资产损失,属于自行扣除的情形。发生损失100−80=20(万元)。

**21.【答案】** A

**【解析】** 《中华人民共和国企业所得税法实施条例》第86条规定,企业所得税法第27条第1项规定的企业从事农、林、牧、渔业项目的所得,可以免征、减征企业所得税,是指:(1)企业从事下列项目的所得,免征企业所得税:①蔬菜、谷物、薯类、油料、豆类、棉花、麻类、糖料、水果、坚果的种植;②农作物新品种的选育;③中药材的种植;④林木的培育和种植;⑤牲畜、家禽的饲养;⑥林产品的采集;⑦灌溉、农产品初加工、兽医、农技推广、农机作业和维修等农、林、牧、渔服务业项目;⑧远洋捕捞。(2)企业从事下列项目的所得,减半征收企业所得税:①花卉、茶以及其他饮料作物和香料作物的种植;②海水养殖、内陆养殖。企业从事国家限制和禁止发展的项目,不得享受本条规定的企业所得税优惠。

**22.【答案】** B

**【解析】** 选项B正确,《中华人民共和国企业所得税法实施条例》第88条规定,企业所得税法第27条第3项所称符合条件的环境保护、节能节水项目,包括公共污水处理、公共垃圾处理、沼气综合开发利用、节能减排技术改造、海水淡化等。项目的具体条件和范围由国务院财政、税务主管部门商国务院有关部门制订,报国务院批准后公布施行。企业从事前款规定的符合条件的环境保护、节能节水项目的所得,自项目取得第一笔生产经营收入所属纳税年度起,第1年至第3年免征企业所得税,第4年至第6年减半征收企业所得税。

选项A错误,《中华人民共和国企业所得税法实施条例》第90条规定,企业所得税法第

27 条第 4 项所称符合条件的技术转让所得免征、减征企业所得税,是指一个纳税年度内,居民企业技术转让所得不超过 500 万元的部分,免征企业所得税;超过 500 万元的部分,减半征收企业所得税。

选项 C 错误,《中华人民共和国企业所得税法》第 33 条规定,企业综合利用资源,生产符合国家产业政策规定的产品所取得的收入,可以在计算应纳税所得额时减计收入。

选项 D 错误,《中华人民共和国企业所得税法》第 34 条规定,企业购置用于环境保护、节能节水、安全生产等专用设备的投资额,可以按一定比例实行税额抵免。

**23.【答案】** D

**【解析】** 《中华人民共和国企业所得税法实施条例》第 105 条规定,企业所得税法第 37 条所称支付,包括现金支付、汇拨支付、转账支付和权益兑价支付等货币支付和非货币支付。

《中华人民共和国企业所得税法》第 37 条规定,税款由扣缴义务人在每次支付或者到期应支付时,从支付或者到期应支付的款项中扣缴。

**24.【答案】** C

**【解析】** 《中华人民共和国企业所得税法实施条例》第 111 条规定,企业所得税法第 41 条所称合理方法,包括:(1)可比非受控价格法,是指按照没有关联关系的交易各方进行相同或者类似业务往来的价格进行定价的方法;(2)再销售价格法,是指按照从关联方购进商品再销售给没有关联关系的交易方的价格,减除相同或者类似业务的销售毛利进行定价的方法;(3)成本加成法,是指按照成本加合理的费用和利润进行定价的方法;(4)交易净利润法,是指按照没有关联关系的交易各方进行相同或者类似业务往来取得的净利润水平确定利润的方法;(5)利润分割法,是指将企业与其关联方的合并利润或者亏损在各方之间采用合理标准进行分配的方法;(6)其他符合独立交易原则的方法。

**25.【答案】** D

**【解析】** 《中华人民共和国企业所得税法》第 53 条规定,企业所得税按纳税年度计算。纳税年度自公历 1 月 1 日起至 12 月 31 日止。企业在一个纳税年度中间开业,或者终止经营活动,使该纳税年度的实际经营期不足 12 个月的,应当以其实际经营期为一个纳税年度。企业依法清算时,应当以清算期间作为一个纳税年度。

**26.【答案】** C

**【解析】** 《国家税务总局关于确认企业所得税收入若干问题的通知》(国税函〔2008〕875 号)第 1 条第 1 款规定,企业销售商品同时满足下列条件的,应确认收入的实现:(1)商品销售合同已经签订,企业已将商品所有权相关的主要风险和报酬转移给购货方;(2)企业对已售出的商品既没有保留通常与所有权相联系的继续管理权,也没有实施有效控制;(3)收入的金额能够可靠地计量;(4)已发生或将发生的销售方的成本能够可靠地核算。

**27.【答案】** B

**【解析】** 《国家税务总局关于确认企业所得税收入若干问题的通知》(国税函〔2008〕875 号)第 1 条第 5 款规定,企业为促进商品销售而在商品价格上给予的价格扣除属于商业折扣,商品销售涉及商业折扣的,应当按照扣除商业折扣后的金额确定销售商品收入金额。

债权人为鼓励债务人在规定的期限内付款而向债务人提供的债务扣除属于现金折扣,

销售商品涉及现金折扣的,应当按扣除现金折扣前的金额确定销售商品收入金额,现金折扣在实际发生时作为财务费用扣除。

企业因售出商品的质量不合格等原因而在售价上给的减让属于销售折让;企业因售出商品质量、品种不符合要求等原因而发生的退货属于销售退回。企业已经确认销售收入的售出商品发生销售折让和销售退回,应当在发生当期冲减当期销售商品收入。

**28.【答案】** D

**【解析】** 《国家税务总局关于关于贯彻落实企业所得税法若干税收问题的通知》(国税函〔2010〕79 号)第 3 条规定,企业转让股权收入,应于转让协议生效、且完成股权变更手续时,确认收入的实现。转让股权收入扣除为取得该股权所发生的成本后,为股权转让所得。企业在计算股权转让所得时,不得扣除被投资企业未分配利润等股东留存收益中按该项股权所可能分配的金额。因此,企业转让股权取得的收入,应于转让协议生效、且完成股权变更手续时,确认收入的实现。

**29.【答案】** A

**【解析】** 根据《国家税务总局关于做好 2007 年度企业所得税汇算清缴工作的补充通知》(国税函〔2008〕264 号)的规定:"2007 年度的企业职工福利费,仍按计税工资总额的 14% 计算扣除,未实际使用的部分,应累计计入职工福利费余额。2008 年及以后年度发生的职工福利费,应先冲减以前年度累计计提但尚未实际使用的职工福利费余额,不足部分按新企业所得税法规定扣除。"

2007 年按照规定计提但尚未使用的职工福利费余额 200 万元。

2008 年发生职工福利费 170 万元,少于结余额。

2008 年年末按照规定计提但尚未使用的职工福利费余额＝200－170＝30(万元)。

2009 年发生职工福利费 180 万元。

2009 年度职工福利费发生额扣除结余额＝180－30＝150(万元)。

2009 年职工福利费按新法计算可列支限额＝1 100×14%＝154(万元)。

150 万元＜154 万元,未超过限额。

2009 年度允许扣除职工福利费＝150 万元。

**注:** 根据《国家税务总局关于公布全文失效废止和部分条款废止的税收规范性文件目录的公告》(国家税务总局公告 2016 年第 34 号)的规定,国税函〔2008〕264 号自 2016 年 5 月 29 日起废止。

**30.【答案】** B

**【解析】** 《国家税务总局关于印发〈房地产开发经营业务企业所得税处理办法〉的通知》(国税发〔2009〕31 号)第 6 条第 4 款规定,采取视同买断方式委托销售开发产品的,属于企业与购买方签订销售合同或协议,或企业、受托方、购买方三方共同签订销售合同或协议的,如果销售合同或协议中约定的价格高于买断价格,则应按销售合同或协议中约定的价格计算的价款于收到受托方已销开发产品清单之日确认收入的实现;如果属于前两种情况中销售合同或协议中约定的价格低于买断价格,以及属于受托方与购买方签订销售合同或协议的,则应按买断价格计算的价款于收到受托方已销开发产品清单之日确认收入的实现。

## 二、多项选择题

**1.【答案】** ACD

**【解析】** 《中华人民共和国企业所得税法》第1条规定,在中华人民共和国境内,企业和其他取得收入的组织为企业所得税的纳税人,依照本法的规定缴纳企业所得税。个人独资企业、合伙企业不适用本法。

**2.【答案】** AD

**【解析】** 选项A正确,《中华人民共和国企业所得税法》第15条规定,企业使用或者销售存货,按照规定计算的存货成本,准予在计算应纳税所得额时扣除。

选项B错误,《中华人民共和国企业所得税法》第15条规定,企业纳税年度发生的亏损,准予向以后年度结转,用以后年度的所得弥补,但结转年限最长不得超过5年。

选项C错误,《中华人民共和国企业所得税法》第17条规定,企业在汇总计算缴纳企业所得税时,其境外营业机构的亏损不得抵减境内营业机构的盈利。

选项D正确,《国家税务总局关于印发〈企业资产损失税前扣除管理办法〉的通知》(国税发〔2009〕88号)第5条规定,企业按规定通过证券交易所买卖的股票、基金等发生的损失可以由企业自行计算扣除损失。

**注:** 根据《国家税务总局关于发布〈企业资产损失所得税税前扣除管理办法〉的公告》(国家税务总局公告2011年第25号)的规定,国税发〔2009〕88号自2011年1月1日起全文废止。

**3.【答案】** ABC

**【解析】** 根据《财政部 国家税务总局关于企业所得税若干优惠政策的通知》(财税〔2008〕1号)第3条的规定,为保证部分行业、企业税收优惠政策执行的连续性,对原有关就业再就业,奥运会和世博会,社会公益,债转股、清产核资、重组、改制、转制等企业改革,涉农和国家储备,其他单项优惠政策共6类定期企业所得税优惠政策,自2008年1月1日起,继续按原优惠政策规定的办法和时间执行到期。第2条"关于鼓励证券投资基金发展的优惠政策"无时间限制。

**4.【答案】** AB

**【解析】** 选项CD错误,根据《中华人民共和国企业所得税法》的规定,企业对外投资期间,投资资产的成本在计算应纳税所得额时不得扣除。在计算应纳税所得额时,企业按照规定计算的固定资产折旧,准予扣除。因此,固定资产购建支出应当计提折旧分期扣除。

**5.【答案】** ABD

**【解析】** 《中华人民共和国企业所得税法》第12条规定,在计算应纳税所得额时,企业按照规定计算的无形资产摊销费用,准予扣除。下列无形资产不得计算摊销费用扣除:(1)自行开发的支出已在计算应纳税所得额时扣除的无形资产;(2)自创商誉;(3)与经营活动无关的无形资产;(4)其他不得计算摊销费用扣除的无形资产。

《中华人民共和国企业所得税法》第13条规定,在计算应纳税所得额时,企业发生的下列支出作为长期待摊费用,按照规定摊销的,准予扣除:(1)已足额提取折旧的固定资产的改建支出;(2)租入固定资产的改建支出;(3)固定资产的大修理支出;(4)其他应当作为长期待摊费用的支出。

《国家税务总局关于企业所得税若干税务事项衔接问题的通知》(国税函〔2009〕98号)第9条规定,新税法中开(筹)办费未明确列作长期待摊费用,企业可以在开始经营之日的当年一次性扣除,也可以按照新税法有关长期待摊费用的处理规定处理,但一经选定,不得改变。

**6.【答案】** AB

**【解析】**《中华人民共和国企业所得税法实施条例》第14条规定,企业所得税法第6条第1项所称销售货物收入,是指企业销售商品、产品、原材料、包装物、低值易耗品以及其他存货取得的收入。

**7.【答案】** ACD

**【解析】**《中华人民共和国企业所得税法实施条例》第12条规定,企业所得税法第6条所称企业取得收入的货币形式,包括现金、存款、应收账款、应收票据、准备持有至到期的债券投资以及债务的豁免等。企业所得税法第6条所称企业取得收入的非货币形式,包括固定资产、生物资产、无形资产、股权投资、存货、不准备持有至到期的债券投资、劳务以及有关权益等。

**8.【答案】** BCD

**【解析】**《中华人民共和国企业所得税法实施条例》第23条规定,企业的下列生产经营业务可以分期确认收入的实现:(1)以分期收款方式销售货物的,按照合同约定的收款日期确认收入的实现;(2)企业受托加工制造大型机械设备、船舶、飞机,以及从事建筑、安装、装配工程业务或者提供其他劳务等,持续时间超过12个月的,按照纳税年度内完工进度或者完成的工作量确认收入的实现。

**9.【答案】** CD

**【解析】**《国家税务总局关于印发〈跨地区经营汇总纳税企业所得税征收管理暂行办法〉的通知》(国税发〔2008〕28号)第9条规定,总机构和具有主体生产经营职能的二级分支机构,就地分期预缴企业所得税。二级分支机构及其下属机构均由二级分支机构集中就地预缴企业所得税;三级及以下分支机构不就地预缴企业所得税,其经营收入、职工工资和资产总额统一计入二级分支机构。第12条规定,上年度认定为小型微利企业的,其分支机构不就地预缴企业所得税。

**注**:根据《国家税务总局关于印发〈跨地区经营汇总纳税企业所得税征收管理办法〉的公告》(国家税务总局公告2012年第57号)的规定,国税发〔2008〕28号自2013年1月1日起废止,虽然已全文废止,但上述规定仍被后续文件沿用。

根据《国家税务总局关于跨地区经营建筑企业所得税征收管理问题的通知》(国税函〔2010〕156号)第2条的规定,建筑企业所属二级或二级以下分支机构直接管理的项目部(包括与项目部性质相同的工程指挥部、合同段等,下同)不就地预缴企业所得税,其经营收入、职工工资和资产总额应汇总到二级分支机构统一核算,由二级分支机构按照国税发〔2008〕28号文件规定的办法预缴企业所得税。

**10.【答案】** BCD

**【解析】**《中华人民共和国企业所得税法》第10条规定,罚金、罚款和被没收财物的损失不得扣除。罚金是指人民法院判处犯罪分子强制向国家缴纳一定数额金钱的刑罚方法；罚款，是行政处罚的一种，是指行为人的行为没有违反刑法的规定，而是违反了治安管理、工商、行政、税务等各行政法规的规定，行政执法部门依据行政法规的规定和程序决定对行为人采取的一种行政处罚；没收财物，是指将违法人的财物、现金、债权等财产收归国家所有，以弥补因其违法造成的损失。

但是，不是以违法被查处为前提的额外负担则都可以扣除，如合同违约的补偿金、逾期偿还银行贷款加处的罚息都可以正常在税前扣除。

**11.【答案】** ABD

**【解析】** 《中华人民共和国企业所得税法实施条例》第35条规定，企业为投资者或者职工支付的补充养老保险费、补充医疗保险费，在国务院财政、税务主管部门规定的范围和标准内，准予扣除。第36条规定，除企业依照国家有关规定为特殊工种职工支付的人身安全保险费和国务院财政、税务主管部门规定可以扣除的其他商业保险费外，企业为投资者或者职工支付的商业保险费，不得扣除。第40条规定，企业发生的职工福利费支出，不超过工资薪金总额14%的部分，准予扣除。第41条规定，企业拨缴的工会经费，不超过工资薪金总额2%的部分，准予扣除。

**12.【答案】** AC

**【解析】** 根据《国家税务总局关于印发〈企业资产损失税前扣除管理办法〉的通知》（国税发〔2009〕88号）的规定，下列资产损失，属于由企业自行计算扣除的资产损失：(1)企业在正常经营管理活动中因销售、转让、变卖固定资产、生产性生物资产、存货发生的资产损失；(2)企业各项存货发生的正常损耗；(3)企业固定资产达到或超过使用年限而正常报废清理的损失；(4)企业生产性生物资产达到或超过使用年限而正常死亡发生的资产损失；(5)企业按照有关规定通过证券交易场所、银行间市场买卖债券、股票、基金以及金融衍生产品等发生的损失；(6)其他经国家税务总局确认不需经税务机关审批的其他资产损失。

注：根据《国家税务总局关于发布〈企业资产损失所得税税前扣除管理办法〉的公告》（国家税务总局公告2011年第25号）的规定，国税发〔2009〕88号自2011年1月1日起全文废止。

**13.【答案】** BCD

**【解析】** 《中华人民共和国企业所得税法实施条例》第49条规定，企业之间支付的管理费、企业内营业机构之间支付的租金和特许权使用费，以及非银行企业内营业机构之间支付的利息，不得扣除。

**14.【答案】** AC

**【解析】** 《中华人民共和国企业所得税法实施条例》第60条规定，除国务院财政、税务主管部门另有规定外，固定资产计算折旧的最低年限如下：(1)房屋、建筑物，为20年；(2)飞机、火车、轮船、机器、机械和其他生产设备，为10年；(3)与生产经营活动有关的器具、工具、家具等，为5年；(4)飞机、火车、轮船以外的运输工具，为4年；(5)电子设备，为3年。

**15.【答案】** BC

**【解析】** 《中华人民共和国企业所得税法》第26条规定，企业的下列收入为免税收入：(1)国债利息收入；(2)符合条件的居民企业之间的股息、红利等权益性投资收益；(3)在中国境内设立机构、场所的非居民企业从居民企业取得与该机构、场所有实际联系的股息、红利等权益性投资收益;(4)符合条件的非营利组织的收入。

《中华人民共和国企业所得税法实施条例》第83条规定,企业所得税法第26条第2项所称符合条件的居民企业之间的股息、红利等权益性投资收益,是指居民企业直接投资于其他居民企业取得的投资收益。企业所得税法第26条第2项和第3项所称股息、红利等权益性投资收益,不包括连续持有居民企业公开发行并上市流通的股票不足12个月取得的投资收益。

企业债券利息收入和股权转让净收益并无免税规定,属于应税收入。

### 三、判断题

**1.【答案】** √

**【解析】** 略。

**2.【答案】** √

**【解析】** 略。

**3.【答案】** ✕

**【解析】** 《国家税务总局关于做好2009年度企业所得税汇算清缴工作的通知》(国税函〔2010〕148号)第3条第6项规定,对企业取得的免税收入、减计收入以及减征、免征所得额项目,不得弥补当期及以前年度应税项目亏损;当期形成亏损的减征、免征所得额项目,也不得用当期和以后纳税年度应税项目所得抵补。

注:根据《国家税务总局关于发布〈中华人民共和国企业所得税年度纳税申报表(a类,2014年版)〉的公告》(国家税务总局公告2014年第63号)的规定,国税函〔2010〕148号自2015年1月1日起废止。但申报表表间关系未修改。在2017版的所得税年度申报表修订中,通过7020表填表范围解释、申报表主表和7020所得减免表间关系等设置,明确了"应税项目所得和免税项目所得盈亏可相互抵减"这个政策口径。从2017年度开始,应税项目所得和免税项目所得盈亏可相互抵减。

根据《国家税务总局关于修订企业所得税年度纳税申报表的公告》(国家税务总局公告2020年第24号)的规定,税务总局对《中华人民共和国企业所得税年度纳税申报表(a类,2017年版)》部分表单和填报说明进行修订,适用于2020年度及以后年度企业所得税汇算清缴申报,本文中涉及上述修订的表单和填报说明同时废止。

**4.【答案】** ✕

**【解析】** 表述过于绝对,并非所有优惠都不能承继。《国家税务总局关于发布〈企业重组业务企业所得税管理办法〉的公告》(税务总局公告2010年第4号)规定,以合并、分立的税收优惠承继为例,对存续企业及注销企业如何衔接税收优惠问题规定如下:(1)整体享受优惠。合并或分立企业涉及企业整体享受《中华人民共和国企业所得税法》第57条规定的税收优惠过渡政策尚未期满的(如二免三减半),仅存续企业可就未享受完的优惠继续享受,并按照《财政部 国家税务总局关于企业重组业务企业所得税处理若干问题的通知》第9条的规定计算优惠限额;注销的被合并或披分立企业未享受完的税收优惠,不再由存续企业承继;合并或分立而新设的企业,也不得再承继或重新享受上述优惠。

（2）项目享受优惠。合并或分立各方企业按照《中华人民共和国企业所得税法》的税收优惠规定和税收优惠过渡政策就企业有关生产经营项目的所得享受税收优惠承继的问题，由于是涉及项目优惠，应按照《中华人民共和国企业所得税法实施条例》第89条规定执行，即在减免税期限内转让减免税优惠项目的，受让方自受让之日起，可在剩余期限内享受规定的减免税优惠；减免税期限届满后转让的，则受让方不得就该项目重复享受优惠。

**5.【答案】** √

**【解析】** 略。

**6.【答案】** ×

**【解析】** 《财政部 国家税务总局关于企业手续费及佣金支出税前扣除政策的通知》（财税〔2009〕29号）第2条规定，企业应与具有合法经营资格中介服务企业或个人签订代办协议或合同，并按国家有关规定支付手续费及佣金。除委托个人代理外，企业以现金等非转账方式支付的手续费及佣金不得在税前扣除。

**7.【答案】** √

**【解析】** 略。

**8.【答案】** √

**【解析】** 略。

**9.【答案】** √

**【解析】** 略。

**10.【答案】** ×

**【解析】** 《国家税务总局关于企业以前年度未扣除资产损失企业所得税处理问题的通知》（国税函〔2009〕772号）第1条规定，根据《国家税务总局关于印发〈企业资产损失税前扣除管理办法〉的通知》（国税发〔2009〕88号）第3条规定的精神，企业以前年度（包括2008年度新企业所得税法实施以前年度）发生，按当时企业所得税有关规定符合资产损失确认条件的损失，在当年因为各种原因未能扣除的，不能结转在以后年度扣除；可以按照《中华人民共和国企业所得税法》和《中华人民共和国税收征收管理法》的有关规定，追补确认在该项资产损失发生的年度扣除，而不能改变该项资产损失发生的所属年度。

**注：** 根据《国家税务总局关于发布〈企业资产损失所得税税前扣除管理办法〉的公告》（国家税务总局公告2011年第25号）的规定，国税函〔2009〕772号自2011年1月1日起全文废止。

## 四、简答题

### （一）

**【答案】** 企业所得税法及其实施条例中关于税前扣除的原则：

（1）权责发生制原则。企业应纳税所得额的计算，以权责发生制为原则，属于当期的费用，不论款项是否支付，均作为当期的费用；不属于当期的费用，即使款项已经在当期支付，均不作为当期的费用。实施条例和国务院财政、税务主管部门另有规定的除外。

（2）实际发生原则、真实性原则。企业实际发生的与取得收入有关的、合理的支出，包括成本、费用、税金、损失和其他支出，准予在计算应纳税所得额时扣除。

（3）有关性原则（或称相关性原则、配比性原则）。有关的支出，是指与取得收入直接相关的支出。

（4）合理性原则。合理性支出，是指符合生产经营活动常规，应当计入当期损益或者有关资产成本的必要和正常的支出。

（5）区分收益性支出和资本性支出原则。

企业发生的支出应当区分收益性支出和资本性支出。收益性支出在发生当期直接扣除；资本性支出应当分期扣除或者计入有关资产成本，不得在发生当期直接扣除。

（6）非经法定不得重复扣除原则。除企业所得税法和本条例另有规定外，企业实际发生的成本、费用、税金、损失和其他支出，不得重复扣除。

（7）历史成本原则。企业的各项资产，包括固定资产、生物资产、无形资产、长期待摊费用、投资资产、存货等，以历史成本为计税基础。

（8）纳税调整原则、合法性原则。在计算应纳税所得额时，企业财务、会计处理办法与税收法律、行政法规的规定不一致的，应当依照税收法律、行政法规的规定计算。

## （二）

【答案】

加强企业所得税管理的总体要求是：分类管理，优化服务，核实税基，完善汇缴，强化评估，防范避税。

## 五、计算题

### （一）

**1.【答案】** D

**【解析】** 收入总额＝2 000＋120＋23.4＋85＝2 228.4（万元）。

**2.【答案】** C

**【解析】** 税前准予扣除项目金额＝800＋60＋25＋10＋4＋50＋6＋16.52＋7.08＋4＝982.6（万元）。

**3.【答案】** B

**【解析】** 纳税调整后所得＝2 228.4－982.6－85＝1 160.8（万元）。

**4.【答案】** A

**【解析】** 应纳税所得额＝1 160.8－30＝1 130.8（万元）。

**5.【答案】** A

**【解析】** 应纳所得税额＝1 130.8×25％＝282.7（万元）。

### （二）

**6.【答案】** D

**【解析】** 收入总额＝5 500＋10＋1 000＝6 510（万元）。

**7.【答案】** A

**【解析】** 2009 年准予扣除的管理费用＝900－200＋0＋27.5＝727.5（万元）。

业务招待费扣除限额＝5 500×5‰＝27.5（万元）。

**8.【答案】** A

**【解析】** 对自然灾害造成损失的认定,原《中华人民共和国增值税暂行条例》第二十一条明确:条例第十条所称非正常损失,是指生产、经营过程中正常损耗外的损失,包括:(1)自然灾害损失;(2)因管理不善造成货物被盗窃、发生霉烂变质等损失;(3)其他非正常损失。

新的《中华人民共和国增值税条例暂行条例实施细则》第二十四条规定,条例第十条第(二)项所称非正常损失,是指因管理不善造成被盗、丢失、霉烂变质的损失。

通过新旧细则对照,可以得知"自然灾害损失"已不属于"非正常损失",应在正常损失范围内。

新增值税条例及细则经修订后从 2009 年 1 月 1 日起实施。

因此,2009 年所得税税前准予扣除的火灾损失 $= 40 - 10 - 8 = 22$(万元),本题答案应当为 A.22 万元。

但原标准答案误为 B,由此导致后续题目无正确选项。

**9.【答案】** B

**【解析】** 广告费和业务宣传费扣除限额 $= 5\,500 \times 30\% = 1\,650$(万元),实际发生的广告费和业务宣传费允许全额扣除。

企业已按税法规定申报缴纳了 2009 年度的应纳增值税和消费税,增值税不得扣除,消费税可以扣除。根据《中华人民共和国消费税暂行条例》(中华人民共和国国务院令第 539 号)消费税税目税率附表规定:"化妆品 30%"(财税〔2016〕103 号取消对普通美容、修饰类化妆品征收消费税,将"化妆品"税目名称更名为"高档化妆品"。征收范围包括高档美容、修饰类化妆品、高档护肤类化妆品和成套化妆品。税率调整为 15%。)

2009 年应纳消费税 $= 5\,500 \times 30\% = 1\,650$(万元)。

原标准答案:2009 年应纳税所得额 $= 6\,510 - 10 - 1\,650 - 1\,700 - 1\,000 - 100 - 727.5 - 28.8 - 500 = 793.7$(万元)。

实际应为:2009 年应纳税所得额 $= 6\,510 - 10 - 1\,650 - 1\,700 - 1\,000 - 100 - 727.5 - 22 - 500 = 800.5$(万元),本题无正确选项。

**10.【答案】** C

**【解析】** 《国务院关于实施企业所得税过渡优惠政策的通知》(国发〔2007〕39 号)第一条规定,企业按照原税收法律、行政法规和具有行政法规效力文件规定享受的企业所得税优惠政策,按以下办法实施过渡:

自 2008 年 1 月 1 日起,原享受低税率优惠政策的企业,在新税法施行后 5 年内逐步过渡到法定税率。其中:享受企业所得税 15% 税率的企业,2008 年按 18% 税率执行,2009 年按 20% 税率执行,2010 年按 22% 税率执行,2011 年按 24% 税率执行,2012 年按 25% 税率执行;原执行 24% 税率的企业,2008 年起按 25% 税率执行。

自 2008 年 1 月 1 日起,原享受企业所得税"两免三减半""五免五减半"等定期减免税优惠的企业,新税法施行后继续按原税收法律、行政法规及相关文件规定的优惠办法及年限享受至期满为止,但因未获利而尚未享受税收优惠的,其优惠期限从 2008 年度起计算。

2009 年应纳所得税额 $= 2\,450.5 \times 20\% \times 50\% = 245.05$(万元),本题无正确选项。

原标准答案：2009 年应纳所得税额＝793.7×20％×50％＝79.37（万元）。

实际应为：2009 年应纳所得税额＝800.5×20％×50％＝80.05（万元），本题无正确选项。

**注：**根据《财政部　税务总局关于实施小微企业和个体工商户所得税优惠政策的公告》（财政部　税务总局公告 2021 年第 12 号）和《财政部　税务总局关于进一步完善研发费用税前加计扣除政策的公告》（财政部　税务总局公告 2021 年第 13 号），制造业企业开展研发活动中实际发生的研发费，未形成无形资产计入当期损益的，在按规定据实扣除的基础上，自 2021 年 1 月 1 日起，再按照实际发生额的 100％在税前加计扣除；形成无形资产的，自 2021 年 1 月 1 日起，按照无形资产成本的 200％在税前摊销。

对小型微利企业年应纳税所得额不超过 100 万元的部分，在《财政部　税务总局关于实施小微企业普惠性税收减免政策的通知》（财税〔2019〕13 号）第 2 条规定的优惠政策基础上，再减半征收企业所得税。

涉及扣除计算金额应进行相应调整。

# 2011年全国税务系统企业所得税业务知识试题<sup>①</sup>

友情提醒：考试时间150分钟。试卷中涉及税收政策截至2011年6月30日。

所有计算结果保留两位小数。

一、单项选择题(下列各题给出的备选答案中只有一个是正确的,请将你认为正确的答案符号[A、B、C、D中选一个]填入下表中。本题共30小题,每小题1分,共30分。)

| 题号 | 1 | 2 | 3 | 4 | 5 | 6 | 7 | 8 | 9 | 10 |
|------|---|---|---|---|---|---|---|---|---|----|
| 答案 | | | | | | | | | | |
| 题号 | 11 | 12 | 13 | 14 | 15 | 16 | 17 | 18 | 19 | 20 |
| 答案 | | | | | | | | | | |
| 题号 | 21 | 22 | 23 | 24 | 25 | 26 | 27 | 28 | 29 | 30 |
| 答案 | | | | | | | | | | |

**1.** 依据现行企业所得税的规定,下列表述正确的是( )。

A. 居民企业来源于中国境外的所得,适用税率为10%

B. 非居民企业来源于中国境内的所得,适用税率为25%

C. 非居民企业在中国境内设立的机构、场所来源于中国境内的所得,适用税率为25%

D. 境外注册的中资控股企业应当认定为居民企业,适用税率为25%

**2.** 计算判断企业是否发生税法意义上的亏损时,不得从收入总额中减除的是( )。

A. 不征税收入　　　　　　　B. 免税收入

C. 各项扣除　　　　　　　　D. 允许弥补的以前年度亏损

**3.** 某饭店为有限责任公司,2011年从业人数38人,资产总额900万元,不具备准确核算应纳税所得额的条件。2011年度终了后经核定应纳税所得额为24 000元,该公司2011年度应纳企业所得税( )元。

A. 2 400　　　　B. 3 600　　　　C. 4 800　　　　D. 6 000

**4.** 关于企业境外所得税收抵免,下列表述正确的是( )。

A. 当期可实际抵免境外所得税额＝来源于某国(地区)的应纳税所得额×法定税率

B. 居民企业在境外设立不具有独立纳税地位的分支机构取得的各项境外所得,无论是否汇回中国境内,均应计入该企业所属纳税年度的境外应纳税所得额

---

① 本套模拟试卷来自百度搜索引擎,为了让读者了解2010年至2012年真题,本模拟试卷未进行改编,但对【答案解析】部分新政内容进行注释,以便读者理解。

C. 企业不能按照有关税收法律法规准确计算实际可抵免的境外分国别(地区)的所得税税额的,由主管税务机关核定税收抵免额

D. 由居民企业直接持有 20% 以上股份的外国企业,才能适用间接抵免政策

**5.** 某企业 2009 年年初开业,由于经营不善,2011 年 3 月 31 日终止经营活动。2009 年度纳税调整后所得为 -80 万元,2011 年 1～3 月纳税调整后所得为 -50 万元。4 月 30 日清算完毕,全部资产的计税基础为 1 000 万元、可变现价值为 1 200 万元,清偿全部债务 100 万元,清算过程中发生相关税费 50 万元、清算费用 10 万元。该企业应缴纳清算所得税( )万元。

    A. 2.5              B. 10              C. 35              D. 50

**6.** 关于实际管理机构和非境内注册居民企业,下列表述正确的是( )。

    A. 企业负责实施日常生产经营管理运作的管理人员及其管理部门履行职责的场所位于中国境内,是判断实际管理机构的条件之一

    B. 非境内注册居民企业从中国境内其他居民企业(非上市公司)取得的股息、红利等权益性投资收益,按照税法及其实施条例的规定,作为其免税收入

    C. 非境内注册居民企业在中国境内投资设立的企业,不属于外商投资企业

    D. 境外中资企业由主管税务机关对其居民企业身份进行确认

**7.** 企业从政府及其有关部门取得的下列项目,应计入收入总额的是( )。

    A. 国家投资

    B. 使用后要求归还本金的资金

    C. 先征后退的增值税

    D. 按规定取得的出口退税款

**8.** 某企业 2011 年有一笔销售锅炉业务,合同约定:锅炉全部价款 600 万元,生产过程中购货方预付价款 300 万元,余款在锅炉检验后正常运行 3 个月后的 10 天内一次性支付;锅炉由供货方生产、安装,购货方和供货方共同检验。关于该笔业务的收入实现时间和金额,下列表述正确的是( )。

    A. 在购货方接受锅炉并安装、检验完毕时确认收入 600 万元

    B. 在购货方接受锅炉并安装、检验完毕时确认收入 300 万元

    C. 在供货方发出锅炉时确认收入 600 万元

    D. 在供货方发出锅炉时确认收入 300 万元

**9.** 企业采用下列销售方式销售商品的,销售收入确认正确的是( )。

    A. 采用售后回购方式销售商品的,销售的商品一律按售价确认收入

    B. 销售商品以旧换新的,销售商品应当按照销售商品收入确认条件确认收入

    C. 商品销售涉及折扣的,应当按照扣除折扣后的金额确定销售商品收入金额

    D. 以买一赠一方式销售本企业商品的,赠送的商品应按视同销售确认收入

**10.** 某企业 2011 年 12 月有一项融资性售后回租业务,出售资产的计税基础为 800 万元,出售价格为 1 200 万元,合同约定租赁期 10 年、租赁开始日为 2010 年 1 月 1 日、每年支付租金 150 万元。关于上述业务,下列表述正确的是( )。

A. 出售资产应确认资产转让所得 400 万元

B. 租赁期间每年允许扣除支付的租金 150 万元

C. 回租资产的计税基础应重新确定为 1 200 万元

D. 租赁期间每年允许扣除融资利息为 30 万元

**11.** 甲企业 2008 年与乙企业签订了向其转让持有 A 公司 70% 股权的协议;2009 年 A 公司股东大会审议通过、相关主管部门审核同意,协议生效;2010 年完成了股权变更手续;2011 年乙企业支付了股权转让价款。甲企业确认股权转让收入的年度是(    )年。

  A. 2008    B. 2009    C. 2010    D. 2011

**12.** 关于国债投资业务的企业所得税处理,下列表述正确的是(    )。

  A. 企业到期前转让国债,应在国债转让收入确认时确认利息收入的实现

  B. 计算国债利息收入的"国债金额",也就是国债面值

  C. 企业投资购买国债到期兑付的,只确认国债利息收入,不确认国债转让收入

  D. 取得国债的成本不包括取得国债时支付的相关税费

**13.** 企业向职工发放的供暖费补贴、职工防暑降温费应作为(    )处理。

  A. 工资薪金支出      B. 职工福利费

  C. 职工工会经费      D. 职工家庭生活支出

**14.** 企业为职工缴纳的下列保险费,不得在税前扣除的是(    )。

  A. 年金         B. 补充医疗保险费

  C. 家庭财产保险费      D. 特殊工种职工人身安全保险费

**15.** 2011 年,某企业全年主营业务收入 5 000 万元、其他业务收入 100 万元,全年发生业务招待费 60 万元(包括将购买价格为 8 万元的货物用于职工福利)。在不考虑增值税的情况下,该企业 2011 年允许税前扣除的业务招待费是(    )万元。

  A. 25.5    B. 25.54    C. 31.2    D. 36

**16.** 企业为下列用途借款发生的借款费用,应当费用化的是(    )。

  A. 建造固定资产      B. 购置无形资产

  C. 建造生产周期为 18 个月的存货  D. 取得长期股权投资

**17.** 关于公益性捐赠税前扣除政策,下列表述正确的是(    )。

  A. 群众团体不得申请公益性捐赠税前扣除资格

  B. 国家机关也应申请公益性捐赠税前扣除资格

  C. 县级以上人民政府及其部门包括乡镇人民政府

  D. 救济贫困社会群体和个人的支出属于公益事业的捐赠支出

**18.** 关于企业关联方利息支出税前扣除,下列表述正确的是(    )。

  A. 债权性投资包括企业从关联方获得的只需要偿还本金不需要支付利息的借入   资金

  B. 企业实际支付给任何关联方的利息支出,超过规定比例和税法及其实施条例有关   规定计算的部分,均不得在发生当期和以后年度扣除

  C. 如果所有者权益小于实收资本(股本)与资本公积之和,则权益投资为实收资本

（股本）与资本公积之和

　　D. 不得扣除利息支出＝实际支付的全部关联方利息×（1－关联债资比例/标准比例）

**19.** 下列股权和债权允许作为资产损失在税前扣除的是（　　）。

　　A. 企业之间与经营活动有关的往来款项

　　B. 债务人或者担保人有经济偿还能力，未按期偿还的企业债权

　　C. 企业未向债务人和担保人追偿的债权

　　D. 企业发生非经营活动的债权

**20.** 如果动车原值为 1 000 万元，会计上已提折旧 200 万元、计提减值准备 100 万元，按税法规定应提折旧为 220 万元；保险公司理赔财产险 500 万元。则按税法规定应确认资产损失为（　　）万元。

　　A. 200　　　　　B. 280　　　　　C. 700　　　　　D. 780

**21.** "同期同类贷款利率"是指在条件基本相同下，金融企业提供贷款的利率。这些条件不包括（　　）。

　　A. 金融机构相同　　　　　　　B. 贷款期限相同

　　C. 贷款金额相同　　　　　　　D. 贷款担保相同

**22.** 金融企业的下列项目允许在税前扣除的是（　　）。

　　A. 计提的固定资产减值准备　　　B. 缴存中央银行的准备金

　　C. 计提的长期股权投资减值准备　D. 计提的贷款损失准备

**23.** 某企业 2011 年将一栋办公楼推倒重置，该办公楼原值 1 000 万元、已提折旧 700 万元，重置支出 3 000 万元。按照国家税务总局公告 2010 年第 34 号的规定，重置后的办公楼计税成本应确定为（　　）万元。

　　A. 3 000　　　　B. 3 300　　　　C. 3 700　　　　D. 4 000

**24.** A 企业收购 B 企业的 80％实质经营性资产，该批资产作价 1 500 万元、B 企业持有时的计税基础为 1 000 万元。A 企业支付的对价为本企业股权 1 400 万元和银行存款 100 万元。如当事各方选择特殊性税务处理，则 B 企业应确认资产转让所得（　　）万元。

　　A. 0　　　　　　B. 33.33　　　　C. 100　　　　　D. 500

**25.** 企业拥有的下列无形资产允许在生产经营期间摊销扣除的是（　　）。

　　A. 接受投资取得的商标权

　　B. 自创的商誉

　　C. 外购的商誉

　　D. 已作为研究开发费在税前扣除的专利技术

**26.** 关于亏损弥补，下列表述正确的是（　　）。

　　A. 同一个国家（或地区）不同营业机构之间的盈亏允许互抵

　　B. 被合并、分立企业，合并、分立前发生的亏损不得由合并、分立企业承继弥补

　　C. 计算预缴企业所得税的"实际利润额"时不得弥补以前年度亏损

　　D. 减、免征所得额项目与应税项目的盈亏允许互抵

27. 关于企业所得税税收优惠及其管理,下列表述正确的是( )。

　　A. 居民企业被认定为高新技术企业,同时又处于国发〔2007〕39 号第一条第三款规定享受企业所得税"两免三减半"等定期减免税优惠过渡期的,该居民企业的所得税可以享受 15％税率的减半征税

　　B. 居民企业取得公共基础设施项目可减半征收企业所得税的所得,是指居民企业应就该部分所得单独核算并依照 25％的法定税率减半缴纳企业所得税

　　C. 享受减免税优惠的环境保护项目在减免税期限内转让的,受让方不得在剩余期限内继续该项目的减免税优惠

　　D. 享受减免税的技术转让所得的计算,不需要分摊期间费用

28. 下列企业的企业所得税,不得实行核定征收办法的是( )。

　　A. 小型微利企业　　　　　　　　B. 软件开发企业

　　C. 房地产开发企业　　　　　　　D. 税务师事务所

29. 企业关联交易的同期资料不包括( )。

　　A. 组织结构　　　　　　　　　　B. 生产经营情况

　　C. 关联交易情况　　　　　　　　D. 年度企业所得税纳税申报表

30. 关于企业所得税汇算清缴,下列表述正确的是( )。

　　A. 核定征收企业不需要参加汇算清缴

　　B. 纳税人在纳税年度内预缴税款超过应纳税款的,必须办理退税

　　C. 纳税人在汇算清缴期限内发现当年申报有误的,可重新办理年度纳税申报

　　D. 分支机构均需要按照税法的规定进行汇算清缴

| 题二得分 | | 阅卷人 | | 复核人 | |
|---|---|---|---|---|---|

**二、多项选择题**(下列各题给出的备选答案中有两个或两个以上是正确的,请将你认为正确的答案符号[**A、B、C、D、E** 中选两个或两个以上]填入下表中。本题共 **15** 小题,每小题 **2** 分,多选、错选本题不得分,少选但所选答案正确的,每个得 **0.5** 分,共 **30** 分。)

| 题号 | 1 | 2 | 3 | 4 | 5 | 6 | 7 | 8 |
|---|---|---|---|---|---|---|---|---|
| 答案 | | | | | | | | |
| 题号 | 9 | 10 | 11 | 12 | 13 | 13 | 15 | |
| 答案 | | | | | | | | |

1. 对来源于中国境内、境外的所得,下列判断正确的有( )。

　　A. 销售货物所得属于动产转让所得,按照销售货物的企业所在地确定

　　B. 提供劳务所得,按照劳务发生地确定

　　C. 不动产转让所得按照不动产所在地确定

　　D. 权益性投资资产转让所得按照被投资企业所在地确定

E. 不动产租金所得,按照不动产所在地确定

**2.** 企业在各个纳税期末,提供劳务交易的结果能够可靠估计的,应采用完工进度(完工百分比)法确认提供劳务收入。下列提供劳务满足收入确认条件,应按完工进度确认收入的有( )。

A. 专业安装费          B. 艺术表演活动收费

C. 广告的制作费         D. 软件费

E. 特许权费

**3.** 关于就地预缴企业所得税,下列表述正确的有( )。

A. 上年度认定为小型微利企业的,其分支机构不就地预缴所得税

B. 新设立的分支机构,设立当年不就地预缴所得税

C. 不设立分支机构的企业,不就地预缴所得税

D. 与管理职能部门分开核算的、具有独立生产经营职能的部门,不就地预缴所得税

E. 建筑企业所属二级分支机构直接管理的项目部,不就地预缴所得税

**4.** 下列情形中,可能产生股东或投资方股息性所得的有( )。

A. 被投资企业股东会或股东大会作出利润分配的决定

B. 被投资企业股东会或股东大会作出用盈余公积转增股本或注册资本的决定

C. 被投资企业股东会或股东大会作出用股权溢价转增股本或注册资本的决定

D. 被投资企业清算,且有剩余资产和累计未分配利润的

E. 与房地产开发企业合作或合资开发房地产项目,该项目未成立独立法人公司,开发合同或协议中约定分配项目利润的,投资方取得该项目的营业利润

**5.** 关于金融企业贷款利息收入的所得税处理,下列表述正确的有( )。

A. 未逾期贷款,应于债务人应付利息的日期确认利息收入的实现

B. 贷款逾期后发生的应收利息,必须于实际收到的日期确认利息收入的实现

C. 贷款逾期后发生的应收利息,虽未实际收到,但会计上确认为利息收入的,税法上也应确认收入的实现

D. 金融企业已确认为利息收入的应收利息,逾期90天仍未收回,无论会计上是否已冲减当期利息收入,均准予抵扣当期应纳税所得额

E. 金融企业已冲减了利息收入的应收未收利息,以后年度收回时,应计入当期应纳税所得额

**6.** 下列各项业务中,按税法规定应视同销售的有( )。

A. 有公允价值的非货币资产交换     B. 用固定资产抵偿债务

C. 将自产的产品转为固定资产       D. 将自产的产品用于分配股利

E. 用自产的产品用于橱窗陈列

**7.** 企业按照有关规定提取的下列专项资金或费用,准予在税前扣除的有( )。

A. 环境保护专项资金         B. 煤矿企业维简费

C. 生态恢复专项资金         D. 高危行业企业安全生产费用

E. 物业完善费用

**8.** 关于资产和资产的计税基础,下列表述正确的有( )。

A. 资产包括长期待摊费用

B. 企业的各项资产应以历史成本为计税基础

C. 企业持有各项资产发生资产增值或者减值,一律不得调整其计税基础

D. 盘盈的固定资产,以同类固定资产的公允价值为计税基础

E. 自行建造的固定资产,以竣工结算前发生的支出为计税基础

**9.** 关于资产损失的税前扣除,下列表述正确的有( )。

A. 股权投资转让损失不得在税前扣除

B. 企业实际资产损失,应当在其实际发生且会计上已作损失处理的年度申报扣除

C. 未经申报的资产损失,不得在税前扣除

D. 企业以前年度发生的资产损失不得追补确认扣除

E. 自然灾害造成的资产损失,应以专项申报的方式向税务机关申报扣除

**10.** 关于手续费及佣金的税前扣除,下列表述正确的有( )。

A. 财产保险企业按当年全部保费收入的15%计算手续费及佣金的扣除限额

B. 支付对象必须是具有合法经营资格中介服务机构或个人

C. 以非转账方式向中介服务机构支付的手续费及佣金不得在税前扣除

D. 购置固定资产期间发生的手续费及佣金支出,允许在发生当期直接扣除

E. 企业支付的手续费及佣金不得直接冲减服务协议或合同金额

**11.** 可抵免境外所得税税额,是指企业来源于中国境外的所得依照中国境外税收法律以及相关规定应当缴纳并已实际缴纳的企业所得税性质的税款。但不包括( )。

A. 按照该国(地区)税收法律享受了免税或减税待遇,且该免税或减税的数额按照税收协定规定应视同已缴的税额

B. 按照境外所得税法律及相关规定属于错缴或错征的境外所得税税款

C. 按照税收协定规定不应征收的境外所得税税款

D. 因少缴或迟缴境外所得税而追加的利息、滞纳金或罚款

E. 境外所得税纳税人或者其利害关系人从境外征税主体得到实际返还或补偿的境外所得税税款

**12.** 下列税收优惠中,属于企业所得税纳税申报表附表五税收优惠明细表中"减免所得额"优惠类别的有( )。

A. 符合条件的小型微利企业　　B. 林木的培育和种植

C. 过渡期税收优惠　　D. 海水养殖、内陆养殖

E. 符合条件的技术转让所得

**13.** 关于国家重点扶持的公共基础设施项目的税收优惠,下列表述正确的有( )。

A. 享受税收优惠的主体必须是居民企业

B. 企业承包经营国家重点扶持的公共基础设施项目,不得享受该项目的税收优惠

C. 国家重点扶持的公共基础设施项目包括城市公共交通

D. 享受该项优惠的企业应向主管税务机关备案后,方可享受有关企业所得税优惠

E. 减免税期限届满后转让优惠项目的,受让方重新计算享受减免税优惠

**14.** 关于资产收购业务的特殊性税务处理,下列表述正确的有(    )。

A. 如收购企业支付的对价都是直接持有的企业的股权,符合特殊性税务处理的条件

B. 特殊性税务处理的前提是收购企业支付的对价中必须有股权支付

C. 被转让资产如享受项目优惠未期满的,受让方不得继续享受剩余期限的项目优惠

D. 转让方取得受让方股权的计税基础,以被转让资产的原有计税基础确定

E. 转让方如取得的对价全部是受让方的股权,暂不确认资产转让所得或损失

**15.** 房地产开发企业在开发区内建造的会所、物业管理场所等配套设施,下列情形中,可以作为公共配套设施处理的有(    )。

A. 无偿赠与地方政府

B. 无偿赠与公用事业单位

C. 属于非营利性且产权属于全体业主

D. 产权归开发企业所有

E. 未明确产权归属

| 题三得分 | | 阅卷人 | | 复核人 | |
|---|---|---|---|---|---|

### 三、判断题(判断下列各题,正确的划"√",错误的划"×",请将你所选答案符号[√、×中选一个]填入下表中。本题共 10 小题,每小题 1 分,共 10 分。)

| 题号 | 1 | 2 | 3 | 4 | 5 | 6 | 7 | 8 | 9 | 10 |
|---|---|---|---|---|---|---|---|---|---|---|
| 答案 | | | | | | | | | | |

**1.** 某非居民企业委托某自然人在中国境内经常代其储存、交付货物,该自然人应视为该非居民企业在中国境内设立的机构、场所。　　　　　　　　　　　　　　　　(    )

**2.** 企业取得的各项免税收入所对应的成本、费用、资产损失,不得在计算企业应纳税所得额时扣除。　　　　　　　　　　　　　　　　　　　　　　　　　　　　(    )

**3.** 税务机关对企业以前年度纳税情况进行检查调增的应纳税所得额,凡企业以前年度发生亏损、且该亏损属于税法规定允许弥补的,应允许调增的应纳税所得额弥补该亏损。

(    )

**4.** 企业预缴所得税的方法一经确定,不得变更。　　　　　　　　　　　(    )

**5.** 企业发生债务重组,应在债务重组合同或协议生效时确认收入的实现。　(    )

**6.** 房地产开发企业建造、开发的开发产品,无论工程质量是否通过验收合格,或是否办理完工(竣工)备案手续以及会计决算手续,当企业开始办理开发产品交付手续(包括入住手续)、或已开始实际投入使用时,为开发产品开始投入使用,应视为开发产品已经完工。

(    )

**7.** 企业当年度实际发生的相关成本、费用,由于各种原因未能及时取得该成本、费用的有效凭证,企业在预缴季度所得税时,可暂按账面发生金额进行核算;但在汇算清缴时,应补

充提供该成本、费用的有效凭证。 （　　）

**8.** 凡企业投资者在规定期限内未缴足其应缴资本额的,该企业对外借款所发生的利息支出,应由企业投资者负担,不得在计算企业应纳税所得额时扣除。 （　　）

**9.** 企业发生的职工福利费,应该单独设置账册,进行准确核算。没有单独设置账册准确核算的,企业发生的职工福利费不得在税前扣除。 （　　）

**10.** 通过支付现金方式取得的固定资产,以购买价款和相关税费为计税成本。 （　　）

| 题四得分 | | 阅卷人 | | 复核人 | |
|---|---|---|---|---|---|

**四、简答题(根据问题列出你所给出的答题要点,请将答题要点写在问题下面,表述要规范。本题共 2 小题,每题 5 分,共 10 分。)**

（一）请列举五种与权责发生制原则不同的收入确认方法。

（二）对跨地区经营汇总纳税企业的所得税征收管理,其主要办法和目的是什么?

| 题五得分 | | 阅卷人 | | 复核人 | |
|---|---|---|---|---|---|

**五、计算题(根据下列资料计算并回答有关问题,请将你认为正确的答案符号[A、B、C、D 中选一个]填入下表中。本题共 10 小题,每小题 2 分,共 20 分。)**

| 题号 | 1 | 2 | 3 | 4 | 5 | 6 | 7 | 8 | 9 | 10 |
|---|---|---|---|---|---|---|---|---|---|---|
| 答案 | | | | | | | | | | |

## （一）

某居民企业 2011 年有关经营情况如下:

(1) 产品销售收入 3 150 万元,其中 150 万元为综合利用资源生产符合国家产业政策规定产品的收入。

(2) 从其他居民企业(非上市公司)取得直接投资的股息收入 80 万元,记入"投资收益";接受现金捐赠 100 万元,记入"营业外收入"。

(3) 销售成本 1 800 万元;非增值税销售税金及附加 95 万元;销售费用 400 万元,其中包括 260 万元的广告费;管理费用 400 万元,包括研究开发费 120 万元、业务招待费 50 万元;财务费用 80 万元,包括向投资者支付股息 20 万元,以及于 2009 年 2 月即开始加工、本年 6 月才可销售产品的借款利息支出 5 万元。

(4) 计入成本、费用中的合理的实发工资 120 万元,拨缴工会经费 3.5 万元、支出职工福利费 18 万元、职工教育经费 5 万元。

(5) 营业外支出 30 万元,包括通过公益性社会团体向贫困山区的捐款 10 万元。

要求：根据以上资料，计算并回答下列问题：

**1.** 该企业 2011 年应税收入（不包括免税收入、减计收入）为（　　）万元。

    A. 3 150        B. 3 235        C. 3 315        D. 3 330

**2.** 该企业 2011 年纳税调整增加额为（　　）万元。

    A. 48.55        B. 58.55        C. 63.55        D. 73.55

**3.** 该企业 2011 年纳税调整减少额为（　　）万元。

    A. 60        B. 75        C. 140        D. 155

**4.** 该企业 2011 年纳税调整后所得为（　　）万元。

    A. 433.55        B. 513.55        C. 525        D. 588.55

**5.** 该企业 2011 年应纳企业所得税（　　）万元。

    A. 108.39        B. 128.39        C. 131.25        D. 149.64

## （二）

某房地产开发企业 2009 年 5 月设立，当年有关资料如下：

（1）征用开发用地 10 000 平方米，支付土地价款 2 000 万元，缴纳契税 100 万元，发生其他征用土地费用 50 万元。

（2）在该土地上开发一楼盘，发生前期工程费 300 万元，基础设施建造费 500 万元，建筑安装工程费 3 000 万元，开发间接费用 150 万元，至年底未完工。

（3）采用视同买断方式委托甲房屋销售公司预售该楼盘，委托销售合同约定买断价为每平方米 8 000 元，超出买断价的价差归销售公司所有，开发企业不另支付手续费；当年预售 20 000 平方米，预售合同均由开发企业与购房者签订，合同均价为每平方米 9 000 元，销售公司与开发企业按买断价进行结算，并已将结算款项通过转账方式支付给开发企业，开发企业会计处理为：借记"银行存款"16 000 万元，贷记"预收账款"16 000 万元。

（4）发生管理费用 400 万元，其中一次性列支房屋租赁费 220 万元，租赁期为 2009 年 1 月 1 日至 2010 年 12 月 31 日；销售费用 300 万元；财务费用 370 万元，其中列支因开发该楼盘向银行借款的利息支出 350 万元。

2010 年 7 月，该楼盘达到完工条件，全部可售建筑面积为 60 000 平方米。至年底，当年有关资料如下：

（1）发生建筑安装工程费 3 000 万元，开发间接费用 200 万元，预提不可撤销的公共配套设施费 300 万元。

（2）当年年初至完工前继续采用视同买断方式委托甲房屋销售公司预售该楼盘，当年预售 10 000 平方米，预售合同仍由开发企业与购房者签订，合同均价为每平方米 9 500 元，销售公司与开发企业按买断价进行结算，并已将结算款项通过转账方式支付给开发企业，开发企业会计处理为：借记"银行存款"8 000 万元，贷记"预收账款"8 000 万元。

（3）开发产品完工后至年底，采用视同买断方式委托甲房屋销售公司继续销售该楼盘，销售完工开发产品 12 000 平方米，销售合同仍由开发企业与购房者签订，合同均价为每平方米 9 800 元，销售公司与开发企业按买断价进行结算，并已将结算款项通过转账方式支付给开发企业，开发企业会计处理为：借记"银行存款"9 600 万元，贷记"主营业务收入"9 600

万元。

（4）当年发生管理费用700万元；销售费用800万元，其中广告费和业务宣传费780万元；财务费用450万元，其中列支该楼盘完工前向银行借款的利息支出350万元，完工后向银行借款的利息支出80万元。

假设不考虑营业税及其他税费，未完工开发产品预计计税毛利率为10％，开发产品完工后企业已及时将"预收账款"转入"主营业务收入"，会计上全年计算结转"主营业务成本"6 720万元。

要求：根据以上资料，计算并回答下列问题：

**6.** 该开发企业2009年纳税调整增加额为（ ）万元。

    A. 1 800         B. 2 150         C. 2 260         D. 2 370

**7.** 该开发企业2009年发生的开发成本合计（ ）万元。

    A. 5 950         B. 6 100         C. 6 300         D. 6 450

**8.** 该开发企业2010年应确认完工开发产品销售收入（ ）万元。

    A. 9 600         B. 33 600         C. 37 100         D. 39 260

**9.** 该开发企业2010年纳税调整减少额为（ ）万元。

    A. 1 800         B. 2 290         C. 2 400         D. 2 750

**10.** 该开发企业2010年应纳企业所得税（ ）万元。

    A. 7 135         B. 7 162.5         C. 6 355         D. 6 232.5

# 2011 年全国税务系统企业所得税业务知识试题参考答案及解析

## 一、单项选择题

**1.【答案】** C

**【解析】**《中华人民共和国企业所得税法》第 3 条第 1 款规定,居民企业应当就其来源于中国境内、境外的所得缴纳企业所得税。第 4 条规定适用税率为 25%。

《中华人民共和国企业所得税法》第 3 条第 3 款规定,非居民企业在中国境内未设立机构、场所的,或者虽设立机构、场所但取得的所得与其所设机构、场所没有实际联系的,应当就其来源于中国境内的所得缴纳企业所得税。第 4 条第 2 款规定非居民企业取得《中华人民共和国企业所得税法》第 3 条第 3 款规定的所得适用税率为 20%。

《中华人民共和国企业所得税法》第 3 条第 2 款规定,非居民企业在中国境内设立机构、场所的,应当就其所设机构、场所取得的来源于中国境内的所得,以及发生在中国境外但与其所设机构、场所有实际联系的所得,缴纳企业所得税。第 4 条规定适用税率为 25%。

《国家税务总局关于境外注册中资控股企业依据实际管理机构标准认定为居民企业有关问题的通知》(国税发〔2009〕82 号)规定,境外注册的中资控股企业认定为居民企业要依据符合条件的实际管理机构在中国境内的,是有条件的。

《中华人民共和国企业所得税法》第 37 条规定,对非居民企业取得本法第 3 条第 3 款规定的所得应缴纳的所得税,实行源泉扣缴,以支付人为扣缴义务人。税款由扣缴义务人在每次支付或者到期应支付时,从支付或者到期应支付的款项中扣缴。

**2.【答案】** D

**【解析】**《国家税务总局关于〈中华人民共和国企业所得税年度纳税申报表〉的补充通知》(国税函〔2008〕1081 号)附件:中华人民共和国企业所得税年度纳税申报表及附表填报说明

"纳税调整后所得":填报纳税人经过纳税调整计算后的所得额。本行<0 时,即为可结转以后年度弥补的亏损额。

纳税调整后所得＝会计利润总额＋纳税调整增加额－纳税调整减少额－不征税收入

－免税收入－减计收入－减、免税项目所得－加计扣除

－抵扣应纳税所得额－境外应税所得弥补境内亏损

纳税调整后所得>0 时,继续计算应纳税所得额:

纳税调整后所得－弥补以前年度亏损＝应纳税所得额

上述计算公式可以看出,"纳税调整后所得"<0 即为发生税法意义上的亏损,也就不存在"允许弥补的以前年度亏损"问题。

**注**：根据《国家税务总局关于发布〈中华人民共和国企业所得税年度纳税申报表(a类,2014年版)〉的公告》(国家税务总局公告2014年第63号)的规定,国税函〔2008〕1081号自2015年1月1日起废止。

根据《国家税务总局关于发布〈中华人民共和国企业所得税年度纳税申报表(a类,2017年版)〉的公告》(税务总局公告2017年第54号)的规定,国家税务总局公告2014年第63号自2018年1月1日起废止。

根据《国家税务总局关于修订企业所得税年度纳税申报表的公告》(国家税务总局公告2020年第24号)的规定,税务总局对《中华人民共和国企业所得税年度纳税申报表(a类,2017年版)》部分表单和填报说明进行修订,适用于2020年度及以后年度企业所得税汇算清缴申报,本文中涉及上述修订的表单和填报说明同时废止。

**3.【答案】** D

**【解析】** 《财政部 国家税务总局关于执行企业所得税优惠政策若干问题的通知》(财税〔2009〕69号)第8条规定,企业所得税法第28条规定的小型微利企业待遇,应适用于具备建账核算自身应纳税所得额条件的企业,按照《企业所得税核定征收办法》(国税发〔2008〕30号)缴纳企业所得税的企业,在不具备准确核算应纳税所得额条件前,暂不适用小型微利企业适用税率。

该公司2010年度应纳企业所得税＝24 000×25％＝6 000(元)。

**注**：小型微利企业政策变化较大,本规定已废止,目前核定征收企业也可以享受小型微利企业税收优惠。

**4.【答案】** B

**【解析】** 《中华人民共和国企业所得税法》第23条规定,企业取得的下列所得已在境外缴纳的所得税税额,可以从其当期应纳税额中抵免,抵免限额为该项所得依照本法规定计算的应纳税额;超过抵免限额的部分,可以在以后五个年度内,用每年度抵免限额抵免当年应抵税额后的余额进行抵补:(1)居民企业来源于中国境外的应税所得;(2)非居民企业在中国境内设立机构、场所,取得发生在中国境外但与该机构、场所有实际联系的应税所得。

"当期可实际抵免境外所得税额"是抵免限额内已在境外缴纳的所得税税额。选项A的计算未考虑已缴因素。

《财政部 国家税务总局关于企业境外所得税收抵免有关问题的通知》(财税〔2009〕125号)第3条规,企业应就其按照实施条例第7条规定确定的中国境外所得(境外税前所得),按以下规定计算实施条例第78条规定的境外应纳税所得额:居民企业在境外投资设立不具有独立纳税地位的分支机构,其来源于境外的所得,以境外收入总额扣除与取得境外收入有关的各项合理支出后的余额为应纳税所得额。各项收入、支出按企业所得税法及实施条例的有关规定确定。居民企业在境外设立不具有独立纳税地位的分支机构取得的各项境外所得,无论是否汇回中国境内,均应计入该企业所属纳税年度的境外应纳税所得额。选项B正确。

《国家税务总局关于发布〈企业境外所得税收抵免操作指南〉的公告》(国家税务总局公告2010年第1号)规定,不能按照有关税收法律法规准确计算实际可抵免的境外分国别(地区)的所得税税额的,不应给予税收抵免。规定是不得抵免,而非由主管税务机关核定税收抵免额,选项 C 错误。

居民企业从其直接或者间接控制的外国企业分得的来源于中国境外的股息、红利等权益性投资收益,都可能涉及境外税额间接抵免,选项 D 错误。

**5.【答案】** A

**【解析】** 《财政部 国家税务总局关于企业清算业务企业所得税处理若干问题的通知》(财税〔2009〕60 号)第 5 条规定,企业全部资产的可变现价值或交易价格减除清算费用,职工的工资、社会保险费用和法定补偿金,结清清算所得税、以前年度欠税等税款,清偿企业债务,按规定计算可以向所有者分配的剩余资产。

该企业应缴纳清算所得税=(1 200－1 000－50－10－80－50)×25％＝10×25％＝2.5(万元)。

**6.【答案】** B

**【解析】** 《国家税务总局关于境外注册中资控股企业依据实际管理机构标准认定为居民企业有关问题的通知》(国税发〔2009〕82 号)规定,境外中资企业同时符合以下条件的,根据《中华人民共和国企业所得税法》第 2 条第 2 款和《中华人民共和国企业所得税法实施条例》第 4 条的规定,应判定其为实际管理机构在中国境内的居民企业(以下称非境内注册居民企业),并实施相应的税收管理,就其来源于中国境内、境外的所得征收企业所得税。(1)企业负责实施日常生产经营管理运作的高层管理人员及其高层管理部门履行职责的场所主要位于中国境内;(2)企业的财务决策(如借款、放款、融资、财务风险管理等)和人事决策(如任命、解聘和薪酬等)由位于中国境内的机构或人员决定,或需要得到位于中国境内的机构或人员批准;(3)企业的主要财产、会计账簿、公司印章、董事会和股东会议纪要档案等位于或存放于中国境内;(4)企业 1/2(含 1/2)以上有投票权的董事或高层管理人员经常居住于中国境内。

国税发〔2009〕82 号第 5 条规定,非境内注册居民企业在中国境内投资设立的企业,其外商投资企业的税收法律地位不变。

国税发〔2009〕82 号第 7 条第 1 款规定,境外中资企业可向其实际管理机构所在地或中国主要投资者所在地主管税务机关提出居民企业申请,主管税务机关对其居民企业身份进行初步审核后,层报国家税务总局确认;境外中资企业未提出居民企业申请的,其中国主要投资者的主管税务机关可以根据所掌握的情况对其是否属于中国居民企业做出初步判定,层报国家税务总局确认。国税发〔2009〕82 号第 4 条规定,非境内注册居民企业从中国境内其他居民企业取得的股息、红利等权益性投资收益,按照企业所得税法第 26 条和实施条例第 83 条的规定,作为其免税收入。

注:根据《国家税务总局关于公布失效废止的税务部门规章和税收规范性文件目录的决定》(国家税务总局令第 42 号)的规定,国税发〔2009〕82 号第 7 条第 1 款废止。

**7.【答案】** C

**【解析】** 《财政部 国家税务总局关于财政性资金行政事业性收费政府性基金有关企业所得税政策问题的通知》(财税〔2008〕151 号)规定,企业取得的各类财政性资金,除属于国家投资和资金使用后要求归还本金的以外,均应计入企业当年收入总额。本条所称财政性资金,是指企业取得的来源于政府及其有关部门的财政补助、补贴、贷款贴息,以及其他各类财政专项资金,包括直接减免的增值税和即征即退、先征后退、先征后返的各种税收,但不包括企业按规定取得的出口退税款;所称国家投资,是指国家以投资者身份投入企业、并按有关规定相应增加企业实收资本(股本)的直接投资。

**8.【答案】** A

**【解析】** 《国家税务总局关于确认企业所得税收入若干问题的通知》(国税函〔2008〕875号)规定,(1)企业销售商品同时满足下列条件的,应确认收入的实现:①商品销售合同已经签订,企业已将商品所有权相关的主要风险和报酬转移给购货方;②企业对已售出的商品既没有保留通常与所有权相联系的继续管理权,也没有实施有效控制;③收入的金额能够可靠地计量;④已发生或将发生的销售方的成本能够可靠地核算。(2)符合上款收入确认条件,采取下列商品销售方式的,应按以下规定确认收入实现时间:①销售商品采用托收承付方式的,在办妥托收手续时确认收入;②销售商品采取预收款方式的,在发出商品时确认收入;③销售商品需要安装和检验的,在购买方接受商品以及安装和检验完毕时确认收入。如果安装程序比较简单,可在发出商品时确认收入;④销售商品采用支付手续费方式委托代销的,在收到代销清单时确认收入。

**9.【答案】** B

**【解析】** 根据《国家税务总局关于确认企业所得税收入若干问题的通知》(国税函〔2008〕875号)第1条的规定,采用售后回购方式销售商品的,销售的商品按售价确认收入,回购的商品作为购进商品处理。有证据表明不符合销售收入确认条件的,如以销售商品方式进行融资,收到的款项应确认为负债,回购价格大于原售价的,差额应在回购期间确认为利息费用。选项A错在"一律"。销售商品以旧换新的,销售商品应当按照销售商品收入确认条件确认收入,回收的商品作为购进商品处理。选项B正确。企业为促进商品销售而在商品价格上给予的价格扣除属于商业折扣,商品销售涉及商业折扣的,应当按照扣除商业折扣后的金额确定销售商品收入金额。选项C错。"现金折扣"区别于"商业折扣","债权人为鼓励债务人在规定的期限内付款而向债务人提供的债务扣除属于现金折扣,销售商品涉及现金折扣的,应当按扣除现金折扣前的金额确定销售商品收入金额,现金折扣在实际发生时作为财务费用扣除。"企业以买一赠一等方式组合销售本企业商品的,不属于捐赠,应将总的销售金额按各项商品的公允价值的比例来分摊确认各项的销售收入。选项D按"视同销售"处理,错误。

**10.【答案】** D

**【解析】** 《国家税务总局关于融资性售后回租业务中承租方出售资产行为有关税收问题的公告》(国家税务总局2010年第13号)第2条规定,根据现行企业所得税法及有关收入确定规定,融资性售后回租业务中,承租人出售资产的行为,不确认为销售收入,对融资性租赁的资产,仍按承租人出售前原账面价值作为计税基础计提折旧。租赁期间,承租人支付的属于融资利息的部分,作为企业财务费用在税前扣除。

融资利息总额＝150×10－1 200＝300(万元)(承租人净支付总额),因此承租人租赁期间每年应扣除融资利息为30万元。

**11.【答案】** C

**【解析】**《国家税务总局关于贯彻落实企业所得税法若干税收问题的通知》(国税函〔2010〕79 号)第 3 条规定,企业转让股权收入,应于转让协议生效、且完成股权变更手续时,确认收入的实现。转让股权收入扣除为取得该股权所发生的成本后,为股权转让所得。企业在计算股权转让所得时,不得扣除被投资企业未分配利润等股东留存收益中按该项股权所可能分配的金额。

题中 2009 年"协议生效",2010 年"完成了股权变更手续",根据国税函〔2010〕79 号文中"且"的规定,所以只能选 C。

**12.【答案】** A

**【解析】**《关于企业国债投资业务企业所得税处理问题的公告》(国家税务总局公告〔2011 年〕第 36 号)规定,企业转让国债,应在国债转让收入确认时确认利息收入的实现。选项 A 正确。国家税务总局公告〔2011〕第 36 号规定,国债利息收入＝国债金额×(适用年利率÷365)×持有天数,公式中的"国债金额",按国债发行面值或发行价格确定。选项 B 错误。国家税务总局公告〔2011〕第 36 号规定,企业投资购买国债,到期兑付的,应在国债发行时约定的应付利息的日期,确认国债转让收入的实现。选项 C 错误。国家税务总局公告 2011 第 36 号规定,关于国债成本确定问题:(1)通过支付现金方式取得的国债,以买入价和支付的相关税费为成本;(2)通过支付现金以外的方式取得的国债,以该资产的公允价值和支付的相关税费为成本。选项 D 错误。

**13.【答案】** B

**【解析】**《国家税务总局关于企业工资薪金及职工福利费扣除问题的通知》(国税函〔2009〕3 号)第 3 条规定,《中华人民共和国企业所得税法实施条例》第 40 条规定的企业职工福利费,包括以下内容:为职工卫生保健、生活、住房、交通等所发放的各项补贴和非货币性福利,包括企业向职工发放的因公外地就医费用、未实行医疗统筹企业职工医疗费用、职工供养直系亲属医疗补贴、供暖费补贴、职工防暑降温费、职工困难补贴、救济费、职工食堂经费补贴、职工交通补贴等。

**注:**《财政部关于企业加强职工福利费财务管理的通知》(财企〔2009〕242 号)规定,企业为职工提供的交通、住房、通讯待遇,已经实行货币化改革的,按月按标准发放或支付的住房补贴、交通补贴或者车改补贴、通讯补贴,应当纳入职工工资总额,不再纳入职工福利费管理;尚未实行货币化改革的,企业发生的相关支出作为职工福利费管理,但根据国家有关企业住房制度改革政策的统一规定,不得再为职工购建住房。

**14.【答案】** C

**【解析】**《中华人民共和国企业所得税法实施条例》第 35 条规定,企业依照国务院有关主管部门或者省级人民政府规定的范围和标准为职工缴纳的基本养老保险费、基本医疗保险费、失业保险费、工伤保险费、生育保险费等基本社会保险费和住房公积金,准予扣除。

企业为投资者或者职工支付的补充养老保险费、补充医疗保险费,在国务院财政、税务主管部门规定的范围和标准内,准予扣除。

《国家税务总局关于企业年金个人所得税征收管理有关问题的通知》(国税函〔2009〕694

号)文件解释:企业年金是指企业及其职工按照《企业年金试行办法》的规定,在依法参加基本养老保险的基础上,自愿建立的补充养老保险。——即"年金"="补充养老保险费"。

注:根据《财政部 人力资源与社会保障部 国家税务总局关于企业年金职业年金个人所得税有关问题的通知》(财税〔2013〕103号)的规定,国税函〔2009〕694号自2014年1月1日起废止。

《中华人民共和国企业所得税法实施条例》第36条规定,除企业依照国家有关规定为特殊工种职工支付的人身安全保险费和国务院财政、税务主管部门规定可以扣除的其他商业保险费外,企业为投资者或者职工支付的商业保险费,不得扣除。

**15.【答案】** B

**【解析】**《中华人民共和国企业所得税法实施条例》第25条规定,企业发生非货币性资产交换,以及将货物、财产、劳务用于捐赠、偿债、赞助、集资、广告、样品、职工福利或者利润分配等用途的,应当视同销售货物、转让财产或者提供劳务,但国务院财政、税务主管部门另有规定的除外。

按收入标准:销售(营业)收入合计×5‰=(主营业务收入+其他业务收入+视同销售收入)×5‰=(5 000+100+8)×5‰=25.54(万元)。

按业务招待费发生额标准=60×60%=36(万元)。

36万元>25.54万元,取较小值作为允许税前扣除标准。

**16.【答案】** D

**【解析】**《中华人民共和国企业所得税法实施条例》规定,第37条第2款:企业为购置、建造固定资产、无形资产和经过12个月以上的建造才能达到预定可销售状态的存货发生借款的,在有关资产购置、建造期间发生的合理的借款费用,应当作为资本性支出计入有关资产的成本,并依照本条例的规定扣除。第37条第1款规定:企业在生产经营活动中发生的合理的不需要资本化的借款费用,准予扣除。长期股权投资是企业的正常生产经营活动,其借款费用应当费用化。

**17.【答案】** D

**【解析】**《财政部 国家税务总局关于通过公益性群众团体的公益性捐赠税前扣除有关问题的通知》(财税〔2009〕124号)第3条规定,所称的公益事业,是指《中华人民共和国公益事业捐赠法》规定的下列事项,救助灾害、救济贫困、扶助残疾人等困难的社会群体和个人的活动。第5条规定,符合本通知第4条规定的公益性群众团体,可按程序申请公益性捐赠税前扣除资格。选项A错误,选项D正确。

注:根据《财政部 国家税务总局关于通过公益性群众团体的公益性捐赠税前扣除有关事项的公告》(财政部 国家税务总局公告2021年第20号),财税〔2009〕124号自2021年1月1日起废止。

《财政部 国家税务总局 民政部关于公益性捐赠税前扣除有关问题的补充通知》(财税〔2010〕45号)规定,企业或个人通过获得公益性捐赠税前扣除资格的公益性社会团体或县级以上人民政府及其组成部门和直属机构,用于公益事业的捐赠支出,可以按规定进行所得税税前扣除。县级以上人民政府及其组成部门和直属机构的公益性捐赠税前扣除资格不需要认定。选项 B 错误。

《财政部　国家税务总局　民政部关于公益性捐赠税前扣除有关问题的通知》(财税〔2008〕160 号)第 5 条规定,本通知第 1 条所称的县级以上人民政府及其部门和第二条所称的国家机关均指县级(含县级,下同)以上人民政府及其组成部门和直属机构。选项 C 错误。

**注:**根据《财政部　国家税务总局　民政部关于公益性捐赠税前扣除有关事项的公告》(财政部　国家税务总局　民政部公告 2020 年第 27 号)的规定,财税〔2008〕160 号、财税〔2010〕45 号文件废止。涉及公益性捐赠税前扣除规定应执行《关于公益性捐赠税前扣除有关事项的公告》(财政部公告 2020 第 27 号)。

**18.【答案】** C

**【解析】** 《中华人民共和国企业所得税法实施条例》第 119 条规定,债权性投资是指企业直接或者间接从关联方获得的,需要偿还本金和支付利息或者需要以其他具有支付利息性质的方式予以补偿的融资。选项 A 错误。

《财政部　国家税务总局关于企业关联方利息支出税前扣除标准有关税收政策问题的通知》(财税〔2008〕121 号)规定,在计算应纳税所得额时,企业实际支付给关联方的利息支出,不超过以下规定比例和税法及其实施条例有关规定计算的部分,准予扣除,超过的部分不得在发生当期和以后年度扣除。选项 B 错误。

《国家税务总局关于印发〈特别纳税调整实施办法(试行)〉的通知》(国税发〔2009〕2 号)第 86 条规定,权益投资为企业资产负债表所列示的所有者权益金额。如果所有者权益小于实收资本(股本)与资本公积之和,则权益投资为实收资本(股本)与资本公积之和;如果实收资本(股本)与资本公积之和小于实收资本(股本)金额,则权益投资为实收资本(股本)金额。选项 C 正确。

《国家税务总局关于印发〈特别纳税调整实施办法(试行)〉的通知》(国税发〔2009〕2 号)第 85 条规定,所得税法第 46 条所称不得在计算应纳税所得额时扣除的利息支出应按以下公式计算:不得扣除利息支出＝年度实际支付的全部关联方利息×(1－标准比例/关联债资比例)。选项 D 错误,将比例颠倒。

**19.【答案】** A

**【解析】** 《国家税务总局关于发布〈企业资产损失所得税税前扣除管理办法〉的公告》(国家税务总局公告 2011 年第 25 号)第 46 条规定,下列股权和债权不得作为损失在税前扣除:(1)债务人或者担保人有经济偿还能力,未按期偿还的企业债权;(2)违反法律、法规的规定,以各种形式、借口逃废或悬空的企业债权;(3)行政干预逃废或悬空的企业债权;(4)企业未向债务人和担保人追偿的债权;(5)企业发生非经营活动的债权;(6)其他不应当核销的企业债权和股权。

**20.【答案】** B

**【解析】** 按税法规定应确认资产损失为:1 000－220－500＝280(万元)。

**21.【答案】** A

**【解析】** 《国家税务总局关于企业所得税若干问题的公告》(国家税务总局公告 2011 年第 34 号)第 1 条规定,根据《中华人民共和国实施条例》第 38 条规定,非金融企业向非金融企业借款的利息支出,不超过按照金融企业同期同类贷款利率计算的数额的部分,准予税前扣除。鉴于目前我国对金融企业利率要求的具体情况,企业在按照合同要求首次支付利息并进行税前扣除时,应提供"金融企业的同期同类贷款利率情况说明",以证明其利息支出的合理性。

"金融企业的同期同类贷款利率情况说明"中,应包括在签订该借款合同当时,本省任何一家金融企业提供同期同类贷款利率情况。该金融企业应为经政府有关部门批准成立的可以从事贷款业务的企业,包括银行、财务公司、信托公司等金融机构。"同期同类贷款利率"是指在贷款期限、贷款金额、贷款担保以及企业信誉等条件基本相同下,金融企业提供贷款的利率。既可以是金融企业公布的同期同类平均利率,也可以是金融企业对某些企业提供的实际贷款利率。

**22.【答案】** D

**【解析】**《中华人民共和国企业所得税法实施条例》第 55 条企业所得税法第 10 条第 7 项所称未经核定的准备金支出,是指不符合国务院财政、税务主管部门规定的各项资产减值准备、风险准备等准备金支出。

《财政部国家税务总局关于金融企业贷款损失准备金企业所得税税前扣除有关问题的通知》(财税〔2009〕64 号)规定,准予政策性银行、商业银行、财务公司和城乡信用社等国家允许从事贷款业务的金融企业提取贷款损失准备税前扣除。

注:根据《财政部关于公布废止和失效的财政规章和规范性文件目录(第十三批)的决定》(财政部令第 103 号),财税〔2009〕64 号全文废止。接续文件《关于金融企业贷款损失准备金企业所得税税前扣除有关政策的公告》(财政部 税务总局公告 2019 年第 86 号),(财政部 国家税务总局公告 2021 年第 6 号)规定政策到期后继续执行。

**23.【答案】** B

**【解析】** 1 000−700+3 000=3 300(万元)。

《国家税务总局关于企业所得税若干问题的公告》(国家税务总局公告 2011 年第 34 号)规定,企业对房屋、建筑物固定资产在未足额提取折旧前进行改扩建的,如属于推倒重置的,该资产原值减除提取折旧后的净值,应并入重置后的固定资产计税成本,并在该固定资产投入使用后的次月起,按照税法规定的折旧年限,一并计提折旧;如属于提升功能、增加面积的,该固定资产的改扩建支出,并入该固定资产计税基础,并从改扩建完工投入使用后的次月起,重新按税法规定的该固定资产折旧年限计提折旧,如该改扩建后的固定资产尚可使用的年限低于税法规定的最低年限的,可以按尚可使用的年限计提折旧。

**24.【答案】** B

**【解析】** (1 500−1 000)×(100÷1 500)=500×0.066 66=33.33(万元)。

《财政部国家税务总局关于企业重组业务企业所得税处理若干问题的通知》(财税〔2009〕59 号)规定,重组交易各方按规定对交易中股权支付暂不确认有关资产的转让所得或损失的,其非股权支付仍应在交易当期确认相应的资产转让所得或损失,并调整相应资产的计税基础。

$$\begin{matrix} \text{非股权支付对应的} \\ \text{资产转让所得或损失} \end{matrix} = \begin{pmatrix} \text{被转让资产} \\ \text{的公允价值} \end{pmatrix} - \begin{pmatrix} \text{被转让资产} \\ \text{的计税基础} \end{pmatrix} \times \begin{pmatrix} \text{非股权支} \\ \text{付金额} \end{pmatrix} \div \begin{pmatrix} \text{被转让资产} \\ \text{的公允价值} \end{pmatrix}$$

**25.【答案】** A

**【解析】**《中华人民共和国企业所得税法》第 12 条规定,在计算应纳税所得额时,企业按照规定计算的无形资产摊销费用,准予扣除。下列无形资产不得计算摊销费用扣除:(1)自行开发的支出已在计算应纳税所得额时扣除的无形资产;(2)自创商誉;(3)与经营活动无关的无形资产;(4)其他不得计算摊销费用扣除的无形资产。

《中华人民共和国企业所得税法实施条例》第 67 条规定,外购商誉的支出,在企业整体转让或者清算时,准予扣除。

**26.【答案】** A

**【解析】**《国家税务总局关于印发〈跨地区经营汇总纳税企业所得税征收管理暂行办法〉的通知》(国税发〔2008〕28 号)第 4 条规定,统一计算,是指企业总机构统一计算包括企业所属各个不具有法人资格的营业机构、场所在内的全部应纳税所得额、应纳税额。

《财政部 国家税务总局关于企业重组业务企业所得税处理若干问题的通知》(财税〔2009〕59 号)规定,被合并企业的亏损不得在合并企业结转弥补。被分立企业未超过法定弥补期限的亏损额可按分立资产占全部资产的比例进行分配,由分立企业继续弥补。

《国家税务总局关于填报企业所得税月(季)度预缴纳税申报表有关问题的通知》(国税函〔2008〕635 号,已全文废止)第一条规定,《中华人民共和国企业所得税月(季)度预缴纳税申报表(A 类)》第 4 行"利润总额"修改为"实际利润额"。填报说明第五条第 3 项相应修改为:"第 4 行'实际利润额':填报按会计制度核算的利润总额减除以前年度待弥补亏损以及不征税收入、免税收入后的余额。事业单位、社会团体、民办非企业单位比照填报。房地产开发企业本期取得预售收入按规定计算出的预计利润额计入本行。"因此,在计算预缴企业所得税的"实际利润"时可以弥补以前亏损。

关于"D.减、免征所得额项目与应税项目的盈亏允许互抵"前后变化较大:

(1)原要求"减、免征所得税项目"与应税项目是要分开核算,分别计税。规定如下:

①《国家税务总局关于做好 2009 年度企业所得税汇算清缴工作的通知》(国税函〔2010〕148 号,已全文废止)第 3 条第 6 项规定,对企业取得的免税收入、减计收入以及减征、免征所得额项目,不得弥补当期及以前年度应税项目亏损;当期形成亏损的减征、免征所得额项目,也不得用当期和以后纳税年度应税项目所得抵补。

②《国家税务总局关于发布〈中华人民共和国企业所得税年度纳税申报表(A 类,2014 年版)〉的公告》(国家税务总局公告 2014 年第 63 号)明示《国家税务总局关于做好 2009 年度企业所得税汇算清缴工作的通知》(国税函〔2010〕148 号)作废。但是,新企业所得税申报表的《所得减免优惠明细表》(A107020)第 7 列"减免所得额"在填表说明明确:填报享受所得减免企业所得税优惠的企业,该项目按照税法规定实际可以享受免征、减征的所得额。本行<0 的,填写负数。且第 40 行第 7 列=表 A100000 第 20 行。而该列数据根据表内、表间关系要填到主表(A100000)第 20 行中,减去负数的"所得减免"实际是纳税调增。也就是说,企业免税项目亏损不能用应税项目所得弥补,应作纳税调增处理。

(2)从 2017 年度开始,应税项目所得和免税项目所得盈亏可相互抵减。

在 2017 版的所得税年度申报表修订中,通过表 A107020 表填表范围解释、申报表主表和表 A107020 的表间关系等设置,明确了"应税项目所得和免税项目所得盈亏可相互抵减"这个政策口径。

《所得减免优惠明细表(2017 版)》(A107020)及填报说明明确,申报表主表 19 行"纳税调整后所得"为负数的不需要填这张表。"纳税调整后所得"是整个企业所得的合计数,其为负数不外乎以下几种情况:应税和免税都为负;应税为正,免税为负,相抵后还为负;应税为负,免税为正,相抵后为负。这些情况下都不需要再单独填写 A107020 所得减免表,这说明了:企业既有应税项目所得,又有免税项目所得,在两个所得充分抵减情况下,企业整个所得还是为负的,不管你免税所得是盈是亏,都不要填写 A107020 优惠表了,原理是在优惠之前,免税所得已被应税所得抵减和消化。

**27.【答案】** B

**【解析】** 《中华人民共和国企业所得税法实施条例》第 89 条,依照本条例第 87 条和第 88 条规定享受减免税优惠的项目,在减免税期限内转让的,受让方自受让之日起,可以在剩余期限内享受规定的减免税优惠;减免税期限届满后转让的,受让方不得就该项目重复享受减免税优惠。

《中华人民共和国企业所得税法实施条例》第 102 条,企业同时从事适用不同企业所得税待遇的项目的,其优惠项目应当单独计算所得,并合理分摊企业的期间费用;没有单独计算的,不得享受企业所得税优惠。

《国家税务总局关于进一步明确企业所得税过渡期优惠政策执行口径问题的通知》(国税函〔2010〕157 号)规定,居民企业被认定为高新技术企业,同时又处于《国务院关于实施企业所得税过渡优惠政策的通知》(国发〔2007〕39 号)第 1 条第 3 款规定享受企业所得税"两免三减半""五免五减半"等定期减免税优惠过渡期的,该居民企业的所得税适用税率可以选择依照过渡期适用税率并适用减半征税至期满,或者选择适用高新技术企业的 15%税率,但不能享受 15%税率的减半征税。

**28.【答案】** D

**【解析】** 《国家税务总局关于印发〈企业所得税核定征收办法〉(试行)的通知》(国税发〔2008〕30 号)第 3 条规定,特殊行业、特殊类型的纳税人和一定规模以上的纳税人不适用本办法。上述特定纳税人由国家税务总局另行明确。

《国家税务总局关于企业所得税核定征收若干问题的通知》(国税函〔2009〕377 号)第 1 条规定,国税发〔2008〕30 号文件第 3 条第 2 款所称"特定纳税人"包括以下类型的企业:(1)享受《中华人民共和国企业所得税法》及其实施条例和国务院规定的一项或几项企业所得税优惠政策的企业(不包括仅享受《中华人民共和国企业所得税法》第 26 条规定免税收入优惠政策的企业);(2)汇总纳税企业;(3)上市公司;(4)银行、信用社、小额贷款公司、保险公司、证券公司、期货公司、信托投资公司、金融资产管理公司、融资租赁公司、担保公司、财务公司、典当公司等金融企业;(5)会计、审计、资产评估、税务、房地产估价、土地估价、工程造价、律师、价格鉴证、公证机构、基层法律服务机构、专利代理、商标代理以及其他经济鉴证类社会中介机构;(6)国家税务总局规定的其他企业。《国家税务总局关于印发〈房地产开发经营业务企业所得税处理办法〉的通知》(国税发〔2009〕31 号)第 4 条规定,企业出现《中华人民共和国税收征收管理法》第 35 条规定的情形,税务机关可对其以往应缴的企业所得税按核定征收方式进行征收管理,并逐步规范,同时按《中华人民共和国税收征收管理法》等税收法律、行政法规的规定进行处理,但不得事先确定企业的所得税按核定征收方式进行征收、管理。

对于房地产开发企业,不得事前核定。对于"特定纳税人",则是不适用《企业所得税核定征收办法(试行)》。

**注**:根据《国家税务总局关于修订企业所得税 2 个规范性文件的公告》(国家税务总局公告 2016 年第 88 号)的规定,国税函〔2009〕377 号第 1 条第 1 项修订为:享受《中华人民共和国企业所得税法》及其实施条例和国务院规定的一项或几项企业所得税优惠政策的企业(不包括仅享受《中华人民共和国企业所得税法》第 26 条规定免税收入优惠政策的企业、第 28 条规定的符合条件的小型微利企业)。

**29.【答案】** D

**【解析】** 《国家税务总局关于印发〈特别纳税调整实施办法(试行)〉的通知》(国税发〔2009〕2 号)规定,第 14 条同期资料主要包括以下内容:(1)组织结构;(2)生产经营情况;(3)关联交易情况;(4)可比性分析;(5)转让定价方法的选择和使用。

**注**:根据《国家税务总局关于完善关联申报和同期资料管理有关事项的公告》(国家税务总局公告 2016 年第 42 号)的规定,国税发〔2009〕2 号第二章、第三章自 2016 年 1 月 1 日起废止。

**30.【答案】** C

**【解析】** 《国家税务总局关于印发〈企业所得税汇算清缴管理办法〉的通知》(国税发〔2009〕79 号)规定,第 3 条实行核定定额征收企业所得税的纳税人,不进行汇算清缴。

**注**:并非全部核定征收企业,核定应税所得率的,仍要参加汇算清缴。

国税发〔2009〕79 号第 10 条规定,纳税人在汇算清缴期内发现当年企业所得税申报有误的,可在汇算清缴期内重新办理企业所得税年度纳税申报。

国税发〔2009〕79 号第 11 条规定,纳税人在纳税年度内预缴企业所得税税款少于应缴企业所得税税款的,应在汇算清缴期内结清应补缴的企业所得税税款;预缴税款超过应纳税款的,主管税务机关应及时按有关规定办理退税,或者经纳税人同意后抵缴其下一年度应缴企业所得税税款。

国税发〔2009〕79 号第 13 条规定,实行跨地区经营汇总缴纳企业所得税的纳税人,由统一计算应纳税所得额和应纳所得税额的总机构,按照上述规定,在汇算清缴期内向所在地主管税务机关办理企业所得税年度纳税申报,进行汇算清缴。分支机构不进行汇算清缴,但应将分支机构的营业收支等情况在报总机构统一汇算清缴前报送分支机构所在地主管税务机关。总机构应将分支机构及其所属机构的营业收支纳入总机构汇算清缴等情况报送各分支机构所在地主管税务机关。

**注意**:自 2013 年 1 月 1 日起,根据《国家税务总局关于印发〈跨地区经营汇总纳税企业所得税征收管理办法〉的公告》(国家税务总局公告 2012 年第 57 号)第 10 条及第 11 条的规定,汇总纳税企业应当自年度终了之日起 5 个月内,由总机构汇总计算企业年度应纳所得税额,扣除总机构和各分支机构已预缴的税款,计算出应缴应退税款,按照本办法规定的税款分摊方法计算总机构和分支机构的企业所得税应缴应退税款,分别由总机构和分支机构就地办理税款缴库或退库。

汇总纳税企业在纳税年度内预缴企业所得税税款少于全年应缴企业所得税税款的,应在汇算清缴期内由总、分机构分别结清应缴的企业所得税税款;预缴税款超过应缴税款的,主管税务机关应及时按有关规定分别办理退税,或者经总、分机构同意后分别抵缴其下一年度应缴企业所得税税款。

汇总纳税企业汇算清缴时,总机构除报送企业所得税年度纳税申报表和年度财务报表外,还应报送汇总纳税企业分支机构所得税分配表、各分支机构的年度财务报表和各分支机构参与企业年度纳税调整情况的说明;分支机构除报送企业所得税年度纳税申报表(只填列部分项目)外,还应报送经总机构所在地主管税务机关受理的汇总纳税企业分支机构所得税分配表、分支机构的年度财务报表(或年度财务状况和营业收支情况)和分支机构参与企业年度纳税调整情况的说明。分支机构参与企业年度纳税调整情况的说明,可参照企业所得税年度纳税申报表附表"纳税调整项目明细表"中列明的项目进行说明,涉及需由总机构统一计算调整的项目不进行说明。

因此,按照上述规定,从2013年起,汇总缴纳企业所得税的分支机构也要进行企业所得税汇算清缴。但并非所有的分支机构都要参加,属于符合条件的跨地区经营汇总纳税企业的二级分支机构才要参加。

## 二、多项选择题

**1.【答案】** BCD

**【解析】**《中华人民共和国企业所得税法实施条例》第7条规定,企业所得税法第3条所称来源于中国境内、境外的所得,按照以下原则确定:(1)销售货物所得,按照交易活动发生地确定;(2)提供劳务所得,按照劳务发生地确定;(3)转让财产所得,不动产转让所得按照不动产所在地确定,动产转让所得按照转让动产的企业或者机构、场所所在地确定,权益性投资资产转让所得按照被投资企业所在地确定;(4)股息、红利等权益性投资所得,按照分配所得的企业所在地确定;(5)利息所得、租金所得、特许权使用费所得,按照负担、支付所得的企业或者机构、场所所在地确定,或者按照负担、支付所得的个人的住所地确定;(6)其他所得,由国务院财政、税务主管部门确定。

**2.【答案】** ACD

**【解析】**《国家税务总局关于确认企业所得税收入若干问题的通知》(国税函〔2008〕875号)规定,下列提供劳务满足收入确认条件的,应按规定确认收入:

(1)安装费。应根据安装完工进度确认收入。安装工作是商品销售附带条件的,安装费在确认商品销售实现时确认收入。

(2)宣传媒介的收费。应在相关的广告或商业行为出现于公众面前时确认收入。广告的制作费,应根据制作广告的完工进度确认收入。

(3)软件费。为特定客户开发软件的收费,应根据开发的完工进度确认收入。

(4)服务费。包含在商品售价内可区分的服务费,在提供服务的期间分期确认收入。

(5)艺术表演、招待宴会和其他特殊活动的收费。在相关活动发生时确认收入。收费涉及几项活动的,预收的款项应合理分配给每项活动,分别确认收入。

(6)会员费。申请入会或加入会员,只允许取得会籍,所有其他服务或商品都要另行收费的,在取得该会员费时确认收入。申请入会或加入会员后,会员在会员期内不再付费就可得到各种服务或商品,或者以低于非会员的价格销售商品或提供服务的,该会员费应在整个受益期内分期确认收入。

(7) 特许权费。属于提供设备和其他有形资产的特许权费,在交付资产或转移资产所有权时确认收入;属于提供初始及后续服务的特许权费,在提供服务时确认收入。

(8) 劳务费。长期为客户提供重复的劳务收取的劳务费,在相关劳务活动发生时确认收入。

**3.【答案】** ABE

**【解析】**《国家税务总局关于印发〈跨地区经营汇总纳税企业所得税征收管理暂行办法〉的通知》(国税发〔2008〕28 号)规定,上年度认定为小型微利企业的,其分支机构不就地预缴企业所得税。新设立的分支机构,设立当年不就地预缴企业所得税。不具有主体生产经营职能,且在当地不缴纳增值税、营业税的产品售后服务、内部研发、仓储等企业内部辅助性的二级及以下分支机构,不就地预缴企业所得税。

《国家税务总局关于跨地区经营建筑企业所得税征收管理问题的通知》(国税函〔2010〕156 号)第 2 条规定,建筑企业所属二级或二级以下分支机构直接管理的项目部(包括与项目部性质相同的工程指挥部、合同段等,下同)不就地预缴企业所得税,其经营收入、职工工资和资产总额应汇总到二级分支机构统一核算,由二级分支机构按照国税发〔2008〕28 号文件规定的办法预缴企业所得税。

**注:** 根据《国家税务总局关于印发〈跨地区经营汇总纳税企业所得税征收管理办法〉的公告》(国家税务总局公告 2012 年第 57 号)的规定,国税发〔2008〕28 号自 2013 年 1 月 1 日起废止。

**4.【答案】** ABDE

**【解析】**《国家税务总局关于贯彻落实企业所得税法若干税收问题的通知》(国税函〔2010〕79 号)第 4 条规定,企业权益性投资取得股息、红利等收入,应以被投资企业股东会或股东大会作出利润分配或转股决定的日期,确定收入的实现。

被投资企业将股权(票)溢价所形成的资本公积转为股本的,不作为投资方企业的股息、红利收入,投资方企业也不得增加该项长期投资的计税基础。

《财政部 国家税务总局关于企业清算业务企业所得税处理若干问题的通知》(财税〔2009〕60 号)规定,被清算企业的股东分得的剩余资产的金额,其中相当于被清算企业累计未分配利润和累计盈余公积中按该股东所占股份比例计算的部分,应确认为股息所得;剩余资产减除股息所得后的余额,超过或低于股东投资成本的部分,应确认为股东的投资转让所得或损失。

《国家税务总局关于印发〈房地产开发经营业务企业所得税处理办法〉的通知》(国税发〔2009〕31 号)第 36 条规定,企业以本企业为主体联合其他企业、单位、个人合作或合资开发房地产项目,且该项目未成立独立法人公司的,按下列规定进行处理,凡开发合同或协议中约定分配项目利润的,投资方取得该项目的营业利润应视同股息、红利进行相关的税务处理。

**5.【答案】** ACE

**【解析】**《国家税务总局关于金融企业贷款利息收入确认问题的公告》(国家税务总局公告 2010 年第 23 号)规定,金融企业按规定发放的贷款,属于未逾期贷款(含展期,下同),应根据先收利息后收本金的原则,按贷款合同确认的利率和结算利息的期限计算利息,并于债务人应付利息的日期确认收入的实现;属于逾期贷款,其逾期后发生的应收利息,应于实际收到的日期,或者虽未实际收到,但会计上确认为利息收入的日期,确认收入的实现。金融企业已确认为利息收入的应收利息,逾期 90 天仍未收回,且会计上已冲减了当期利息收入的,准予抵扣当期应纳税所得额。金融企业已冲减了利息收入的应收未收利息,以后年度收回时,应计入当期应纳税所得额计算纳税。

**6.【答案】** ABD

**【解析】** 见单选 15 题解析。

**7.【答案】** ACE

**【解析】**《中华人民共和国企业所得税法实施条例》第 45 条规定,企业依照法律、行政法规有关规定提取的用于环境保护、生态恢复等方面的专项资金,准予扣除。上述专项资金提取后改变用途的,不得扣除。

《国家税务总局关于印发〈房地产开发经营业务企业所得税处理办法〉的通知》(国税发〔2009〕31 号)第 32 条规定,应向政府上交但尚未上交的报批报建费用、物业完善费用可以按规定预提。物业完善费用是指按规定应由企业承担的物业管理基金、公建维修基金或其他专项基金。

《国家税务总局关于煤矿企业维简费和高危行业企业安全生产费用企业所得税税前扣除问题的公告》(国家税务总局公告 2011 年第 26 号)第 1 条规定,煤矿企业实际发生的维简费支出和高危行业企业实际发生的安全生产费用支出,属于收益性支出的,可直接作为当期费用在税前扣除;属于资本性支出的,应计入有关资产成本,并按企业所得税法规定计提折旧或摊销费用在税前扣除。企业按照有关规定预提的维简费和安全生产费用,不得在税前扣除。

**8.【答案】** ABE

**【解析】** 资产是指过去的交易或者事项形成的、由企业拥有或控制的、预期会给企业带来经济利益的资源。企业的资产按其流动性分为流动资产和非流动资产两大类。流动资产主要包括:库存现金、银行存款、交易性金融资产、应收及预付款项和存货等。非流动资产主要包括:长期股权投资、固定资产、无形资产和长期待摊费用等。

《中华人民共和国企业所得税法实施条例》第 56 条规定,企业的各项资产,包括固定资产、生物资产、无形资产、长期待摊费用、投资资产、存货等,以历史成本为计税基础。前款所称历史成本,是指企业取得该项资产时实际发生的支出。企业持有各项资产期间资产增值或者减值,除国务院财政、税务主管部门规定可以确认损益外,不得调整该资产的计税基础。第 58 条规定,固定资产按照以下方法确定计税基础:(1)自行建造的固定资产,以竣工结算前发生的支出为计税基础;(2)盘盈的固定资产,以同类固定资产的重置完全价值为计税基础。

**9.【答案】** BCE

【解析】《中华人民共和国企业所得税法实施条例》第32条规定,企业所得税法第八条所称损失,是指企业在生产经营活动中发生的固定资产和存货的盘亏、毁损、报废损失,转让财产损失,呆账损失,坏账损失,自然灾害等不可抗力因素造成的损失以及其他损失。

《财政部　国家税务总局关于企业资产损失税前扣除政策的通知》(财税〔2009〕57号)规定,资产损失,是指企业在生产经营活动中实际发生的、与取得应税收入有关的资产损失,包括现金损失,存款损失,坏账损失,贷款损失,股权投资损失,固定资产和存货的盘亏、毁损、报废、被盗损失,自然灾害等不可抗力因素造成的损失以及其他损失。

《国家税务总局关于发布〈企业资产损失所得税税前扣除管理办法〉的公告》(国家税务总局公告2011年第25号)第2条规定,本办法所称资产是指企业拥有或者控制的、用于经营管理活动相关的资产,包括现金、银行存款、应收及预付款项(包括应收票据、各类垫款、企业之间往来款项)等货币性资产,存货、固定资产、无形资产、在建工程、生产性生物资产等非货币性资产,以及债权性投资和股权(权益)性投资。国家税务总局公告2011年第25号第3条规定,准予在企业所得税税前扣除的资产损失,是指企业在实际处置、转让上述资产过程中发生的合理损失(以下简称实际资产损失),以及企业虽未实际处置、转让上述资产,但符合《通知》和本办法规定条件计算确认的损失(以下简称法定资产损失)。国家税务总局公告2011年第25号第4条规定,企业实际资产损失,应当在其实际发生且会计上已作损失处理的年度申报扣除;法定资产损失,应当在企业向主管税务机关提供证据资料证明该项资产已符合法定资产损失确认条件,且会计上已作损失处理的年度申报扣除。国家税务总局公告2011年第25号第5条规定,企业发生的资产损失,应按规定的程序和要求向主管税务机关申报后方能在税前扣除。未经申报的损失,不得在税前扣除。国家税务总局公告2011年第25号第6条规定,企业以前年度发生的资产损失未能在当年税前扣除的,可以按照本办法的规定,向税务机关说明并进行专项申报扣除。其中,属于实际资产损失,准予追补至该项损失发生年度扣除,其追补确认期限一般不得超过5年,但因计划经济体制转轨过程中遗留的资产损失、企业重组上市过程中因权属不清出现争议而未能及时扣除的资产损失、因承担国家政策性任务而形成的资产损失以及政策定性不明确而形成资产损失等特殊原因形成的资产损失,其追补确认期限经国家税务总局批准后可适当延长。属于法定资产损失,应在申报年度扣除。国家税务总局公告2011年第25号第9条规定,下列资产损失,应以清单申报的方式向税务机关申报扣除的项目中没有"自然灾害造成的资产损失"。国家税务总局公告2011年第25号第10条规定,前条以外的资产损失,应以专项申报的方式向税务机关申报扣除。

注:根据《国家税务总局关于企业所得税资产损失资料留存备查有关事项的公告》(国家税务总局公告2018年第15号)的规定,国家税务总局公告2011年第25号第4条有关资产损失证据资料、会计核算资料、纳税资料等相关资料报送的内容自2017年1月1日起废止。

10.【答案】　BCE

【解析】《财政部　国家税务总局关于企业手续费及佣金支出税前扣除政策的通知》(财税〔2009〕29号)规定,企业发生与生产经营有关的手续费及佣金支出,不超过以下规定计算限额以内的部分,准予扣除;超过部分,不得扣除。(1)保险企业:财产保险企业按当年全部保费收入扣除退保金等后余额的15％(含本数,下同)计算限额;人身保险企业按当年全部保费收入扣除退保金等后余额的10％计算限额。(2)其他企业:按与具有合法经营资格中介服务机构或个人(不含交易双方及其雇员、代理人和代表人等)所签订服务协议或合同确认的收入金额的5％计算限额。企业应与具有合法经营资格中介服务企业或个人签订代办协议或合同,并按国家有关规定支付手续费及佣金。除委托个人代理外,企业以现金等非转账方式支付的手续费及佣金不得在税前扣除。企业为发行权益性证券支付给有关证券承销机构的手续费及佣金不得在税前扣除。企业不得将手续费及佣金支出计入回扣、业务提成、返利、进场费等费用。企业已计入固定资产、无形资产等相关资产的手续费及佣金支出,应当通过折旧、摊销等方式分期扣除,不得在发生当期直接扣除。企业支付的手续费及佣金不得直接冲减服务协议或合同金额,并如实入账。

**注意:**《财政部 国家税务总局关于保险企业手续费及佣金支出税前扣除政策的公告》(财政部 国家税务总局公告2019年第72号)规定,保险企业发生与其经营活动有关的手续费及佣金支出,不超过当年全部保费收入扣除退保金等后余额的18％(含本数)的部分,在计算应纳税所得额时准予扣除;超过部分,允许结转以后年度扣除。

**11.【答案】** BCDE

**【解析】** 《国家税务总局关于发布〈企业境外所得税收抵免操作指南〉的公告》(国家税务总局公告2010年第1号)规定如下,《财政部 国家税务总局关于企业境外所得税收抵免有关问题的通知》(财税〔2009〕125号)第4条中关于可予抵免境外所得税额的确认规定,可抵免境外所得税税额,是指企业来源于中国境外的所得依照中国境外税收法律以及相关规定应当缴纳并已实际缴纳的企业所得税性质的税款。但不包括:(1)按照境外所得税法律及相关规定属于错缴或错征的境外所得税税款;(2)按照税收协定规定不应征收的境外所得税税款;(3)因少缴或迟缴境外所得税而追加的利息、滞纳金或罚款;(4)境外所得税纳税人或者其利害关系人从境外征税主体得到实际返还或补偿的境外所得税税款;(5)按照我国企业所得税法及其实施条例规定,已经免征我国企业所得税的境外所得负担的境外所得税税款;(6)按照国务院财政、税务主管部门有关规定已经从企业境外应纳税所得额中扣除的境外所得税税款。

**12.【答案】** BDE

**【解析】** 符合条件的小型微利企业企业所得税优惠包括两种:一是税率优惠——《中华人民共和国企业所得税法》第28条规定,符合条件的小型微利企业,减按20％的税率征收企业所得税。二是所得税额优惠——《财政部 国家税务总局关于继续实施小型微利企业所得税优惠政策的通知》(财税〔2011〕4号)规定,自2011年1月1日至2011年12月31日,对年应纳税所得额低于3万元(含3万元)的小型微利企业,其所得减按50％计入应纳税所得额,按20％的税率缴纳企业所得税。

**注:**本文优惠政策截至2011年12月31日,最新优惠政策的接力文件为:《财政部 税务总局关于实施小微企业普惠性税收减免政策的通知》(财税〔2019〕13号),对小型微利企业年应纳税所得额不超过100万元的部分,减按25％计入应纳税所得额,按20％的税率缴纳企业所得税;对年应纳税所得额超过100万元但不超过300万元的部分,减按50％计入应纳税所得额,按

20％的税率缴纳企业所得税。

根据《财政部 国家税务总局关于实施小微企业和个体工商户所得税优惠政策的公告》(财政部 国家税务总局公告 2021 年第 12 号)的规定,自 2021 年 1 月 1 日起至 2022 年 12 月 31 日,对小型微利企业年应纳税所得额不超过 100 万元的部分,在财税〔2019〕13 号第 2 条规定的优惠政策基础上,再减半征收企业所得税。

但是,两种优惠在进行企业所得税申报时,都作"减免所得税额"对待。

《国家税务总局关于小型微利企业预缴 2010 年度企业所得税有关问题的通知》(国税函〔2010〕185 号)规定,上一纳税年度年应纳税所得额低于 3 万元(含 3 万元),同时符合《中华人民共和国企业所得税法实施条例》第 92 条规定的资产和从业人数标准,2010 年纳税年度按实际利润额预缴所得税的小型微利企业(以下称符合条件的小型微利企业),在预缴申报时,将《国家税务总局关于印发〈中华人民共和国企业所得税月(季)度预缴纳税申报表〉等报表的通知》(国税函〔2008〕44 号)附件 1 第 4 行"利润总额"与 15％的乘积,暂填入第 7 行"减免所得税额"内。

注:根据《国家税务总局关于公布全文失效废止和部分条款废止的税收规范性文件目录的公告》(国家税务总局公告 2016 年第 34 号)的规定,国税函〔2010〕185 号自 2016 年 5 月 29 日起废止。

根据《国家税务总局关于发布〈中华人民共和国企业所得税月(季)度预缴纳税申报表〉等报表的公告》(国家税务总局公告 2011 年第 64 号)的规定,国税函〔2008〕44 号自 2012 年 1 月 1 日起废止。最新政策为《国家税务总局关于发布〈中华人民共和国企业所得税月(季)度预缴纳税申报表(A 类)〉的公告》(国家税务总局公告 2021 年第 3 号)。

关于"过渡期税收优惠":《国家税务总局关于〈中华人民共和国企业所得税年度纳税申报表〉的补充通知》(国税函〔2008〕1081 号)附件——《中华人民共和国企业所得税年度纳税申报表及附表填报说明》中规定,"减免税合计"中的"过渡期税收优惠"是填报纳税人符合国务院规定以及经国务院批准给予过渡期税收优惠政策。由此可见"过渡期税收优惠"不是反映"减免所得额",而是填报的"减免所得税额"。

注:根据《国家税务总局关于发布〈中华人民共和国企业所得税年度纳税申报表(A 类,2014 年版)〉的公告》(国家税务总局公告 2014 年第 63 号)的规定,国税函〔2008〕1081 号自 2015 年 1 月 1 日起废止。

**13.【答案】** ACD

**【解析】** 《国家税务总局关于实施国家重点扶持的公共基础设施项目企业所得税优惠问题的通知》(国税发〔2009〕80 号)规定,对居民企业(以下简称企业)经有关部门批准,从事符合《公共基础设施项目企业所得税优惠目录》(以下简称《目录》)规定范围、条件和标准的公共基础设施项目的投资经营所得,自该项目取得第一笔生产经营收入所属纳税年度起,第 1 年至第 3 年免征企业所得税,第 4 年至第 6 年减半征收企业所得税。企业从事承包经营、承包建设和内部自建自用《目录》规定项目的所得,不得享受前款规定的企业所得税优惠。企业在减免税期限内转让所享受减免税优惠的项目,受让方承续经营该项目的,可自受让之日起,在剩余优惠期限内享受规定的减免税优惠;减免税期限届满后转让的,受让方不得就该项目重复享受减免税优惠。

《中华人民共和国企业所得税法实施条例》第 87 条规定，企业所得税法第 27 条第 2 项所称国家重点扶持的公共基础设施项目，是指《公共基础设施项目企业所得税优惠目录》规定的港口码头、机场、铁路、公路、城市公共交通、电力、水利等项目。

**注：** 根据《国家税务总局关于发布修订后的〈企业所得税优惠政策事项办理办法〉的公告》（国家税务总局公告 2018 年第 23 号）的规定，享受该项优惠无需备案，留存备查即可。

**14.【答案】** BDE

**【解析】**《财政部　国家税务总局关于企业重组业务企业所得税处理若干问题的通知》（财税〔2009〕59 号）第 5 条规定，企业重组同时符合下列条件的，适用特殊性税务处理规定：

（1）具有合理的商业目的，且不以减少、免除或者推迟缴纳税款为主要目的。

（2）被收购、合并或分立部分的资产或股权比例符合本通知规定的比例。

（3）企业重组后的连续 12 个月内不改变重组资产原来的实质性经营活动。

（4）重组交易对价中涉及股权支付金额符合本通知规定比例。

（5）企业重组中取得股权支付的原主要股东，在重组后连续 12 个月内，不得转让所取得的股权。

财税〔2009〕59 号，第 6 条规定，企业重组符合本通知第 5 条规定条件的，交易各方对其交易中的股权支付部分，可以按以下规定进行特殊性税务处理：

（1）企业债务重组确认的应纳税所得额占该企业当年应纳税所得额 50% 以上，可以在 5 个纳税年度的期间内，均匀计入各年度的应纳税所得额。

企业发生债权转股权业务，对债务清偿和股权投资两项业务暂不确认有关债务清偿所得或损失，股权投资的计税基础以原债权的计税基础确定。企业的其他相关所得税事项保持不变。

（2）股权收购，收购企业购买的股权不低于被收购企业全部股权的 75%，且收购企业在该股权收购发生时的股权支付金额不低于其交易支付总额的 85%，可以选择按以下规定处理：

**注：** 根据《财政部　国家税务总局关于促进企业重组有关企业所得税处理问题的通知》（财税〔2014〕109 号）的规定，自 2014 年 1 月 1 日起本项中"75%"规定调整为"50%"。

① 被收购企业的股东取得收购企业股权的计税基础，以被收购股权的原有计税基础确定。

② 收购企业取得被收购企业股权的计税基础，以被收购股权的原有计税基础确定。

③ 收购企业、被收购企业的原有各项资产和负债的计税基础和其他相关所得税事项保持不变。

（3）资产收购，受让企业收购的资产不低于转让企业全部资产的 75%（财税〔2014〕109 号，调整为"资产收购，受让企业收购的资产不低于转让企业全部资产的 50%"），且受让企业在该资产收购发生时的股权支付金额不低于其交易支付总额的 85%，可以选择按以下规定处理：

**注：** 根据《财政部　国家税务总局关于促进企业重组有关企业所得税处理问题的通知》（财税〔2014〕109 号）的规定，自 2014 年 1 月 1 日起本项中"75%"规定调整为"50%"。

① 转让企业取得受让企业股权的计税基础，以被转让资产的原有计税基础确定。

② 受让企业取得转让企业资产的计税基础，以被转让资产的原有计税基础确定。

......

(6) 重组交易各方按本条(1)至(5)项规定对交易中股权支付暂不确认有关资产的转让所得或损失的,其非股权支付仍应在交易当期确认相应的资产转让所得或损失,并调整相应资产的计税基础。

$$\text{非股权支付对应的资产转让所得或损失} = \left(\text{被转让资产的公允价值} - \text{被转让资产的计税基础}\right) \times \left(\text{非股权支付金额} \div \text{被转让资产的公允价值}\right)$$

**15.【答案】** ABC

**【解析】** 《国家税务总局关于印发〈房地产开发经营业务企业所得税处理办法〉的通知》(国税发〔2009〕31号)第17条规定,企业在开发区内建造的会所、物业管理场所、电站、热力站、水厂、文体场馆、幼儿园等配套设施,按以下规定进行处理:(1)属于非营利性且产权属于全体业主的,或无偿赠与地方政府、公用事业单位的,可将其视为公共配套设施,其建造费用按公共配套设施费的有关规定进行处理;(2)属于营利性的,或产权归企业所有的,或未明确产权归属的,或无偿赠与地方政府、公用事业单位以外其他单位的,应当单独核算其成本。除企业自用应按建造固定资产进行处理外,其他一律按建造开发产品进行处理。

### 三、判断题

**1.【答案】** √

**【解析】** 《中华人民共和国企业所得税法实施条例》第5条规定,非居民企业委托营业代理人在中国境内从事生产经营活动的,包括委托单位或者个人经常代其签订合同,或者储存、交付货物等,该营业代理人视为非居民企业在中国境内设立的机构、场所。

**2.【答案】** ×

**【解析】** 《国家税务总局关于贯彻落实企业所得税法若干税收问题的通知》(国税函〔2010〕79号)第6条规定,根据《中华人民共和国实施条例》第27条、第28条的规定,企业取得的各项免税收入所对应的各项成本费用,除另有规定者外,可以在计算企业应纳税所得额时扣除。

**3.【答案】** √

**【解析】** 《国家税务总局关于查增应纳税所得额弥补以前年度亏损处理问题的公告》(国家税务总局公告2010年第20号)规定,税务机关对企业以前年度纳税情况进行检查时调增的应纳税所得额,凡企业以前年度发生亏损、且该亏损属于企业所得税法规定允许弥补的,应允许调增的应纳税所得额弥补该亏损。弥补该亏损后仍有余额的,按照企业所得税法规定计算缴纳企业所得税。对检查调增的应纳税所得额应根据其情节,依照《中华人民共和国税收征收管理法》有关规定进行处理或处罚。

**4.【答案】** ×

**【解析】** 《中华人民共和国企业所得税法实施条例》第128条规定,企业所得税分月或者分季预缴,由税务机关具体核定。企业根据企业所得税法第54条规定分月或者分季预缴企业所得税时,应当按照月度或者季度的实际利润额预缴;按照月度或者季度的实际利润额预缴有困难的,可以按照上一纳税年度应纳税所得额的月度或者季度平均额预缴,或者按照经税务机关认可的其他方法预缴。预缴方法一经确定,该纳税年度内不得随意变更。

**5.【答案】** √

**【解析】** 依据《国家税务总局关于贯彻落实企业所得税法若干税收问题的通知》(国税函〔2010〕79号)第1条的规定。

**6.【答案】** √

**【解析】** 依据是《国家税务总局关于房地产开发企业开发产品完工条件确认问题的通知》(国税函〔2010〕201号)。

**7.【答案】** √

**【解析】** 依据《国家税务总局关于企业所得税若干问题的公告》(国家税务总局公告2011年第34号)第6条的规定。

**8.【答案】** ×

**【解析】** 依据《国家税务总局关于企业投资者投资未到位而发生的利息支出企业所得税前扣除问题的批复》(国税函〔2009〕312号)的规定,凡企业投资者在规定期限内未缴足其应缴资本额的,该企业对外借款所发生的利息,相当于投资者实缴资本额与在规定期限内应缴资本额的差额应计付的利息,其不属于企业合理的支出,应由企业投资者负担,不得在计算企业应纳税所得额时扣除。

**9.【答案】** ×

**【解析】** 《国家税务总局关于企业工资薪金及职工福利费扣除问题的通知》(国税函〔2009〕3号)第4条规定,企业发生的职工福利费,应该单独设置账册,进行准确核算。没有单独设置账册准确核算的,税务机关应责令企业在规定的期限内进行改正。逾期仍未改正的,税务机关可对企业发生的职工福利费进行合理的核定。

**10.【答案】** √

**【解析】** 《中华人民共和国企业所得税法实施条例》第58条规定,固定资产按照以下方法确定计税基础:(1)外购的固定资产,以购买价款和支付的相关税费以及直接归属于使该资产达到预定用途发生的其他支出为计税基础;……

支付方式包括支付现金方式或转账方式,支付现金属于支付方式的一种,因此本题正确。

## 四、简答题

### (一)

**【答案】** (1)股息、红利等权益性投资收益,除国务院财政、税务主管部门另有规定外,按照被投资方作出利润分配决定的日期确认收入的实现。

(2)利息收入,按照合同约定的债务人应付利息的日期确认收入的实现。

(3)租金收入,按照合同约定的承租人应付租金的日期确认收入的实现。

(4)特许权使用费收入,按照合同约定的特许权使用人应付特许权使用费的日期确认收入的实现。

(5)接受捐赠收入,按照实际收到捐赠资产的日期确认收入的实现。

### (二)

**【答案】** 跨地区经营汇总纳税企业的所得税征收管理主要办法:统一计算、分级管理、就地预缴、汇总清算、财政调库。

跨地区经营汇总纳税企业的所得税征收管理的目的：为加强跨地区经营汇总纳税企业所得税征收管理。

## 五、计算题

### （一）

**1.【答案】** B

**【解析】** 3 150－150×10％＋100＝3 235（万元）。

依据《中华人民共和国企业所得税法》第 33 条的规定，企业综合利用资源，生产符合国家产业政策规定的产品所取得的收入，可以在计算应纳税所得额时减计收入。

《中华人民共和国企业所得税法实施条例》第 99 条规定，企业所得税法第 33 条所称减计收入，是指企业以《资源综合利用企业所得税优惠目录》规定的资源作为主要原材料，生产国家非限制和禁止并符合国家和行业相关标准的产品取得的收入，减按 90％计入收入总额。

**2.【答案】** C

**【解析】** 业务招待费调增＝50－3 150×5‰＝34.25[业务招待费限额 1：50×60％＝30（万元）＞限额 2：3 150×5‰＝15.75（万元），取限额 2]

财务费用调增＝20＋5＝25（万元）。

工会经费调增＝3.5－120×2％＝1.1（万元）。

职工福利费调增＝18－120×14％＝1.2（万元）。

职工教育经费调增＝5－120×2.5％＝2（万元）。（注意：2018 年开始，职工教育经费税前扣除的比例提高，不再是 2.5％，将一般企业的职工教育经费税前扣除限额与高新技术企业的限额统一，从 2.5％提高至 8％）

合计纳税调整增加额＝34.25＋25＋1.1＋1.2＋2＝63.55（万元）。

**3.【答案】** D

**【解析】** 综合利用资源减计收入＝150×10％＝15（万元）。

居民企业股息免税收入＝80（万元）。

研究开发费加计扣除＝120×50％＝60（万元）（注意：2018 年 1 月 1 日至 2020 年 12 月 31 日，研究开发费加计扣除比率提高到 75％。制造业从 2021 年起研发费用加计扣除比例提高至 100％）。

合计纳税调整减少额＝15＋80＋60＝155（万元）。

依据《中华人民共和国企业所得税法》第 26 条的规定，符合条件的居民企业之间的股息、红利等权益性投资收益为免税收入。

**4.【答案】** A

**【解析】** 会计利润总额＝3 150＋80＋100－1 800－95－400－400－80－30＝525（万元）。

纳税调整后所得＝525＋63.55－155＝433.55（万元）。

**5.【答案】** A

**【解析】** 应纳企业所得税＝433.55×25％≈108.39（万元）。

# (二)

**6.【答案】** C

**【解析】** 预计利润调增＝20 000×9 000×10%＝1 800(万元)。

财务费用中应资本化部分调增＝350万元。

租赁期为两年的房屋租赁费应调增＝220÷2＝110(万元)。

合计纳税调整增加额＝1 800＋350＋110＝2 260(万元)。

依据《国家税务总局关于印发〈房地产开发经营业务企业所得税处理办法〉的通知》(国税发〔2009〕31号)第6条的规定,采取视同买断方式委托销售开发产品的,属于企业与购买方签订销售合同或协议,或企业、受托方、购买方三方共同签订销售合同或协议的,如果销售合同或协议中约定的价格高于买断价格,则应按销售合同或协议中约定的价格计算的价款于收到受托方已销开发产品清单之日确认收入的实现;如果属于前两种情况中销售合同或协议中约定的价格低于买断价格,以及属于受托方与购买方签订销售合同或协议的,则应按买断价格计算的价款于收到受托方已销开发产品清单之日确认收入的实现。

国税发〔2009〕31号第9条规定,企业销售未完工开发产品取得的收入,应先按预计计税毛利率分季(或月)计算出预计毛利额,计入当期应纳税所得额。开发产品完工后,企业应及时结算其计税成本并计算此前销售收入的实际毛利额,同时将其实际毛利额与其对应的预计毛利额之间的差额,计入当年度企业本项目与其他项目合并计算的应纳税所得额。

国税发〔2009〕31号第12条规定,企业发生的期间费用、已销开发产品计税成本、营业税金及附加、土地增值税准予当期按规定扣除。

**7.【答案】** D

**【解析】** 土地征用费及拆迁补偿费＝2 000＋100＋50＝2 150(万元)。

前期工程费＝300万元。

建筑安装工程费＝500万元。

基础设施建设费＝3 000万元。

公共配套设施费＝0万元。

开发间接费＝150万元。

借款费用＝350万元。

2009年发生的开发成本合计＝2 150＋300＋500＋3 000＋150＋350＝6 450(万元)。

依据《国家税务总局关于印发〈房地产开发经营业务企业所得税处理办法〉的通知》(国税发〔2009〕31号)第21条的规定,企业为建造开发产品借入资金而发生的符合税收规定的借款费用,可按企业会计准则的规定进行归集和分配,其中属于财务费用性质的借款费用,可直接在税前扣除。

**8.【答案】** D

**【解析】** 2010年应确认完工开发产品销售收入＝20 000×9 000＋10 000×9 500＋12 000×9 800＝39 260(万元)。

**9.【答案】** C

**【解析】** 2009年度已预计利润2010年度应调减＝1 800(万元)。

2010 年度应予税前扣除的房租费＝220÷2＝110(万元)。

2010 年度少结转营业成本＝应结账已实现销售的成本－已结账已实现销售的成本＝7 210－6 720＝490(万元)。

其中：应结账已实现销售的成本＝可售开发产品总成本×已实现销售的可售面积÷总可售面积＝10 300×42 000÷60 000＝7 210(万元)。

2010 年纳税调整减少额＝1 800＋110＋490＝2 400(万元)。

**10.【答案】** A

**【解析】** 2010 年度营业收入总额＝39 260 万元。

开发产品总成本＝2009 年开发产品成本＋2010 年开发产品总成本＝6 450＋(3 000＋200＋300＋350)＝10 300(万元)。

2010 年度营业成本总额＝7 210 万元。

2010 年度期间费用总额＝管理费用＋销售费用＋费用化财务费用＝(700＋110)＋800＋(450－350)＝1710(万元)。

2009 年度已预计利润＝1 800 万元。

该开发企业 2010 年应纳税所得额＝39 260－7 210－1 710－1 800＝28 540(万元)。

该开发企业 2010 年应纳企业所得税＝28 540×25％＝7 135(万元)。

依据《国家税务总局关于印发〈房地产开发经营业务企业所得税处理办法〉的通知》(国税发〔2009〕31 号)第 14 条的规定,已销开发产品的计税成本,按当期已实现销售的可售面积和可售面积单位工程成本确认。可售面积单位工程成本和已销开发产品的计税成本按下列公式计算确定:

可售面积单位工程成本＝成本对象总成本÷成本对象总可售面积

已销开发产品的计税成本＝已实现销售的可售面积×可售面积单位工程成本

国税发〔2009〕31 号第 32 条规定,除以下几项预提(应付)费用外,计税成本均应为实际发生的成本。(1)出包工程未最终办理结算而未取得全额发票的,在证明资料充分的前提下,其发票不足金额可以预提,但最高不得超过合同总金额的 10％。(2)公共配套设施尚未建造或尚未完工的,可按预算造价合理预提建造费用。此类公共配套设施必须符合已在售房合同、协议或广告、模型中明确承诺建造且不可撤销,或按照法律法规规定必须配套建造的条件。(3)应向政府上交但尚未上交的报批报建费用、物业完善费用可以按规定预提。物业完善费用是指按规定应由企业承担的物业管理基金、公建维修基金或其他专项基金。

《财政部 国家税务总局关于企业手续费及佣金支出税前扣除政策的通知》(财税〔2009〕29 号)第 1 条规定,企业发生与生产经营有关的手续费及佣金支出,不超过以下规定计算限额以内的部分,准予扣除;超过部分,不得扣除。其他企业：按与具有合法经营资格中介服务机构或个人(不含交易双方及其雇员、代理人和代表人等)所签订服务协议或合同确认的收入金额的 5％计算限额。

# 2012 年全国税务系统企业所得税业务知识试题①

友情提醒：

(1) 在本页左侧和答题卡左侧的装订线内均要填写你的工作单位、准考证号和姓名。

(2) 选择题、判断题答案按要求填涂到答题卡中，否则无效。其他考题答案写入试卷预留空格中。

(3) 除个别题中另有要求外，计算结果均保留两位小数。

(4) 考试时间 150 分钟。

(5) 试卷中涉及的税收政策截至时间为 2012 年 6 月 30 日。

一、单项选择题(下列各题给出的备选答案中只有一个是正确的，请将你认为正确的答案符号[A、B、C、D 中选一个]填入答题纸中。本题共 30 小题，每小题 1 分，共 30 分。)

**1.** 对非居民企业在中国境内设立的机构、场所取得的下列所得适用预提所得税税率的是(　　)。

　　A. 来源于中国境内的经营活动所得

　　B. 来源于中国境内的财产转让所得

　　C. 发生在中国境外但与其有实际联系的所得

　　D. 来源于中国境内但与其无实际联系的所得

**2.** 依据企业所得税法及其实施条例，下列所得为来源于中国境内所得的是(　　)。

　　A. 不动产在中国境内的财产转让所得

　　B. 境外提供劳务取得的所得

　　C. 境外企业分配的股息

　　D. 境外企业支付的租金

**3.** 关于应纳税所得额、纳税调整后所得和亏损，下列表述正确的是(　　)。

　　A. 亏损是应纳税所得额小于零的金额

　　B. 申报表中的应纳税所得额不得小于零

　　C. 纳税调整后所得与应纳税所得额计算方法和过程相同

　　D. 当应纳税所得额大于零时，可以按规定弥补以前年度的亏损

**4.** 某居民企业 2008 年成立，当年亏损 100 万元。2009、2010、2011、2012 年每年纳税调整后所得为 20 万元。2013 年 6 月 30 日终止经营、7 月 1 日到 8 月 31 日清算。2013 年上半

---

① 本套模拟试卷来自百度搜索引擎，为了让读者了解 2010 年至 2012 年真题，本模拟试卷未进行改编，但对【答案解析】部分新政内容进行注释，以便读者理解。

年汇算清缴的纳税调整后所得为－30 万元;清算期间确认的弥补以前年度亏损前的所得 300 万元。该企业应缴纳清算所得税( )万元。

  A. 4.75    B. 62.5    C. 67.5    D. 75

  **5.** 某居民企业设有甲、乙两个参与"统一计算、就地预缴"的二级分支机构,2011 年两个分支机构的经营收入、资产总额和职工工资分别是 6 000、2 000、400 和 4 000、1 200、100,该企业在 2012 年 7～12 月分配预缴所得税时,甲分支机构的分摊比例是( )。

  A. 0.668 75   B. 0.677 5   C. 0.678 75   D. 0.687 5

  **6.** 某工业企业从业人数 89 人、资产总额 800 万元。2008、2009、2010 和 2011 年度的纳税调整后所得分别是－83、50、－10 和 45 万元,该企业 2011 年应纳企业所得税( )万元。

  A. 0.2    B. 0.4    C. 0.5    D. 11.25

  **7.** 某企业 2011 年 3 月发生如下业务:销售产品取得银行存款 200 万元、形成应收账款 80 万元;债务重组被债权人豁免债务 20 万元;从被投资企业取得分配的红股 1 万股,每股面值 1 元;用产品作价 50 万元换材料,产品成本 32 万元。该企业 2011 年 3 月货币形式的收入是( )万元。

  A. 280    B. 300    C. 333    D. 351

  **8.** 对财产应视同销售确认收入的下列业务,会计上已确认收益的是( )。

  A. 捐赠   B. 交际应酬   C. 利润分配   D. 职工奖励

  **9.** 销售商品收入的确认条件中,适用于房产企业开发产品销售收入确认的是( )。

  A. 商品销售合同已经签订,企业已将商品所有权相关的主要风险和报酬转移给购货方

  B. 企业对已售出的商品既没有保留通常与所有权相联系的继续管理权,也没有实施有效控制

  C. 收入的金额能够可靠地计量

  D. 已发生或将发生的销售方的成本能够可靠地核算。

  **10.** 下列各项中,不得冲减销售商品收入的是( )。

  A. 商业折扣   B. 现金折扣   C. 销售折让   D. 销售退回

  **11.** 甲公司的股东 A 公司持有甲公司 15％的股权,投资成本为 150 万元。2011 年 8 月,A 公司从甲公司全部撤回投资,取得资产的公允价值为 500 万元。至 A 公司撤回投资时,甲公司的累计留存收益为 1 800 万元。对上述业务的税务处理正确是( )。

  A. A 公司应确认股权转让所得 80 万元

  B. A 公司应确认股权转让所得 350 万元

  C. A 公司应确认股息收入 350 万元

  D. A 公司应确认初始投资收回 75 万元

  **12.** 某企业 2011 年 3 月 1 日买财政部发行的 2011 年凭证式三年期国债 30 000 份,面值每份 100 元,年利率 5.18％。4 月 1 日,又从国债市场买 40 000 份,每份购买价格 100.4 元,支付万分之一手续费。9 月 1 日,卖掉 60 000 份,销售价格每份 102 元,支付万分之一的手续费。该企业 9 月 1 日转让国债时应确认国债利息收入( )元。

  A. 0    B.141 593.42   C. 143 478.90   D. 143 739.45

**13.** "对同一开发地点、竣工时间相近、产品结构类型没有明显差异的群体开发的项目，可作为一个成本对象进行核算"，这属于房地产企业开发产品计税成本对象确定原则中的（ ）。

    A. 功能区分原则                B. 成本差异原则

    C. 权益区分原则                D. 分类归集原则

**14.** 在企业所得税中，下列各项中，属于工资薪金支出的是（ ）。

    A. 人人有份的节日福利

    B. 企业高层管理人员的境外考察费用

    C. 津补贴

    D. 基层工会专职人员的工资奖金

**15.** 关于手续费和佣金的税务处理，下列表述错误的是（ ）。

    A. 企业发生的手续费和佣金均应作为销售费用在税前扣除

    B. 企业不得将手续费及佣金支出计入回扣、业务提成、返利、进场费等费用

    C. 从事代理服务、主营业务收入为手续费、佣金的企业，其为取得该类收入而实际发生的手续费及佣金支出，作为营业成本处理

    D. 电信企业在发展客户、拓展业务等过程中实际发生的相关手续费及佣金支出，不超过企业当年收入总额 5% 的部分，准予在企业所得税前据实扣除

**16.** 某企业 2011 年 10 月设立，有甲、乙两个股东，甲的权益投资额是 97 万元，乙的权益投资额是 3 万元。2011 年 11 月该企业向甲借款 600 万元，借款期限一年，约定按银行同期利率计算利息。假设该企业 2011 年 10 月亏损 10 万元，11、12 两个月分别实现税后利润 20 万元。该企业的关联债资比例为（ ）。

    A. 2.86∶1       B. 3.27∶1       C. 3.33∶1       D. 3.40∶1

**17.** 关于广告费和业务宣传费的税务处理，下列表述正确的是（ ）。

    A. 粮食白酒的广告费和业务宣传费不得在税前扣除

    B. 饮料制造与销售企业的广告费和业务宣传费税前扣除比例为 30%

    C. 从事股权投资业务的企业，其从被投资企业所分配的股息、红利以及股权转让收入，可以按 15% 的比例计算广告费和业务宣传费扣除限额

    D. 对签订广告费和业务宣传费分摊协议的关联企业，其中一方发生的不超过当年税前扣除限额的广告费和业务宣传费支出可以在本企业扣除，也可以将其中的部分或全部按照分摊协议归集至另一方扣除

**18.** 关于公益性捐赠支出的税务处理，下列表述正确的是（ ）。

    A. 企业赞助"保钓"的支出属于公益性捐赠支出

    B. 向教育事业的捐赠，允许在税前全额扣除

    C. 通过公益性群众团体发生的公益性捐赠支出允许在税前按规定扣除

    D. 企业的公益性捐赠支出，必须提供公益性捐赠票据，方可按规定进行税前扣除

**19.** 未经核定的准备金支出不得在税前扣除，下列准备金或费用不得在税前扣除的是（ ）。

A. 高危行业企业依据有关规定提取的安全生产费用

B. 证券行业依据有关规定提取的证券类准备金

C. 保险公司按照有关规定提取的未到期责任准备金

D. 金融企业按照有关规定提取的贷款损失准备金

**20.** 下列各项费用支出中,属于高新企业认定中研究开发费用范围、而不属于研究开发费用加计扣除范围的是( )。

A. 新产品设计费

B. 专门用于研发活动的仪器、设备的折旧费或租赁费

C. 研究开发项目在用建筑物的折旧费用

D. 与研发活动直接相关的技术图书资料费

**21.** 关于支持和促进就业税收优惠政策,下列表述正确的是( )。

A. 企业当年新招用持《就业失业登记证》(注明"企业吸纳税收政策")人员达到规定比例的,减半征收所得税

B. 高校毕业生可直接向创业地公共就业服务机构申领《就业失业登记证》

C. 企业必须与持《就业失业登记证》(注明"企业吸纳税收政策")人员签订3年以上期限劳动合同并依法缴纳社会保险费

D. 符合条件的企业吸纳符合条件的人员可向县以上人力资源社会保障部门提出认定申请

**22.** 中国居民A企业持有境外企业股权情况如下:

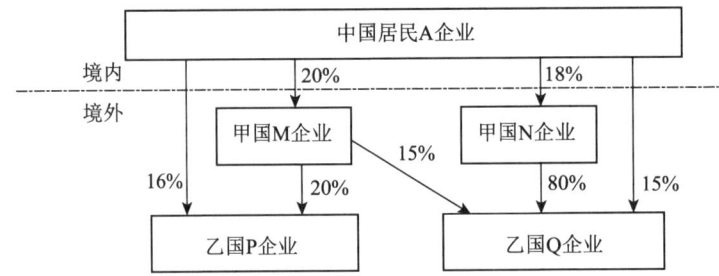

如果中国居民A企业每年都按持股比例从境外投资企业分回股息,则按我国税法征收企业所得税时允许对分回股息境外缴纳的企业所得税进行税收抵免的是( )。

A. 甲国M企业　　B. 甲国N企业　　　C. 乙国P企业　　　D. 乙国Q企业

**23.** 关于企业所得税的税收优惠及其管理,下列表述正确的是( )。

A. 所有居民企业从中国境内取得的股息收入均属于免税收入

B. 核定征收企业不得适用小型微利企业的税收优惠

C. 新办企业减免税执行起始时间是企业取得营业执照上标明的设立日期

D. 高新技术企业减低税率优惠属于变更适用条件的延续优惠政策而非过渡优惠政策

**24.** 关于企业重组的税务处理,下列表述正确的是( )。

A. 有限责任公司变更为个人独资企业或合伙企业,对该公司应进行清算处理

B. 以非货币资产清偿债务符合特殊性税务处理条件的,可暂不确认所得或损失

C. 股权属于资产的一种,所以股权收购属于资产收购的一种

D. 在股权收购业务中,被收购企业也就是股权的转让方

25. 非居民企业向居民企业转让其拥有的另一居民企业股权,如选择适用特殊性税务处理,除符合财税〔2009〕59 号第五条规定的条件外,还应符合下列条件中的( )。

A. 股权转让所得在 10 个纳税年度内均匀计入各年度应纳税所得额

B. 没有因此造成以后该项股权转让所得预提税负担变化

C. 受让方与转让方具有 100% 直接控股关系

D. 转让方非居民企业向主管税务机关书面承诺在 3 年(含 3 年)内不转让其拥有受让方非居民企业的股权

26. "以非关联方之间进行的与关联交易相同或类似业务活动所收取的价格作为关联交易的公平成交价格",这一转让定价方法被称作( )。

A. 可比非受控价格法              B. 再销售价格法

C. 成本加成法                    D. 交易净利润法

27. 关于企业所得税应纳税所得额的计算,下列表述正确的是( )。

A. 企业因雇用季节工实际发生的费用不得作为工资薪金支出处理

B. 对企业发现的以前年度实际发生的应扣未扣支出,不得补扣

C. 如果企业对筹办费在开始经营之日的当年一次性扣除,则对筹建期间发生的与筹办活动有关的业务招待费支出,按实际发生额的 40% 调增所得

D. 向个人借款的利息支出不允许在税前扣除

28. 对非居民企业所得税的源泉扣缴,下列表述正确的是( )。

A. 税款由扣缴义务人在每次支付或者到期应支付时,从支付或者到期应支付的款项中扣缴

B. 到期应支付的款项,是指支付人按照配比原则应当计入相关成本、费用的应付款项

C. 对非居民企业在中国境内取得工程作业所得应缴纳的所得税,该企业可以指定工程价款的支付人为扣缴义务人

D. 扣缴义务人每次代扣的税款,应当自代扣之日起 15 日内缴入国库

29. A 企业收购 B 企业的 90% 实质经营性资产,该批资产公允价值为 1 500 万元、原有计税基础为 900 万元。A 企业支付的对价为本企业股权 1 350 万元和银行存款 150 万元。如当事各方选择特殊性税务处理,则 A 企业取得资产的计税基础应确定为( )万元。

A. 900              B. 960              C. 1 350              D. 1 500

30. 某企业以美元计算所得,按季预缴企业所得税,年终汇算清缴。2010 年四个季度申报应纳税所得额分别为 300 万、400 万、500 万、600 万美元,年终汇算清缴申报应纳税所得额为 2 000 万美元,已按规定汇算清缴结束;四个季度最后一日 1 美元对人民币汇率中间价分别是 6.826 3、6.790 9、6.701 1、6.622 7 元。2011 年 8 月,经税务机关检查确认,该企业少计所得 100 万美元,8 月 31 日确认补税。2011 年 5 月、7 月和 8 月最后一日 1 美元对人民币汇

率中间价分别是 6.484 5、6.444 2、6.386 7 元。该企业应补缴 2010 年的企业所得税为人民币（    ）万元。

  A. 159.67   B. 161.11   C. 162.11   D. 165.57

**二、多项选择题（下列各题给出的备选答案中有两个或两个以上是正确的，请将你认为正确的答案符号[A、B、C、D、E 中选两个或两个以上]填入答题纸中。本题共 15 小题，每小题 2 分，多选、错选本题不得分，少选但所选答案正确的，每个得 0.5 分，共 30 分。）**

**31.** 关于非境内注册居民企业的相关规定，下列表述正确的有（    ）。

  A. 这一规定适用于对境外注册的中资控股企业居民企业身份的判定

  B. 这一规定是实际管理机构所在地标准的运用

  C. 这类企业是指由中国内地企业或者企业集团作为主要控股投资者的企业

  D. 中方控股投资者转让这类企业股权的，应取消其居民企业身份

  E. 应层报国家税务总局确认

**32.** 在 2012 年度，居民企业跨地区设立的下列不具有法人资格的分支机构，不就地预缴所得税的有（    ）。

  A. 新设立的分支机构

  B. 三级分支机构

  C. 建筑企业的二级分支机构

  D. 在中国境外设立的二级营业机构

  E. 不具有企业主体生产经营职能的内部研发机构

**33.** 关于企业所得税的汇算清缴，下列处理正确的有（    ）。

  A. 实行核定征收方式征收企业所得税的纳税人，不实行汇算清缴

  B. 年度中间终止生产经营的，汇算清缴期为实际经营终止之日起 5 个月内

  C. 居民企业登记注册地在境外的，以实际管理机构所在地为汇算清缴地点

  D. 企业在报送企业所得税纳税申报表时，必须附送财务会计报告

  E. 企业所得以外币计算的，年度终了汇算清缴时，只就该纳税年度内未缴纳企业所得税的外币所得，按规定折合成人民币计算应纳税所得额

**34.** 不征税收入中的专项用途财政性资金，包括企业取得的项目有（    ）。

  A. 财政补助      B. 贷款贴息

  C. 直接减免的增值税   D. 即征即退的增值税

  E. 出口退税款

**35.** 下列情形中，应按规定确认股息、红利收入的有（    ）。

  A. 被投资企业的股东转让股权

  B. 被投资企业以未分配利润转增股本

  C. 被投资企业以资本公积中的股（票）权溢价转增股本

  D. 被投资企业清算且有累计留存收益，股东取得剩余资产

  E. 向关联方支付债权性投资的利息

**36.** 关于房地产开发企业开发产品的计税成本,下列处理正确的有(　　)。

　　A. 成本计算对象应由企业在开工之前合理确定,并报主管税务机关备案

　　B. 企业单独建造的停车场所,应作为成本对象单独核算

　　C. 园林绿化等园林环境工程费应列入公共配套设施费

　　D. 企业在开发区内建造的学校应单独核算成本

　　E. 计算结转成本时,不得预提出包工程费

**37.** 企业下列用途的借款费用,应当作为资本性支出计入有关资产成本的有(　　)。

　　A. 存货建造、生产期间发生的合理的借款费用

　　B. 固定资产购置、建造期间发生的合理的借款费用

　　C. 无形资产购置、开发期间发生的合理的借款费用

　　D. 企业为对外投资而发生的合理的借款费用

　　E. 投资者投资未到位期间发生的合理的借款费用

**38.** 关于固定资产的计税基础,下列表述正确的有(　　)。

　　A. 自行建造的固定资产,计税基础为该资产达到预定用途前发生的支出

　　B. 融资租入的固定资产,租赁合同约定付款总额的,计税基础为租赁合同约定的付款总额与承租人在签订租赁合同过程中发生的相关费用之和

　　C. 融资性售后回租的固定资产,计税基础为承租人出售前该资产的原计税基础

　　D. 企业对房屋、建筑物固定资产在未足额提取折旧前进行改扩建的,如属于推倒重置的,重置后的固定资产计税基础为该资产原值减除提取折旧后的净值与重置支出之和

　　E. 盘盈的固定资产,计税基础为同类固定资产的重置完全价值

**39.** 企业发生的下列支出中,税法没有规定税前扣除限制的有(　　)。

　　A. 合理的劳动保护支出

　　B. 补充养老保险金

　　C. 统一制作并要求员工工作时统一着装所发生的合理的员工服饰费用

　　D. 财产保险费

　　E. 企业内营业机构之间支付的租金

**40.** 下列项目中,可作为法定资产损失申报税前扣除的有(　　)。

　　A. 因现金短缺确认的货币资产损失

　　B. 应收款项逾期三年以上确认的坏账损失

　　C. 因存货发生毁损,以其处置收入扣除其计税基础和相关税费后确认的存货损失

　　D. 固定资产因自然灾害造成毁损但尚未处置完毕,确认的固定资产损失

　　E. 因被投资方财务状况严重恶化,累计发生巨额亏损,已连续停止经营3年以上,且无重新恢复经营改组计划,确认的股权投资损失

**41.** 下列农林牧渔业项目的所得中,免征企业所得税的有(　　)。

　　A. 水果的种植　　　　　　　　B. 中药材的种植

　　C. 茶的种植　　　　　　　　　D. 观赏性作物的种植

E. 核桃的种植

**42.** 关于国家重点扶持的公共基础设施项目税收优惠,下列表述正确的有( )。

A. 投资经营所得才可享受这一税收优惠

B. 城市公共交通属于优惠范围

C. 只有居民企业符合条件,才可享受这一税收优惠

D. 企业于 2007 年 12 月 31 日前已经批准的公共基础设施项目,符合规定条件的,可自 2008 年 1 月 1 日起享受其剩余年限的减免企业所得税优惠

E. 内部自建自用属于投资经营范围,也可享受这一税收优惠

**43.** 企业重组适用特殊性税务处理的,重组主导方确定正确的有( )。

A. 债务重组为债务人      B. 股权收购为股权转让方

C. 资产收购为资产转让方      D. 新设合并为合并企业

E. 新设分立为被分立企业

**44.** 关于同期资料的准备,下列表述正确的有( )。

A. 同期资料的内容不包括企业的组织结构情况

B. 关联交易属于执行预约定价安排,免予准备同期资料

C. 外资股份低于 50% 且仅与境内关联方发生关联交易,免予准备同期资料

D. 同期资料应自税务机关要求之日起 20 日内提供

E. 企业因合并、分立等原因注销税务登记的,同期资料应交由主管税务机关保管

**45.** 关于弥补亏损,下列税务处理正确的有( )。

A. 亏损是指纳税申报表中年度纳税调整后所得小于零的数额

B. 同一国家不同营业机构之间的盈亏在汇总纳税时允许互相抵补

C. 境外营业机构的亏损只能用境外营业机构以后年度的所得弥补,弥补期限不得超过 5 年

D. 被合并企业的亏损不得由合并企业承继弥补

E. 企业预缴企业所得税时可以按规定弥补以前年度的亏损

**三、判断题(判断下列各题,正确的划"√",错误的划"×",请将你所选答案符号[√、×中选一个]填入答题纸中。本题共 10 小题,每小题 1 分,共 10 分。)**

**46.** 对非居民企业在中国境内设立的机构、场所取得的来源于中国境外但与其有实际联系的所得,应按我国税法规定征收 25% 的企业所得税。 ( )

**47.** 在年度纳税申报表中,当纳税调整后所得大于零时,也就是企业的应纳税所得额。

( )

**48.** 建筑企业总机构直接管理的跨地区设立的项目部,应参与建筑企业所得税的"统一计算、就地预缴"。 ( )

**49.** 专门从事股权(股票)投资业务的企业,不得核定征收企业所得税。 ( )

**50.** 企业将劳务用于对外捐赠的,应当视同提供劳务,确认视同销售收入。 ( )

**51.** 上市公司对其员工实施股权激励计划的,除对股权激励计划实行后立即可以行权的外,在股权激励计划可行权后,方可依照税法规定计算确定作为当年上市公司工资薪金支

出,进行税前扣除。 （ ）

**52.** 国家规定可以从事贷款业务以外的企业因资金直接拆借而发生的损失,不得作为损失在税前扣除。 （ ）

**53.** 非营利性医疗机构取得的医疗服务收入和药品销售收入,免征企业所得税。（ ）

**54.** 被投资企业注销解散、其股东收回投资的过程,可视为同一控制下不需要支付对价的企业合并。 （ ）

**55.** 关联交易包括房屋建筑物、机器设备的转让和租赁。 （ ）

**四、计算申报实务题(根据下列资料计算并回答有关问题,请将你认为正确的答案符号[A、B、C、D 中选一个]填入答题纸中。本题共 10 小题,每小题 2 分,共 20 分。)**

(一)

某符合条件的软件生产企业于 2008 年设立,并于当年开始享受"两免三减半"的税收优惠,2009 年被认定为高新技术企业。2011 年有关经营情况如下:

(1) 高新技术产品销售收入 23 000 万元,符合条件的技术转让收入 4 000 万元,所转让技术的成本为 800 万元,从其他居民企业(非上市公司)取得直接投资的股息收入 500 万元。

(2) 高新技术产品销售成本 7 800 万元;非增值税销售税金及附加 47 万元;销售费用 2 000 万元,其中广告费和业务宣传费 1 700 万元,手续费和佣金 200 万元(支付对象为有合法中介资格的境内某公司,转账支付,实际支付比例为服务金额的 10%);管理费用 3 000 万元,其中业务招待费 150 万元、符合加计扣除条件的研究开发费 1 200 万元;财务费用 480 万元。

(3) 当年计入成本费用的合理的实发工资 7 500 万元,发生职工福利费支出 1 100 万元,拨缴工会经费 190 万元,发生职工教育经费支出 760 万元、其中职工培训费用支出 600 万元,计入成本和期间费用的职工薪酬比为 8:2。

(4) 当年高新技术产品销售所得中,来源于境外营业机构的高新技术产品销售所得 3 500 万元,已在境外所得来源国缴纳企业所得税 350 万元。

2011 年度企业所得税汇算清缴时,该企业按规定履行了减免税手续。

要求:根据以上资料,计算并回答下列问题:

**56.** 该企业 2011 年职工薪酬支出应调增所得额( )万元。

 A. 62.5    B. 90    C. 117.5    D. 502.5

**57.** 该企业 2011 年期间费用应调增所得额( )万元。

 A. 115    B. 160    C. 178    D. 260

**58.** 如果该企业减免税项目所得和应税项目所得按销售收入比例划分期间费用,则该企业 2011 年度企业所得税汇算清缴时,应在年度纳税申报表附表五《税收优惠明细表》"四、减免所得额合计"项下第 31 行"(五)符合条件的技术转让所得"对应栏次填报( )万元。

 A. 1 444.07    B. 1 455.93    C. 1 457.26    D. 1 850

**59.** 该企业 2011 年度企业所得税汇算清缴时,年度纳税申报表主表第 25 行"应纳税所得额"应填报( )万元。

 A. 7 565.74    B. 7 578.93    C. 7 583.74    D. 11 065.74

**60.** 该企业 2011 年度企业所得税汇算清缴时,年度纳税申报表主表第 33 行"实际应纳所得税额"应填报( )万元。

A. 1 311.84    B. 1 309.86    C. 1 033.22    D. 1 120.72

## (二)

甲公司为位于某经济特区的生产性外商投资企业,2006 年设立,2008 年开始享受"两免三减半"优惠。乙公司为内资企业,2007 年设立,不享受税收优惠。2010 年 3 月,甲公司和乙公司股东会均作出决议,由甲公司吸收合并乙公司,合并日为 2010 年 7 月 1 日。合并后,甲公司还是生产性外商投资企业。

合并日,甲公司资产的公允价值为 6 000 万元、计税基础为 4 500 万元,负债的公允价值为 2 100 万元、计税基础为 2 100 万元,实收资本 2 000 万元、盈余公积 40 万元、未分配利润 360 万元;乙公司资产的公允价值为 4 000 万元、计税基础为 3 500 万元,其中现金 175 万元,负债的公允价值为 900 万元、计税基础为 900 万元,实收资本 1 540 万元、盈余公积 106 万元、未分配利润 954 万元。

双方以乙公司合并日净资产的公允价值减除应缴纳的清算所得税后的余额作为交易价格,甲公司向乙公司股东支付本企业股权 585 万股(公允价每股 5 元)。乙公司的股东为法人企业 A、B,A、B 对乙公司总的投资分别为 924 万元、616 万元。

2006—2009 年度甲公司依税法计算的盈亏情况,2007—2009 年度乙公司依税法计算的盈亏情况如下:

| 年度 企业 | 2006 | 2007 | 2008 | 2009 |
|---|---|---|---|---|
| 甲公司 | −300 | −200 | 400 | 500 |
| 乙公司 | 100 | 280 | 320 | 360 |

2010 年上半年,乙公司的纳税调整后所得为 200 万元;2010 年度,甲公司的纳税调整后所得为 1 000 万元,汇算清缴时按规定履行了减免税手续。

要求:根据以上资料,计算并回答下列问题:

**61.** 如果该合并业务选择适用一般性税务处理,乙公司应缴纳清算所得税( )万元。

A. 120    B. 125    C. 650    D. 775

**62.** 如果该合并业务选择适用一般性税务处理,乙公司的股东 A 应确认股息收入( )万元。

A. 831    B. 852    C. 861    D. 1 785

**63.** 如果该合并业务选择适用特殊性税务处理,甲公司取得乙公司资产的计税基础应确定为( )万元。

A. 2 600    B. 3 450    C. 3 500    D. 4 000

**64.** 如果该合并业务选择适用特殊性税务处理,乙公司的股东 B 取得甲公司股权的计税基础应确定为( )万元。

A. 1 190    B. 924    C. 616    D. 595

**65.** 如果该合并业务选择适用一般性税务处理,2010 年度甲公司应纳企业所得税
(  )万元。

    A. 250          B. 220          C. 185          D. 180

**五、简答题(根据问题列出你所给出的答题要点,请将答题要点写在答题纸
上,表述要规范。本题共 2 小题,每题 5 分,共 10 分。)**

**66.** 简述在计算应纳税所得额时,企业的财务会计处理与税收法律、法规的关系及其处
理原则。

**67.** 核定征收企业所得税的方式有哪几种？简评核定征收对企业所得税管理的正面和
负面影响?

# 2012 年全国税务系统企业所得税业务知识考试题参考答案及解析

## 一、单项选择题

**1.【答案】** D

**【解析】** 预提所得税,是指预先扣缴的所得税,是对源泉扣缴的所得税的习惯叫法。

《中华人民共和国企业所得税法》第 37 条规定,对非居民企业取得本法第 3 条第 3 款规定的所得应缴纳的所得税,实行源泉扣缴,以支付人为扣缴义务人。税款由扣缴义务人在每次支付或者到期应支付时,从支付或者到期应支付的款项中扣缴。

《中华人民共和国企业所得税法》第 3 条第 3 款规定,非居民企业在中国境内未设立机构、场所的,或者虽设立机构、场所但取得的所得与其所设机构、场所没有实际联系的,应当就其来源于中国境内的所得缴纳企业所得税。

**2.【答案】** A

**【解析】** 《中华人民共和国企业所得税法实施条例》第 7 条规定,企业所得税法第 3 条所称来源于中国境内、境外的所得,按照以下原则确定:(1)销售货物所得,按照交易活动发生地确定;(2)提供劳务所得,按照劳务发生地确定;(3)转让财产所得,不动产转让所得按照不动产所在地确定,动产转让所得按照转让动产的企业或者机构、场所所在地确定,权益性投资资产转让所得按照被投资企业所在地确定;(4)股息、红利等权益性投资所得,按照分配所得的企业所在地确定;(5)利息所得、租金所得、特许权使用费所得,按照负担、支付所得的企业或者机构、场所所在地确定,或者按照负担、支付所得的个人的住所地确定;(6)其他所得,由国务院财政、税务主管部门确定。

**3.【答案】** B

**【解析】** 《中华人民共和国企业所得税法》第 5 条规定,企业每一纳税年度的收入总额,减除不征税收入、免税收入、各项扣除以及允许弥补的以前年度亏损后的余额,为应纳税所得额。计算公式如下:

(1)直接法:企业每一纳税年度的收入总额减除不征税收入、免税收入、各项扣除以及允许弥补的以前年度亏损后的余额为应纳税所得额。

应纳税所得额=收入总额-不征税收入-免税收入-各项扣除-以前年度亏损

(2)间接法:在会计利润总额的基础上加或减按照税法规定调整的项目金额后,即为应纳税所得额。

应纳税所得额=会计利润总额±纳税调整项目金额

《中华人民共和国企业所得税法实施条例》第 10 条规定,亏损是指企业依照企业所得税法和本条例的规定将每一纳税年度的收入总额减除不征税收入、免税收入和各项扣除后小于零的数额。选项 A 错误。

年度申报表填表说明中明确规定,申报表中应纳税所得额不得为负数,按照顺序计算结果为负数的,填零。选项 B 正确。

纳税调整后所得与应纳税所得额计算明显不同,可以小于零,选项 C 错误。

应纳税所得额计算公式已包含按规定弥补以前年度的亏损,选项 D 错误。

**4.【答案】** C

**【解析】** $(300-30)\times25\%=67.5$(万元)。

**5.【答案】** B

**【解析】** $6\,000\div(6\,000+4\,000)\times0.35=0.21$

$2\,000\div(2\,000+1\,200)\times0.3=0.187\,5$

$400\div(400+100)\times0.35=0.28$

$0.21+0.187\,5+0.28=0.677\,5$

**6.【答案】** A

**【解析】** $(45-10+50-83)\times10\%=0.2$(万元)。

**注:** 小微企业政策 2011 年执行的为年应税所得额低于 3 万元的标准,所得减按 50%,按 20%税率计算缴纳。目前已发生变化。

**7.【答案】** B

**【解析】** $200+80+20=300$(万元)。

**8.【答案】** C

**【解析】** 将货物、财产、劳务用于偿债、集资、职工福利和利润分配等用途,由于具备企业会计准则规定的收入确认条件应确认收入;将货物、财产、劳务用于捐赠、赞助、广告、样品等用途,由于不同时具备企业会计准则规定的收入确认条件,不确认收入。

**9.【答案】** C

**【解析】** 《房地产开发经营业务企业所得税处理办法》(国税发〔2009〕31 号)规定,企业通过正式签订《房地产销售合同》或《房地产预售合同》所取得的收入,应确认为销售收入的实现。

房地产预售时即可确认收入,在预售阶段,只有选项 C 符合条件。

**10.【答案】** B

**【解析】** 《国家税务总局关于确认企业所得税收入若干问题的通知》(国税函〔2008〕875 号)规定:企业为促进商品销售而在商品价格上给予的价格扣除属于商业折扣,商品销售涉及商业折扣的,应当按照扣除商业折扣后的金额确定销售商品收入金额。

债权人为鼓励债务人在规定的期限内付款而向债务人提供的债务扣除属于现金折扣,销售商品涉及现金折扣的,应当按扣除现金折扣前的金额确定销售商品收入金额,现金折扣在实际发生时作为财务费用扣除。

企业因售出商品的质量不合格等原因而在售价上给的减让属于销售折让;企业因售出商品质量、品种不符合要求等原因而发生的退货属于销售退回。企业已经确认销售收入的售出商品发生销售折让和销售退回,应当在发生当期冲减当期销售商品收入。

**11.【答案】** A

**【解析】** 《国家税务总局关于企业所得税若干问题的公告》(国家税务总局公告 2011 年第 34 号)第 5 条规定,投资企业从被投资企业撤回或减少投资,其取得的资产中,相当于初始出资的部分,应确认为投资收回;相当于被投资企业累计未分配利润和累计盈余公积按减少实收资本比例计算的部分,应确认为股息所得;其余部分确认为投资资产转让所得。

撤回投资与转让股权不同,允许确认股息红利所得。

确认权益性投资股息红利所得 $1800 \times 15\% = 270$(万元)。

股权转让所得 $500 - 150 - 270 = 80$(万元)。

**12.【答案】** B

**【解析】** 根据《国家税务总局关于企业国债投资业务企业所得税处理问题的公告》(国家税务总局公告 2011 年第 36 号)规定:

$$国债利息收入 = 国债金额 \times (适用年利率 \div 365) \times 持有天数$$

企业在不同时间购买同一品种国债的,其转让时的成本计算方法,可在先进先出法、加权平均法、个别计价法中选用一种。计价方法一经选用,不得随意改变。

(1)如用先进先出法计算:

国债利息收入 $= 30\,000 \times 100 \times 184 \div 365 \times 5.18\% + 30\,000 \times 100 \times 153 \div 365 \times 5.18\% = 143\,478.9$(元)

(2)如用加权平均法计算:

国债利息收入 $= (30\,000 \times 100 \times 184 \div 365 \times 5.18\% + 40\,000 \times 100 \times 153 \div 365 \times 5.18\%) \times 6 \div 7 = 141\,593.42$(元)。

因此答案 B、C 均对。

**13.【答案】** D

**【解析】** 《国家税务总局关于印发〈房地产开发经营业务企业所得税处理办法〉的通知》(国税发〔2009〕31 号)第 26 条规定,成本对象是指为归集和分配开发产品开发、建造过程中的各项耗费而确定的费用承担项目。计税成本对象的确定原则如下:

(1)可否销售原则。开发产品能够对外经营销售的,应作为独立的计税成本对象进行成本核算;不能对外经营销售的,可先作为过渡性成本对象进行归集,然后再将其相关成本摊入能够对外经营销售的成本对象。

(2)分类归集原则。对同一开发地点、竣工时间相近、产品结构类型没有明显差异的群体开发的项目,可作为一个成本对象进行核算。

(3)功能区分原则。开发项目某组成部分相对独立,且具有不同使用功能时,可以作为独立的成本对象进行核算。

(4)定价差异原则。开发产品因其产品类型或功能不同等而导致其预期售价存在较大差异的,应分别作为成本对象进行核算。

(5)成本差异原则。开发产品因建筑上存在明显差异可能导致其建造成本出现较大差异的,要分别作为成本对象进行核算。

(6)权益区分原则。开发项目属于受托代建的或多方合作开发的,应结合上述原则分别划分成本对象进行核算。

**14.【答案】** C

**【解析】** 《中华人民共和国企业所得税法实施条例》第 34 条规定,企业发生的合理的工资薪金支出,准予扣除。上述所称工资薪金,是指企业每一纳税年度支付给在本企业任职或者受雇的员工的所有现金形式或者非现金形式的劳动报酬,包括基本工资、奖金、津贴、补贴、年终加薪、加班工资,以及与员工任职或者受雇有关的其他支出。

**15.【答案】** A

**【解析】** 《财政部　国家税务总局关于企业手续费及佣金支出税前扣除政策的通知》(财税〔2009〕29 号)第 1 条规定,企业发生与生产经营有关的手续费及佣金支出,不超过以下规定计算限额以内的部分,准予扣除;超过部分,不得扣除。(1)保险企业:财产保险企业按当年全部保费收入扣除退保金等后余额的 15%(含本数,下同)计算限额;人身保险企业按当年全部保费收入扣除退保金等后余额的 10%计算限额。(2)其他企业:按与具有合法经营资格中介服务机构或个人(不含交易双方及其雇员、代理人和代表人等)所签订服务协议或合同确认的收入金额的 5%计算限额。

财税〔2009〕29 号第 3 条规定,企业不得将手续费及佣金支出计入回扣、业务提成、返利、进场费等费用。

注: 根据《财政部　税务总局关于保险企业手续费及佣金支出税前扣除政策的公告》(财政部 税务总局公告 2019 年第 72 号)的规定,财税〔2009〕29 号第 1 条中关于保险企业手续费及佣金税前扣除的政策自 2019 年 1 月 1 日起废止。

《国家税务总局关于企业所得税应纳税所得额若干税务处理问题的公告》(国家税务总局公告 2012 年第 15 号)第 3 条规定,从事代理服务、主营业务收入为手续费、佣金的企业(如证券、期货、保险代理等企业),其为取得该类收入而实际发生的营业成本(包括手续费及佣金支出),准予在企业所得税前据实扣除。电信企业在发展客户、拓展业务等过程中(如委托销售电话入网卡、电话充值卡等),需向经纪人、代办商支付手续费及佣金的,其实际发生的相关手续费及佣金支出,不超过企业当年收入总额 5%的部分,准予在企业所得税前据实扣除。

注: 根据《国家税务总局关于电信企业手续费及佣金支出税前扣除问题的公告》(国家税务总局公告 2013 年第 59 号)规定,国家税务总局公告 2012 年第 15 号第 4 条所称电信企业手续费及佣金支出,仅限于电信企业在发展客户、拓展业务等过程中因委托销售电话入网卡、电话充值卡所发生的手续费及佣金支出。

**16.【答案】** B

**【解析】** 关联债资比例的具体计算方法如下:

关联债资比例=年度各月平均关联债权投资之和÷年度各月平均权益投资之和

其中: 各月平均关联债权投资=(关联债权投资月初账面余额+月末账面余额)÷2

各月平均权益投资=(权益投资月初账面余额+月末账面余额)÷2

权益投资为企业资产负债表所列示的所有者权益金额。如果所有者权益小于实收资本(股本)与资本公积之和,则权益投资为实收资本(股本)与资本公积之和;如果实收资本(股本)与资本公积之和小于实收资本(股本)金额,则权益投资为实收资本(股本)金额。

年度各月平均关联债权投资之和＝(0＋600)÷2＋(600＋600)÷2＝900

年度各月平均权益投资之和＝(0＋100)÷2＋(100＋110)÷2＋(110＋130)÷2＝275

关联债资比例＝900÷275＝3.27

**17.【答案】** D

**【解析】** 根据《财政部 国家税务总局关于广告费和业务宣传费支出税前扣除政策的通知》(财税〔2012〕48号)的规定,选项A错误,应当为烟草企业的烟草广告费和业务宣传费支出,一律不得在计算应纳税所得额时扣除。选项B错误,对化妆品制造或销售、医药制造和饮料制造(不含酒类制造)企业发生的广告费和业务宣传费支出,不超过当年销售(营业)收入30％的部分,准予扣除;超过部分,准予在以后纳税年度结转扣除。饮料销售企业只能按15％。

选项C错误,《国家税务总局关于贯彻落实企业所得税法若干税收问题的通知》(国税函〔2010〕79号)规定:对从事股权投资业务的企业(包括集团公司总部、创业投资企业等),其从被投资企业所分配的股息、红利以及股权转让收入,可以按规定的比例计算业务招待费扣除限额。没有允许其扣除广告费和业务宣传费支出的规定。

注:财税〔2012〕48号本文2015年12月31日到期停止执行。最新文件为《财政部 税务总局关于广告费和业务宣传费支出税前扣除有关事项的公告》(财政部 税务总局公告2020年第43号)。

**18.【答案】** D

**【解析】** 选项A错误,公益性捐赠具体包括:救助灾害、救济贫困、扶助残疾人等困难的社会群体和个人的活动;教育、科学、文化、卫生、体育事业;环境保护、社会公共设施建设;促进社会发展和进步的其他社会公共和福利事业。企业赞助"保钓"的支出不属于上述范围。

选项B错误,通过公益性社会组织或者县级(含县级)以上人民政府及其组成部门和直属机构,用于慈善活动、公益事业的捐赠支出才能税前扣除,且除另有规定外,要受一定比例限制。

选项C错误,公益性社会组织应当依法取得公益性捐赠税前扣除资格。对获得资格的公益性社会组织,由财政部、国家税务总局和民政部以及省、自治区、直辖市、计划单列市财政、税务和民政部门每年分别联合公布名单。注意:接受捐赠的公益性社会组织不在名单内,或虽在名单内但企业发生的公益性捐赠支出不属于名单所属年度的,不得扣除。

**19.【答案】** A

**【解析】** 《中华人民共和国企业所得税法实施条例》第55条规定,企业所得税法第10条第7项所称未经核定的准备金支出,是指不符合国务院财政、税务主管部门规定的各项资产减值准备、风险准备等准备金支出。因此,一般企业未经财政部和国家税务总局核定的准备金支出不可以在企业所得税税前扣除。

证券行业、保险公司、金融企业均有规定可提取准备金,选项A高危行业企业安全生产费用无规定可提取,只能按实际发生数据实列支。

**20.【答案】** C

**【解析】**《财政部　国家税务总局　科技部关于完善研究开发费用税前加计扣除政策的通知》(财税〔2015〕119号)规定,允许加计扣除的研发费用具体范围包括:

(1) 人员人工费用。

直接从事研发活动人员的工资薪金、基本养老保险费、基本医疗保险费、失业保险费、工伤保险费、生育保险费和住房公积金,以及外聘研发人员的劳务费用。

(2) 直接投入费用。

① 研发活动直接消耗的材料、燃料和动力费用。

② 用于中间试验和产品试制的模具、工艺装备开发及制造费,不构成固定资产的样品、样机及一般测试手段购置费,试制产品的检验费。

③ 用于研发活动的仪器、设备的运行维护、调整、检验、维修等费用,以及通过经营租赁方式租入的用于研发活动的仪器、设备租赁费。

(3) 折旧费用。

用于研发活动的仪器、设备的折旧费。

(4) 无形资产摊销。

用于研发活动的软件、专利权、非专利技术(包括许可证、专有技术、设计和计算方法等)的摊销费用。

(5) 新产品设计费、新工艺规程制定费、新药研制的临床试验费、勘探开发技术的现场试验费。

(6) 其他相关费用。

(7) 财政部和国家税务总局规定的其他费用。

选项C错误,研究开发项目在用建筑物的折旧费不属于上述范围。

**21.【答案】** D

**【解析】** 选项A错误,应当为"在3年内按实际招用人数予以定额依次扣减营业税、城市维护建设税、教育费附加和企业所得税优惠。定额标准为每人每年4 000元,可上下浮动20%。"

**注:** 2014年起,修改为最高可上浮30%;2019年起,定额标准为每人每年6 000元,最高可上浮30%。

选项B错误,应当为"毕业年度内高校毕业生在校期间凭学校出具的相关证明,经学校所在地省级教育行政部门核实认定,取得《高校毕业生自主创业证》(仅在毕业年度适用),并向创业地公共就业服务机构申请取得《就业失业登记证》;高校毕业生离校后直接向创业地公共就业服务机构申领《就业失业登记证》。"

选项C错误,应当为"与其签订1年以上期限劳动合同并依法缴纳社会保险费的。"

**22.【答案】** A

**【解析】** 根据《财政部　国家税务总局关于企业境外所得税收抵免有关问题的通知》(财税〔2009〕125号)第5条、第6条的规定,居民企业在按照中华人民共和国企业所得税法第24条规定用境外所得间接负担的税额进行税收抵免时,其取得的境外投资收益实际间接负担的税额,是指根据直接或者间接持股方式合计持股 20% 以上(含 20%,下同)的规定层级的外国企业股份,由此应分得的股息、红利等权益性投资收益中,从最低一层外国企业起逐层计算的属于由上一层企业负担的税额,其计算公式如下:

本层企业所纳税额属于由一家上一层企业负担的税额＝(本层企业就利润和投资收益所实际缴纳的税额＋符合本通知规定的由本层企业间接负担的税额)×本层企业向一家上一层企业分配的股息(红利)÷本层企业所得税后利润额。

除国务院财政、税务主管部门另有规定外,按照《中华人民共和国企业所得税法实施条例》第 80 条规定由居民企业直接或者间接持有 20% 以上股份的外国企业,限于符合以下持股方式的三层外国企业:

第一层:单一居民企业直接持有 20% 以上股份的外国企业;

第二层:单一第一层外国企业直接持有 20% 以上股份,且由单一居民企业直接持有或通过一个或多个符合本条规定持股条件的外国企业间接持有总和达到 20% 以上股份的外国企业;

第三层:单一第二层外国企业直接持有 20% 以上股份,且由单一居民企业直接持有或通过一个或多个符合本条规定持股条件的外国企业间接持有总和达到 20% 以上股份的外国企业。

注:《财政部 国家税务总局关于完善企业境外所得税收抵免政策问题的通知》(财税〔2017〕84 号)对此进行补充规定,企业在境外取得的股息所得,在按规定计算该企业境外股息所得的可抵免所得税额和抵免限额时,由该企业直接或者间接持有 20% 以上股份的外国企业,限于按照《财政部 国家税务总局关于企业境外所得税收抵免有关问题的通知》财税〔2009〕125 号文件第 6 条规定的持股方式确定的五层外国企业,即:

第一层:企业直接持有 20% 以上股份的外国企业。

第二层至第五层:单一上一层外国企业直接持有 20% 以上股份,且由该企业直接持有或通过一个或多个符合《财政部 国家税务总局关于企业境外所得税收抵免有关问题的通知》(财税〔2009〕125 号)文件第 6 条规定持股方式的外国企业间接持有总和达到 20% 以上股份的外国企业。

需要特别注意的是,"由单一居民企业直接持有或通过一个或多个符合本条规定持股条件的外国企业间接持有总和达到 20% 以上股份"指的是直接持有或间接持有至少有一个达到 20%,总和指的是间接持有总和,而非直接持有＋间接持有之和。

因此,选项 A 正确,选项 C 不符合。

**23.【答案】** B/D

**【解析】**

选项 A 错误,居民企业直接投资于其他居民企业取得的权益性投资收益免征企业所得税。所称股息、红利等权益性投资收益,不包括连续持有居民企业公开发行并上市流通的股票不足 12 个月取得的投资收益。

选项 B 在当时是正确的,《财政部 国家税务总局关于执行企业所得税优惠政策若干问题的通知》(财税〔2009〕69 号)规定,核定征收企业不得适用小型微利企业的税收优惠。

但要注意,该规定已被《国家税务总局关于扩大小型微利企业减半征收企业所得税范围有关问题的公告》(国家税务总局公告 2014 年第 23 号)自 2014 年 4 月 18 日起废止。核定征收企业已可以适用小型微利企业的税收优惠。

选项 C 错误,《国家税务总局关于印发〈税收减免管理办法(试行)〉的通知》(国税发〔2005〕129 号)、《国家税务总局关于新办企业减免企业所得税执行起始时间的批复》(国税函〔2007〕365 号)规定,自 2005 年 10 月 1 日起,新办企业减免税执行起始时间的生产经营之日是指纳税人取得第一笔收入之日。

注:根据《国家税务总局关于发布〈税收减免管理办法〉的公告》(国家税务总局公告 2015 年第 43 号),国税发〔2005〕129 号自 2015 年 8 月 1 日起废止。

根据《国家税务总局关于公布全文失效废止、部分条款失效废止的税收规范性文件目录的公告》(国家税务总局公告 2011 年第 2 号)的规定,国税函〔2007〕365 号全文失效废止。

选项 D 正确,《国家税务总局关于进一步明确企业所得税过渡期优惠政策执行口径问题的通知》(国税函〔2010〕157 号)规定,高新技术企业减低税率优惠属于变更适用条件的延续政策而未列入过渡政策,因此,凡居民企业经税务机关核准 2007 年度及以前享受高新技术企业或新技术企业所得税优惠,2008 年及以后年度未被认定为高新技术企业的,自 2008 年起不得适用高新技术企业的 15% 税率,也不适用《国务院关于实施企业所得税过渡优惠政策的通知》(国发〔2007〕39 号)第 1 条第 2 款规定的过渡税率,而应自 2008 年度起适用 25% 的法定税率。

**24.【答案】　A**

**【解析】**　依据《财政部　国家税务总局关于企业重组业务企业所得税处理若干问题的通知》(财税〔2009〕59 号)的规定,选项 A 正确。选项 B 错误,以非货币资产清偿债务,应当分解为转让相关非货币性资产、按非货币性资产公允价值清偿债务两项业务,确认相关资产的所得或损失。选项 C 错误,股权收购,是指一家企业(以下称为收购企业)购买另一家企业(以下称为被收购企业)的股权,以实现对被收购企业控制的交易。收购企业支付对价的形式包括股权支付、非股权支付或两者的组合。资产收购,是指一家企业(以下称为受让企业)购买另一家企业(以下称为转让企业)实质经营性资产的交易。受让企业支付对价的形式包括股权支付、非股权支付或两者的组合。选项 D 错误,在股权收购业务中,被收购企业的股东才是股权的转让方。

**25.【答案】　C**

**【解析】**　《财政部　国家税务总局关于企业重组业务企业所得税处理若干问题的通知》(财税〔2009〕59 号)第 7 条规定,企业发生涉及中国境内与境外之间(包括港澳台地区)的股权和资产收购交易,除应符合本通知第 5 条规定的条件外,还应同时符合下列条件,才可选择适用特殊性税务处理规定:(1)非居民企业向其 100% 直接控股的另一非居民企业转让其拥有的居民企业股权,没有因此造成以后该项股权转让所得预提税负担变化,且转让方非居民企业向主管税务机关书面承诺在 3 年(含 3 年)内不转让其拥有受让方非居民企业的股权;(2)非居民企业向与其具有 100% 直接控股关系的居民企业转让其拥有的另一居民企业股权;(3)居民企业以其拥有的资产或股权向其 100% 直接控股的非居民企业进行投资;

（4）财政部、国家税务总局核准的其他情形。

**26.【答案】** A

**【解析】**《中华人民共和国企业所得税法实施条例》第111条规定，（1）可比非受控价格法，是指按照没有关联关系的交易各方进行相同或者类似业务往来的价格进行定价的方法；（2）再销售价格法，是指按照从关联方购进商品再销售给没有关联关系的交易方的价格，减除相同或者类似业务的销售毛利进行定价的方法；（3）成本加成法，是指按照成本加合理的费用和利润进行定价的方法；（4）交易净利润法，是指按照没有关联关系的交易各方进行相同或者类似业务往来取得的净利润水平确定利润的方法；（5）利润分割法，是指将企业与其关联方的合并利润或者亏损在各方之间采用合理标准进行分配的方法；（6）其他符合独立交易原则的方法。

**27.【答案】** C

**【解析】** 依据《国家税务总局关于企业所得税应纳税所得额若干税务处理问题的公告》（国家税务总局公告2012年第15号）规定：选项A错误，企业因雇用季节工、临时工、实习生、返聘离退休人员以及接受外部劳务派遣用工所实际发生的费用，应区分为工资薪金支出和职工福利费支出，并按《中华人民共和国企业所得税法》规定在企业所得税税前扣除。其中属于工资薪金支出的，准予计入企业工资薪金总额的基数，作为计算其他各项相关费用扣除的依据。

选项B错误，对企业发现以前年度实际发生的、按照税收规定应在企业所得税税前扣除而未扣除或者少扣除的支出，企业做出专项申报及说明后，准予追补至该项目发生年度计算扣除，但追补确认期限不得超过5年。

注：根据《国家税务总局关于企业工资薪金和职工福利费等支出税前扣除问题的公告》（国家税务总局公告2015年第34号）的规定，国家税务总局公告2012年第15号第1条有关企业接受外部劳务派遣用工的相关规定废止。

依据《国家税务总局关于企业向自然人借款的利息支出企业所得税税前扣除问题的通知》（国税函〔2009〕777号）规定，企业向除第1条规定（即：向股东或其他与企业有关联关系的自然人借款的利息支出）以外的内部职工或其他人员借款的利息支出，其借款情况同时符合以下条件的，其利息支出在不超过按照金融企业同期同类贷款利率计算的数额的部分，根据《中华人民共和国企业所得税法》第8条和《中华人民共和国企业所得税法实施条例》第27条规定，准予扣除：（1）企业与个人之间的借贷是真实、合法、有效的，并且不具有非法集资目的或其他违反法律、法规的行为；（2）企业与个人之间签订了借款合同。选项D错误。

**28.【答案】** A

**【解析】**《国家税务总局关于印发〈非居民企业所得税源泉扣缴管理暂行办法〉的通知》（国税发〔2009〕3号）第7条规定，扣缴义务人在每次向非居民企业支付或者到期应支付本办法第3条规定的所得时，应从支付或者到期应支付的款项中扣缴企业所得税。本条所称到期应支付的款项，是指支付人按照权责发生制原则应当计入相关成本、费用的应付款项。扣缴义务人每次代扣代缴税款时，应当向其主管税务机关报送《中华人民共和国扣缴企业所得税报告表》（以下简称扣缴表）及相关资料，并自代扣之日起7日内缴入国库。

选项 A 正确。选项 BD 错误。

**注:** 根据《国家税务总局关于非居民企业所得税源泉扣缴有关问题的公告》(国家税务总局公告 2017 年第 37 号)的规定,国税发〔2009〕3 号自 2017 年 12 月 1 日起全文废止。

《中华人民共和国企业所得税法》第 38 条规定,对非居民企业在中国境内取得工程作业和劳务所得应缴纳的所得税,税务机关可以指定工程价款或者劳务费的支付人为扣缴义务人。选项 C 错误,并非由企业指定。

**29.【答案】** B

**【解析】** 非股权支付对应的资产转让所得或损失＝(被转让资产的公允价值－被转让资产的计税基础)×(非股权支付金额÷被转让资产的公允价值)

$900 × 1350 ÷ (1350 + 150) + 1500 × 150 ÷ (1350 + 150) = 810 + 150 = 960$(万元)。

**30.【答案】** B

**【解析】** 《中华人民共和国企业所得税法实施条例》第 130 条规定,经税务机关检查确认,企业少计或者多计前款规定的所得的,应当按照检查确认补税或者退税时的上一个月最后一日的人民币汇率中间价,将少计或者多计的所得折合成人民币计算应纳税所得额,再计算应补缴或者应退的税款。

$100 × 6.4442 × 25\% = 161.11$(万元)。

## 二、多项选择题

**31.【答案】** ABCE

**【解析】** 根据《国家税务总局关于印发〈境外注册中资控股居民企业所得税管理办法(试行)〉的公告》(国家税务总局公告 2011 年第 45 号)第 2 条的规定,本办法所称境外注册中资控股企业(以下简称境外中资企业)是指由中国内地企业或者企业集团作为主要控股投资者,在中国内地以外国家或地区(含中国香港、中国澳门、中国台湾)注册成立的企业。

国家税务总局公告 2011 年第 45 号第 3 条规定,本办法所称境外注册中资控股居民企业(以下简称非境内注册居民企业)是指因实际管理机构在中国境内而被认定为中国居民企业的境外注册中资控股企业。

国家税务总局公告 2011 年第 45 号第 9 条规定,主管税务机关依法对企业提供的相关资料进行审核,提出初步认定意见,将据以做出初步认定的相关事实(资料)、认定理由和结果层报税务总局确认。

税务总局认定境外中资企业居民身份的,应当将相关认定结果同时书面告知境内投资者、境内被投资者的主管税务机关。

国家税务总局公告 2011 年第 45 号第 11 条规定,非境内注册居民企业发生下列重大变化情形之一的,应当自变化之日起 15 日内报告主管税务机关,主管税务机关应当按照本办法规定层报税务总局确定是否取消其居民身份。(1)企业实际管理机构所在地变更为中国境外的;(2)中方控股投资者转让企业股权,导致中资控股地位发生变化的。

选项 D 错误,中方控股投资者转让这类企业股权的,导致中资控股地位发生变化的。才应取消其居民企业身份。

**32.【答案】** ABD

【解析】 根据《国家税务总局关于印发〈跨地区经营汇总纳税企业所得税征收管理办法〉的公告》(国家税务总局公告 2012 年第 57 号)第 4 条、第 5 条的规定,总机构和具有主体生产经营职能的二级分支机构,就地分摊缴纳企业所得税。二级分支机构,是指汇总纳税企业依法设立并领取非法人营业执照(登记证书),且总机构对其财务、业务、人员等直接进行统一核算和管理的分支机构。

以下二级分支机构不就地分摊缴纳企业所得税:(1)不具有主体生产经营职能,且在当地不缴纳增值税、营业税的产品售后服务、内部研发、仓储等汇总纳税企业内部辅助性的二级分支机构,不就地分摊缴纳企业所得税;(2)上年度认定为小型微利企业的,其二级分支机构不就地分摊缴纳企业所得税;(3)新设立的二级分支机构,设立当年不就地分摊缴纳企业所得税;(4)当年撤销的二级分支机构,自办理注销税务登记之日所属企业所得税预缴期间起,不就地分摊缴纳企业所得税;(5)汇总纳税企业在中国境外设立的不具有法人资格的二级分支机构,不就地分摊缴纳企业所得税。

选项 C,建筑企业的二级分支机构不在上述范围。选项 E,漏了"且在当地不缴纳增值税、营业税"。

注:营改增之后不再缴纳营业税。

**33.【答案】 CDE**

【解析】 国家税务总局关于印发《企业所得税核定征收办法(试行)》(国税发〔2008〕30号)规定,企业所得税采取核定应税所得率方式的需要进行汇算清缴,采取核定应纳所得税额方式的不需要进行汇算清缴。选项 A 错误。

《国家税务总局关于印发〈企业所得税汇算清缴管理办法〉的通知》(国税发〔2009〕79号)规定,纳税人在年度中间发生解散、破产、撤销等终止生产经营情形,需进行企业所得税清算的,应在清算前报告主管税务机关,并自实际经营终止之日起 60 日内进行汇算清缴,结清应缴应退企业所得税款;纳税人有其他情形依法终止纳税义务的,应当自停止生产、经营之日起 60 日内,向主管税务机关办理当期企业所得税汇算清缴。选项 B 错误。

**34.【答案】 ABCD**

【解析】 《财政部 国家税务总局关于财政性资金、行政事业性收费、政府性基金有关企业所得税政策问题的通知》(财税〔2008〕151 号)规定,财政性资金是指企业取得的来源于政府及其有关部门的财政补助、补贴、贷款贴息,以及其他各类财政专项资金,包括直接减免的增值税和即征即退、先征后退、先征后返的各种税收,但不包括企业按规定取得的出口退税款;所称国家投资,是指国家以投资者身份投入企业、并按有关规定相应增加企业实收资本(股本)的直接投资。

**35.【答案】 BD**

【解析】 根据《国家税务总局关于贯彻落实企业所得税法若干税收问题的通知》(国税函〔2010〕79 号)第 3 条、第 4 条的规定,企业在计算股权转让所得时,不得扣除被投资企业未分配利润等股东留存收益中按该项股权所可能分配的金额。被投资企业将股权溢价所形成的资本公积转为股本的,不作为投资企业的股息、红利收入,投资企业不得增加该项长期投资的计税基础。选项 AC 不符合题意。

选项 E 不符合题意,向关联方支付债权性投资的利息,只存在是否允许税前扣除问题,不存在计算股息红利问题。

选项 B 符合题意,被投资企业以未分配利润、盈余公积转增股本或注册资本,实际上是该公司将未分配利润、盈余公积金向股东分配了股息、红利,股东再以分得的股息、红利增加注册资本。

选项 D 符合题意,《财政部 国家税务总局关于企业清算业务企业所得税处理若干问题的通知》(财税〔2009〕60 号)规定,被清算企业的股东分得的剩余资产的金额,其中相当于被清算企业累计未分配利润和累计盈余公积中按该股东所占股份比例计算的部分,应确认为股息所得;剩余资产减除股息所得后的余额,超过或低于股东投资成本的部分,应确认为股东的投资转让所得或损失。

**36.【答案】** ABD

**【解析】** 《国家税务总局关于印发〈房地产开发经营业务企业所得税处理办法〉的通知》(国税发〔2009〕31 号)第 26 条规定,成本对象由企业在开工之前合理确定,并报主管税务机关备案。成本对象一经确定,不能随意更改或相互混淆,如确需改变成本对象的,应征得主管税务机关同意。

**注:** 根据《国家税务总局关于房地产开发企业成本对象管理问题的公告》(国家税务总局公告 2014 年第 35 号)的规定,国税发〔2009〕31 号本条款规定自 2014 年 7 月 15 日起废止,选项 A 在当时正确。

根据国税发〔2009〕31 号第 33 条、第 18 条的规定,选项 BD 正确。

根据国税发〔2009〕31 号第 27 条、第 32 条的规定,基础设施建设费,指开发项目在开发过程中所发生的各项基础设施支出,主要包括开发项目内道路、供水、供电、供气、排污、排洪、通讯、照明等社区管网工程费和环境卫生、园林绿化等园林环境工程费。选项 C 错误。出包工程未最终办理结算而未取得全额发票的,在证明资料充分的前提下,其发票不足金额可以预提,但最高不得超过合同总金额的 10%。选项 E 错误。

**37.【答案】** BC

**【解析】** 《中华人民共和国企业所得税法实施条例》第 37 条规定,企业在生产经营活动中发生的合理的不需要资本化的借款费用,准予扣除。企业为购置、建造固定资产、无形资产和经过 12 个月以上的建造才能达到预定可销售状态的存货发生借款的,在有关资产购置、建造期间发生的合理的借款费用,应当作为资本性支出计入有关资产的成本,并依照本条例的规定扣除。

《国家税务总局关于企业投资者投资未到位而发生的利息支出企业所得税前扣除问题的批复》(国税函〔2009〕312 号)规定,关于企业由于投资者投资未到位而发生的利息支出扣除问题,根据《中华人民共和国企业所得税法实施条例》第 27 条规定,凡企业投资者在规定期限内未缴足其应缴资本额的,该企业对外借款所发生的利息,相当于投资者实缴资本额与在规定期限内应缴资本额的差额应计付的利息,其不属于企业合理的支出,应由企业投资者负担,不得在计算企业应纳税所得额时扣除。具体计算不得扣除的利息,应以企业一个年度内每一账面实收资本与借款余额保持不变的期间作为一个计算期,每一计算期内不得扣除

的借款利息按该期间借款利息发生额乘以该期间企业未缴足的注册资本占借款总额的比例计算,公式为:

$$\text{企业每一计算期不得扣除的借款利息} = \text{该期间借款利息额} \times \text{该期间未缴足注册资本额} \div \text{该期间借款额}$$

企业一个年度内不得扣除的借款利息总额为该年度内每一计算期不得扣除的借款利息额之和。

**38.【答案】** BCDE

**【解析】**《中华人民共和国企业所得税法实施条例》第58条规定,固定资产按照以下方法确定计税基础:(1)外购的固定资产,以购买价款和支付的相关税费以及直接归属于使该资产达到预定用途发生的其他支出为计税基础;(2)自行建造的固定资产,以竣工结算前发生的支出为计税基础;(3)融资租入的固定资产,以租赁合同约定的付款总额和承租人在签订租赁合同过程中发生的相关费用为计税基础,租赁合同未约定付款总额的,以该资产的公允价值和承租人在签订租赁合同过程中发生的相关费用为计税基础;(4)盘盈的固定资产,以同类固定资产的重置完全价值为计税基础;(5)通过捐赠、投资、非货币性资产交换、债务重组等方式取得的固定资产,以该资产的公允价值和支付的相关税费为计税基础;(6)改建的固定资产,除《中华人民共和国企业所得税法》第13条第1项和第2项规定的支出外,以改建过程中发生的改建支出增加计税基础。选项A错误,选项BE正确。

《国家税务总局关于融资性售后回租业务中承租方出售资产行为有关税收问题的公告》(国家税务总局公告2010年第13号)第2条规定,根据现行企业所得税法及有关收入确定规定,融资性售后回租业务中,承租人出售资产的行为,不确认为销售收入,对融资性租赁的资产,仍按承租人出售前原账面价值作为计税基础计提折旧。租赁期间,承租人支付的属于融资利息的部分,作为企业财务费用在税前扣除。选项C正确。

《国家税务总局关于企业所得税若干问题的公告》(国家税务总局公告2011年第34号)第4条规定,企业对房屋、建筑物固定资产在未足额提取折旧前进行改扩建的,如属于推倒重置的,该资产原值减除提取折旧后的净值,应并入重置后的固定资产计税成本,并在该固定资产投入使用后的次月起,按照税法规定的折旧年限,一并计提折旧;如属于提升功能、增加面积的,该固定资产的改扩建支出,并入该固定资产计税基础,并从改扩建完工投入使用后的次月起,重新按税法规定的该固定资产折旧年限计提折旧,如该改扩建后的固定资产尚可使用的年限低于税法规定的最低年限的,可以按尚可使用的年限计提折旧。选项D正确。

**39.【答案】** ACD

**【解析】** 选项B有比例限制,《财政部 国家税务总局关于补充养老保险费、补充医疗保险费有关企业所得税政策问题的通知》(财税〔2009〕27号)规定,自2008年1月1日起,企业根据国家有关政策规定,为在本企业任职或者受雇的全体员工支付的补充养老保险费、补充医疗保险费,分别在不超过职工工资总额5%标准内的部分,在计算应纳税所得额时准予扣除;超过的部分,不予扣除。

选项E不得税前扣除,根据《中华人民共和国企业所得税法实施条例》第49条的规定,企业之间支付的管理费、企业内营业机构之间支付的租金和特许权使用费,以及非银行企业内营业机构之间支付的利息,不得扣除。

**40.【答案】** BDE

**【解析】** 《企业资产损失所得税税前扣除管理办法》(国家税务总局公告 2011 年第 25 号)第 3 条规定,准予在企业所得税税前扣除的资产损失,是指企业在实际处置、转让上述资产过程中发生的合理损失,以及企业虽未实际处置、转让上述资产,但符合《财政部 国家税务总局关于企业资产损失税前扣除政策的通知》(财税〔2009〕57 号)和本办法规定条件计算确认的损失。

**41.【答案】** ABE

**【解析】** 《中华人民共和国企业所得税法实施条例》第 86 条规定,(1)企业从事下列项目的所得,免征企业所得税:①蔬菜、谷物、薯类、油料、豆类、棉花、麻类、糖料、水果、坚果的种植;②农作物新品种的选育;③中药材的种植;④林木的培育和种植;⑤牲畜、家禽的饲养;⑥林产品的采集;⑦灌溉、农产品初加工、兽医、农技推广、农机作业和维修等农、林、牧、渔服务业项目;⑧远洋捕捞。(2)企业从事下列项目的所得,减半征收企业所得税:①花卉、茶以及其他饮料作物和香料作物的种植;②海水养殖、内陆养殖。企业从事国家限制和禁止发展的项目,不得享受本条规定的企业所得税优惠。

**42.【答案】** ABCD

**【解析】** 选项 B 正确,《中华人民共和国企业所得税法实施条例》第 87 条规定,企业所得税法第 27 条第 1 项所称国家重点扶持的公共基础设施项目,是指《公共基础设施项目企业所得税优惠目录》规定的港口码头、机场、铁路、公路、城市公共交通、电力、水利等项目。企业从事前款规定的国家重点扶持的公共基础设施项目的投资经营的所得,自项目取得第一笔生产经营收入所属纳税年度起,第 1 年至第 3 年免征企业所得税,第 4 年至第 6 年减半征收企业所得税。企业承包经营、承包建设和内部自建自用本条规定的项目,不得享受本条规定的企业所得税优惠。

选项 AC 正确,选项 E 错误。《国家税务总局关于实施国家重点扶持的公共基础设施项目企业所得税优惠问题的通知》(国税发〔2009〕80 号)第 1 条规定,对居民企业(以下简称企业)经有关部门批准,从事符合《公共基础设施项目企业所得税优惠目录》(财税〔2008〕46 号)(以下简称《目录》)规定范围、条件和标准的公共基础设施项目的投资经营所得,自该项目取得第一笔生产经营收入所属纳税年度起,第 1 年至第 3 年免征企业所得税,第 4 年至第 6 年减半征收企业所得税。企业从事承包经营、承包建设和内部自建自用《目录》规定项目的所得,不得享受前款规定的企业所得税优惠。

选项 D 正确,《财政部 国家税务总局关于公共基础设施项目和环境保护节能节水项目企业所得税优惠政策问题的通知》(财税〔2012〕10 号)第 1 条规定,企业从事符合《公共基础设施项目企业所得税优惠目录》规定、于 2007 年 12 月 31 日前已经批准的公共基础设施项目投资经营的所得,以及从事符合《环境保护、节能节水项目企业所得税优惠目录》规定、于 2007 年 12 月 31 日前已经批准的环境保护、节能节水项目的所得,可在该项目取得第一笔生产经营收入所属纳税年度起,按新税法规定计算的企业所得税"三免三减半"优惠期间内,自 2008 年 1 月 1 日起享受其剩余年限的减免企业所得税优惠。

**43.【答案】** ABC

**【解析】**《国家税务总局关于发布〈企业重组业务企业所得税管理办法〉的公告》(国家税务总局公告 2010 年第 4 号)第 17 条规定,企业重组主导方,按以下原则确定:

(1) 债务重组为债务人。

(2) 股权收购为股权转让方。

(3) 资产收购为资产转让方。

(4) 吸收合并为合并后拟存续的企业,新设合并为合并前资产较大的企业。

(5) 分立为被分立的企业或存续企业。

**注:** 根据《国家税务总局关于企业重组业务企业所得税征收管理若干问题的公告》(国家税务总局公告 2015 年第 48 号)的规定,国家税务总局公告 2010 年第 4 号第 17 条自 2015 年 1 月 1 日起废止。国家税务总局公告 2015 年第 48 号第 2 条对重组主导方新规定为:

(1) 债务重组,主导方为债务人。

(2) 股权收购,主导方为股权转让方,涉及两个或两个以上股权转让方,由转让被收购企业股权比例最大的一方作为主导方(转让股权比例相同的可协商确定主导方)。

(3) 资产收购,主导方为资产转让方。

(4) 合并,主导方为被合并企业,涉及同一控制下多家被合并企业的,以净资产最大的一方为主导方。

(5) 分立,主导方为被分立企业。

**44.【答案】** BCD

**【解析】**《特别纳税调整实施办法(试行)》(国税发〔2009〕2 号)第 14 条、第 15 条、第 16 条、第 18 条规定,选项 AE 错误。

**注:** 根据《国家税务总局关于完善关联申报和同期资料管理有关事项的公告》(国家税务总局公告 2016 年第 42 号)的规定,上述规定自 2016 年 1 月 1 日起已废止,内容略。

**45.【答案】** ABE

**【解析】** 选项 A 正确,根据年度纳税申报表填表说明,亏损是指申报表中年度纳税调整后所得小于零的数额。

选项 B 正确,《中华人民共和国企业所得税法》第 50 条第 2 款规定,居民企业在中国境内设立不具有法人资格的营业机构,应当汇总计算并缴纳企业所得税。企业所得税法实施条例进一步明确:企业在汇总计算并缴纳企业所得税时,应当统一核算应纳税所得额。

选项 C 错误,《国家税务总局关于发布〈企业境外所得税收抵免操作指南〉的公告》(国家税务总局公告 2010 年第 1 号)附件《企业境外所得税收抵免操作指南》第 14 点对于财税〔2009〕125 号第 3 条的相关规定进行了解释,企业在同一纳税年度的境内外所得加总为正数的,其境外分支机构发生的亏损,由于上述结转弥补的限制而发生的未予弥补的部分(以下称为非实际亏损额),今后在该分支机构的结转弥补期限不受 5 年期限制,即(1)如果企业当期境内外所得盈利额与亏损额加总后和为零或正数,则其当年度境外分支机构的非实际亏损额可无限期向后结转弥补;(2)如果企业当期境内外所得盈利额与亏损额加总后和为负数,则以境外分支机构的亏损额超过企业盈利额部分的实际亏损额,按企业所得税法第 18 条规定的期限(即结转年限最长不得超过 5 年)进行亏损弥补,未超过企业盈利额部分的非实际亏损额仍可无限期向后结转弥补。企业应对境外分支机构的实际亏损额与非实际亏损额不同的结转弥补情况做好记录。

选项 D 错误,一般重组情况下,被合并企业的亏损不得由合并企业承继弥补;特殊重组情况下,可由合并企业弥补的被合并企业亏损的限额＝被合并企业净资产公允价值×截至合并业务发生当年年末国家发行的最长期限的国债利率。

选项 E 正确,根据企业所得税月(季)度预缴纳税申报表填表说明规定,"实际利润额"填报按会计制度核算的利润总额减除以前年度待弥补亏损以及不征税收入、免税收入后的余额。因此,企业预缴企业所得税时可以按规定弥补以前年度的亏损。

### 三、判断题

**46.【答案】** √

**【解析】** 略。

**47.【答案】** ×

**【解析】** 在年度纳税申报表中,纳税调整后所得还应减除允许弥补的以前年度亏损后,余额大于零时,才是企业的应纳税所得额。

**48.【答案】** ×

**【解析】** 根据《国家税务总局关于跨地区经营建筑企业所得税征收管理问题的通知》(国税函〔2010〕156 号)建筑企业总机构直接管理的跨地区设立的项目部,应按项目实际经营收入的 0.2％按月或按季由总机构向项目所在地预分企业所得税,并由项目部向所在地主管税务机关预缴。不需要参加建筑企业所得税的"统一计算、就地预缴"。

**49.【答案】** √

**【解析】** 略。

**50.【答案】** √

**【解析】** 略。

**51.【答案】** √

**【解析】** 略。

**52.【答案】** ×

**【解析】** 原《国家税务总局关于印发〈企业资产损失税前扣除管理办法〉的通知》(国税发〔2009〕88 号)第 42 条规定,国家规定可以从事贷款业务以外的企业因资金直接拆借而发生的损失不得确认为在企业所得税税前扣除的损失。

但《国家税务总局关于发布〈企业资产损失所得税税前扣除管理办法〉的公告》(国家税务总局公告 2011 第 25 号)已取消"国家规定可以从事贷款业务以外的企业因资金直接拆借而发生的损失不得确认为在企业所得税税前扣除的损失。"的相关规定。

**53.【答案】** ×

**【解析】** 凡经国家有关部门批准、依法注册、登记的具有独立法人资格的医疗机构,其取得的生产经营所得和其他所得,应当征收企业所得税。医疗卫生机构的收入,除国务院或财政部、国家税务总局规定免征企业所得税的项目外,其他一切收入都应并入其应纳税收入总额,依法计征企业所得税。

**54.【答案】** ×

**【解析】** 根据《关于企业重组业务企业所得税处理若干问题的通知》(财税〔2009〕59号)第1条的规定,本通知所称企业重组,是指企业在日常经营活动以外发生的法律结构或经济结构重大改变的交易,包括企业法律形式改变、债务重组、股权收购、资产收购、合并、分立等。其中第5项,合并是指一家或多家企业(以下称为被合并企业)将其全部资产和负债转让给另一家现存或新设企业(以下称为合并企业),被合并企业股东换取合并企业的股权或非股权支付,实现两个或两个以上企业的依法合并。

因此,全资子公司注销,被注销企业股东(母公司)收回投资,不属于企业合并,不适用财税〔2009〕59号规定的特殊性税务处理。

**55.【答案】** √

**【解析】** 略。

### 四、计算申报实务题

#### (一)

**56.【答案】** B

**【解析】** 职工薪酬支出应调增所得额＝90万元。

工会经费扣除限额 7 500×2‰＝150(万元),实际拨缴 190 万元,调增 40 万元。

职工福利费扣除限额 7 500×14％＝1 050(万元),实际支出 1 100 万元,调增 50 万元。

职工教育经费未超标准,不调整。

**57.【答案】** C

**【解析】** 广告费业务宣传费未超标准,不调整。

手续费佣金扣除标准为服务金额的 5％,调增 100 万元。

业务招待费扣除限额:

23 000×5‰＝115(万元)＞150×60％＝90(万元),实际发生 150 万元,调增 60 万元;

计入期间费用的职工薪酬调整 90×20％＝18(万元)。

100＋60＋18＝178(万元)。

**58.【答案】** C

**【解析】** 纳税调整后允许税前扣除的期间费用＝(销售费用1 900万元＋2 940万元＋财务费用 480 万元－计入销售费用、管理费用、财务费用的工资三项费超标准部分 18)＝5 302(万元);

应税项目分摊期间费用＝5 302×23 000÷27 000＝4 516.52(万元)。

减免税项目分摊期间费用＝5 302×4 000÷27 000＝785.48(万元)。

减免税项目所得额＝4 000－800－785.48＝2 414.52(万元)。

应在年度纳税申报表附表五《税收优惠明细表》"四、减免所得额合计"项下第 31 行"(五)符合条件的技术转让所得":

(2 414.52－500)÷2＋500＝1 457.26(万元)。

**59.【答案】** A

**【解析】** 年度纳税申报表主表第 25 行"应纳税所得额"＝23 000－境外所得 3 500＋500

一免税收入 500－7 800－47－分摊期间费用4 516.52－开发费加计扣除 600＋成本中工资三项费调增 72＋减免税项目应纳税所得额957.26＝7 565.74(万元)。

**60.【答案】** D

**【解析】** 7 565.74×25％÷2＋3 500×15％－350＝1 120.72(万元)。

## (二)

**61.【答案】** B

**【解析】** 乙公司做清算处理:清算所得＝4 000－3 500＝500(万元)。

乙公司应缴纳清算所得税＝500×25％＝125(万元)。

**62.【答案】** C

**【解析】** 乙公司经营期间及清算期间累计盈余公积和未分配利润＝954＋106＋500－125＝1 435(万元)。

乙公司 A 股东权益性投资比例＝924÷(924＋616)＝0.6(万元)。

乙公司 A 股东应确认股息收入 1 435×0.6＝861(万元)。

**63.【答案】** C

**【解析】** 特殊性税务处理,合并企业取得被合并企业资产的计税基础,以被合并企业原有计税基础(3 500 万元)确定。

**64.【答案】** C

**【解析】** 被合并企业股东取得合并企业股权,以其持有的被合并企业股权的计税基础(616 万)确定。

**65.【答案】** B

**【解析】** 甲公司属于税收优惠过渡期,2010 年度适用 22％税率。

2010 年度应缴纳企业所得税 1 000×22％＝220(万元)。

## 五、简答题

**66.**

**【答案】** (1)在计算应纳税所得额时,企业的财务会计处理按照会计准则和会计制度进行核算,税法按照企业所得税法和条例及相关配套政策进行处理。会计是计算应纳税所得额的基础,它核算的是企业的盈亏,税法具有法定性规定,在确认收入、扣除等方面,两者既有相同处又有不同处。

(2)统一性原则。即在计算应纳税所得额时,企业的财务会计处理与税收法律、法规的规定一致。

(3)独立性原则,在计算应纳税所得额时,两者不一致,税收法律、法规暂时没有规定,可暂按企业的财务会计的规定处理。

(4)税法优先原则。在计算应纳税所得额时,企业财务、会计处理办法与税收法律、行政法规的规定不一致的,应当依照税收法律、行政法规的规定计算。

(5)协调性原则。对企业依据财务会计制度规定,并实际在财务会计处理上已确认的支出,凡没有超过《中华人民共和国企业所得税法》和有关税收法规规定的税前扣除范围和标准的,可按企业实际会计处理确认的支出,在企业所得税税前扣除,计算其应纳税所得额。

**67.【答案】** 方式：(1)核定应税所得率；(2)核定应纳所得税额。

正面影响：(1)能够增加财政收入；(2)对财务人员财务核算要求低；(3)计算简单，减轻了基层税务人员的工作量；(4)促进企业建账建制和完善企业会计核算；(5)降低了征纳成本。

负面影响：(1)不利于依法治税；(2)容易产生关系税、人情税，进而导致腐败产生；(3)给税务人员带来执法风险；(4)在税收检查和执法中，对企业少缴税款，难以定性；(5)定税企业不能充分享受税收优惠政策，影响企业的发展。